진보의 블랙박스를 열다

진보의 블랙박스를 열다 : 2012년 통합진보당에 무슨 일이 있었나?
ⓒ천 개의 눈 편집위원회 2012

초판 1쇄 발행일 2012년 8월 9일
초판 4쇄 발행일 2012년 9월 11일

지 은 이 천 개의 눈 편집위원회
펴 낸 이 이정원

출판책임 박성규
편집책임 선우미정
편집진행 최진섭
표지디자인 김영철
본문디자인 유상종 · 예경원
디 자 인 김지연
편   집 김상진 · 이은 · 한진우 · 조아라
마 케 팅 석철호 · 나다연 · 도한나
경영지원 김은주 · 김은지
제   작 송승욱
관   리 구법모 · 엄철용

펴 낸 곳 도서출판 들녘
등록일자 1987년 12월 12일
등록번호 10-156
주   소 경기도 파주시 교하읍 문발리 출판문화정보산업단지 513-9
전   화 마케팅 031-955-7374 편집 031-955-7381
팩시밀리 031-955-7393
홈페이지 www.ddd21.co.kr

ISBN 978-89-7527-919-5 (03340)

진보의
블랙
박스
를 열다

김인성·이병창 외 지음

들녘

프로크루스테스의 침대와 진보주의

실크로드 상인은 교역의 중개자였을 뿐 아니라 유라시아 대륙의 다양한 문화를 전파하는 미디어였다. 이들의 역할은 근대의 개막과 함께 자취를 감추었는데, 그 까닭을 살펴보면 오늘날 우리가 신봉하는 가치들에 의문의 눈길을 보내게 된다.

실크로드 상인들은 지역 간 가치체계의 차이에서 이윤을 보장받았다. 실크로드 상인들이 목숨을 걸고 사막을 건너는 이유가 바로 '가치체계의 차이'에 있었는데, 자본주의가 등장하자 전 세계가 획일적 가치체계로 재편되면서 이들이 역사 무대에서 사라진 것이다.

현재 통합진보당 사태를 보면, 상대의 가치체계를 인정하지 않고 자기의 가치체계로 모든 걸 재단하려는 전횡이 두드러진다. 잘 알려진 '프로크루스테스의 침대' 처럼, 모든 언론과 지식인이 진보, 보수 가리지 않고 자신의 쇠 침대에 뉘어 키가 크면 자르고 작으면 늘여 죽이는 일을 석 달 이상 저질러왔다.

적어도 진보라고 하면 자본주의의 폐해에 가장 민감한 사람들이라 할 수 있다. 소박하게 말해서, 인류의 삶터인 지구가 자본주의의 탐욕으로 인해 철저하게 파괴되어 가는 걸 보면서 나 역시 그 탐욕에 가담하고 있지 않은가 하고 자문하는 사람들인 것이다.

다이너마이트와 포크레인과 트럭과 기중기가 탐욕자인가? 돈이 탐욕자인가? 인간의 의식이 탐욕자이다. 그것도 근대 이후의 인간의 의식이 그렇게 변한 것이다. 이것을 자본주의적 의식이라 하는 것이고, 진보주의자는 이에 대해 저항하지 않으면 안 된다.

실크로드 상인의 경우처럼 진보주의자도 획일적 가치체계와 맞서는 한 축출 위기에 내몰리게 된다. 요즘 상식을 많이 이야기하는데, 사회를 소통과 화합으로 이끄는 것은 상식에 속한다. 그러나 그게 왜 그토록 어려운가? 자본주의의 탐욕과 정면으로 대립하기 때문이다. 자본주의의 탐욕은 '프로크루스테스의 침대'와 같아서 다양한 가치체계를 인정할 경우 그 침대 자체가 사라진다. 놀랍게도 진보 언론과 지식인은 통합진보당 사태에 대해 '프로크루스테스의 침대'의 역할을 자임했다.

지난 5월 2일 조준호 통합진보당 비례대표선거 진상조사위원장이 진상조사보고서를 발표한 뒤, 거의 모든 언론과 지식인이 좌우 가리지 않고 '국민의 눈높이'와 '종북'을 내세우며 구당권파를 질책했다. 유명 언론인 중엔 유창선 박사만이 국민의 눈높이도 합리적 의심의 대상이라며 진실 규명을 강조했다.

그는 5월 16일자 페이스북에 올린 글을 통해 "통합진보당 내분이 이렇게 악화된 데에는 한겨레, 경향을 비롯한 진보언론들의 책임도 컸음을 나는 지적하고 싶다. 이들은 조준호 보고서가 나오자 화들짝 놀란 나머지, 팩트에 관한 기본적인 검증과 확인은 제쳐놓고 당권파-비당권파 간의 갈등에만 초점을 맞추었다. 이들이 언론 본연의 책무인 사실에 대한 검증과 확인에 노력했다면, 내 판단으로는 잘못된 판단과 오해들은 상당부분 해소되었을 것이고, 통합진보당 내부 갈등이 이 지경까지 치닫지는 않았을 것이다."는 지적을 했다.

왜 언론들은 사건 초기에 중요한 의혹과 팩트를 제대로 취재하지 않았는지, 2차 진상보고서가 발표된 이후 사건의 진상을 밝혀 줄 주요한 사실들이 속속 드러나고 있음에도 집중취재하지 않고 있는지, 궁금하다. 그들이 강조하는 '국민의 눈높이'에서도 아래의 사항은 합리적 의심의 대상이 아닌가 싶다.

- 애초에 1차 진상조사위가 결성된 첫 번째 이유는 윤금순과 참여계 오옥만 후보의 부정 시비를 가리기 위한 것이었으나, 조준호 보고서에는 이들에 대한 조사는 아예 빠져 있었다. 그런데 언론들은 부실한 보고서에 기초해 의혹만 제기할 뿐 윤금순과 오옥만 부정사건을 심층취재하지 않았다. 기자들은 이 점이 궁금하지도 않았나?

- 2차 진상조사위의 김동한 위원장이 "법학자의 양심에 기초해서 봤을 때 이번 조사는 객관성과 공정성이 철저히 보장되지 못했음을 인정하지 않을 수 없다"라는 말을 남기고 사퇴했는데, 기자들은 왜 이 점을 파고들지 않았나? 만약 2차 진상조사위가 구당권파에 우호적인 분위기였고, 위원장이 이에 반발해 사퇴했다면, 언론들은 어떤 반응을 보였을까?

- 2차 진상조사위의 의뢰를 받아 비례대표 투표관리시스템 분석을 맡은 김인성 교수가 참여계 오옥만 후보의 부정투표 의혹을 제기하고 범죄사실에 대한 명백한 증거를 갖고 있다고 주장하는데도 이를 집중취재하지 않는 이유는 무엇인가?

- 조준호 보고서 발표 뒤에 언론들이 부정선거 의혹사례라며 대문짝만하게 보도했던 대부분의 기사들(주민번호 뒷자리 같은 당원 무더기 발견, 소스코드 열린 뒤 이석기 당선자 득표율 수직상승, 뭉텅이 투표용지 발견, 이석기 득표 60%가 IP 중복투표 등)은 모두 허위 보도로 밝혀졌다. 그러나 이에 대한 정정보도를 본 기억이 없다.

- 그리고 구당권파의 부실한 선거관리에는 엄격하면서, 신당권파의 무능한 선거관리에는 너그러운 보도를 하는 이유는 무엇인가.

이런 의문들은 '국민의 눈높이'에 맞지 않는 것들인가? 언론의 마녀사냥 아래서 자유로운 영혼들이 편히 숨 쉴 곳은 없었다. 편향 보도로 오염된 나라에서 도망쳐 피난처를 찾아 헤매던 우리들은 페이스북이라는 사이버 공간에 작은 둥지를 틀었다. 페이스북이 없었다면 숨 막혀 죽었을 것이라고 고백하는 이도 있었다.

이 책에 참여한 대부분의 필자들은 페이스북에서 형광을 발하는 반딧불이와 같은 존재였다. 정치적으로 매장당한 이정희의 무덤 위에서 반딧불이들이 진실을 찾아 하나 둘씩 공명하기 시작한 것이다.

이름 없는 '천개의 눈' 은 언론, 지식인의 마녀사냥식 폭력에 다양한 소리를 냈다. 특히, 왜 한 정당의 내부 문제가 전사회적으로 비화됐는지, 무엇이 한국의 지식 사회를 종북마녀사냥의 광기에 휩싸이게 했는지에 주목했다.

좌우 제도권의 언론이 한목소리로 편파 보도를 하고, 사건의 실체를 파헤치는 것을 외면할 때, 출판을 통해 겨우 진실에 다가서기 위한 기록물을 남길 수 있게 됐다. 소수자의 목소리가 외면당하는 상황에서 어려운 결정을 해준 들녘 출판사 여러분에게 진정으로 감사드린다.

독자들의 애정 어린 일독을 두 손 모아 빌어 본다.

목차

1장
김인성의 블랙박스

진실을 찾기 위한 재미있는 디지털 포렌식 실습 31문제 · 김인성

"억울해도 참고 견뎌라, IT 블랙박스로 누명 벗겨 주겠다" · 김인성 교수(인터뷰)

진실 찾기를 위한 재미있는 디지털 포렌식 실습 31문제 :

김인성 · 한양대학교 문화콘텐츠학과 겸임교수

당신은 이제부터 디지털 포렌식(Digital Forensic, 컴퓨터 법의학)이란 전혀 생소한 분야의 문제를 풀게 될 것이다. '왜 이런 문제를 풀어야 하는가?' 하는 질문은 잠시 미뤄두기 바란다. '디지털 포렌식에 대해서 아무 것도 모르는데 어떻게 문제를 풀라는 건가?' 하는 의문도 접어두자. 사실 이 문제들은 상식을 가진 사람이라면 누구나 풀 수 있는 것들이다. 그리고 이성을 가진 사람이라면 문제를 다 풀고 난 후 왜 이 문제를 풀라고 했는지 그 이유를 스스로 알게 될 것이다.

이 글의 목적

디지털 포렌식(Digital Forensic, 컴퓨터 법의학)이란 진실을 규명하기 위해 각종 디지털 증거를 과학적으로 수집, 분석하는 작업을 뜻한다.

디지털 포렌식 실습 과정은 다음과 같은 목적을 가지고 있다.

1. 가상의 사례를 통해 디지털 포렌식 작업 현장에서 부딪힐 수 있는 다양한 상황을 체험케 하고, 그에 따른 대처 능력과 문제 해결 능력을 배양시킨다.

2. 디지털 포렌식 작업자의 자세, 증거 수집 절차, 실제 작업에 필요한 지식, 증거 해석 방법, 사실의 확인과 실체적 진실의 재구성 방법을 연마한다.

3. 디지털 포렌식 작업 과정에서 범죄의 증거를 획득하는 등 의뢰자의 이해관계와 충돌하는 경우 디지털 포렌식 작업자가 자신을 방어할 수 있는 다양한 수단을 습득시킨다.

이 글의 사용 방법

이 글에서는 각종 상황과 참고 자료를 제시한 후 최선의 대처 방법이 무엇인지 질문한다. 학습자는 각 사례와 해당 질문을 분석하여 적절한 답을 선택해야 한다.

틀린 답을 선택했을 경우 학습자는 반드시 문제에 따른 해설을 이해한 후에 다음 단계로 진행해야 한다.

문제 1 디지털 포렌식 전문가인 당신은 분열보수당(이하 분보당)으로부터 선거 시스템 분석을 의뢰 받았다. 여기에는 다음과 같은 문제가 있다.

> 1. 법원이 아닌 정당의 의뢰라서 조사 결과가 공정하게 다루어지지 않을 가능성이 있다.
> 2. 이 정당은 불법선거뿐만 아니라 사상적 문제로 사회적 비난을 받고 있어 디지털 포렌식 작업자의 명예가 훼손될 위험이 있다.

이 의뢰에 대해 다음 중 어떤 태도가 올바른 것인가?

1. 디지털 포렌식은 사실을 근거로 판단만 내리면 된다.
   선입견을 가지고 의뢰인을 선택하는 것은 올바른 태도가 아니다.
2. 디지털 포렌식 사업을 계속하기 위해서는 평판도 중요하다.
   아무리 잘해도 득이 없는 일은 맡지 않는 것이 좋다.

답 : 2번

해설 : 디지털 포렌식도 사람이 하는 일이다. 자칫 당사자 간의 분쟁에 휘

말리면 포렌식 업체의 평판이 나빠질 뿐만 아니라 포렌식 외적인 일에 시간을 뺏길 수도 있다. 기존 법체계를 철저히 준수해야 하는 포렌식 작업자에게 진보적인 성향이나 쓸데없는 자신감은 자살행위와 같다. 실제로 이런 이유 때문에 공안 사건인 왕재산 간첩사건에서는 변호인 측을 도와줄 디지털 포렌식 업체를 구하지 못해 애를 먹고 있기도 하다.

문제 2   의뢰를 받기 전에 충분한 검토를 거쳤어야 함에도 불구하고 이를 소홀히 한 당신은 정상적인 디지털 포렌식 작업이 이루어지기 힘든 상황임을 알지 못하고 의뢰를 받아들였다. 아마 이 작업은 매우 험난한 과정이 될 것이다.

어쨌든 작업을 받아들인 이상 가장 먼저 해야 할 일은 무엇인가?

1.   하드디스크 등 디지털 자료 확보
2.   선거와 관련된 사람들에 대한 조사

답 : 1번

해설 : 디지털 포렌식은 컴퓨터 하드디스크, 웹 서버, 데이터베이스 서버 등 디지털 증거 확보에 주력해야 한다. 특히 컴퓨터가 무슨 작업을 했는지 1/1,000초 단위까지 정확하게 기록하는 로그 데이터를 최우선으로 수집하여야 한다.

디지털 증거는 훼손과 조작의 가능성이 크므로 증거확보 시점 이후에 변경되지 않았음을 증명할 수 있는 데이터 무결성 체크 방법을 강구해야 한다. 검찰이 압수 수색을 통해 확보하고자 하는 것도 이런 데이터들이다.

만약 온라인 선거 부정을 조사하는 사람들이 이런 작업을 등한시하였다면 그것을 제대로 된 조사라고 말하기 어렵다.

분보당은 다음과 같은 부정 투표 시비에 휩싸여 있다.

---

1. 시스템의 프로그램 소스를 고쳐 특정 후보에게 유리하게 온라인 투표가 진행되었다.

2. 관리자 아이디를 사용하여 투표 시스템을 수시로 들여다보고 각종 정보를 특정 후보를 위해 활용하였다.

3. 유령당원을 만들어 동원투표, 대리투표를 하였다.

4. 전화번호, 주민번호 등을 선거기간 중에 바꾸는 등 부정 행위가 있었다.

위와 같은 각종 의혹들이 사실인지 여부를 조사하기 위해 가장 먼저 해야 할 작업은?

1. 의뢰인들로부터 조사 대상과 조사 방향 설정 요청

2. 의혹 당사자들을 배제한 상태에서 독자적인 조사 돌입

답 : 1번

해설 : 디지털 포렌식은 제한된 시간과 자원을 활용하여 증거를 분석하는 작업이다. 따라서 관련자들에게서 조사 대상과 조사 방향을 구체적으로 적시한 문서를 요청하는 것이 무엇보다 중요하다. 정황을 가장 잘 알고 있는 사람이 바로 의뢰자들이기 때문이다.

관련자가 진실을 이야기한다면 포렌식 작업이 손쉽게 끝날 수 있다. 당사자가 거짓말을 했더라도 상관없다. 디지털 증거의 특성상 거짓을 밝혀 내기가 어렵지 않기 때문에 거짓말이 오히려 진실에 더 빨리 다가가는 지름길이 될 수도 있다.

문제 4 진상 조사위에 조사 범위를 요청했을 때 아래와 같은 문서를 전달 받았다.

---

1. admin이란 최고 관리자 아이디로 투표 현황 페이지에 누가 얼마나 접근했는가?

2. admin이란 최고 관리자 아이디로 미투표자 목록을 엑셀 파일로 몇 회 다운 받았는가?

3. 누가, 언제, 어디서, 최고 관리자 아이디로 몇 회, 접속했는가?

4. 최고 관리자보다 레벨이 낮은 지역 관리자 아이디로 누가, 언제, 어디서, 몇 회 접속했는가?

5. 소스 코드 변경을 통한 투표 시스템 조작 시도의 흔적을 포렌식 기법으로 찾아볼 것.

6. 웹로그와 데이터베이스 로그가 서로 논리적으로 일치하지 않는 부분이 있는지 조사.

7. 중복된 아이피로 투표를 한 기록 일체.

8. 데이터베이스를 직접 조작하여 투표 기록을 조작한 흔적이 있는지 조사.

9. 데이터베이스의 데이터를 한꺼번에 변경한 기록이 존재하는지 여부.

이것은 조사 의뢰서에 해당된다. 의뢰서를 받았으니 바로 조사에 들어가도 될까?

1. 조사에 들어간다.

2. 의뢰인들에게 좀 더 많은 정보를 요구한다.

답 : 2번

해설 : 문서로 작업을 요청 받을 경우 의뢰인들의 정확한 의도를 파악하기가 곤란하다. 사람들이 글로 생각을 표현하도록 훈련이 되어 있지 않은 탓도 있지만 글로는 속마음을 드러내지 않으려는 경향이 강하기 때문이기도 하다. 디지털 포렌식 현장에서 실제로 당사자들의 의견을 청취하게 되면 적나라한 생각들을 들을 수 있다.

의견 청취 결과 분보당 진상 조사위의 조사 요구 조건에 담긴 속뜻은 다음과 같았다.

admin이란 최고 관리자 아이디로 투표 현황 페이지에 누가 얼마나 접근했는가? - **당직자들이 수시로 투표 현황 페이지로 미투표자를 조사해서 투표 독려를 한 것 같다.**

admin이란 최고 관리자 아이디로 미투표자 목록을 엑셀 파일로 몇 회 다운 받았는가? - **미투표자 목록을 엑셀로 다운 받아 투표 독려와 대리 투표를 위해 악용한 것 같다.**

누가, 언제, 어디서, 최고 관리자 아이디로 몇 회, 접속했는가? - **당권을 쥔 자들이 최고 관리자 아이디를 남용한 증거를 잡을 수 있을 것이다.**

최고 관리자보다 레벨이 낮은 지역 관리자 아이디로 누가, 언제, 어디서, 몇 회 접속했는가? - **지역에서도 지역 관리자 아이디로 부정을 저질렀을 것이다.**

중복된 아이피로 투표를 한 기록 일체 - **지역마다 몰표를 행사했는데 이것은 동원투표나 대리투표의 증거라고 의심된다.**

소스 코드 변경을 통한 투표 시스템 조작 시도의 흔적을 포렌식 기법으로 찾아볼 것 - **프로그램을 고쳐서 1번을 찍어도 3번에게 표가 가게 만들었을 수 있다.**

웹 로그와 데이터베이스 로그가 서로 논리적으로 일치하지 않는 부분이 있는지 조사 - **투표자 중에서 자기 편이 아닌 투표자의 투표를 누락했을 수도 있다.**

데이터베이스를 직접 조작하여 투표 기록을 조작한 흔적이 있는지 조사 - **데이터베이스에 접근하여 투표 결과를 조작했을지도 모른다.**

데이터베이스의 데이터를 한꺼번에 변경한 기록이 존재하는지 여부 - **아예 투표 결과 전체를 임의로 손 댔을지도 모른다.**

문제 5 진상조사위의 의견을 청취할 때 각각의 의혹에 대해서 누가 가장 의심스러운지 물었을 때 거의 대부분의 사례에 대해 이새기 후보를 거론했다.

즉, 관리자 아이디 악용, 소스 파일 수정을 통한 투표 결과 조작 등을 통해 결정적 이득을 본 자가 바로 이새기일 것이라며 이 자를 집중적으로 조사해 달라는 요청을 한 것이다.

디지털 포렌식 전문가 입장에서 당신의 선택은?

1. 이새기를 집중적으로 조사한다.

2. 공평하게 모든 용의자를 조사한다.

답 : 1번

해설 : 앞에서 말했듯이 디지털 포렌식은 제한된 시간과 자원의 한계 속에서 최선의 결과를 도출해야 한다.

분열보수당은 이미 1차 진상조사를 진행했었던 만큼 조사 의뢰의 내용은 대부분 특정 인물에 대한 의심을 적시한 것일 가능성이 높다.

때문에 사건의 본질을 가장 잘 파악하고 있을 진상조사위원들의 의견에 따라 가장 의심스러운 대상부터 조사하는 것이 최선이다.

문제 6 기초조사에 의하면 진상조사위가 부정의 주체로 생각하고 있는 세력들이 과거에 동원투표 등 부정투표 사례가 많았다고 한다. 디지털 포렌식 작업을 함에 있어서 과거의 사례를 참고해야 하는가?

1. 적극 참고해야 한다.

2. 참고할 필요 없다. 이번 사건의 증거로만 판단하면 된다.

답 : 1번

해설 : 디지털 포렌식 작업은 범죄의 증거를 조사하는 일이다. 범죄는 반복되는 경향이 있다. 물론 이런 선입견에 사로잡혀 눈 앞의 증거를 왜곡하거나 잘못 해석해서는 안 되겠지만 혐의자의 과거 행적이 중요한 판단 근거가 되는 것은 분명한 사실이다.

상식적으로 이해하기 힘든 범죄를 저지르는 자들은 공통적으로 특이한 글쓰기 패턴을 보인다는 디지털 포렌식적 근거도 있다. 일반적으로 받아들여지가 힘든 진실이며 어쩌면 인간을 차별한다는 비난을 받을 수도 있는 사실들이지만 이를 활용하면 빠른 시간 내에 범죄의 증거를 찾아낼 수 있다.

진상조사위가 지목한 당내 세력들이 과거에 부정선거를 치른 전력이 있다면 이를 감안하여 조사를 진행함으로써 결정적 부정의 증거를 찾아내는 시간을 단축시킬 수 있을 것이다.

문제 7 확인 결과 1차 진상조사위는 온라인 조사를 할 때 로그 등 디지털 기록을 조사하지 않았다. 반면에 진상조사위는 선거관리자들이 프로그램의 소스가 바뀔 때마다 이를 보존하고 기록해 놓는 형상관리란 기능을 사용하지 않았다고 선거관리자들을 비난했다. 이 비난이 타당한 것인가?

1. 타당하다.
2. 타당하지 않다.

답 : 2번

해설 : 형상관리는 프로그램 소스를 저장하는 것일 뿐이다. 현업에서는 작업 일정이 바쁘기 때문에 프로젝트 도중에는 무시하고 있다가 작업을 완료한 후에 이전 버전을 찾아서 뒤늦게 형상관리 구색을 맞춘다. 형상관리도 비용이 들기 때문에 1억 미만의 프로젝트에는 거의 쓰이지 않는다.

소스는 소스일 뿐이고 실제 사용되는 것은 실행파일이다.

프로그램 변경 이력을 철저히 유지하는 등 형상관리를 제대로 하더라도 사실 아무런 소용이 없다. 악의를 가진 개발자라면 형상관리 중인 소스는 그대로 둔 채 다른 컴퓨터에서 소스를 고쳐 실행 파일을 만들어낼 수 있기 때문이다. 그러므로 형상관리는 조작 여부를 밝히는 데 별 도움이 되지 못한다.

투표 시스템 조작 여부는 로그를 통해 확인할 수 있다. 소스와 달리 로그는 실제 언제 무슨 일이 일어났는지를 기록한 데이터이기 때문이다.

문제 8 조사할 로그가 위·변조 되지 않은 정상 데이터임은 어떻게 확인할 수 있는가?

1. 작업자들의 기록과 대조하거나 서버간 데이터를 서로 비교한다.
2. 디지털 포렌식 기법을 활용하여 변조 기록을 알아낸다.

답 : 1번

해설 : 해킹을 당했다면 로그 기록이 변조될 수 있다. 누군가 투표 시스템을 조작했다면 로그 기록을 삭제하거나 고칠 수도 있다. 만약 선거를 조작한 자들이 로그 데이터까지 조작했다면 로그를 조사하는 디지털 포렌식도 신뢰할 수 없을 것이다.

로그를 변조하거나 해킹당한 흔적을 찾기 위해서 다음과 같은 작업을 진행할 수 있을 것이다.

1. 로그 파일의 생성 시간과 파일 내부의 정합성을 조사한다.
2. 웹 서버 로그에는 누가 투표했는지 1/1000초 단위의 정확도로 기록되어 있다. 데이터베이스에는 누가, 언제, 누구에게 투표했는지 기록되어 있다. 이 둘을 비교함으로써 로그 데이터의 변조 여부를 알 수 있다. 만약 웹서버에 기록된 각 유권자의 투표 시각과 데이터베이스에 기록된 각 유권자의 투표 시각이 모두 일치한다면 로그 파일에 문제가 없다고 말할 수 있다.
3. 로그의 특정한 부분을 지울 수도 있다. 이를 확인하기 위해서는 지워야 할 필요가 있는 정보가 어떤 것인지 확인하고 이 정보를 다룬 자들을 조사하여 로그와 작업 기록이 일치하는지 여부를 확인하면 된다.

디지털 데이터의 위·변조는 어려운 일이 아니지만 데이터를 조작했을 경우 파일을 삭제하거나 수정한 흔적을 찾아낼 수 있다. 하지만 특정 파일의 일부를 고친 다음 파일 수정 날짜를 과거로 돌려 놓는다면 그 파일이 조작되었는지 여부를 판단하기 어려울 수도 있다.

때문에 디지털 데이터는 그 자체만으로 정합성을 판단하기보다는 파일의 생성 날짜 정보 확인, 다른 서버의 로그 기록과의 대조, 작업자들이 만든 프린트물과 같은 별도의 자료와의 비교 등 다양한 방법을 통해 교차 체크하는 것이 좋다. 아무리 정교한 위·변조를 하더라도 이런 과정을 통해서 조작의 증거는 드러나게 마련이다.

또한 해킹을 당했다면 파일이 대량으로 삭제되는 등 비정상적인 상황이 발생하므로 쉽게 확인이 가능하다.

사실 조작, 해킹보다는 증거 파괴 행위가 더 빈번하다. 불리한 증거가 담긴 하드디스크가 있다면 데이터를 조작하기보다는 물리적으로 파괴하는 것이 더 효과적이기 때문이다.

문제 9 [부정 의심 사례1] 진상조사위는 당직자들이 수시로 미투표자를 확인하여 투표 독려를 하는 등 부정선거 정황이 보인다고 판단하고 있다.

이를 확인하기 위해 로그를 조사한 결과 미투표자를 확인할 수 있는 투표 현황 페이지에 당직자들이 접근한 횟수는 다음과 같았다.

No	인터넷 주소(IP)	IP 위치	
1	21.6.4.8	개발업체(와이인터넷정보)	46건
2	25.33.9.97	개발업체(와이인터넷정보)	13건
3	4.6.1.42	분열보수당	288건
4	4.6.1.61	분열보수당	47건

5	4.6.1.95	분열보수당	1,152건

로그 기록에 의하면 1번과 2번은 개발업체가 접근한 것으로 프로그램 업그레이드 등 작업과정이 로그에 순차적으로 기록되어 있는 것으로 판단해볼 때 정상 업무로 파악되었다.

3번과 4번은 분보당의 컴퓨터에서 접근한 것으로 당직자들이 개방된 장소에서 총 투표 현황 모니터링을 한 것으로 정상 당직 업무로 판단된다.

1,152번에 달하는 조회가 이루어진 5번의 경우 투표 과정에서 어려움을 겪는 유권자들의 전화를 받아 처리한 것이었다. 이 일을 한 당직자는 그때마다 미투표자 확인 기능을 사용했는데 이것으로 전화 건 사람이 유권자가 맞는지 확인할 수 있었기 때문이다.

해당 기능을 조사해본 결과 로그에 기록된 1,152건은 미투표자 확인을 할 때 같은 페이지가 두 번 나타나는 것을 모두 합산한 것이기 때문에 실제로 600명 정도를 확인한 것이었다.

5일간의 투표 기간을 감안하면 하루에 130명 정도를 확인한 것으로 볼 수 있다. 또한 이 일을 한 당직자가 누구에게, 언제, 전화를 받았는지를 모두 소명했다.

하지만 진상조사위는 전화 상담을 위해서든 뭐든 상관하지 않고 1천 회가 넘는 미투표자 조회는 부정 사용의 가능성이 있는 것이라고 판단하고 있다.

디지털 포렌식 관점에서 이를 어떻게 보아야 하는가?

1. 당연히 의심해야 한다. 조회행위가 전화 상담용이라고 말하고 있지만 그 중 일부는 부정 행위에 악용되었을지도 모른다.

2. 부정 사용의 증거가 나타나지 않는 한 업무 행위라고 보아야 한다.

답 : 2번

해설 : 디지털 포렌식은 범죄의 가능성이 아니라 명확한 범죄의 증거를 확보하는 행위다. 수많은 가능성을 모두 고려하는 것은 운전을 했다고 모두 뺑소니 사건의 용의자로 의심하는 것과 같다. 이런 식의 의혹제기는 절대 법원에서 받아들여지지 않는다.

부정 의혹 중 소명될 수 있는 것은 증거로 삼을 수 없다. 따라서 명확한 부정 사례를 찾는 데 집중해야 한다.

문제 10 [부정 의심 사례2] 최고 관리자는 미투표자 전체의 명단을 엑셀 파일 형태로 다운 받을 수 있었다. 관리자 아이디가 부실하게 관리되었고 여러 차례 엑셀 파일 다운로드가 행해졌으므로 이를 통해서 부정 투표가 행해졌을 것이라는 의심이 가능하다.

이를 확인하기 위해 로그 파일을 조사하여 실제 다운로드했던 기록을 확보하였다.

다운로드 시각	아이피	담당자	전송 결과	걸린시간(1/1,000초)
99-3-14 오전 12:31	4.6.1.195	오작렬	성공	1,745,151
99-3-14 오후 7:57	4.6.1.161	박일천	실패	46,223
99-3-14 오후 8:22	4.6.1.161	박일천	성공	1,526,610
99-3-14 오후 8:26	4.6.1.142	김발주	성공	1,518,232
99-3-14 오후 10:42	4.6.1.142	김발주	실패	1,364,150
99-3-17 오후 2:23	4.6.1.142	김발주	성공	1,017,266
99-3-17 오후 3:15	4.6.1.142	김발주	실패	7,207
99-3-17 오후 3:32	4.6.1.142	김발주	성공	1,009,576

99-3-17 오후 3:34	4.6.1.142	김발주	실패	580,089
99-3-18 오전 11:21	4.6.1.142	김발주	성공	898,643

투표가 개시된 14일에는 투표율이 낮기 때문에 미투표자 현황을 다운로드 받아도 별 의미가 없다.

투표 마감 전날인 17일에는 4회의 다운로드 시도가 있었는데 그 중 두 번은 실패하고 두 번 성공한 것으로 나온다.

투표 마지막 날인 18일에는 오전 11시 21분에 한 차례 다운로드를 했다.

이렇게 다운로드를 받은 미투표자 명단으로 투표 독려가 가능할 것이다. 조사에 의하면 실제로 투표 독려 문자 발송이 있었다.

17일 미투표자 현황 엑셀 파일을 다운 받은 직후 미투표자 전원에게 투표 독려 문자가 발송되었고 투표 마지막 날인 18일에도 엑셀 파일을 다운로드 받은 직후 투표 독려 문자가 발송되었다.

독려 문자 발송 시 특정 후보를 지지할 가능성이 높은 유권자를 제외하고 문자를 발송했을지도 모른다는 의혹 제기도 있었으나 조사 결과 모든 유권자에게 공정하게 문자를 발송했음이 밝혀졌다.

이런 근거로 볼 때 미투표자 현황을 다운 받아서 악용했을 것이라는 의혹에 대해 어떻게 판단해야 하는가?

1.   정상 업무라고 판단해야 한다.

2.   문자 발송을 했더라도 그 후 이 정보를 악용할 가능성이 있다. 더 조사해야 한다.

답 : 1번

해설 : 의심에는 근거가 있어야 한다. 가능성만으로는 증거 능력을 다툴 수

는 없다. 다운로드 시간과 횟수가 명확히 기록되고 이를 이용하여 정상 절차에 따라 공정하게 문자 발송이 진행되었다면 업무로 보지 않을 이유가 없다.

일부에서는 다운로드 기능과 문자 발송 기능을 연동했더라면 이런 의심을 받지 않을 수 있었을 것이란 비판을 제기하고 있지만 이것은 프로그램 개선안 차원에서 할 수 있는 주장일 뿐 부정의 근거로 삼을 수는 없다.

문제 11 [부정 의심 사례3] 진상조사위는 소스파일을 수정해서 유권자가 1번을 찍더라도 3번을 찍은 것처럼 조작했을 것으로 의심하고 있다.

이를 확인하기 위해 소스 파일을 뒤질 필요는 없다. 소스 파일 수정 전후의 투표값 변화를 통해 확인할 수 있기 때문이다. 만약 소스를 악의적으로 고쳤다면 수정 후에 특정 후보가 비정상적으로 많은 표를 받게 되고 다른 후보의 투표량이 급격하게 낮아질 것이다.

실제 투표 시 소스파일 수정 전후의 투표값 변화 추이는 다음과 같다.

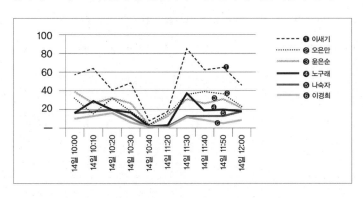

이 그래프에 대한 가장 옳은 해석은?

1.　　이새기 후보의 투표 변화량이 가장 큰 것으로 보아 부정이 의심된다.

2. 소스 변경 전후로 투표 변화의 경향이 비슷하므로 부정으로 보기 어렵다.

답 : 2번

해설 : 이새기 후보가 많은 지지를 받았으므로 상승량이 크지만 상승과 하강의 경향이 다른 후보와 크게 다르지 않다. 소스는 총 4회 고쳐졌는데 이 모든 경우를 조사한 결과 투표율의 비정상적 변화는 없었다. 따라서 이것을 근거로 소스를 고쳐서 부정 투표를 했다고 말하기는 어렵다.

문제 12 [부정 의심 사례4] 진상조사위는 당권을 쥔 자들이 최고 관리자 아이디를 남용하여 부정 투표를 했을 것으로 의심하고 있다.

관리자 아이디는 최고 권한을 가지고 있기 때문에 이를 알고 있는 사람은 시스템에 들어와 무슨 일이든 마음대로 할 수 있다. 그러므로 관리자 아이디는 엄격하게 관리되어야 한다.

로그 기록을 확인하면 관리자 아이디로 들어와서 언제 무슨 작업을 했는지 상세히 알 수 있다. 분보당의 관리자 로그인 기록은 다음과 같다.

로그인 ID	로그인 IP	로그인 횟수	
admin	12.48.1.9	4	와이인터넷
admin	21.6.4.8	10	와이인터넷
admin	25.33.9.97	1	와이인터넷
admin	127.0.0.1	3	localhost
admin	4.6.1.42	13	분열보수당
admin	4.6.1.61	27	분열보수당
admin	4.6.1.95	1	분열보수당

admin	4.6.6.8	1	분열보수당
admin	22.17.7.8	2	미확인IP
admin0	4.6.1.95	4	분열보수당
admin1	4.6.1.42	3	분열보수당
admin8	4.6.1.61	2	분열보수당

이 중 와이인터넷에서 들어온 3회의 로그인 기록을 분석한 결과 당의 요구에 따른 웹페이지 갱신과 확인 작업을 했음이 로그를 통해 확인되었다.

확인되지 않은 IP 22.17.7.8에서 들어온 기록을 조사한 결과 특별히 의심될 만한 동작은 찾아볼 수 없었다.

나머지는 분보당에서 접속한 기록이었으며 중앙당 차원에서 선거 업무를 한 것으로 파악되었다.

하지만 아무리 당직자들이라고 하더라도 여러 관리자 아이디로 접속한 것은 부정의 가능성이 없다고 단언하기는 곤란하다는 주장도 있다.

디지털 포렌식 관점에서 어떻게 판단하여 차후 조사 방향을 정해야 하는가?

1. 부정한 접속일 수도 있다. 부정 투표의 가능성을 고려해야 한다.
2. 정당한 업무로 판단해야 한다.

답 : 2번

해설 : 로그에는 1/1000초 단위로 관리자로 로그인 한 후에 어떤 작업을 했는지 기록된다. 디지털 포렌식은 범죄의 가능성이 아니라 범죄의 확증을 잡는 것이다.

확인되지 않은 IP에서 관리자 아이디로 접근한 것은 당연히 부정의 가능성을 염두에 두고 해야 하지만 중앙당 당직자들이 업무 시간에 로그인한 것으로 파악되고 다른 용도로 사용되지 않았음을 증명할 수 있는 것은 정상 업무로 판단해야 한다.

문제 13 [부정 의심 사례5] 데이터베이스에는 투표 결과가 저장되어 있다. 만약 누군가 데이터베이스에 접근하여 데이터를 한꺼번에 수정한다면 투표 결과가 뒤바뀔 수 있다. 데이터베이스 임의 조작 여부는 부정 투표인지를 가리는 매우 중요한 사안이다.

조사결과 분보당 데이터베이스에는 각 투표 건마다 서로 다른 비밀키로 암호화되어 있어 일괄적으로 투표 값을 바꾸는 것은 사실상 불가능했다.

비록 분보당의 선거용 데이터베이스는 강도 높은 암호화 기법이 사용되었다고는 하지만 누군가 데이터베이스 서버에 접근하여 일부 데이터를 바꾸는 것이 불가능하지는 않다. 때문에 데이터에 이상이 없는지 무결성 체크를 할 필요가 있다.

다음 중 데이터베이스의 무결성을 검증할 수 있는 방법은?

1.   투표에 상용된 웹 서버 로그와 데이터베이스 데이터 비교.

2.   데이터베이스의 암호를 해제하여 투표 결과를 획득한 후 유권자의 실제 투표와 일치하는지 조사.

답 : 1번

해설 : 웹 서버 로그와 데이터베이스 값을 비교해 일치하지 않는 것이 있다면 이것은 웹 서버를 거치지 않고 입력된 데이터라고 볼 수 있다.

조사의 편의를 이유로 암호화된 데이터를 해독하여 어느 유권자가 어느 후보에게 투표했는지 확인하는 방법을 사용해서는 안 된다. 암호화된 데이터베이스의 투표 결과값을 해독하는 것은 비밀 투표 원칙을 훼손하는 행위다. 만약 진상 조사를 이유로 실제 이런 작업을 했다면 진상조사위 스스로 중

대한 범죄를 저지른 것이라고 말할 수 있다.

문제 14 [부정 의심 사례6] 분보당 온라인 투표는 휴대폰으로 인증 번호를 통해 본인 확인을 하는 시스템이었다. 때문에 누군가 마음만 먹는다면 대리투표가 가능했다.

부부간에 인증 번호를 불러주고 투표를 부탁할 수 있었다. 특정 정당만의 선거였기 때문에 공휴일 지정을 받을 수 없어 컴퓨터에 접근할 시간이 없는 사람이 투표를 부탁하는 등 대리투표의 가능성이 존재했다.

이 모든 것이 부정일까? 디지털 포렌식 관점에서 온라인 선거의 어느 선까지를 범죄로 규정해야 할까?

1.   모든 부정 행위는 범죄다.

2.   온라인 시스템의 한계를 인정해야 한다.

답 : 2번

해설 : 온라인 시스템은 완전하지 않다. 부부간, 가족 간 대리투표가 가능하다.

보안을 강화하기 위해 공인인증서와 개인 비밀번호를 사용해도 마찬가지다. 공인인증서는 손쉽게 복사할 수 있기 때문에 유권자가 직접 투표했다는 것을 증명할 수 없다. 공인인증서를 메일로 보내고 비밀번호를 알려 주면 대리투표가 가능하다.

은행에서 발급 받는 일회용 비밀번호 생성기도 소유주가 대리투표자에게 넘겨주면 보안상 무용지물이 된다.

인터넷 주소인 IP를 통신사에 확인하면 컴퓨터 위치를 알 수 있다. 이동통신 기지국 정보를 통해 투표할 당시 휴대폰이 있던 위치도 알 수 있다.

검찰은 투표 당시의 IP로 컴퓨터 위치를 파악하고 인증 번호를 전송 받은 휴대폰의 위치를 비교하여 서로 거리상으로 멀리 떨어져 있을 경우 이를 대리 투표의 증거로 간주하여 처벌할 예정이라고 한다. 하지만 이것도 법정에서 증거로 채택되기는 힘들 것이다.

휴대폰과 투표한 컴퓨터가 멀리 떨어져 있었음이 확인되어도 유권자가 "나는 휴대폰이 아니라 컴퓨터가 있는 곳에 있었다. 내 휴대폰을 마침 사무실, 집, 가게에 두고 오는 바람에 내 휴대폰을 가지고 있는 직원, 아내, 가게 주인에게 인증 번호를 불러 달라고 했다. 단순히 내 휴대폰의 인증 번호를 불러 달라고 한 것이 어떻게 부정 투표가 되는가?" 라고 주장할 수 있기 때문이다.

이런 주장의 진위를 확인하기 위해서는 투표 시점에 각 유권자의 행적을 조사해야 하는데 특정 당내 선거의 부정을 가리기 위해 이렇게까지 하는 것은 공권력 낭비의 소지가 있기 때문에 현실적으로 가능하지 않다.

현재 부정의 소지를 없앨 수 있는 온라인 투표는 온라인 투표소를 따로 만들고 칸막이를 설치한 다음 지문 인식기나 눈동자의 홍채 인식기를 사용하여 본인임을 인증한 후에 투표를 할 수 있게 하는 것이다. 이는 사실상 투표 결과가 온라인으로 전송된다는 것을 제외하고는 현장 투표소를 설치하는 것과 차이가 없다. 오히려 비용이 더 들어갈 수도 있다.

본인임을 인증할 수 있는 손쉬운 방법을 강구하여 온라인 선거의 문제점을 줄여야 하는 것은 당연한 일이지만 현재 시스템에서 가족 간의 대리 투표 행위를 처벌하기에는 어려움이 있다. 대리 투표 행위가 있었는지 전수 조사하는 비용을 들이느니 차라리 그 돈으로 현장 투표소를 운영하는 것이 더 나을 것이다.

때문에 당내 온라인 선거에서 발생 가능한 부정의혹 중 대규모 부정 의혹을 중점적으로 조사할 수밖에 없다. 개별적인 부정 의혹은 명백한 부정 사례를 파악한 후에도 시간과 자원에 여유가 있을 때 조사에 들어가는 것이 합당할 것이다.

문제 15 [부정 의심 사례7] 분보당 온라인 선거에서는 휴대폰을 사용한 대규모 대리투표 행위가 있었다는 의혹이 존재한다.

조사에 의하면 투표시에 500여 회 이상의 전화번호 변경 사례가 있었다. 하지만 각각의 사례를 확인했을 때 바뀐 번호를 정정하는 등 정상적인 변경 작업으로 파악되었다.

진상조사위는 다수의 유권자 전화번호가 동일 번호로 변경된 사례가 있는지 확인해 줄 것을 요청했다. 누군가 다른 유권자의 번호를 자신의 것으로 바꾸어 대리투표를 한 증거가 될 수 있기 때문이다.

아래는 실제로 동일 번호로 변경된 사례다.

동일휴대폰번호	변경당원 수	기표 후보자수	휴대폰 명의자
01025455111	3	3	
01025773311	2	2	
01040291811	5	1	
01056681811	2	1	
01072689311	24	9	김발주
01075509511	7	5	오정열
01075763511	3	3	
01085261111	8	7	박일천
01693907111	2	1	

이 번호의 밝혀지지 않은 명의자를 확인하는 가장 빠른 방법은?

1. 당원 명부

2. 구글 검색

답 : 2번

해설 : 당원 명부는 사용자가 직접 고치지 않는 한 과거의 정보가 그대로 남아 있게 된다. 당원 명부에는 또 그 사람의 이름 이외에 다른 행적을 파악하기가 곤란하다.

전화번호 검색을 제공하는 구글 검색을 사용하면 해당 전화번호 사용자의 최신 정보를 확인할 수 있다. 전화번호를 사용하여 여러 사이트를 활동한 내역이 나오기 때문에 어떤 직책을 가진 사람인지도 쉽게 확인 가능하다.

위 자료의 번호를 구글에서 확인한 결과, 거의 대부분 분열보수당 지방 당직자로 밝혀졌다. 이들은 유권자가 투표시 번호 인증 이상을 체크하기 위해 번호를 바꾼 것으로 확인되었다.

표에서 "기표 후보자수"란 이 번호로 바꾼 적이 있는 유권자들이 실제 누구에게 투표했는지를 보여 주는 자료이다.

이 자료에 의하면 같은 번호로 바꾼 유권자들이 다양한 후보에게 투표한 것으로 나타났으므로 전화번호 변경을 통한 몰표 행위도 없었음을 알 수 있다.

문제 16 진상 조사위가 의뢰한 부정 사례를 디지털 포렌식 기법으로 조사한 결과 아래와 같은 결론이 나왔다.

당직자들이 수시로 투표 현황 페이지를 들여다보며 미투표자 현황을 조사해 투표 독려를 한 사실 - **없음.**

최고 관리자 아이디로 미투표자 목록 전체를 엑셀 파일로 다운 받아 악용한 사실 - **없음.**

최고 관리자 아이디로 접속하여 부정 행위를 한 사실 - **없음.**

소스 코드를 변경하여 투표 시스템 조작 시도를 한 사실 - **없음.**

특정 후보자의 득표를 고의로 누락한 사실 - **없음.**

데이터베이스를 조작하여 투표 결과를 조작한 사실 - **없음.**

휴대폰 번호를 대량으로 바꾸어 대리 투표를 한 사실 - **없음.**

분열보수당 온라인 선거는 부실 사례는 존재하지만 당 차원의 조직적인 부정은 전혀 찾을 수 없었다.

다만 특정 IP에서의 몰표 현상이 심하게 나타나고 있었다. 이 몰표 현상을 어떻게 판단해야 하는가?

1. 대표적인 부정의 사례로 간주해야 한다.

2. 유권자의 선택으로 간주해야 한다.

답 : 2번

해설 : 투표는 유권자의 선택일 뿐이다. 몰표 현상을 범죄로 규정한다면 각종 선거시 경상도와 전라도 등 특정 지역의 몰표 현상부터 처벌해야 한다. 특히 같은 정치적 입장을 가진 정당에서 각 후보들의 지지 기반 별 몰표 현상은 자연스러운 현상이다.

디지털 포렌식 작업자는 이런 몰표 행위에 부정 행위가 있었는지만 판단하면 된다.

문제 17 분열보수당 선거에서는 대규모 몰표 현상이 있었다. 이것은 거의 모든 후보에게 공통적인 현상이었다. 때문에 모든 몰표 현상을 다 조사하기에는 시간적으로 무리가 있다.

다음 중 짧은 기간 동안 최대의 효율을 내기 위해서 선택할 수 있는 최선의 방법은?

1. 가장 많은 몰표가 있었던 후보부터 조사한다.

2. 이새기를 집중 조사한다.

답 : 2번

해설 : 포렌식은 진실을 찾는 작업이지만 효율성을 무시할 수 없다. 만약 의뢰자가 가장 의심하는 자가 이새기라면 그가 부정을 저질렀을 가능성이 크므로 당연히 그를 최우선으로 조사해야 한다.

효율을 위해서 한 후보에게 100% 몰표가 있었던 IP를 중심으로 조사하는 것이 좋다. 부정행위를 했다면 표가 분산되기는 어렵기 때문이다. 조사 대상은 이새기의 몰표 사례를 가장 많이 포함할 수 있는 방식으로 선택하면 된다.

가장 좋은 방법은 현장 투표소 설치 기준을 활용하는 것이다. 유권자 30인 이상이 있어야 현장 투표소를 개설할 수 있었으므로 30표 이상 몰표가 나온 IP를 기준으로 하면 1차 조사에서 문제가 되었던 이새기의 몰표 IP까지 자연스럽게 포함할 수 있다.

문제 18 다음은 몰표가 행사된 IP와 몰표를 받은 후보 명단이다.

몰표 IP	박일희	윤은순	나숙자	오은만	윤사재	김진태	이새기	이경희	문영식
222.268.248.62	-	-	-	-	-	-	-	-	287
222.264.238.262	-	-	-	271	-	-	-	-	-
228.233.220.2	-	-	113	-	-	-	-	-	-
222.48.234.224	-	-	-	-	108	-	-	-	-
222.230.266.242	-	-	-	-	-	-	83	-	-

222,264,238,243	–	–	65	–	–	–	–	–	–
228,34,230,282	–	–	–	–	–	–	–	64	–
222,228,264,226	–	–	–	61	–	–	–	–	–
24,36,20,8	–	58	–	–	–	–	–	–	–
222,246,62,6	–	–	–	–	–	58	–	–	–
222,86,30,228	–	–	–	–	–	54	–	–	–
222,234,208,26	–	–	–	–	–	–	–	50	–
222,264,238,36	–	–	–	40	–	–	–	–	–
264,242,43,222	–	–	–	–	–	–	40	–	–
62,68,208,228	–	–	49	–	–	–	–	–	–
222,283,84,83	–	–	48	–	–	–	–	–	–
48,240,208,43	–	–	47	–	–	–	–	–	
226,83,243,68	–	–	–	42	–	–	–	–	–
220,80,224,20	–	–	–	42	–	–	–	–	–
48,224,86,4	–	–	–	–	–	–	41	–	–
264,206,220,284	–	–	–	39	–	–	–	–	–
222,268,83,244	–	–	–	–	–	–	38	–	–
222,202,224,243	–	–	–	–	–	–	–	–	38
48,4,66,23	37	–	–	–	–	–	–	–	–
228,206,22,243	–	–	–	35	–	–	–	–	–
264,242,43,228	–	–	–	–	–	–	35	–	–
224,23,64,40	–	–	–	–	–	–	34	–	–
224,84,28,242	–	–	–	–	–	–	–	34	–
222,286,26,43	–	–	33	–	–	–	–	–	–

IP								
222.246.63.83	–	–	–	–	–	33	–	–
224.20.208.22	–	–	–	–	–	32	–	–
222.263.238.3	–	32	–	–	–	–	–	–
222.204.68.66	–	32	–	–	–	–	–	–
222.246.82.82	–	–	–	–	–	31	–	–
62.66.36.24	–	–	31	–	–	–	–	–

이새기 후보가 몰표를 받은 IP를 조사한 결과 별다른 문제점을 찾을 수 없었다. 온라인 투표에서 몰표가 나온 컴퓨터는 공장의 노조 사무실에 있는 것이거나 현장 투표소에 있는 것들이었다.

이 컴퓨터로 투표한 유권자의 행태를 로그를 통해 분석했을 때 컴퓨터에 미숙하여 같은 페이지를 여러 번 보거나 실수로 뒤로 가기를 실행했거나 도움말 페이지를 보는 등 다양한 패턴을 보였다.

30표 이상 이새기 후보가 몰표를 받은 IP를 모두 뒤졌지만 대부분 몰표 현상이 소명되었고 별다른 이상도 발견할 수 없었다. 다음 중 향후 작업 진행 방향으로 가장 적절한 것은?

1. 이새기보다 더 많은 몰표를 받은 후보를 조사한다.
2. 이새기 후보의 30 표 이하의 몰표 IP를 조사한다.

답 : 1번

해설 : 이새기 후보에게 대량의 몰표가 나온 IP에서 특별한 부정 사례를 찾을 수 없다면 소량의 몰표가 나온 IP에서도 마찬가지일 가능성이 높다.

부정행위가 있었다면 그것은 대규모 몰표가 행해진 곳에서 이루어졌을 확률이 높으므로 부정행위를 찾으려면 당연히 몰표가 많이 나온 순서대로 조사하는 것이 합당하다.

문제 19 당신은 몰표가 가장 많이 나온 IP도 조사했지만 별다른 문제를 발견할 수 없었다.

이렇게 진상조사위가 의심하고 있는 여러 부정 의혹들이 근거 없는 것으로 드러나고 부정의 당사자로 지목된 이새기 후보에게도 별다른 혐의점을 발견할 수 없었다.

하지만 분열보수당은 이런 의혹 제기로 인해 두 차례나 진상조사가 이루어졌고 이 과정에서 당원이 분신하여 사망하는 등 극심한 혼란에 휩싸여 있다. 뭔가 문제가 있는 것은 분명하지만 현재로서는 사실 확인이 불가능하다.

디지털 포렌식 조사자 입장에서 향후 어떤 대응을 해야 하는가?

1.   모든 것은 의혹에 불과하다고 결론을 내리고 조사를 중단한다.

2.   다른 후보를 조사하여 이런 의혹의 원인을 찾아낸다.

답 : 2번

해설 : 디지털 포렌식적으로 말하자면 단순히 제기되는 의혹은 없다. 그 의혹이 사실이지만 아직 증거로 뒷받침되지 못했을 뿐이거나 의혹제기를 통해 다른 부정을 덮기 위한 것일 수도 있다. 의혹이 사실이든 아니든 이를 통해 이익을 보는 집단이 존재하기 때문에 분란이 사라지지 않는 것이다.

만약 한 쪽의 의혹 제기가 사실 무근으로 밝혀졌다면 결국 그 의혹을 제기한 쪽에 문제가 있는 것이라고 판단할 수 있다. 분열보수당의 경우 이새기에 대한 집중적인 조사에도 불구하고 구체적인 혐의점을 발견할 수 없었다면 그를 희생양으로 삼으려는 세력이 존재한다고 판단할 수 있다.

문제 20 디지털 포렌식 작업자가 의뢰 받지 않은 부분까지 조사할 의무는 없다. 하지만 거의 모든 의혹들이 대부분 근거가 없는 것으로 밝혀진 이상 실체적 진실을 파악하기 위하여 동일한 조사를 좀 더 범위를 넓혀 진행하는 것이 타당한 선택이라고 할 것이다.

의혹의 사실 여부를 확인하는 것과 달리 특별한 혐의점 없이 자료를 조사하는 것은 자칫 시간을 낭비하는 무의미한 작업이 될 수 있다. 때문에 자체 조사를 할 때는 스스로 무엇을 찾아내려는 것인지 명확히 할 필요가 있다.

목표 IP를 조사한다면 그 IP에서 사용해서는 안 되는 기능을 쓴 적이 있는지 조사하는 것이 최선일 것이다. 당신은 이제 가장 많은 목표를 받은 IP부터 이런 사례가 있는지 차례로 조사하기로 한다.

조사 범위와 목적이 명시되지 않은 디지털 포렌식 작업은 매우 힘든 일이다. 포렌식 작업은 대개 시간에 쫓기기 때문에 일주일 이상의 밤샘 작업이 기본이다. 때문에 스트레스와 피로로 인해 눈 앞의 증거도 놓치기 쉽다.

가능성이 없다고 포기하지 말고 밤을 새워가며 적극적으로 조사해야 한다.

시간이 흘러 계약된 포렌식 작업 마지막 날이 되었다. 밤샘 작업을 하던 새벽, 당신은 이어도에서 사용된 한 IP에서 다음과 같은 놀라운 사실을 발견했다.

이 IP는 회사의 노조 사무실이나 병원 등 노동자가 많이 있는 장소가 아닌 곳인데도 목표가 행해졌다.

이 IP는 공식 현장 투표소가 아님에도 누군가 현장 투표소에서만 쓸 수 있는 지역 관리자 아이디로 로그인을 했다.

현장 투표소에서는 유권자가 이미 온라인 투표를 했는지 확인한 다음 현장 투표권을 부여했다. 이를 위해 "개별 유권자가 온라인 투표를 했는지 확인하는 기능"이 존재했다. 이 IP에서 공식 현장 투표소가 아니면 사용할 수 없는 이 기능을 6,018회 사용했음이 로그를 통해 확인되었다.

이 IP를 사용한 곳은 어떤 곳이라고 판단할 수 있는가?

1. 불법 콜센터
2. 당헌 당규를 경미하게 위반한 곳

답 : 1번

해설 : 디지털 포렌식 관점에서 볼 때 불법적으로 미투표자 조회가 이루어진 곳은 명백한 범죄의 현장이라고 추정할 수 있다.

컴퓨터 사용이 어려운 노동자들이 많은 공장의 노조 사무실과 같이 소명될 수 있는 부실 사례와는 달리 이 곳은 몰표에 대해 합리적인 근거를 댈 수 없는 장소이기 때문이다.

현장 투표소에서만 사용 가능한 관리자 아이디를 현장 투표소 이외의 장소에서 사용했고 현장 투표소에서만 허용된 기능을 실행한 것은 의도를 가지고 불법을 저질렀다는 확실한 증거로 삼을 수 있다.

문제 21 이어도에서 발견한 IP는 불법 콜센터 IP로 의심된다. 또한 여기서는 대리 투표가 행해졌다고 판단할 수밖에 없는 아래와 같은 증거가 확인되었다.

> 이 IP에서는 "개별 유권자가 온라인 투표를 했는지 확인하는 기능"이 6,018회 실행되었다. 이를 통해 1,292명의 유권자가 투표를 했는지 여부를 불법적으로 조회했다.
>
> 불법적인 조회를 한 이후에 투표를 한 사용자가 731명이었다. 이들 중 많은 수가 불법 콜센터의 투표 권유를 받고 투표했다고 판단할 수 있다.

이 IP에서 투표 여부를 조회한 유권자 중 153명이 같은 IP에서 온라인 투표를 한 것을 로그를 통해 확인했다.

로그를 통해 보았을 때 이 IP에서의 투표 행위에서는 도움말 페이지를 확인하는 등 일반적인 투표자의 행태가 전혀 나타나지 않았다.

이로 미루어 이 IP에서는 해당 유권자들에 대해 투표 여부를 조회하여 투표 독려를 했고 그럼에도 투표하지 않은 유권자를 확인한 후 같은 IP에서 대리 투표를 했다고 추정할 수 있다.

이 IP에서 행한 271건의 온라인 투표는 투표자가 이 장소에 왔었다는 것이 소명되지 않는 한 전부 대리 투표라고 추정할 수 있다.

이 모든 것은 로그에 1/1000초 단위로 정확히 기록되어 있다. 언제 · 누구를 조회하고, 언제 · 누가 투표했는지 정확하게 확인할 수 있다.

웹 서버 로그에는 접속한 PC에서 어떤 웹 브라우저를 사용했는지 그 정보가 기록된다. 이어도의 불법 콜센터 IP에서 접근한 기록을 추출하여 서로 다른 웹 브라우저 종류를 확인한 결과 다음과 같았다.

```
Gozilla/4.0+(compatible;+MSIE+7.0;+Windows+NT+5.1;+.NET+CLR+
2.0.50727;+.NET+CLR+3.0.4506.2152;+.NET+CLR+3.5.30729;+InfoPath.2)


Gozilla/4.0+(compatible;+MSIE+7.0;+Windows+NT+5.1;+.NET+CLR+
2.0.50727;+InfoPath.2)
```

> Gozilla/4.0+(compatible;+MSIE+7.0;+Windows+NT+5.1;+InfoPath.2;
> +.NET+CLR+2.0.50727)
>
> Gozilla/4.0+(compatible;+MSIE+7.0;+Windows+NT+5.1;+Mozilla/4.0
> +(compatible;+MSIE+6.0;+Windows+NT+5.1;+SV1)+;+InfoPath.2;+.NET
> +CLR+2.0.50727;+.NET+CLR+3.0.04506.30)

이 콜센터에는최소 몇 대의 컴퓨터가 있었다고 판단할 수 있는가?

1. 4대 미만
2. 4대 이상

답 : 2번

해설 : 웹 서버 로그에는 접속 IP, 접속 시간, 사용자 ID, 요청 사항, 웹 브라우저 종류 등 다양한 정보가 기록된다. 위의 자료에 의하면 웹 브라우저 종류가 네 종류가 나왔으므로 최소 네 대 이상의 컴퓨터를 사용했다고 판단할 수 있다.

1/1,000초 단위의 요청 간격을 정밀하게 조사하면 실제로 몇 대가 운용되었는지 더 정확하게 알 수 있지만 어쨌든 최소 네 대 이상이었던 것은 확실하다.

문제 22 불법 콜센터가 운영된 IP를 사용한 사람은 누구인지, 이 IP에서 또 다른 부정행위는 없었는지 확인하기 위해 사용할 수 있는 방법은?

1. 정밀 로그 분석
2. 구글에서 IP 검색

답 : 2번

해설 : 구글 검색은 많은 것을 알려 준다. 특정 IP를 키워드로 넣고 검색하면 이 IP에서 어떤 사이트를 방문했는지 알 수 있다. 게시판에 글쓰기를 할 경우 글쓴이 정보와 함께 IP가 기록되므로 이 IP에서 게시판에 무슨 글을 썼는지도 정확하게 알 수 있다.

대개 보안상 게시판에 IP가 기록될 경우 12.34.56.XX, XX.34.56.78과 같이 일부만 기록되므로 앞부분을 제외하거나 뒷부분을 제외하고 검색을 하면 된다.

만약 해당 IP를 사용하는 자가 분열보수당의 게시판에서 근거 없는 의혹 제기로 상대편을 중상모략하는 글, 즉 마타도어를 양산하고 있었다면 이를 또 다른 부정 선거의 유력한 증거로 삼을 수 있다.

게시판 글은 삭제 가능성이 있으므로 그 양이 몇 천 개에 이르더라도 모두 캡처해두는 것이 좋다.

문제 23 불법 콜센터 IP에서의 부정 행위, 이 IP에서 쓴 게시판 글, 1차 진상 조사를 받았던 참고인들의 증언, 기자들의 탐사 보도 등을 종합해볼 때 이 IP를 사용한 자는 다음과 같은 행위를 한 것으로 판명되었다.

이 자는 건축업자로 자신의 사무실에서 최대 네 대 이상의 컴퓨터를 동원하여 불법 콜센터를 운영하였다.

이 자는 콜센터에서 불법적인 유권자 조회와 최소 152건 이상의 대리 투표를 했다.

이 자는 분보당 게시판에서 근거 없는 각종 의혹을 제기하여 당내 분란을 야기하였다.

이 자는 1차 진상조사위의 현장 투표분과위원으로 활동하였다.

1차 진상조사위는 온라인분과, 현장투표분과, 투표관리분과로 엄격하게 분리되어 운영되었으나 이 자는 현장투표분과임에도 불구하고 수시로 온라인분과 회의에 참석하여 각종 의혹을 제기하고 다양한 부정 수법을 늘어놓으면서 조사 방향과 내용에 영향을 미쳤다.

1차 진상 조사위는 이 자가 운용한 불법 콜센터 IP에 대한 조사를 제대로 진행하지 않았다. 대신 사소한 부실 사례를 부풀려 "총체적인 부실 부정 선거"로 규정하기 위해 노력했다.

이런 증거로 볼 때 이 사건의 실체적인 진실은 무엇이라고 판단할 수 있는가?

1. 분열보수당의 당권을 장악한 자들의 부실과 부정 선거의 실체가 드러난 사건

2. 건축업자가 자신의 이권을 챙겨줄 국회의원 만들기에 실패한 사건

답 : 2번

해설 : 디지털 포렌식에서는 드러난 증거에 의해서만 판단해야 한다. 증거에 의하면 온라인에서의 명백한 부정행위는 이것 밖에 없었다.

수많은 다른 증거를 종합해볼 때 분보당의 선거 부정 의혹의 실체는 건축업자가 부정행위를 통해 국회의원을 만들려고 했던 비리사건에 불과하다.

문제 24 그 동안 제기된 각종 의혹에 대한 해명을 찾아보았을 때 다음과 같은 사실을 확인할 수 있었다.

분열보수당의 온라인 부정 사례는 모두 근거가 없는 것으로 밝혀졌다. 주민등록번호 중복, 뭉텅이로 붙어 나온 투표 용지 등 다른 의혹도 완전하게 해명되었다.

분열보수당의 선거는 일부 부실 사례, 소명될 수 있는 부정 사례를 제외하고는 단 두 건의 부정 사례만 있을 뿐이다.

그 중 하나는 현장 투표소에서 무더기 대리 투표가 행해졌던 사례이며, 다른 하나는 온라인에서의 불법 콜센터 운영을 통한 대규모 대리투표 행위이다.

1,2차 진상 조사에서 이 두 사례는 제대로 조사되지 않고 철저히 은폐되었다.

1,2차 진상 조사는 명백한 부정 사례를 은폐하고 일부 부실 사례만을 근거로 "총체적 부정 선거"라고 주장하고 있다.

이것이 사실이라면 여태까지 분열보수당을 파국으로 몰고 갈 정도로 파괴력이 있었던 의혹들이 구체적이고 설득력이 있으며 상세하고 다양했던 것은 어떻게 설명할 수 있는가?

1. 의혹을 제기했던 자가 자신이 사용했던 조작 방법을 근거로 삼았기 때문이다.

2. 물증도 없이 그냥 떠든 것들이 우연히 맞아 떨어진 것이다.

답 : 1번

해설 : 의혹 제기가 매우 구체적이고 사실적일 경우 대개 그것은 자신의 경험에 기반한 것일 경우가 많다. 특히 범죄의 혐의가 있다고 공격 받은 측에

게서 범죄의 증거가 발견되지 않을 경우 실제 범죄는 그 의혹을 제기한 자가 저질렀을 가능성이 매우 높다.

"최고 관리자 계정을 특정 후보에게 유리하게 악용했을 것"이란 의혹은 의혹을 제기한 자 자신이 지역 관리자 계정을 악용했으므로 중앙당 당직자들도 당연히 그랬을 것이라고 생각해야만 제기할 수 있는 주장이다.

"미투표자 현황을 엑셀 파일로 한꺼번에 내려 받아서 투표 독려에 사용했을 것"이란 의혹은 자신들은 지역 관리자 ID밖에 몰라 한 명씩 미투표자 현황을 확인할 수밖에 없었지만 "만약 우리가 중앙당에 있었다면 이런 고생하지 않고 한 번에 처리할 수 있었을 것"이란 소망을 표현한 것일 가능성이 높다.

휴대폰 번호를 바꾸어 대리 투표를 했을 것이란 의혹도 152차례의 대리 투표를 하기 위해 유권자에게 일일이 인증 번호를 받아내는 수고를 한 자들이 아니면 생각해내기 어려운 상상이다.

분열보수당에 제기된 대부분의 의혹은 이어도의 불법 콜센터 운영 과정에서 했던 실제 작업이 무엇이었는지를 역으로 알려 주는 것이다.

이들이 중앙당 당직자였다면 최고 권한으로 무슨 짓을 했을 지 충분히 예상 가능하다. 하지만 최고 권한을 가졌던 중앙당 당직자들은 이런 부정을 전혀 저지르지 않았다. 만약 불법 콜센터를 운영했던 자들이 중앙당을 장악하고 있었다면 이런 대규모 부정을 저질렀을 가능성이 매우 높았을 것이라고 판단할 수 있다.

마타도어는 그것이 사실무근임이 밝혀지더라도 그 영향력은 사라지지 않는다. 관계자들을 혼란에 빠트린 다양한 마타도어들이 근거가 없는 것임이 밝혀지더라도 사람들은 쉽게 의혹을 거두기 힘들다.

대개 사건 당사자들은 디지털 포렌식 실무자들처럼 확실한 증거를 눈으로 확인하기 어렵기 때문에 사건의 실체에 대해 확신을 가지기 어렵다.

다양한 주장을 교차 체크할 수 없는 상황에서 수많은 의혹 제기를 듣다 보면 그럴 듯한 내용을 조금씩 취사선택하여 자기만의 진실을 구성하기 때문에 결국 진실을 대면하여도 쉽게 생각을 바꾸지 못한다.

특히 이어도의 불법 콜센터 운영자처럼 악의적인 마타도어를 조직적으로 유포하고 진상조사위의 조사 방향까지 왜곡할 정도로 치밀하게 행동할 경우 거의 대부분의 사람들은 이들의 주장이 진실이라고 믿게 될 것이다.

하지만 디지털 포렌식은 이런 현상을 타파할 수 있다. 블랙박스 영상과 같이 명확한 증거를 제시함으로써 잘못된 판단을 단숨에 깨버릴 수 있다.

이를 위해서 실체적 진실을 확인하고 이를 뒷받침할 수 있는 증거를 모으는 행위를 게을리하지 않는 것. 이것이 진정한 디지털 포렌식 작업자의 자세이다.

문제 25 당신은 보고서를 작성하기 전 디지털 포렌식 기법으로 찾아낸 실체적 진실을 진상조사 온라인 분과 위원들에게 브리핑을 했다. 그런데 그 자리에서 위원들이 당신의 조사 결과를 부정했다. 분과위 간사까지 당신의 조사에 불만을 표시했다.

당신은 온라인 분과의 반응이 정상이 아니라고 판단하고 진상조사위원장에게 전화를 걸어 조사 결과를 직접 확인할 필요가 있다고 알렸으나 진상조사위원장은 절차를 밟아 올라온 것만 인정할 수밖에 없다고 말하고 있다.

정상적인 경우라면 진상조사위에는 검사와 변호사가 모두 존재해야 한다. 의혹이 사실이라고 생각하는 측과 사실이 아니라고 생각하는 측이 자유롭게 조사를 진행하여 각자의 보고서를 제출하고 판사에 해당하는 조직이 양측의 보고서를 검토하여 합리적인 해석을 내려야 한다. 자유롭게 의견 개진이 가능해야 제대로 된 조사가 이루어질 수 있기 때문이다.

하지만 분보당의 진상조사위에는 이런 구분이 존재하지 않았다. 판사와 변호사 없이 검사만 존재하는 법정과 같은 형태였다. 때문에 온라인 분과 위원들이 자신들의 생각과 다른 디지털 포렌식 결과를 폄하하는 상식 이하의 행동까지 일어난 것이다.

이로 볼 때 온라인 분과는 당신의 조사 결과 보고서를 인정하지 않을 가능성이 매우 높다. 디지털 포렌식 작업자로서 이런 상황을 타개하기 위해 보고서를 어떻게 작성하는 것이 최선일까?

1. 보고서에 모든 진실을 담는다.
2. 보고서에는 완곡한 내용만 담은 후 소명 기회를 노린다.

답 : 2번

해설 : 디지털 포렌식 작업을 하다 보면 확인된 증거가 의뢰자의 이해관계와 충돌할 경우가 있다. 디지털 포렌식 작업자는 변호사가 아니기 때문에 고객의 비밀을 보호해야 할 의무는 없다.

디지털 포렌식 작업을 할 때 비밀 유지 계약을 하더라도 법정에서는 사실대로 말할 수밖에 없다. 만일 범죄의 증거를 찾아냈다면 고객의 의사에 반하더라도 관계 당국에 알려야 할 의무가 발생한다.

대개 법원에서 의뢰하는 디지털 감정의 경우 포렌식 작업자는 검사와 변호사 양측의 주장들을 청취한 후 이것들이 사실과 부합하는지 여부를 조사해 판사에게 보고하면 된다.

이런 절차가 제대로 진행되지 않는다면 판사에게 제출해야 할 보고서를 검사가 중간에 가로채서 자신에게 유리한 부분만 발췌해서 이용하고 보고서는 폐기해버리는 사태가 일어날 수 있다.

이런 위험이 있다면 보고서에는 완곡한 내용만 담고 소명 기회를 노리는 것이 최선이다. 완곡한 내용의 보고서로 중간 검열을 통과할 가능성을 높이고 소명 기회가 왔을 때 보고서의 의미를 정확히 설명하면 되기 때문이다.

물론 실제 현장에서는 의뢰자가 원치 않는 내용이 들어 있을 경우 아무리 완곡하게 보고서를 작성하더라도 폐기될 가능성이 높고 제대로 된 소명 기회를 얻기도 힘들다.

거기에 더해 다양한 어려움을 겪을 수도 있으므로 현명한 대처법을 알아놓을 필요가 있다.

문제 26 조사 브리핑 이후 분열보수당 진상조사위 온라인 분과의 태도에서 다음과 같은 이상 징후가 발견되었다.

누가 몇 시까지 데이터베이스에 접속할 것인지 재확인하는 등 갑자기 정상적인 디지털 포렌식 작업 일정까지 체크하기 시작했다.

조사 과정이 길어져서 금요일 밤부터 일요일 새벽까지 데이터센터에서 계속 작업 중인 디지털 포렌식 작업자들을 격려하기는커녕 이것이 계약 기간이 끝났음에도 무단으로 작업을 계속하는 것이 아닌가 하는 항의가 들어오기도 했다.

보고서 제출 기한이 토요일이었을 뿐 계약서에 명시된 작업 기간은 일주일 이상 남았음을 알려주고 납득을 시켰지만 결국 또 다른 항의로 인해 작업에 방해를 받을 가능성이 있어 작업 장소를 옮겨야 했다.

온라인 분과위원들은 각자의 정파적 입장을 가지고 서로 극심한 의견 대립을 하고 있었다. 온라인 분과 위원장은 자신과 대립하고 있는 온라인 분과위원을 지명하며 보고서를 자신과 그 위원에게 동시에 보내달라고 주문했다.

이런 일련의 과정은 디지털 포렌식 작업을 방해하기 위한 것으로 판단된다.

보고서를 여러 사람에게 보내라는 것은 유출 가능성을 높여 보고서의 증거 능력을 훼손하려는 시도로 판단된다.

진상조사위 온라인 분과위원장의 요구에 대해 어떻게 대응하는 것이 가장 적절한가?

1.　요구에 따라 두 사람에게 보고서를 동시에 보낸다.

2.　온라인 분과위원장에게만 보낸다.

답 : 1번

해설 : 디지털 포렌식 작업을 하다 보면 다양한 상황에 처하게 된다. 법원 재판에 감정인으로 출석했을 때 검사, 변호사, 판사 등으로부터 동시에 공격받는 경우도 많다. 때문에 디지털 포렌식을 할 경우 자기 방어에 특별히 신경 쓰지 않을 수 없다.

의뢰인들이 다양한 입장으로 나누어져 있는 경우 포렌식 결과가 자신에게 불리하다고 판단하는 측이 있을 수 있다. 이런 쪽에서 일부러 보고서가 유출되게 함으로써 포렌식 작업의 증거 능력을 훼손하려고 할 수도 있다.

만약 보고서 작성자가 의뢰인 중 한 사람에게만 보고서를 제출한다면 그 사람이 속한 측에 유출 책임이 돌아갈 수가 있다. 때문에 반대편에게도 공식적으로 보고서를 전달하게 만들면 유출 책임을 상대편에게 떠 넘길 수 있게 된다.

보고서 작성자가 이런 위험을 회피하기 위해 여러 사람에게 동시에 보내라는 요청을 무시하고 단 한 사람에게만 보낼 경우 역으로 보고서 작성자에게 유출 책임이 돌아올 수 있다. 그러므로 보고서의 가치를 훼손하려는 의도를 감지했더라도 의뢰인 측의 요구를 수용할 수밖에 없다.

만약 여러 사람에게 보내라는 요구를 따랐음에도 보고서 작성자에게 유출 책임을 묻는 의뢰인이 있다면 그들은 매우 악의적이고 지능적인 자들이라고 말할 수 있다.

문제 27 보고서의 가치를 훼손하려는 시도가 감지되는 경우 디지털 포렌식 작업자는 방어를 위해 노력하여야 한다. 이를 위해서 일차 증거를 확보할 필요가 있지만, 그러기에는 다음과 같은 어려움이 있다.

> 원본 하드디스크와 증거 확보용으로 복제한 하드디스크를 의뢰인 측에 반납해야 한다. 만약, 또 다른 사본을 만든다면 이는 불법행위가 된다.
>
> 조사 과정에서 사용한 각종 문서는 반납하거나 파기하여야 한다. 이를 유출하는 것도 불법 행위이다.
>
> 조사를 위해 따로 추출한 로그 등 디지털 자료도 삭제해야 한다. 복제본을 만들면 이 또한 법률 위반이 된다.

의뢰인 측과 공방이 생길 가능성이 높다면 차후 새로운 주장이 나왔을 경우 사실 확인을 위해 로그 기록이 필요하다. 이 로그를 합법적으로 확보하는 방법은?

1. 보고서를 메일로 보내고 각종 자료를 첨부한다.
2. 의뢰인에게 요청하여 자료 복제를 허가 받는다.

답 : 1번

해설 : 분쟁이 발생하면 재검증이 필요하다. 이를 위해서 로그를 복사할 필요가 있지만 갈등이 있는 의뢰인이 자료 복제를 허용할 가능성은 매우 낮다.

이 경우 보고서를 메일로 보내고 실행파일, 문서 자료, 용량이 큰 로그 기록 등을 아예 메일 첨부로 함께 보내면 합법적으로 증거를 확보할 수 있다.

메일은 당연히 받는 측과 함께 보낸 측에도 보관되므로 나중에 이를 활용할 수 있다.

의뢰인 측이 증거를 조작할 수도 있기 때문에 디지털 서명까지 하면 분쟁이 생겨도 확실한 대응이 가능하다.

문제 28 예상대로 보고서가 폐기되었다. 또한 보고서의 증거 능력을 훼손하기 위해 다음과 같은 마타도어가 제기되었지만 대부분 해명 가능한 것들이었다.

> 보고서 작성자가 직접 보고서를 유출한 의혹이 있다. **- 최초로 기사를 작성한 기자에게서 사실무근임을 확인하고 녹취를 함.**
>
> 새로운 선거가 정상적으로 진행되지 못하도록 새 선거 시스템에 들어와 시스템을 조작한 의혹이 있다. **- 분열보수당 기술위원회의 조사로 사실이 아님이 공식 확인됨.**
>
> 조사 기간을 넘겨 무단으로 당의 데이터베이스 서버에 접속했다. **- 업무 범위에 들어감을 해명함.**
>
> 부정 선거의 당사자인 당권 세력과 가까운 자다. **- 이런 세력과 아무런 상관이 없음을 밝히고 이런 의혹 제기보다는 보고서 소명에 관심을 기울여 달라고 요청함.**

보고서가 폐기된 이후 이런 마타도어를 통해 보고서를 폄하하려는 시도가 계속해서 진행되고 있다. 이를 해결하는 최선의 방법은?

1. 명예훼손 소송을 진행한다.
2. 각종 매체에 진실을 알리고 언론 인터뷰 등을 통해 적극적인 해명 노력을 한다.

답 : 1번

해설 : 마타도어는 아무리 해명하더라도 사람들 인식에서 사라지게 만들기 어렵다. 그보다는 소송을 통해 이들이 명예훼손의 의도를 가지고 마타도어를 전파했음을 밝히는 것이 더 낫다. 시간이 지날수록 소문보다는 법원 판결이 더 신뢰성을 얻게 되기 때문이다.

문제 29 디지털 포렌식 보고서가 폐기된 이후 이번 사건을 다음과 같이 바라보는 입장이 존재한다.

> 분보당의 선거는 총체적으로 부실과 부정이 얼룩진 선거였으므로 부정의 주체를 밝히고 부정이 얼마나 있었느냐를 따지고 묻는 것 자체가 무의미하다.
>
> 1% 부정이냐 50% 부정이냐를 따지는 것이 아니다.
>
> 특정인에게 책임을 묻는 것이 아니다. 총체적 부정 선거의 책임을 통감해서 후보들이 모두 사퇴하자는 것이다.
>
> 후보에서 사퇴한 다음에도 얼마든지 진상을 밝히고 명예를 회복할 수 있다. 이렇게 사퇴하지 않고 버틸수록 오히려 상황은 더 나빠질 것이다.

이런 논리는 어떤 근거에서 나온 것이라고 판단되는가?
1. 혁신을 통해서 당을 발전시켜 나가려는 마음에서 나온 충정이다.
2. 전형적인 사기꾼의 논리이다.

답 : 2번

해설 : 법은 도덕의 최소한이다. 법정에서 사소한 부정의 혐의는 범죄의

증거로 채택될 수 없다. 온라인 선거의 한계로 인해 부실하게 운영되었다는 것에 대해서는 죄를 물을 수 없다.

하지만 이런 부실 사례를 명백한 범죄의 사례와 등치시킬 수는 없다. 디지털 포렌식으로 찾아낸 것은 범죄의 증거이므로 가장 먼저 이들을 처벌해야 한다.

분열보수당은 아직도 이 자에 의해서 움직이고 있다. 1차 진상 조사위원으로 활동하며 조사 진행을 왜곡한 범죄자의 마타도어에 모든 사람들이 속고 있다. 사람들은 명백한 증거를 눈으로 확인한 적이 없으므로 아직도 사기꾼이 설정한 프레임 속에서 헤어나오지 못하고 있다.

1%의 부정과 50%의 부정이 있었다면 각각 그 죄의 크기에 상응하는 대가를 치르면 된다. 50%의 부정을 저지른 사기꾼은 1%의 부정을 부풀려 50%의 부정과 같은 것으로 착각하게 만들고 싶겠지만 디지털 포렌식 조사 결과 분열보수당에는 의혹으로 제기된 1%의 부정들이 대부분 근거가 없는 것으로 밝혀졌다.

디지털 포렌식 작업자와 의뢰인이 대립하는 경우는 대개 의뢰한 조직 내에 범인이 있기 때문인 경우가 많다. 하지만 아무리 포렌식 작업자가 증거를 가지고 있고 이 범인이 단 한 명에 불과하더라도 조직을 등에 업고 있는 범인과의 싸움에서 쉽게 이기기는 힘들다.

이 범죄자는 여전히 분열보수당에 남아 또 다른 논리를 제공하며 범죄의 증거를 소명할 기회를 막고 있다. 분열보수당은 이 자를 도려내지 않으면 결국 감당할 수 없는 대가를 치르게 될 것이다.

문제 30 분열보수당에 숨어 있는 단 한 명의 범죄자와의 싸움을 해야 하는 상황에 처했을 때 이 싸움에서 이기기 위해 치러야 하는 대가가 적지 않다.

당 사람들이 이 싸움을 원하지 않을 수 있다. 마타도어든 아니든 이미 그들은 스스로 판단을 내려버렸기 때문에 더 이상 진실은 중요하지 않게 되었다.

믿고 싶은 것을 믿고자 하는 의지가 너무나 확고하기 때문에 증거를 보여 주더라도 생각을 고칠 가능성이 크지 않다.

이미 되돌리기에는 너무나 멀리 와버렸다. 갈등과 증오, 불신과 의심이 팽배해 서로 화합하여 사건의 진상을 확인하고 범죄자를 도려내는 것이 불가능할 정도다.

진실을 밝히는 것이 오히려 당에 해가 될 수도 있다. 이미 국민들이 당내 특정 세력을 악의 집단이라고 믿고 있는 만큼, 세상 사람들의 인식을 되돌리는 노력을 하기보다는 국민들이 혁신이라고 생각하는 방향으로 처리하는 것이 이익일 수 있다.

이런 여러 가지 이유로 디지털 포렌식이란 작업이 어쩌면 사소한 부분에 집착하여 당의 발목을 잡는 것으로 비쳐질 수 있다. 진실이 더 이상 의미가 없는 상황이라고 판단될 때 디지털 포렌식 작업자는 어떤 선택을 해야 할까?

1. 그래도 진실 규명에 노력해야 한다.
2. 효율성이 없는 일은 접고 생산적인 분야에 집중한다.

답 : 1번

해설 : 디지털 포렌식 작업은 증거에 의해 진실을 찾는 작업이다. 이런 작업에 다른 상황을 고려할 필요는 없다.

디지털 포렌식에서는 블랙박스와 같은 명백한 증거를 통해 사람들의 인식을 극적으로 변화시킬 수 있다. 사람들이 진실로부터 아무리 멀리 와 있어도 가능하다. 바로 이것이 디지털 포렌식의 매력이다.

유죄 판결을 받고 대법원까지 간 사건에서 파일을 만든 날짜가 검찰의 압수 수색 이후임을 찾아냄으로써 검찰의 조작 행위를 밝혀 무죄를 이끌어 내는 경우가 실제로 있었다.

이처럼 이미 대법원까지 갔기 때문에 뒤집히기 힘들다고 모두 포기한 사건이더라도 디지털 포렌식은 상황을 역전시킬 수 있다. 검찰의 엄청난 압박과 회유에도 불구하고 움직일 수 없는 증거만 있다면 이 모든 불의를 견뎌낼 수 있다.

마찬가지로 분열보수당을 설득하여 범죄의 증거를 눈으로 확인하게 만들 수만 있다면 단 한 명의 범죄자에 모든 사람들이 속고 있는 상황을 역전시킬 수 있다.

수많은 마타도어에 속고 있으면서도 오히려 자신의 판단이 옳다고 확신하고 있는 분열보수당 사람들이 이 증거를 직접 보게 된다면 누구라도 디지털 포렌식 작업자들의 의견에 동의할 수밖에 없게 될 것이다.

문제 31 디지털 포렌식 이외의 관점에서 바라보는 사람들은 단순히 이번 사건만으로 상황을 판단하기 어렵다면서 다음과 같은 의견을 제시하고 있다.

당권을 쥐고 있는 세력이 이전에도 동원 선거 등 부정선거를 했다는 의혹이 있다.

설사 당권을 쥐고 있는 측이 이번 사건에서 부정을 저지르지 않았다고 하더라도 이전의 잘못이 많은 만큼 억울함을 주장할 것이 아니라 자기 반성의 계기로 삼아야 할 것이다.

실제 종북 세력이 존재한다. 어떤 방식이든 이들을 걷어내지 않으면 진보가 바로 설 수 없다. 비록 방법에 문제가 있다고 하더라도 종북 세력을 몰아내는 것이 더 중요하므로 약간의 무리수도 용인될 수 있다.

이에 대한 당신의 생각은?

1. 정권 교체가 우선이다. 설사 분보당에서 당권을 쥐고 있던 자들이 억울하다고 하더라도 야권 연대를 위해서 희생해야 한다.

2. 분보당은 사실 진보세력이다. 진보의 가치는 진실 추구에 있다. 거짓을 말하는 진보는 더 이상 진보라고 할 수 없다. 진정한 진보라면 스스로 거짓을 밝혀야 한다.

답 : (   )

해설 : 이 문제의 답은 당신이 스스로 선택해야 한다. 문제를 성실히 풀어 왔다면 어렵지 않게 정답을 맞출 수 있을 것이다.

"억울해도 참고 견뎌라, IT 블랙박스로 누명 벗겨주겠다" :

가해자와 피해자가 뒤바뀐 뺑소니 사건

지역 건축업자가 자기 이권 챙겨줄 국회의원 만들려다 실패한 부정사건

조준호도 범인에게 속았다

1차 진상 조사보고서는 범죄자가 직접 참여해 만든 은폐 보고서다

부정선거의 블랙박스를 갖고 있고 범인이 누구인지 알고 있다

범인은 지금도 당게시판 활동을 하며 증오와 불신을 부추기고 있다

검찰도 똑같은 증거를 확보했고, 진보당이 자체 해결하지 않으면 검찰손에 궤멸될 수 있다

피해자들은 억울해도 참고 견뎌라, IT 증거가 누명을 벗겨줄 것이다

7월 28일 김인성 교수를 만나 통합진보당 온라인 부정선거 사건의 전말에 대해 들어보았다. 김 교수는 통합진보당 2차 진상조사위원회의 위탁을 받아 통합진보당 웹 서버와 데이터베이스 서버 전체를 조사하였고, 그 과정에서 경악할 수밖에 없는 데이터를 발견했다. 그런데 이 경악스러운 내용을 담아 6월 25일 제출한 보고서는 2차 진상조사위에 의해 폐기됐고, 언론은 이를 무시했다. 도대체 김 교수가 들여다본 것은 무엇일까?

—컴퓨터 엔지니어가 이렇게 예민한 주제에 대해 인터뷰하기로 마음먹기는 쉽지 않을 것 같은데.

"이번 사건의 범죄자가 누구인지 알게 됐다. 바로 이 사기꾼 때문에 대표 중 한 명이 정치적으로 매장됐고, 당원 한 명이 분신자살 했다. 모든 언론도 한 쪽만 일방적으로 비난하고 있다. 노무현 대통령도 논두렁 시계니 하는 언론의 근거 없는 난자질 때문에 돌아가셨다. 모든 세력이 실컷 조롱하다가 죽은 다음에야 재평가를 하는 문화는 사라져야 한다. 더 이상 노무현의 슬픔이 반복되어서는 안 된다. 지금 핍박받는 사람들에게 '끝까지 이겨내라, 절대 죽지 말라.'고 말해주고 싶다."

　－ 왜 그런 생각이 드나?

　"통진당 사태의 블랙박스를 들여다보고 나서, 이 사건의 전개 과정을 머릿속에 그릴 수 있었다. 부정의 범죄자는 따로 있는데, 무고한 이들이 범죄자로 낙인 찍혔다. 그들의 억울한 심정이 느껴진다. 이 사건은 피해자와 가해자가 뒤바뀐 뺑소니 사건이다. 난 로그 log 속에서 뺑소니 친 가해자가 누구인지 보게 된 것이다. 로그란 컴퓨터의 모든 작업을 기록해 놓는 파일이다. 블랙박스와 같은 것이다."

　－ 지난 6월 28일 개인 홈페이지 '미닉스의 작은 이야기들'(http://minix.tistory.com)에 올린 글에서 "현재 통합진보당의 실제 웹 서버의 로그 전체를 조사하고 데이터베이스 로그와 비교 분석한 것은 저희뿐입니다. 저희도

의혹에 대한 증거자료를 찾은 것은 밤샘 조사를 계속한 지 5일째 되는 날이었습니다. 무슨 일이 있었는지는 로그에 적나라하게 기록되어 있었고, 그것을 본 저희는 경악할 수밖에 없었습니다"라고 밝혔다. 경악할 만한 일이 도대체 무엇인가?

"나는 범죄행위의 증거를 발견했고, 그 증거를 확보했다. 이는 세상의 인식과 완전히 다른 사실이다. 통합진보당 사건은 지역 건축업자가 자기 이권 챙겨줄 국회의원을 만들려다 실패한 선거 부정 사건이다. 여기서 시작된 근거 없는 흑색선전 즉 마타도어에 모두들 속고 있는 것이다. 감히 추측하자면 이 자로 인해 통합진보당의 유력한 대권 후보뿐만 아니라 또 다른 당의 유력한 대권 후보까지 피해를 입을 수 있다. 지금이라도 당의 모든 분들이 서로 화해한 후 합심하여 범죄자 색출에 나서야 한다."

– 그 범죄자가 누구인지 밝힐 수 있나?
"제주도의 건축업자다. 통합진보당에서 내게 소명기회를 제공하거나 검찰에서 참고인 조사로 부르면 다 말할 수 있다. 우리가 가지고 있는 통합진보당 비례대표 선거에 대한 이미지는 모두 그자가 만들었다."

– 이른바 총체적 부정 부실 선거를 말하나?
"그것도 포함해서."

– 이 사람이 도대체 어떤 범죄를 저지른 것인가?
"웹로그를 분석하던 마지막 날 새벽 2시에 범죄행위를 발견했다. 온라인 분과위에 알렸지만 무시해서 김동한 조사위원장에게 전화를 걸어 '정말 심각하다. 당신 눈으로 확인해야 한다.' 라고 말했다. '정말 심각하다.' 라는 말을 다섯 번은 반복했던 것 같다."

대규모이고 반복적이며 장기적인 부정 사례다. 공식 투표소도 아닌 제주
도의 M건설회사 사무실에서 공식 현장 투표소에서만 사용 가능한 관리자 아
이디로 접속했다. 이 아이디로 '온라인 투표 확인 기능'을 수천 번 실행했다.
그 뒤 수백 명이 온라인 투표를 한 것으로 나온다. 투표소가 아닌 곳에서 온
라인 투표 확인 기능을 실행했을 뿐 아니라 한 IP 안에서 공유기를 통한 컴퓨
터 여러 대가 투표한 것이 드러났다. 한 사람이 아닌 여러 명이 동원된 조직
적인 대리 투표라는 의심이 갔다.

난 이 사례가 온라인 부정선거의 '끝판왕'이라고 본다. 합리적 의심을 뛰
어넘는 명백한 부정의 사례다. 웹 로그를 분석했을 검찰이 마지막 순간에 가
지고 놀 수 있는 카드라고 본다. 로그를 확인하면 최소 몇 대의 컴퓨터를 가
지고 언제 어떤 일을 했는지 다 알 수 있다. 컴퓨터 로그로 완전한 진실을 재
구성할 수 있다."

– 이런 범죄행위에 대해 통합진보당 신당권파와 2차 진상조사위는 심각한 반
응을 보이지 않았다. 심각성을 알고도 모르는 척하는 것인가?

"아마도 믿을 수 없기 때문에 그럴 거라고 본다. 로그를 확인하기 전까지
는 모두가 부정을 했다고 생각할 수밖에 없을 것이다. 그런데 부정의 주범이
라고 의심한 후보가 아닌 엉뚱한 곳에서 범죄 사실이 밝혀지자, 사고의 관성
탓에 받아들이지 않는 것 같다.

보고서를 발표하기 전에 진상조사위 위원들과 간사에게 범죄사실의 증
거를 확보했다고 브리핑을 했는데, 이야기를 끝까지 들으려고도 안 했다. 이
때부터 나에 대해 비판을 하고, 당권파로 몰기 시작했다. 보고서 폐기를 결정
한 뒤에는 보고서 유출 책임을 나에게 뒤집어씌우기도 했다. 내가 조사 결과
에 대해 소명기회를 달라고 여러 차례 요구했으나 이마저 거부하고 있다."

– 객관적인 범죄사실의 증거가 확보됐다고 하는데도 그런 반응을 보이는 게 쉽게 납득이 되지 않는다.

"그동안에 형성된 고정관념이 워낙 강해서 그런 것 같다. 사실 로그를 확인하지 않는 한 이를 믿을 수 있는 사람은 거의 없다. 그런데 이제는 로그 확인을 통해 진실을 알게 되었음에도 이미 너무 많이 왔기 때문에 돌이키기 힘들게 된 것 같다. 그들도 처음에는 속았다고 본다. 우리는 모두 한 명의 범죄자 사기꾼에게 속고 있다. 지금이라도 실체적 진실을 확인하고 모두 제자리로 돌아가야 한다. 아직 늦지 않았다."

– 조준호 1차 진상조사위원장도 속았다고 보나?

"속았을 것이다. 1차 조사 때는 로그 분석도 없었고, 실증적 조사가 없었다. IT 범죄 조사에서 로그를 안 열어 본 것은 항공기 사고에서 블랙박스를 확인하지 않은 것과 똑같다. 컴퓨터를 잘 모르는 사람들이 제주도의 범죄자가 제기한 의혹에 쉽게 넘어간 것 같다."

– 제주도 M건설 이사로 재직 중이던 고영삼 씨가 조준호 진상조사위의 조사위원이었다. 부정의 주체인 고 씨가 조사위원으로 활동하면서 통진당 비례대표 선거 전체를 '총체적 부정선거'로 몰고 갔다는 증언도 있다고 하던데.

"1차 진상 조사를 받은 사람들의 증언에 의하면, 그 사람이 각 분과를 넘나들며 각종 부정 의혹을 제기하고 조사 방향을 간섭했다고 한다. 1차 진상 조사 보고서는 범죄자가 자신의 죄를 감추고 상대의 부실을 모아, 총체적 부정인 것처럼 위장한 잘못된 보고서이다."

– 고영삼이 자신들의 범죄사실을 은폐하고, 통진당 선거를 부정 부실로 몰고 가기 위해 1차 진상조사위에 의도적으로 들어갔다고 보나?

"그렇다고 본다. 그 전부터 당 게시판에서 여론을 왜곡시켜 왔다. 게시판에 마타도어를 던지면서 전체적인 부정이 있다는 주장을 제기해서 1차 진상조사위가 꾸려지게 만들었다. 다양한 선거 부정 의혹은 거의 모두 이자가 제기한 아이디어들이라고 한다. 자신이 부정을 저질렀기 때문에 구체적인 부정 의혹을 제기할 수 있었을 것이다.

1차 진상조사보고서는 총체적 부실 보고서다. 자기들 쪽 조사는 하지도 않았다. 그러면서 한편으로는 다 잘못했다는 논리로 앞 순위 후보들에게 사퇴하라고 주장했다. 부정투표로 비례대표 선순위에 못 들어간 상황에서 부정을 제기해서, 자기 앞에 있는 후보들을 낙마시켜 자기들이 비례대표가 되려고 한 것이다.

나는 여태까지 그가 게시판에 쓴 글을 증거 확보 차원에서 모두 캡처해 놓고 있다. 지금도 그 사람들이 게시판에서 각종 의혹을 제기하고 서로 증오와 의심을 부추기고 있다. 이자를 도려내지 않으면 통합진보당은 결국 파국을 맞게 될 것이다."

– 블로그 글을 통해 "인터넷을 잘 아는 단 한 명의 범죄자로 인해 통합진보당을 포함한 진보 진영 전체가 위험에 빠졌다고 판단한다."고 밝혔다. 그렇다면 결국 고 씨가 통진당 사태가 이렇게 비화되게 만든 방화범이라 할 수 있지 않나? 증거가 분명하면 검찰에 고발해서라도 잡아야 되지 않겠나? 그래야 사건의 원인이 제거되고 구당권파와 신당권파의 이성적인 대화가 가능할 것 같다는 생각이 든다.

"우리 모두는 속고 있다. 서로 다른 세력이 통합한 탓에 불안정한 상황에서 마타도어를 던지니 모두들 속아 넘어간 것이다. 서로 여태까지 쌓아 왔던 신뢰는 무너져 버리고 불신이 증폭된 것이다. 아무리 힘들더라도 지금이라도 되돌려야 한다. 스스로 하지 못하면 검찰에 의해 공격당하게 될 것이다.

내가 조사한 바에 의하면 그동안 주로 제기된 의혹들은 부실의 사례이거나 부부 간 대리투표 같은 당내에서 치러지는 온라인 투표 시스템의 한계로 인한 부정의 사례들밖에 없었다. 검찰이 먼지 털이를 하면 사소한 부정 사례들을 잡아낼 수 있겠지만 재판까지 가서 유죄를 받기 어려운 것들이라고 본다.

하지만 내가 찾아낸 것은 악의적이고 장기적이고 대규모로 진행된 범죄의 증거다. 이것은 절대로 다른 부실 사례와 같이 취급할 수 없다. 스스로 이 범죄자를 도려내지 않으면 결국 검찰 손에 진보 세력이 궤멸될 수도 있다. 통합진보당이 스스로 문제를 추스르지 못한다면 일단 사소한 부실과 부정이 국민들 눈에 도저히 용서할 수 없는 명백한 범죄의 증거로 포장되어 나타날 가능성이 높다. 지금은 당권파, 종북 세력에 대한 공격이 진행 중이라 검찰이 침묵하고 있지만 곧 야권 연대에 참여할 특정 세력을 무력화 시키는 데 활용하게 될 것이다."

– 김 교수가 범죄자로 지목한 고영삼 씨는 지금 어떤 반응을 보이고 있나?

"지금도 게시판 활동을 하며 통합진보당 사람들이 서로 증오와 불신을 하도록 부추기고 있다. 범죄자가 내가 작성한 보고서에 대해 폐기된 보고서는 일고의 가치도 없다고 비웃으며 게시판에서 조롱을 하고 있다."

– 통합진보당으로부터 의뢰를 받아 비례대표 투표관리 시스템을 분석한 뒤 작성한 이른바 '김인성 보고서'를 작성했다. 이번 사태와 관련해 온라인 투표의 블랙박스나 다름없는 웹로그 분석을 한 이는 김 교수가 처음이다. 6월 25일 제출한 이

른바 '김인성 보고서'를 두고 신·구당권파 사이에 해석이 다르다.

"조사위 자체에 문제가 있다. 진상조사 과정이 파행적이었다. 재판으로 치면 저희는 감정인이다. 판사가 촉탁한다. 검사와 변호사 양측의 주장 중 어느 쪽이 사실에 부합하는지 조사한 후 그 결과는 판사에게 제출한다. 이 사건은 판사도 변호사도 없이 검사만 있었다. 결론을 내줄 판사 역할 해줄 사람이 조사위에 없었다.

통합진보당 온라인 조사위는 실제 로그 같은 증거를 조사할 인원도 시간도 없었다. 그들은 우리가 조사한 자료를 근거로 다른 결론을 내렸을 뿐이다. 조사위는 로그를 직접 조사하거나 데이터베이스와 비교하는 작업을 한 바가 없다. 우리 조사 결과는 다 갖다 쓰면서 자기들 입맛에 맞게 결론을 왜곡했다."

― 1차 진상조사위는 M건설 부정선거를 전혀 다루지 않았다. 또한 2차 진상조사위는 이 부정선거를 포착한 김인성 교수팀의 '보고서'를 표결을 통해 아예 폐기해버렸다. 2차 진상조사위를 이끌던 김동한 위원장(성공회대 교수)은 "법학자의 양심에 기초해서 이번 조사는 객관성과 공정성이 보장되지 못했다"며 위원장직을 사퇴했다. 도대체 왜 이런 어처구니없는 일이 일어났다고 보나?

"진상 조사위원장은 판사역을 맡은 사람인데 위원장을 무력화시키고 모든 사안을 다수결로 진행했다. 판사에게 제출해야 할 보고서를 검사가 가로챈 후 자기에게 유리한 부분만 뽑아서 보고서를 작성했다. 검사가 판사와 변호사를 무시하고 사건을 조사, 변호, 판단했다. 그래서 진상조사위원장이 사퇴한 것이다."

― 진상조사위원장이 사퇴할 정도로 불합리했다면, 안에서 일한 사람들은 느꼈

을 텐데, 어떤 부분이 불공정했나?

"감정이라는 것이 검사 변호사 주장을 판단하는 거다. 저희에게 요구한 것은 이석기의 범죄행위 여부를 확인해달라는 것이었다. 모든 부정의혹에 대해 일관되게 이석기를 조사해달라고 했다. 조사보고서에 몰표 현황이 나오는데 30표 이상을 기준으로 작성된 이유는 이석기의 부정 의혹 사례를 가장 많이 포함하기 위해서였다. 그 후 이석기가 범죄행위가 없으니까, 그보다 훨씬 몰표가 많이 나온 IP를 조사하게 되었다. 그런데 딱 한 군데에서 대규모 부정의 증거가 나왔다.

진상조사위에는 변호사와 판사 역이 없었다. 판사에게 제출해야 할 보고서를 검사가 가로채서 자기 유리한 용도로 활용하고 폐기한 것이다."

− 범죄자에 대한 결정적 증거가 없기 때문에 이렇게 은폐가 가능한 것인가? 아니면 이 증거는 은폐될 수 없는 것이기에 언젠가는 범죄자를 색출해 낼 수 있는 것인가?

"다른 분야는 모르겠지만 IT분야는 철저히 기록에 의해 검증 받을 수 있는 곳이다. 내가 확보한 자료는 고해상도 블랙박스와 같은 것이다. 이것은 결코 지우거나 은폐할 수 없다. 같은 자료를 검찰도 가지고 있기 때문에 내가 아니라도 결국 검찰도 같은 결론에 이를 것이다."

− 1차 진상조사위는 일종의 블랙박스라고 할 수 있는 웹로그 분석을 안 했다. 웹로그 분석을 안 하고도 온라인시스템 부정선거를 밝힐 수 있나?

"웹서버가 작동하면 로그에 기록이 남는다. 일종의 블랙박스이다. 여기에는 무슨 작업을 했는지, 어떤 아이디로 접속했는지도 기록된다. 1차 진상조사위 때 이 로그 분석을 안 했다고 한다. 웹로그 분석은 해도 그만 안 해도 그만이 아니라 반드시 해야 한다. 로그 분석 없이 온라인 선거 시스템을 조사했다는 것은 말이 안 된다. 뺑소니 사고를 조사하면서 자동차에 남겨진 블랙박스를 보지 않았다는 것과 같다."

— 2차 진상조사특위로부터는 이석기 의원 등 주요 비례대표 후보들의 부정 사례가 있는지 찾아달라는 부탁을 받았는데, '김인성 보고서'에 의하면 이석기 의원 등 구당권파의 온라인 부정 사례를 '소명 가능한 것'으로 분류했다. 그렇다면 1차 진상조사위의 조사발표는 오류 아니면 허위였다고 볼 수 있나?

"먼저 전제를 하자. 온라인 투표는 근본적으로 결함이 있다. 오프라인 투표처럼 완벽할 수가 없다. 동일 IP에서 몰표 현상이 있었다. 그런데 당원 30명 이상이 요청하면 현장 투표소 설치가 가능했다고 한다. 공식 투표소가 있었던 공장 같은 곳의 컴퓨터에서의 몰표는 어느 정도 소명이 되는 부분이다. 이석기 의원 몰표도 공식 투표소에서 이뤄졌다. 물론 그렇다고 동원 투표, 대리 투표 의심까지 완전히 사라진 것은 아니다. 하지만 적어도 온라인상에서 대량으로 반복적인 장기간의 대리 투표 등이 발생했다거나 하는 부정은 발견하지 못했다.

온라인 투표가 완전하지 않다고 말했듯이 동원 투표나 대리 투표 의혹에서 완전히 자유로울 수는 없다. 하지만 의혹이 제기된 것처럼 대규모이면서 반복적·장기적으로, 관리자 아이디로 미투표자를 불법 조회해 조직적으로 대리 투표를 한 증거는 찾지 못했다.

디지털 포렌식은 효율을 중시한다. 대규모 부정 사례에 집중했는데, 30표 이상의 몰표를 받은 IP에서 아무런 문제가 없었다. 그 이하를 전수 조사하면 사소한 부실이나 부정이 존재할 수도 있겠지만 대규모 부정 사례를 거론하지 않고 이를 문제 삼을 수 없다.

1차 진상조사위에서는 조사위원으로 참여한 자와 관련된 후보의 부정 사례를 의도적으로 조사하지 않고 은폐했다. 1차 조사보고서는 범죄자가 직접 참여하여 작성한 '은폐보고서'이다."

─온라인 선거 부정에 대한 진상조사를 마치고 통합진보당 사태를 '가해자와 피해자가 뒤바뀐 뺑소니 사건'이라고 표현했다. 뺑소니 사고가 해결되려면 사고 운전자가 자수를 하거나 목격자가 있어야 할 것 같은데.

"블랙박스가 있다. 1/1000초 단위로 무슨 일이 있었는지 자세히 기록되어 있다. 가해자의 위치와 컴퓨터 대수까지 다 확인할 수 있다. 그날 무슨 일이 있었는지 1/1000초 단위로 실체적 진실을 재구성할 수 있다."

─ 통진당이 자체 해결하지 않으면, 검찰에 범죄자를 고발하겠다고 했는데.

"조사 과정에서 범죄의 증거를 발견했을 경우 관계 당국에 알려야 한다. 나는 정치인이 아니다. 말로만 할 수 없다. 곧 모든 증거를 가지고 검찰에 참고인 조사를 요청할 것이다."

─ 네이버와의 싸움에 이어 통진당 사건 논란의 한가운데 서 있게 됐다. 무엇 때문인가?

"나는 내가 찾은 진실을 알리기 위해 노력하고 있을 뿐이다. 지난 1년간 인터넷 포털 네이버와 공정성 논쟁을 하면서 단 한마디의 잘못된 발언도 할 수 없는 입장에 있었다. 네이버는 여러 차례 거짓말을 했지만 이것이 네이버의 위상에 조금도 상처를 주지 않았다. 만약 내가 네이버와 같이 거짓말로 논쟁에 임했다면 곧바로 매장 당했을 것이다. 지난 1년간을 통해 내가 깨달은 것은 책임지지 못할 의혹제기 또는 거짓말을 해도 아무런 상처를 받지 않고 오히려 더 위상이 높아질 수 있다면 그것이 바로 악의 자리란 것이다.

　나에 대한 근거 없는 의혹을 던진 분이 조직 내에서 아무런 문책을 받지 않는다면 바로 그 조직이 악의 위치에 있는 것이다. 이런 의혹을 제기한 분이 사과를 하지 않는다면, 그 사람은 더 이상 진보 인사가 아니다."

　- 무얼 믿고 거대 조직에 맞서나?

　"나는 IT가 진보라고 생각한다. 믿을 것은 IT 밖에 없다. 이 사회는 지금 비이성적인 상태로 보인다. 진실을 이야기하는 자를 외면하는 것은 진보도 마찬가지다. 가장 깨끗하다고 여겼던 진보 인사들이 최악의 행동을 하고 있다.

　이제 한국에서 공정한 조직은 찾아보기 힘들다. 기자나 변호사, 심지어 사회단체조차도 내가 네이버와 싸우며 힘들어할 때 도와주지 않았다. 이제 그나마 공정한 조직은 검증가능성에 기반하여 움직이는 IT만 남은 것 같다. 억울한 분들에게 조언하자면 당신의 억울함을 풀기 위해 진보 단체나 진보 당을 찾아 갈 시간에 블랙박스 영상을 확보하고 웹 페이지 캡처하고 로그를 모으라고 말하고 싶다. 당신이 억울하다면, 당신이 진실을 말하고 있다면 내가 도와 줄 수 있다. 이제 진보는 IT에 있다고 믿는다."

　- 이번 일이 과거의 어떤 사건과 유사하다고 보나?

　"〈PD수첩〉의 황우석 보도 사건과 흡사하다. 당시 〈PD수첩〉은 줄기세포가 없다는 팩트를 던졌는데, 우리나라 대다수 언론과 국민의 반응은 국익, 경제적 기여, 과학 발전과 같은 논리로 대응했다. 팩트가 드러나도 마찬가지였다. 바로 이 점에서 이번 사건과 비슷한 점이 많다."

　- 통합진보당 사태의 당사들에게 바라는 것은?

"당에서는 로그 데이터를 조사한 내게 소명기회를 주고, 책임 있는 당직자들과 비공개로 주요한 범죄 사실을 확인했으면 좋겠다. 그렇게 해서 이번 통합진보당 사태에 불을 지른 방화범을 색출해서 도려내야, 정파 상호간에 오해를 풀 수 있고, 대화도 할 수 있다. 이 범죄자가 합방한 지 몇 달 안 된 부부 사이에 불신을 조장하고 의혹을 확대시켰다. 다시 한 번 경고하지만 검찰은 범죄행위의 증거를 갖고 있고, 언제든지 공격할 수 있기 때문에 하루빨리 스스로 문제를 해결할 수 있는 길을 모색해야 한다.

요즘 같은 분위기에선 누가 한 명 또 뛰어 내릴지도 모른다는 예감이 든다. 하지만 아무리 억울해도 참고 견디라고, 절대로 죽어서는 안된다고 말하고 싶다. 살아서 명예를 회복해야 한다. 나는 노무현 대통령을 지켜주지 못했던 것을 자책하는 사람이다. 돌아가는 상황이 그때와 똑같다. 지금도 논두렁 시계와 같은 마타도어가 난무하고 있다. 하지만 이번에는 다르다. 나는 그 때와 같은 후회를 반복하고 싶지 않다. 분명히 말하지만 다시는 노무현 때와 같은 일이 일어나지 않도록 최선을 다할 것이다.

IT의 증거는 절대 없앨 수 없다. 내가 이를 알려서 범죄자를 도려내고 억울하게 당하고 있는 분들의 누명을 벗겨주겠다. 그 때까지 참고 견디라고, 절대 죽지 말라고 말해주고 싶다."

김인성 서울대 컴퓨터공학과 (83학번),
　　　　한양대 문화콘텐츠학과 겸임교수
　　　　IT 컬럼니스트, 시스템 엔지니어, 민간 디지털 포렌식(증거수집, 분석) 전문가
　　　　저서 『한국 IT산업의 멸망』
　　　　개인 홈페이지 '미닉스의 작은 이야기들' (http://minix.tistory.com)

2장
진실 찾기와 이정희

"나에게 돌을 던져라" • 이병창

이정희 진실 세우기에 뛰어들다 • 김준식

진보파 언론과 지식인은 왜 '카인'이 되었나 • 김영종

어느 철학자가 본 통합진보당 사태

"나에게 돌을 던져라" :

아래 글 중 일곱 편은 이병창 동아대 명예교수가 한국철학사상연구회 홈페이지에 게재한 글이고
최근에 쓴 한 편은 이 책을 위해 기고한 글이다.

이병창 · 동아대학교 철학과 명예교수

나는 하소연한다

방 안의 꽃병이 깨어졌다. 엄마는 아이를 야단친다. 너 꽃병을 깨뜨려놓고 미안하다는 말도 없니? 아이는 억울한 듯, 엄마 내가 안 그랬어. 아이의 변명에 엄마가 화를 낸다. 이 방에 너 혼자 놀고 있었잖아. 너 아니면 누가 깨겠니. 아이는 정말 억울하다. 그래서 문을 팍 닫고 나가 버린다. 그러면 엄마는 아이를 쫓아가서 혼을 낸다. 이놈이, 어른한테 버르장머리 없이 문을 닫고 가.

위의 예는 우리가 자주 보는 엄마와 아이의 싸움이다. 현재의 상황과 너무 유사해 제시해 보았다. 마찬가지로 자기가 억울하다는 것을 호소하는 사람이 있다. 그런 사람에 대해, 다른 사람들이 모두 너를 의심하니까 일단 잘못을 인정하고 사과한 다음 나중에 잘못인지 아닌지 철저히 알아보자, 이렇게 처리하는 것이 옳을까? 아니면 아무리 그가 의심스럽고 시간이 다급하더라도 그럼 먼저 진상을 철저히 알아보고 그런 다음 처리하자, 이렇게 해야 하는 것일까?

법을 원리로 하는 사회라면 아마 후자가 당연한 길일 것이다. 억울함을 호소하는 사람의 마음을 어떤 식으로든 풀어 주지 않는 한, 그가 극단적인 선택을 할 것은 불문가지이다. 그는 극단적인 경우 자살을 택하거나 아니면 자신에게 사과를 강요하는 자에 대한 폭력에 호소할 것이다.

우리는 이런 비슷한 사건을 접한 적이 있다. 바로 영화 「부러진 화살」을 통해 널리 알려진 사건이다. 억울함을 호소해도 들어 주지 않을 때, 그는 결국 폭력에 호소하지 않았던가? 폭력에 호소하는 것은 물론 정당하지 못하다. 하지만 그에 앞서서 우리는 먼저 그가 그토록 호소하고 싶던 억울함을 들어 주지 못했던 자신을 반성해야 하지 않을까?

지금 통합진보당 당권파에 속하는 사람이 처한 입장이 바로 위와 같지 않을까? 물론 그들이 중앙위 석상에서 폭력행위를 저질렀다면 그것은 범죄적인 행위이다. 그런데 우리 시민사회는 그들을 그렇게 몰고 간 원인에 대해 반성을 해볼 생각은 없는 것 같다. 그들이 그토록 억울하다고 말했음에도 불구하고 마치 그들은 거짓말쟁이고, 사악한 사람이니 더 들어볼 것도 없다는 식으로 말이다.

그들 당권파는 이번에 문제가 된 비례대표 경선에서 자신들의 억울함을 거듭거듭 호소해 왔다. 그런데 비당권파는 한결같이 사과와 비례대표 사퇴만을 요구했다. 결국엔 이번 중앙위원회에서 당권파의 비례대표 사퇴를 당의 이름으로 강요하려 했다.

꼭 그렇게 했어야 했을까? 만일 사과하지 않는다면, 나중에 진상조사를 철저하게 한 다음 당 기율 위반으로 제명하면 되지 않을까? 왜 이렇게 악착같이 사과와 사퇴를 강요했을까? 그렇게 하면 억울한 사람이 극단적인 행위에 호소할 것을 몰랐던 것일까?

지금 진보언론이나 진보적인 지식인은 모두가 이구동성으로 당권파가 부정을 저질렀으며 당연히 사과 및 사퇴를 해야 하며, 더구나 이런 폭력까지 저질렀으니 이제 매장되어야 마땅하다고 주장한다. 나는 하소연한다. 왜 그렇게 서두르는가? 기다려 보자. 그들의 억울하다는 말을 들어 보고 철저하게 진상조사를 해보자. 그런 다음 처리해도 늦지 않을 것이다.

선거부정에 대해 잘못이 있다면 거기에 맞게 응당하게 처리돼야 한다. 지금은 모두 도매금으로 처리되고 있다. 이미 우리 모두는 그들의 부정을 확인하기도 전에 확신한다. 이런 확신의 원천은 무엇인가? 우리의, 진보언론과 진보 지식인의 선입견은 아닐까? 우리도 반성을 하자.

그런데 비당권파는 또 다시 중앙위원회를 열어 기어코 비례대표 사퇴를 관철하고자 한다. 그럴 필요가 있을까? 적어도 이런 것 정도는 생각해 보아야 하지 않을까? 비당권파가 원하듯이 현재 당권파를 제거했을 때, 통합진보당은 계속될 수 있을까?

나는 회의적이다. 그 이유는 비당권파 자신이 더 잘 알 것이다. 당권파의 힘이 필요하기에 합당했던 것이 아닐까? 그런데 당권파를 제거한다면 그들은 자기들이 가진 원래의 힘밖에 행사할 수 없을 것이다.

정치에서 가장 위험한 것은 장수의 목을 치는 것이다. 만일 그 장수가 억울하게 죽었다는 소문이 있으면 그를 따르던 사람들은 심적으로 공황상태에 빠진다. 그들은 전쟁터에서 목숨을 함께한 사이이기 때문이다. 그러기에 장수의 목을 치려면 철저한 명분이 필요하다.

그런데 내가 보기에 비당권파는 당권파 수장들의 목을 칠 힘은 있다. 그러나 그 힘을 행사하기 위한 명분을 마련하는 데 실패한 것으로 보인다. 그러니 그 결과는 말하지 않더라도 잘 알 것이다. 이미 일어난 폭력이 그런 심적 공황상태를 잘 보여 준다.

나는 하소연한다. 비당권파 사람들, 그리고 많은 진보언론 및 지식인들에게. 물론 당권파의 폭력행위에 대한 책임은 물어야 한다. 그러나 그 전에 먼저 당권파의 억울함부터 들어 보기 바란다. 먼저 진상조사를 철저하게 하라. 사과니 사퇴니 하는 것은 그 뒤에 처리해도 늦지 않다. 나머지 급한 일이라면 서로 협조하는 데 아무런 문제가 없는 것으로 보인다. 2012년 5월 14일

나는 유대인이다

나는 유대인이다. 왜냐면, 나는 남북의 평화협력을 믿는다. 그러면 나는 이 남한 땅에서는 종북파이다. 나는 종북파로 찍히기 싫어서 어느 자리에서나 남북 관계 문제가 나오기만 하면 다른 자리로 도망간다. 사람들은 비겁하다고 한다. 솔직하게 말하시라고. 그 사람들이야 국가보안법의 보호를 받으니 솔직히 말하겠지. 그러나 나는 솔직하게 말하면 감옥에 가야 한다. 그저 남북의 평화협력을 옹호했다고 하더라도 감옥에 가야 한다.

그래도 때로 분노한다. 남북의 대결을 역설하는 사람들 때문에. 그때는 참을 수 없어서 분노하는데 그러면 돌아오는 것이 종북파라는 딱지이다. 그 때문에 다들 나를 싫어한다. 그러니 점차 침묵하고 또 침묵할 수밖에, 글을 쓰면 스스로 검열한다.

과거 안기부 때문에 검열하는 것 이상으로 종북파가 될까 봐 검열한다. 박정희 전두환 시절만큼이나 나는 나를 검열하는 『한겨레』 신문을 두려워한다. 나는 『한겨레』 신문이 두려워 『한겨레』 신문을 끊지 못한다. 그래서 나는 이 땅의 유대인이다. 니들은 아느냐, 내가 두려워서 밤마다 떨고 있는 것을? 그렇게 떨고 있으므로 나는 유대인이다.

나는 유대인이다. 왜냐면, 나는 아직도 통합진보당의 부정 선거를 믿지 않는다. 나는 수십 년 간 대학에 있어서 운동권이 어떻게 선거하는가 매년 보아 왔다. 남들이 보면 저건 웃기는 부정 선거이다. 그러나 잘 보면 그들처럼 정직하고 깨끗한 선거가 없다. 나는 청년학생들을 믿는다. 나는 그들 운동권을 믿는다.

그런데 과거 운동권 출신조차 그런 것은 부정 선거라 한다. 민주노총, 『한겨레』, 『경향』 모두가 부정 선거라 한다. 나는 안 믿는다. 그러나 그렇게 안 믿는다면, 『한겨레』 신문에서 말하는 것처럼 소름끼치는 인간이 되어 버린다. 나는 소름끼치는 인간이다. 그러니 유대인이다.

내가 할 수 있는 것은 아무것도 없다. 나는 사람들에게 말하고 싶다. 진실을 보라고, 형식적인 것이 아니라 내용을 보라고, 작은 것이 아니라 큰 전체를 보라고. 억압된 자의 진리는 이렇게 마음속에 있다. 그러나 사람들은 말한다. 진중권이 말한다. 형식적인 것이, 세부적인 것이 진리라고. 표면적인 사실의 세계는 지배자의 세계이다. 지배자의 진리와 억압 받는 자의 진리가 다르다는 것을 진중권은 알까? 나는 억압 받는 자의 진리를 말하고 싶다. 그러니까 그것은 유대인의 진리이다.

나는 유대인이다. 그러니 다시는 『한겨레』 신문을 보지 않겠다. 『한겨레』야 민족 같은 것보다 정권을 획득하는 것이 더 중요하니까. 나는 다시는 소위 진보주의자들을 만나지 않겠다. 그들은 국가보안법의 보호를 받고 나는 유대인이니까. 그래서 나는 오늘 『한겨레』 신문을 끊었다. 나는 『한겨레』 신문의 창간독자이다. 그러나 나는 소름끼치는 유대인이다. 2012년 5월 15일

유시민의 논리와 이정희의 논리

나의 삶의 원칙 중의 하나가 있다. 그것은 끝까지 이론적인 태도를 견지하는 것이다. 시민사회적인 실천이라면 몰라도, 정당정치적인 참여는 하지 않는다는 것이다. 그 원칙을 나는 지켜왔다. 다만 현재는 통합진보당의 당원이다. 그러나 한 번도 어떤 모임에도 나가 본 적이 없다. 그것은 내가 속한 분회에 물어보면 알 것이다. 다만 진보의 정치를 후원하기 위한 참여에 불과하다.

이렇게 나 자신을 밝히지 않을 수 없는 것은 지금 내가 쓰는 글이 오해를 자아낼 수도 있기 때문이다. 나는 명백히 말하건데 결코 당권파가 아니다. 당권이 아니라 당직 근처에도 가보지 않았다. 그렇지만 나의 글은 당권파를 옹호하는 것처럼 보일 것임을 안다.

그럼에도 이 글을 쓰는 그 이유는 아래 글에서 밝혀질 것이겠지만 지금 우리 시민사회가 특히 진보주의자들이 너무나도 위험한 사고방식에 빠져 있기 때문이다. 나는 볼테르만 한 능력이 없고 에밀 졸라와 같은 열성도 없다. 그러나 누군가 그런 역할을 해 주어야 할 것 같아서 지금 이 글을 쓴다.

무엇이 위험한 사고방식인가? 지금 많은 진보주의자 지식인들 그리고 언론이 한결같이 주장하는 논리가 있다. 그것은 국민의 눈높이에 맞추어 억울하더라도 당권파는 당을 위해 자기를 희생하라는 것이다. 그것이 정치의 논리이고, 통합진보당이 제3당이 되었으니 이제 정치의 논리에 따라야 한다는 것이다. 나는 이것을 유시민의 논리라 칭하겠다. 실제 그는 이런 주장을 해

온 것으로 안다.

역사를 공부하여 본 사람이라면 이런 논리가 너무나도 익숙하게 들어온 나치의 논리였음을 잘 알 것이다. 나치가 주장했던 것이 국민이다. 그것을 위해 그들은 유대인을 희생양으로 삼았다. 왜 유대인이었던가? 유대인이 유럽 사회의 변방에 있었기 때문이다. 마찬가지로 나치는 집시들을 박멸했다.

정치의 세계에서 이런 희생양의 논리는 너무나도 자주 사용되어 왔다. 아주 가까운 예로 이라크 전쟁을 들어 보자. 부시는 알카에다의 테러에 대해 이라크 후세인 정권을 희생양으로 삼았다. 왜 이라크였던가? 후세인이 이슬람이고, 또 독재자이니 죄를 뒤집어씌우기에 가장 적절한 대상이었기 때문이다.

나는 지금 진보언론과 진보 지식인이 그들 스스로 그토록 무서워하던 나치의 논리에 그대로 빠져들었다는 것이 도대체 어떻게 된 영문인지 이해하지 못하겠다. 그러나 약간 짐작 가는 것은 있다. 그것이 바로 '종북파'라는 딱지이다.

당권파는 오래전부터 종북파라는 딱지를 부여받았다. 최근 그런 딱지를 붙인 것이 잘못이라는 점이 공인되었다. 그러나 한번 붙여놓은 딱지는 쉽게 떨어져 나가지 않는다. 여전히 그들은 시시때때로 종북파라고 불린다.

그런데 종북파란 무엇인가? 그것은 우리 사회에서 유대인과 같은 처지에 있다. 마치 유대인이 모여 사는 곳이 음모의 소굴이라 여겨졌듯이 우리 사회는 종북파가 모든 음모의 소굴인 것처럼 두려워한다. 그런데 그들이 소수였을 때는 그래도 참아 줄 수도 있었다. 그러나 마침내 제3당의 자리를 차지하자, 위기감이 고조될 수밖에 없었다. 이런 나의 주장을 단적으로 실증하는 사실이 있다.

오늘 아침 『조선일보』를 보라. 거기에는 이렇게 쓰여 있다. "주사파가 대한민국의 법을 만든다."라고. 이 위험한 나치적인 선동이 바로 그간 사태의 진짜 원인을 밝혀 주는 것이라 나는 생각한다.

전후 나치와 같은 범죄를 막기 위해 등장한 이론이 바로 인권이론이다. 그것은 소수파가 주변인을 비롯한 누구에게도 법적인 보호를 받을 권리가 있다는 것이다. 이런 인권이론에 기초하여 '무죄추정의 원칙' 등과 같은 법의 원칙들이 확정되었다. 나는 이런 인권이론들을 법치의 원리라 하겠다. 이것이 바로 이정희 대표의 논리이다.

진보 지식인들과 진보언론은 이구동성으로 이정희 대표를 사악한 종파주의자로 그려 놓았다. 나는 그렇게 생각하지 않는다. 이정희 대표는 소수 당권파를 옹호하는 것이 아니다. 한 사람의 억울한 희생자를 막는다는 것은 곧 인권의 논리를 옹호하는 가장 결정적인 투쟁이다. 그러므로 이정희 대표는 그 엄청난, 참을 수 없는 비난을 들어 가면서도 무릎을 꿇지 않았다.

오늘 유시민의 논리에 굴복한다면, 앞으로도 우리 정치는 끊임없이 희생양을 만들 것이다. 오늘 당권파가 희생당하면 다음에는 유시민 자신이 그 희생양이 될 수도 있다. 이정희가 싸우는 것은 바로 이것이다.

지금 이정희 대표가 외롭게 오직 혼자만의 힘으로 이 위험한 나치의 논리, 유시민의 논리에 맞서고 있다. 나는 힘이 없다. 나는 그저 학자에 불과하다. 나는 아무도 읽지 않는 철학을 공부할 뿐이다. 그러나 나는 이정희 대표와 같이 지금 박해받는 편에 서고 싶다. 나에게 돌을 던지라. 2012년 5월 16일

누가 죽산 조봉암을 죽였는가?

역사는 반복된다. 처음에는 비극으로, 두 번째는 희극으로. 이것은 마르크스의 말이다. 지금 이 땅에서 마르크스의 말이 다시 반복되는 것을 보면서 나는 냉소보다는 오히려 비애감에 사로잡힌다.

역사를 아는 사람은 기억하리라. 죽산 조봉암을! 그는 진보당 당수로서 1957년 대통령 선거에서 이승만에게 위협적인 존재로 부상했다. 이승만은 차기 선거에서 조봉암과 진보당을 제거하지 않고서는 승리할 수 없다고 판단하여 조봉암을 간첩사건에 연루시켜 사형시키고 진보당을 해체하였다.

조봉암을 죽이고 진보당을 해체한 책임자는 당연히 이승만이었다. 그러나 이승만의 음모에 조연이 있었다. 그들은 침묵으로 이승만의 음모를 지원했다. 이 조연이 누구였는가? 역사가들은 바로 당시 장면이 이끌던 민주당이 그랬다고 믿는다.

민주당은 조봉암과 진보당의 무서운 기세에 위협을 받았다. 조봉암과 진보당의 기세가 계속되면 민주당은 전락할지도 모른다는 위기감 때문에 그들은 조봉암과 진보당에 대한 이승만의 음모를 침묵으로써 지원했다.

지금 이 땅에서 과거 조봉암과 진보당을 압살했던 음모를 다시 한번 보게 된다. 물론 이번 경우도 이명박 새누리당 정권의 작품이다. 그러나 이 음모에서 조연으로 나선 이들을 보면서 나는 치를 떤다. 소위 자유주의자들, 소위 민주주의자들, 소위 국민주의자들, 그들의 언론, 그들의 정당이 바로 그런 조연들이다.

그들도 마찬가지이다. 위기감을 느낀 것이다. 모든 문제는 마땅히 한두 석으로 자리나 빛내 주어야 할 통합진보당, 그들이 의심스러워하는 주사파들이 이번 선거를 통하여 위력적인 모습을 보여 주었다는 데 있다. 이들 조연들은 이를 묵과할 수 없었던 것이 아닐까? 그러기에 그들은 차라리 이명박 새누리당의 음모에 동조하고 만 것이라 나는 생각한다.

지금 통합진보당의 당사가 검찰에 의해 침탈되었음에도 불구하고 소위 자유주의자, 소위 민주주의자, 소위 국민주의자들 어느 누구도 나서지 않는다. 일일이 언급할 수 없지만 대체로 그들의 입장은 차라리 잘되었다는 식이다. 아무렴 주사파가 국회에 들어오는 것보다는 낫겠지. 그들의 생각이다.

지금 이명박 새누리당 정권이 진보당 당사를 침탈한 것을 보면서 비애감이 드는 이유는 어쩌면 역사가 이렇게 반복되는가 하는 느낌 때문이다.

그러나 이들 조연들이 모르는 게 하나 있다. 4·19가 왜 실패했는가? 그것은 4·19 이후 분출하는 민중적인 요구를 수용할 통합된 정당이 없었기 때문이었다. 진보당과 조봉암이 있었더라면 분명 그런 역할을 수행했을 것이다.

그러나 당시 민주당으로서는 그런 요구를 수용할 능력이 없었고, 결과적으로 민주당은 지리멸렬했다. 그 틈을 노린 것이 바로 5·16 쿠데타 세력이고, 민주당은 침묵으로 동조한 대가를 역사로부터 받은 것이다.

지금 이 땅의 소위 자유주의자들, 소위 민주주의자들, 소위 국민주의자들, 당 밖에도 있고 당 안에도 우글우글하는 이들도 동일한 대가를 치르지 않을까? 반복되는 역사 앞에 나는 통곡하고 싶다. 2012년 5월 22일

비례대표는 간접 선거인가?

검찰은 통합진보당 비례대표 경선 문제를 국법의 이름으로 척결하겠다고 한다. 필자는 법을 잘 모른다. 하지만 정의가 법의 기초라고 볼 때 검찰의 행위가 정의에 기초하는 것인지는 의문이다.

검찰의 논리는 간단하다. 비례대표 경선은 간접 선거라는 것이다. 만일 그렇다면 그것은 헌법이 정한 직접 선거의 원칙을 위배한 것이니 비례대표제를 폐지해야 한다. 검찰은 헌법을 모르는 것인가?

도대체 간접 선거라는 것은 어떤 것일까? 국회에서 국회의장을 뽑는 경우를 말하는가? 아니면 사법부의 수장을 판사들이 추천하여 대통령이 임명하는 제도를 말하는가? 필자가 생각하기에 이 모든 것은 간접 선거에 해당되지 않는다. 이 제도의 전형적인 예가 있다면 유신정권 때 대의원들이 체육관에서 모여 대통령을 뽑던 선거이다. 미국식 민주주의도 유사한 예이지만 유신정권의 체육관 선거와 달리 미리부터 대의원의 의사가 결정되어 있다는 점에서 간접 선거에 해당되지 않는다.

그렇다면 비례대표의 선출구조가 우리나라에서 간접 선거의 방식인가. 즉 국민을 대신하여 당원들이 비례대표를 뽑는다는 것인가? 물론 당연히 그렇지 않다는 것은 삼척동자도 잘 아는 일이다. 비례대표 역시 변형된 것이기는 하지만 직접 선거에 속한다. 비례대표란 일종의 전국대표라고 보면 쉽게 이해되지 않을까? 당은 다만 그 추천권을 행사할 뿐이다.

비례대표의 추천은 당의 자율적인 권리에 속한다. 우리나라에서 비례대표를 경선에 의해 추천하는 정당은 통합진보당 하나뿐이었다. 새누리당, 민주통합당 등등 어떤 정당도 비례대표를 경선하지 않는다. 자세히는 모르지만 우선순위를 규정하는 내부 규정이나 있는 것일까? 필자의 인상으로는 대부분 정당의 당권을 가진 집단이 거의 임의로 추천해 온 것이 아닐까? 물론 정당도 국민의 기본권인 주권을 침해할 수는 없다. 거기에는 공무담임권도 분명 기본적인 권리에 속한다. 따라서 인종, 여성, 종교를 이유로 어떤 정당이 공무담임권을 박탈할 수는 없다. 비례대표도 이런 공무담임권 중의 하나인데, 이런 비례대표가 만일 돈으로 거래되었다고 한다면 이것은 기본권의 침해에 해당된다. 이런 기본권 사항은 네거티브 조항이다. 적어도 이런 것은 안 된다는 것이지 이렇게 저렇게 하라는 포지티브한 규정은 아니다. 이런 기본적인 원칙들이 제대로 지켜진다면 비례대표를 어떻게 추천하는가는 당의 자율에 맡겨져 있다.

　　가정이지만, 만약에 통합진보당의 당내 비례대표 선거에서 부정과 부실이 있다고 하자. 그렇다면 그것은 네거티브한 공무담임권의 문제가 아니다. 그것은 당의 자율에 맡겨진 부분에서 일어난 문제이다. 당내 규율에 따르면 이 사람이 추천되어야 하는데 저 사람이 추천되었다는 것이다.

　　이것은 당의 규율 위반에 해당되며 그렇다면 이것에 대해서 당은 당원들에게 책임져야 한다. 당이 잘못 추천한 결과 국민들은 좋은 후보가 아니라 보면서 이미 그만큼 제한된 선택을 했던 것이라 보면 된다. 그러니까 이미 국민이 판단한 것이기에 비례대표가 선출된 이후에는 당이 임의로 대신 시킬 수 없는 것이다. 당은 이렇게 자신의 잘못으로 국민들의 합리적인 선택을 받지 못하도록 했고, 그 결과 당에게 중대한 침해를 가했으니 엄정한 책임을 당에 대해 져야 할 것이다.

그러나 이런 당의 규율 위반, 즉 포지티브한 조항에 대해 국법이 개입한다면 국가가 당의 자율권을 침해하는 것이다. 이것은 명백한 정치적 탄압이다.

통합진보당의 당내 비례대표 선출 규정을 잘 모르지만 우리 철학자들을 위한 배려는 전혀 없는 것 같다. 통합진보당에 철학자들은 전혀 없을까? 소수이겠지만 나를 비롯해 여러 명 있을 것이다. 그렇다면 우리 철학자들은 당의 선출 규정들을 국법에 고발해야 할까? 이것은 철학자들을 차별한 것이며 공무담임권을 침해한 것이라고. 우리 철학자가 고발한다면 검찰인 당신들은 웃지 않겠는가?

이렇게 당내 자율에 맡겨진 부분이기에 심지어 당의 대표들의 합의에 의해서 비례대표의 순위가 바뀌기도 한다. 또 일부 후보들에게는 경선의 부담을 덜어 주기도 한다. 이 모든 것은 당내 합의가 있다면 충분히 가능한 일이다.

민주주의 국가에는 국가의 법이 개입하는 데 한계가 있다. 국가의 법이 개입할 수 있더라도 한정적으로 개입한다. 생각해 보자. 형제들 간의 재산 싸움이라면 국법이 개입할 수 있다. 소유권은 국법이 정한 사항이기 때문이다.

그런데 형제들 간에 서로 제사를 맡은 책임을 보자. 이것은 형제들 간의 합의에 맡겨져 있고 설혹 그들이 합의하지 못해서 제사를 지내지 못한다고 해서 국법이 개입해야 할 일인가? 서로 싸우며 제사를 지내지 못하는 형제들을 지탄할 수 있다. 그러나 국법은 개입할 수 없지 않는가?

마찬가지이다. 당내 규율 위반으로 비례대표 부정과 부실을 비난할 수는 있다. 그러나 국법이 칼을 빼들고 이 문제를 척결하겠다면 이는 명백히 정치 탄압이다. 2012년 5월 24일

사상의 심사위원 진중권 교수에게

지금 낡은 진보를 척결하고 새로운 진보를 세우는 작업이 혁신이라는 미명하에 진행되고 있다. 이 혁신의 흐름에 자발적으로 참가하지 않는 자가 있다면 그에게는 몽둥이가 기다리고 있다. 지금 곳곳에서 낡은 진보를 고백하고 참회하라는 사상전향 공작이 진행되고 있다.

그 선두에 선 자, 그가 바로 진중권 교수이다.

진중권 교수는 이제 국회의원의 사상을 검증하자고 한다. 북한에 대해서, 북핵과 천안함과 삼대세습에 대한 자신의 입장을 밝히라는 것이다. 그것을 밝힌다면 그에 따라서 그가 종북파인지 아닌지를 판단하여 주겠다는 것이다.

나는 모르겠다. 공직자의 의무에 이웃나라의 내정에 대해서도 자기 입장을 고백해야 하는 것인지. 그러면 공직자는 의무적으로 일본의 자민당에 대한 입장과 미국의 아프가니스탄 침략에 관한 입장과 중국의 인권문제에 대한 입장도 고백해야 하는 것인지?

그런데 그렇게 고백한다면 그다음에는 어떻게 되는가? 누가 이렇게 물을지도 모른다. 진중권 교수의 대답은 간단하다. 그건 나는 모른다. 내가 맡은 임무는 그저 판단하는 것일 뿐이라고. 하기야 그다음은 진중권 교수가 맡은 일은 아니다.

그가 홀가분한 마음으로 그리고 아마 두둑한 찬사를 받으면서 심사석을 떠나간 다음에 그 자리로 찾아오는 자들이 있다. 그들은 누구인가? 아마도 먼저 조중동이 나타날 것이다. 조중동은 준엄하게 선언할 것이다. 여기는 대한민국이고 종북파인 당신이 있을 곳은 저기라고. 이 땅에서 떠날 때까지 우리는 나발을 불어 당신의 숙면을 방해할 것이라고.

그리고 조중동이 떠난 그다음은? 이 땅의 민주화를 위해 한 번이라도 안기부에 끌려가 본 사람이라면 누구나 다 잘 알지 않을까?

70년대 초 박정희에 의해 자행된 사상전향 공작의 그 끔찍한 역사를 기억하는 사람은 물론 더 잘 알 것이다.

물론 오늘 진중권 교수가 심사하는 대상은 국회의원이라는 공직자에 제한될지 모른다. 참으로 심사 대상을 공직자로 제한하는 진중권 교수의 너그러움에 감사할 수밖에 없다. 다행히 나는 공직자가 아니기 때문에 고백을 하지 않아도 되는 모양이다.

그러나 과거 미국에서 일어난 매카시 선풍의 역사를 알고 있는 사람이라면 두려워하지 않을 수 없다. 오늘 심사받는 사람이 국회의원이라면 내일은 공무원과 교사들일 것이며 모레는 노동자이며 그다음에는 온 국민일 것이라는 것을.

그러기에 나는 진중권 교수에게 이렇게 묻고 싶다.

진중권 교수, 어떻게 생각하시오. 당신은 지금 새누리당 국회의원에게 물어 볼 생각은 없소? 그들도 공직자 아니요? 그들에게 제발 한 번 물어 보시오. 미국에서 광우병이 발생했는데, 쇠고기를 계속 수입해도 아무 문제없는가를. 그러면 당신이 그가 한국에서 넘치고 넘친다는 종미파인지를, 아니 한국에서 암약하는 미 CIA 에이전트인지를 판단해 주겠다고. 아마도 새누리당 국회의원은 대답하지 못할 것이요.

그때도 당신은 이렇게 말하겠소? 양심을 고백하지 못하는 떳떳하지 못한 인간이라고.

진중권 교수, 당신은 자랑스러울 것이오. 당신의 양심을 항상 떳떳하게 밝힐 수 있어서 말이요. 당신이야 한국의 자유민주주의 체제 내에서 자유와 민주만 보면 되니까. 그러나 한국의 자유민주주의의 이면이 조중동이고, 안기부라는 것은 아시오? 이 땅에 피비린내 나는 억압을 보지 않아도 되는 당신은 정말 행복하겠소.

그러나 이 땅에는 남북 간의 긴장해소를 위해 북한을 하나의 공인된 국가로 인정해야 하며 상대를 해치지 않는 한 서로의 입장을 존중해야 한다고 생각하는 사람들도 있소. 그 사람들은 자신의 평화주의 때문에 종북파로 몰리고 종내는 감옥에 가야 할까를 두려워하고 거꾸로 자신의 침묵 때문에 남북의 긴장이 강화되고 종내는 전쟁이 터지지 않을까도 두려워하고 있소. 그들은 침묵이냐 감옥이냐 이 선택 때문에 잠들지 못한다는 것을.

당신이 두둑한 찬사로 배부르게 잠들 때, 이렇게 잠들지 못하는 사람도 있다는 것을 당신은 알기나 하는 것이요? 2012년 5월 28일

일부 진보언론, 진보지식인의 비열함

　최근 한 달여 동안 일부 진보언론과 진보지식인들이 통합진보당 구당권파를 비판하는 방식을 보면 정말 목불인견이라는 말 그대로이다. 나는 믿지 않지만, 그들이 정말 일부 진보언론과 진보지식인이 말하는 그대로 부정을 저질렀고 그럼에도 불구하고 사퇴를 하지 않는다는 것을 인정하더라도 그렇다. 그 가운데 폭력을 저질렀고 사과도 없다고 하자.

　싸움도 상대에 따라서 달라지지 않을까? 진보언론과 진보지식인들은 대한민국이 수립된 이후를 따져도, 아니 가깝게는 박정희 시대부터 독재정권과 투쟁해왔다. 이런 투쟁 가운데 진보언론과 진보지식인들에게 공동목표를 지녔던 수많은 동지들이 생겼다. 서로 어깨를 맞대고 서로 같이 최루탄을 맞으며 서로 같이 곤봉에 두들겨 맞으며 같이 고문도 당했고 같이 감옥에서 먼 하늘을 보며 눈물을 흘렸다.

　이런 동지들이 잘못했다고 하자. 이번 부정선거와 폭력행위에서 저질러졌다는 잘못이 민중을 착취하고 민중을 억압했던 적들의 잘못보다도 더 큰 잘못인가? 광주에서의 죽음을 생각해 보자. 그 수없는 의문사를 생각해 보자. 성고문에 대해 생각해 보자. 수천 수백 억씩이나 저질러졌던 부패를 생각해보자. 아직도 저질러지고 있을 그 수많은 비리와 부패 부정을 생각해 보자.

　그런데 동지들의 잘못이 정말 이런 짓을 저지른 적보다 더한 것인가? 그럼에도 불구하고 일부 진보언론과 진보지식인이 소위 잘못을 저질렀다는 동지들에 대한 태도는 정말 적에 대한 비판보다도 더 엄청나다.

이미 '종북파' 라는 비판이 터져 나왔을 때부터, 이 말 자체가 사실은 동지를 비판하는 정도가 아니라 동지를 국가보안법의 손에 집어넣으려는 비열한 음모를 깔고 있다고 나는 비판해 왔다. 이것은 일제시대 조선공산당이 파쟁 속에서 서로가 서로를 일제경찰에 밀고했던 것과 무엇이 다르겠는가?

충분한 사실 규명도 없이 무작정 엄청난 부정이 저질러졌다고 언론에 고발한 진상조사위원회의 태도가 동지들의 등에 칼을 꽂으려는 것이 아니라면 무엇이란 말인가? 잘못을 해결하는 데 있어서 상대를 존중하려는 생각은 전혀 없다.

최근 나오는 수많은 비판은 경쟁적으로 구당권파를 조롱하고 협박한다. 그런 비판 중에는 '종북파' 라는 단어와 마찬가지의 의도를 깔고 있는 악랄한 표현들도 상당수 있다. 그런 비판은 지금 호시탐탐 진보주의자들을 탄압하려하는 검찰의 손아래 구당권파를 밀어 넣으려는 의도를 보여준다.

나는 여기서 그런 표현들을 일일이 열거하지 않겠다. 교활하고도 악의적인 유시민 전 대표의 표현만 예를 들어 보자. 그는 이정희 대표를 인격체로 인정하지 않고 구당권파가 사용하는 물건정도로 취급한다. 그래서 이정희 대표를 동정한다면서도 사실은 인간 이정희를 부정한 것이다. 교활한 표현이다. 그런 후 수십 억의 국고지원이 불투명하게 사용되었다고 그는 진보언론에 공개적으로 고발한다. 그것은 검찰보고 조사해 구당권파를 감옥에 집어넣으라는 말과 같지 않는가? 전 대표가 이토록 악의적인 표현을 사용할 수 있는가? 대표로서 그는 무엇을 했다는 말인가?

도대체 진보주의자들이 공개적으로 과거 동지들을 비난하는 일종의 밀고대회를 여는 것을 보면 정말로 이게 진보주의자들인가 의심스럽다. 이들의 표현을 여과 없이 상대의 해명을 기다리지도 않고 그대로 발표하는 진보

언론은 각성해야 한다. 이런 담합이 어디 있으랴, 진보언론은 그 비판적인 기능을 상실했다. 진보언론은 진보지식인과 마찬가지로 적과 동지를 구분하지 못한다.

동지들이 얼마나 잘못했는가? 동지들을 적의 손에 넘겨주면 진보가 다시 살아나는가? 동지들이 정말 청산의 대상인가? 동지들에 대한 비판은 궁극적으로 동지들이 진보의 올바른 길을 다시 가도록 하는 것이 아닌가? 그들은 그들 혼자서 진보를 꾸려 나갈 수 있으리라 생각하는가? 구당권파 지도자를 처단하면, 그 나머지 그들을 지원했던 수많은 당원들은 그냥 물건처럼 손으로 주울 수 있다고 생각하는가? 이런 식으로 동지들을 비열하게 처단하고 나서, 국민들에게 호소하면 국민들은 박수를 쳐줄 것인가?

다시 길을 함께하려는 목적을 지닌다고 한다면 처음부터 그런 식으로 비판할 수는 없을 것이다. 동지를 존중하면서 실천과 모범을 통해서 동지를 설득해야 할 것이다. 자신이 먼저 잘못을 고백하고 고쳐 나가면서 동지들이 자연히 따라오도록 해야 한다. 그런데 우선 다짜고짜로 동지를 적의 단두대에 처넣고서야 어떻게 그 동지들을 교정하고 동지들을 다시 보겠는가? 나는 그들의 비열함 때문에 참담한 절망감에서 잠들지 못한다. 2012년 6월 3일

국민주의의 선동은 여기서 멈추어야 한다

지금 진보당 내에 국민주의가 확산되고 있다. '국민의 눈높이'라는 말로 당원들을 숙청하며, 진보당사 안에는 애국가의 우렁찬 합창이 퍼져 나온다. '종북주의'라는 말로 동지들의 머리를 국가보안법 칼날 아래 밀어 넣는다.

도대체 국민이란 무엇인가? 국민은 노동자도 농민도, 의사도 회사원도, 아버지도 자식도 아니다. 국민이란 말만 가지고 본다면 구체적인 사회적 내용이 없는, 한 국가의 전체 구성원을 의미한다. 그런데 국민이라는 말은 이렇게 내용이 없기 때문에 오히려 정치적으로 이용되어 왔다. 현실적으로 사람들 사이에는 불평등이 존재한다. 그런데 국민이라는 말은 사람들 사이의 현실적인 불평등을 무시해 버리고 모두를 평등한 사람으로 취급한다. 그 결과 국민은 이데올로기적인 개념이 되어 버린다.

이제 지배자에 의해 국민이라고 호명을 받으면 그는 권력자 앞에 일렬로 나란히 선 수동적인 통치 대상이 된다. 따라서 국민은 자발적인 주체로서의 민중이라는 개념과 대립하며, 단일 국가 단위를 넘어서는 민족이나 인류의 개념과도 구별된다. 바로 이런 국민이 일제 시대 '황국신민의 서사'에 나오는 국민이며 박정희 시대 '국민교육헌장'에 나오는 국민이다. 그리고 전두환 시대 '국민윤리'가 가르쳤던 국민이다.

민주화 투쟁 이래로 국민이라는 말은 혐오감과 거부감의 대상이었다. 그런데 이런 국민이라는 말이 지금 예사롭게 사용되고 있다. 심지어 이 말은 권력에 저항하며 탈국가적 민족애, 인류애를 추구하여 왔던 진보당 내에서조차 거리낌 없이 사용된다. 경악스럽기 짝이 없다. 더구나 그런 국민주의를 확산시키는 자들이 진보당의 혁신파라 하니 더욱 참담하다.

그렇다면 소위 혁신파는 무엇 때문에 국민주의를 선동하는 것일까? 단순히 당내 반대파를 제거하기 위한 것인가? 어떤 이유인지 아직 그 속을 알 수는 없다. 이런 선동을 통해 혁신파는 목적을 달성할 수 있을지도 모른다.

그러나 이런 선동은 위험하기 짝이 없다. 왜냐하면 국민이라는 말은 한 번 불러내면 다시 물리칠 수 없는 마력을 가지고 있는 말이기 때문이다. 역사를 보면 파시즘이 등장하는 것도 바로 이런 국민이라는 개념에서 비롯된다.

파시즘은 1920년대 세계경제공항으로 위기에 처한 자본주의를 위해 출현했다. 파시즘은 자본주의 사회 내부에서 나타나는 위기를 외부로 전가시킨다. 즉 파시즘은 유럽 사회의 주변에 거주하던 이방인(유대인, 이주민 등)들을 희생양으로 삼는다. 파시즘은 온갖 정치적 선전 수단을 통하여 이들 이방인들이 외부에 도사린 적을 대리하는 자라고 선전하면서 결국 자신의 목적을 달성한다. 이런 선전에서 가장 결정적인 수단이 바로 자국민의 애국심과 타국민에 대한 적대감을 고취시키는 것이었다. 국민이라는 말의 텅 빈 내용은 파시즘의 이데올로기적 선전과 정치 쇼에 의해 화려하게 치장된다.

지금 진보당 내 혁신파에게서 나타나는 국민주의가 이미 그런 파시즘으로 전환했다고 차마 믿을 수 없고, 그렇지 않다면 정말 다행이다. 그러나 혁신파의 모습 속에는 단편적이기는 하지만 다분히 파시즘적인 면모가 나타난다. 혁신파가 즐겨 하는 '국민 참여'라는 말은 모든 구체적 사회적인 내용을 벗어던지고 권력자 앞에 평등한 통치 대상이 되라는 파시즘의 호명처럼 들린다. 혁신파가 부르는 우렁찬 애국가 속에는 권력을 좇아가는 파시즘의 허기가 느껴진다. 남북 간 평화를 바라는 동지들을 '종북주의'라는 멍에를 씌우려 하는 혁신파의 고발 속에는 반유대주의의 광기가 느껴진다.

설마 진보주의자들 속에서 파시즘이 나올 것인가 하고 반문할지 모른다. 그러나 파시즘의 원조 무솔리니를 보라. 그는 이태리 사회당의 기관지 「전진」의 편집장이었다. 그리고 당내 자기 분파를 이끌고 나가 국가사회주의정당을 창당했던 것이다. 그러기에 바로 이 지점에서, 아직은 파시즘의 광기가 폭발하지 않은 잠복기에서 국민주의의 선동은 멈추어져야 한다. 국민주의는 다시 진보주의로 복귀하여야 한다. 2012년 7월 25일

이정희
진실 세우기에 뛰어들다 :

김준식 · 소설가

진실 공명의 파동에 응하다
거짓 교사의 배후를 추적하다
이정희 진실 세우기에 뛰어들다
진실은 희귀하기 때문에 진실이다
왜 하필 이정희였나?
오늘 이 아픔은 더 큰 감동의 예시다

진실 공명의 파동에 응하다

큰 환희였다. 설레는 순간이었다. 내가 연초록빛 출렁이는 5월의 나뭇잎만큼 6월의 나뭇잎을 좋아하게 된 건 얼마 되지 않는다. 천지를 환하게 바꾸며 젊음의 성정을 흩뿌리고 있는 것 같은 5월의 나뭇잎을 좋아하는 건 당연하다. 하지만 그런 찬란함에 가려 희미한 존재감을 갖는 유월의 나뭇잎 앞에서 그 못지않은 감동을 얻으리라고는 예기치 못했다. 그런데 어느 날이던가. 누구도 시선을 주지 않는 맹랑한 무관심 속에서 홀로 제 몸을 익히는 유월 나뭇잎의 지고한 자태라니! 그에 따른 감흥이 의외로 깊었다. 눈부신 봄빛에 감기던 눈동자 속보다는 심장 깊숙이, 그리고, 묵직이 내려앉는 경건한 감동이었다.

그건 내 몸이 더 이상 5월이 지닌 활기를 받아내기 힘들 게 됐다는 징조인지 모른다. 또한 찬사 뒤에 감추어진 '진실'을 조금씩 엿듣게 된 늙은 신의 귀를 갖게 된 건지 알 수 없다. 어쨌든 내가 성찰의 눈으로 바라본 6월의 나뭇잎은 결코 하찮지 않았다. 아니, 독특한 매력을 지니고 있었다. 젊고 경탄스런, 그러나 경박하기도 한 5월 나뭇잎의 분위기와 전제적인 뻔뻔함을 강요하는 듯한 7월의 나뭇잎 사이, 중간의 덕성을 지닌 나뭇잎이었다. 나는 그 나뭇잎 앞에서 내밀히 자신을 익혀 가는 성숙한 여인을 보았다. 천지간 모든 생명의 비의인 첫 태기를 예감하고 가만히 미소를 짓는 그런 여인 말이다. 그것은 성장을 다하고 육화된 노동으로 제 몸의 원기를 불려 성숙해 가는 삼십대 생의 진실 같은 것이었다.

나는 이번 이정희 진실 세우기도 그와 비슷한 성찰의 눈으로 바라봤다. 아무런 징후도 느낄 수 없던 어느 날 문득 6월 나뭇잎의 진가를 발견하고 진하게 감응될 때처럼 그렇게 그 사건과 마주했다. 결코 구당권파니 참여파니

하는 정파적 입장이나 특정한 누구를 지지하기 위해 발언을 시작한 게 아니라는 말이다. 단순하고 명료해야 할 진실논쟁 초입에서 주관적일 수밖에 없는 내 문학가적 소양을 좀 길게 말한 것도 이를 말하기 위함이다.

그랬다. 돌아보면 그날, 이정희 전 대표가 마녀사냥을 당하던 5월 4일 아침까지는 특별하지 않았다. 이 문제 역시 평범한 관심사 가운데 하나였다. 이틀 전인 비례대표선거와 관련해서 조준호 대표의 진상보고서가 발표되었지만, 크게 다르지 않았다. 나는 진보당 당원도 아니었고, 그런 논쟁에 뛰어들 만큼 정치문제에 큰 열의가 없었다. 다만 광의의 진보발전을 기대하는 한 사람으로서 몇 가지 지나치지 못할 사소한 우려는 있었다. '왜 내부 문제를 저렇게 자학적으로 발표할까' 하는 의문과 '선거부정 문제는 정당의 근간을 흔들 수 있는 휘발성과 폭발력을 가진 것인데 그를 충분히 감안했을까' 하는 우려였다.

그런데 인터넷으로 생중계된 전국운영위원회를 지켜보던 나는 이내 달라졌다. 한 시간, 두 시간, 시간이 흐를수록 어떤 미묘한 모욕감이 내 몸에 스멀스멀 기어오르는 것 같은 느낌을 받기 시작했다. 그 자극은 매우 저질적이고 고약했다. 이미 가치판단 체계의 하나로 정립된 상식과 원칙이 마구 훼손당하고 있는 것에 따른 반발심과 믿고 있던 사람에 대한 실망감이 뒤엉켜 있었다. 그리고 그렇게 농밀해진 불쾌감이 출구를 찾아 흘러 다니다 '저건 아닌데, 아닌데, 정말 아니야' 하는 탄식으로 터져 나오기 시작했다.

특히 선 진실규명, 후 정치적 책임이 옳다는 이정희 대표를 압박하던 유시민 대표의 태도가 탄식의 깊이를 더했다. 그는 진상보고서가 당원의 명예를 훼손할 만큼 부실함을 말하는 이정희 대표를 향해 "이게 뭐하는 짓이야!" 하고 호통까지 쳤다. 그래도 이정희 대표는 계속 말을 이었다. "잘못을 덮자는 게 아니다. 대국민 사과를 위해서도 진실이 중요하다."며 호소를 계속했다. 나는 진상보고서를 손에 들고 유시민 대표를 향하던 이정희 대표의 절박한 눈길을 지금도 선명히 기억한다. 그 눈길은 자기 고집을 세우자는 게 아니라, '이러면 안 되는 것 아닙니까?' 하는 간절한 애원과 호소였다. 하지만 유시민 대표는 국민들의 눈높이엔 부실도 부정이라며 다시 이정희 대표를 외면했다.

유시민 대표의 패착이 보이기 시작한 것도 바로 이 지점이다. 그가 시종일관 당원과 국민을 분리하여 말한 건 명백한 오류였다. 경상도에서 콩이면 전라도에서도 콩인 것처럼 진실과 관련된 명예가 어떻게 상황에 따라 달라지겠는가. 그런 진실이라면 진실일 리 없다. 이런 논리귀결을 잘 알고 있을 유시민 대표가 그런 논법을 계속한 건 다른 저의가 있지 않고는 설명이 되지 않았다. 소위 구당권파 당원들 거의가 부정한 자일 거라는 예단을 가지고 있었거나, 아니면 진실을 회피하고자 하는 정치적 술수였다.

그 순간 나는 '아, 진실이 이렇게 모욕당하고 있구나.' 하는 깨침에 몸을 떨었다. 양심을 최고 덕목으로 한다는 진보진영에서조차 진실이 힘에 의해 어둠의 구렁텅이로 떠밀리고 있는 추악한 상황에 부딪친 것이다.

그제야 나는 생중계를 지켜보는 동안 어떤 이물이 살 속에 감겨드는 듯한 모욕감의 실체를 알 수 있었다. 그것은 화면을 통해 보이는 정치적 거짓에 능멸당하고 있는 진실의 비명소리 때문이었다. 그 비명소리가 내 안에 있는 같은 질감의 진실을 자극했고, 그럼에도 어찌할 수 없는 양심의 무력감이 자기모욕으로 전환된 것이다. 즉, 진실규명보다 정치적 목적을 앞세우는 세 대표 사이에서 이정희 대표가 죽을 힘을 다해 지키고자 한 진실이 공명을 일으켜 나를 자극했고, 그에 감응하는 과정이었다.

그건 누구누구를 향한 호불호를 넘어서는 문제였다. 그를 넘어 하나의 공인된 가치체계가 흔들리고 있는 데 따른 절박감이고, 그로 인해 상처받은 자존감을 방어하기 위한 자연스러운 반응이었다. 아, 진실을 모욕하는 진보라니! 저들이 저러고도 정의를 말한단 말인가. 나는 그 뒤부터 신성한 의무감에 휩싸였다. 진보정당 공개석상에서조차 거짓에 처박히는 진실에 대한 강한 연민이었다. 그 자리에서 거짓을 교사 또는 방조하는 자들을 향한 울혈 같은 분노였다.

거짓 교사의 배후를 추적하다

그날 이후 통합진보당 사태에 대한 나의 관심이 고도로 높아진다. 병환 중인 어머님 공양드리는 일을 제외하곤 전 시간 그 일에 투입했다. 그와 관련된 자료를 수집하고, 폭력사태가 발발한 5월 12일 중앙회의 개최와 혁신비대위 설치 등 현재 진행형 사건은 물론, 작년 민주노동당, 참여당, 진보통합연대 세 주체의 합당 과정까지 면밀히 추적했다.

내가 그러는 동안 이정희 대표는 마녀사냥에 연일 쫓기고 있었다. 내 눈을 의심할 정도였다. 언제 그렇게 이 나라 좌우언론들이 친해졌는가? 만나기만 하면 서로 못 잡아먹어 으르렁대던 지식인들이 어찌 그리 다정해졌단 말인가? 대한민국 전 언론, 전 지식인들이 한 몸 한 입이 되어 이정희를 발기발기 물어뜯었다. 마치 썩은 고깃덩이에 달려든 하이에나 무리 같았다. 그들은 자신들 입술에 묻은 피의 근원이 이정희에 대한 콤플렉스에 기인하는 것이며, 강자에게 귀염 받고 싶어 하는 노예근성이며, 시류에 영합하는 인정욕구에서 비롯된 것인지도 모르는 것 같았다. 이정희 대표가 치마에 붙은 불을 끄지도 못한 채 침묵의 형벌을 받고 있는데도 그녀 주변을 어슬렁거리며 입맛을 다셨다. 그러다 이석기, 김재연이라는 새로운 먹잇감을 찾아 있지도 않은 종북주의자라며 마녀사냥을 계속했다.

그럴수록 나는 냉정해졌다. 더욱 열심히 자료를 모으고, 사람을 만나고, 거기에서 얻은 자료를 분석해 나갔다. 특히 기자에 의해 가공된 정보보다 진보당 홈페이지를 비롯하여 정치관련 웹사이트 게시판에 실린 글에 주목했다. 질이 좀 떨어져도 생생한 정보라 생각되면 댓글조차 놓치지 않으려고 애를 썼다. 언론기사는 이미 정보로서의 가치를 상실한 뒤였다. 조중동은 물론이고, 진보연하던 한경오까지 진영논리에 사로잡혀 뻔한 사실까지 왜곡을 일삼았다. 그들의 귀는 실체적 진실보다 거짓을 향해 일방향으로 열려 있었고, 그들의 펜촉은 거짓을 매끄럽게 윤색하는 데만 날렵했다.

아무튼 그런 노력의 결과로 나는 이번 사태의 성격을 규정할 수 있었다. 관심을 갖기 시작한 지 2주 만에 거둔 성과라면 성과였다. 이 사건은 진보진영, 특히 구당권파에 극도로 불리한 언론지형을 이용하여 당권을 탈취하고 진보를 제 입맛에 맞춰 재편성하려는 세력의 정치공작형 쿠데타였다. 그리고 그를 주도한 인물이 유시민, 심상정 전 대표라는 결론에 이른다. 나는 이를 '5·2 진보대란'으로 명명하고, 거짓과 위계로 당권을 갈취한 이들을 '간계파'라 부르기로 했다. 내가 그런 결론에 도달한 논거는 다음과 같은 것들이다.

첫째, 이들이 3주체 통합으로 인한 과도기적 힘의 공백기를 이용했다는 점이다. 지난해 11월 통합 당시 민주노동당과 국민참여당 진보신당 통합연대가 통합하면서 대외적인 명분 상 55 : 35 : 10의 지분으로 나누고 통합지도부를 만든다. 그리고 그 지도부는 당원에 의해 직접 선출되지 않은 까닭에 어떤 사안이라도 만장일치의 합의체로 운영할 것을 합의한다. 그런데 진보대란의 분수령이 된 5·4 전국운영위원회부터 간계파는 이를 깨고 다수결로 진행한다. 정상적인 당 운영이라면 이런 약한 부분을 보강하는 데 방점을 두어야 하는데, 저들은 이처럼 허약한 점을 치고 들어온 것이다. 전형적인 쿠데타 행태다. 민주노동당 내 비주류였던 인천연합이 간계파에 가세함으로써 가능한 일이었다.

둘째, 간계파가 비례대표선거 진상조사위원회 성격을 개별사안 조사에서 전반적 부정조사로 임의 변경했다는 것이다. 이정희 대표와 함께 합의한 진상위 성격은 당시 쟁점이었던 오옥만, 윤금순의 부정시비를 가리는 것이었다. 그런데 조준호 대표를 중심으로 위원회의 성격을 변경시켜 당 선거 전반에 걸친 조사(실은 이석기 등 구당권파를 찍어내기 위한 조사)로 '총체적인 부정부실'이라는 판 흔들기 명분을 만든다.

셋째, 참여계를 주축으로 한 별동대격 조직이 3월 23일 비례대표 선거 직후부터 움직였다는 것이다. 권태홍 라인으로 알려진 이청호, 박현주 등이 '통합당 건너편'이라는 별도의 사이트까지 두고 활동하기 시작한다. 제1차 진상조사 의원으로 참여했던 박무, 고영삼도 이 범주에 속한다고 볼 수 있는데, 이들은 처음엔 비례대표 선거부정 문제에 한정하다 점차 범위를 넓혀 당내 NL 추출이라는 의제를 꺼내든다.

그건 진보의 한 축을 담당해 오던 통일운동 세력을 배제하고 진보 프레임을 독식하려는 기도로 해석할 수밖에 없었다. 그를 위해 수구언론 등 외부 세력과 연계한다는 선언과도 같은 것이었다. 실제 이청호가 진상조사 중인 4월 20일부터 '부정선거임을 확정'하는 중앙일보와의 인터뷰를 시발로 언론 플레이를 펼침으로써 그를 증명했다. 이청호의 이력을 가지고는 중앙지나 공중파 방송의 근처에도 갈 수 없을 터인데, 그는 언론 방송계를 종횡무진으로 누볐다. 뒤에서 큰형님이 봐주지 않으면 불가능한 일이었다.

이에 대해 천호선 최고위원은 쿠데타가 아니라고 항변했다. 하지만 '절차적 과정을 무시하고 권력을 찬탈하는 것'을 쿠데타라고 하는데 그럼 이를 무엇이라고 불러야 한단 말인가. 그러나 이 역시 표면에 드러난 현상일 뿐이다. 물에 잠긴 빙산의 거대한 몸체처럼 숨겨진 배후를 알기 위해서는 더욱 심층적인 추적이 필요한 일이다. 이 사태의 당사자들인 네 공동대표, 이정희 유시민 심상정, 조준호는 물론이고, 이름이 드러나지 않은 정성희 등 당 지도급 인사의 친분관계나 인간적 기질, 그리고 상호 역학관계를 살펴야 한다. 이번처럼 정변에 가까운 일에는 반드시 명분을 앞세우지만, 그 이름표를 붙인 인간 자체를 분석해내는 것이 보다 실체에 근접하는 일이라는 걸 우리는 알고 있다.

그러려면 이 쿠데타를 주도한 유시민, 심상정 전 대표의 머릿속에 들어가야 가능할 것이므로 이는 일단 유보하기로 한다. 언젠가 나는 이 두 사람의 심리를 심층 분석해서 그들이 진보 전체에 얼마나 큰 오류를 저질렀는지 밝혀낼 것이다. 다만, 지금은 여러 정황과 자료를 총합한 결과로 얻은 두 가지 추론만을 말하고자 한다.

하나는 4·11 총선에서 참패를 당했다고밖에 볼 수 없는 참여계의 수장인 유시민 전 대표로서는 어떤 국면전환이 필요했을 것이란 점이다. 만약 총선 결과가 기대했던 바처럼 원내 교섭단체를 이루고, 참여계 후보들이 일정부분 원내에 진출했다면 이런 식의 자해적 쿠데타는 없었다고 확언할 수 있다. 그러나 결과는 앞서 말한 것처럼 초라했다. 그것이 비례대표 12번을 자처할 정도로 자신의 영향력에 과도한 환상을 가진 유시민 전 대표의 심리적 결락감을 가져옴과 동시에, 초조감으로 작용했을 것이었다. 그것이 이번 사태를 추동하는 주요인일 것이다. 물론 그의 의식 표층에는 이런 구차함을 교묘히 변명하기 위해 정당개혁이라는 명분이 뜬구름처럼 떠다녔겠지만 말이다.

그리고 다른 하나는 두 대표가 수시로 교감했을 진보의 재편에 대한 의지다. 즉, 당내 구주류가 자꾸 종북 논쟁에 휘말림으로써 진보 발전을 막고 있다는 판단하에 차제에 그 세력을 약화시키고, 자유진보를 접목시킨 노동성 중심으로 재편하려는 기획적 의지 말이다. 그건 당권을 잡은 간계파가 소위 혁신비대위라는 이름표를 달고 저지른 강령의 재해석, 구당권파 당원의 제명 등 일련의 만행이 잘 보여주고 있다.

물론 이들의 이런 정치적 판단과 행동은 선도 아니고 악도 아니다. 정치인이라면 당연히 할 수 있는 일이다. 하지만 나는 한마디 하지 않을 수 없다. 먼저 노동성을 중심으로 진보를 개편하겠다는 당신들의 발상이다. 결론적으로 '말장난 좀 그만하시라.'는 것이다. 당신들은 그럴 만한 그릇도 아니고 자격도 갖추지 못했다. 당신들이 말하는 노동성이란 머리속 의식에서 입술 끝까지에만 한정된 껍데기 수준이기 때문이다.

노동은 좌우를 떠나 인간 삶의 중심을 이룬다는 점에서 신성한 것이고, 따라서 이를 깃발로 내걸 수 있는 사람은 그리 흔한 게 아니다. 우선 노동이론으로 정립된 뇌 속 의식이 일상적 행위로 축적된 힘에 의해 내부혁명을 일으켜야 한다. 그리고 그 혁명 에너지에 실린 노동성이 심장을 거쳐 팔과 다리로 퍼져 나가 온몸에 체화되었을 때만이 가능한 일이다.

그런데 당신들은 어떤가? 앵무새처럼 입으로만 노동성을 찾는 바람에 입술만 뻔뻔해지고 얍삽해지지 않았는가? 이번 비례대표 선거 논란에서도 그렇다. 열악한 환경에서 오는 부실과 악의가 개입되는 부정이 같다고 말함으로써 당신들 스스로 실제 노동현장성에 대한 몰이해와 무시를 드러낸 바 있다. 그럼에도 당신들이 그 껍데기 노동성을 가지고 뭔가를 할 수 있다고 생각하는가. 당신들은 당신들보다 훨씬 세련되고 젊은 이정희 대표가 왜 그렇게 노동자 서민을 포함한 기층 민중에서 신뢰를 받는지 알지 못한다면 그 한계가 뻔하다. 이미 기득권화한 노총 간부 몇 명과 야합할 수 있을진 모른다. 하지만 딱 거기까지다. 이정희 대표처럼 수많은 노동자들의 감동과 깊은 지지는 절대로 끌어내지 못할 것이다.

그리고 다른 하나는 그를 추진함에 있어 엄정해야 할 진상조사서에 거짓을 슬쩍 끼워 넣은 패악에 대해서다. 아무리 정치가 힘의 논리를 바탕으로 하는 것이라 해도 있어서는 안 되는 일이었다. 진실은 정치적 흥정의 대상이 아니라는 건 자명한 일이다. 특히 그 진실이 인간의 기본권과 개인의 명예에 관련된 것이라면 더욱 그러하다. 그런데 진보진영의 열악한 환경에서 오는 관행적 잘못을 빌미로 큰 거짓을 동원했다. 참으로 후안무치한 일이고 후진적이다. 거짓은 본래 허한 것이다. 그런 허한 거짓을 다시 허한 거짓으로 덮어 안정을 꾀한들 그 안정이 얼마나 가겠는가. 간계파의 시도가 혁신은 고사하고 미증유의 혼란에 빠져든 건 너무도 당연한 일이었다.

이정희, 진실 세우기에 뛰어들다

2012년 5월 4일, 아마도 이날은 이정희 대표에게 가장 긴 하루였을 것이다. 생에 가장 잊지 못할 날로 자리할 것이었다. 통합진보당 비례선거 진상조사 안건을 다룬 전국운영위원회가 열린 바로 그날이다.

그날 열일곱 시간은 그녀에게 아주 특별했다. 국회에 첫 등원한 날과도 비견될 만큼 정치적 변곡점을 맞이한다. 촉망받던 대중 진보 아이콘에서 종파주의의 화신으로 변한다. 2008년 분당사태로 빈사지경에 이른 민주노동당을 살린 소녀가장에서 갑자기 한 정파의 꼭두각시로 바뀐다. 최초의 여자 대통령이 될 거라는 세간의 평가가 민주주의의 근간을 흔드는 독선자라는 매도로 급변한다. 그리고 날이 밝으면서 언론이라는 저잣거리 화형대에 묶여 대대적인 마녀사냥을 당하고, 치마에 붙은 불을 끄지도 못한 채 침묵의 형벌이라는 내부의 감옥으로 유배당했다. 한 인간으로 감당하기 힘든 엄청난 전도가 아닐 수 없다.

그럼에도 이정희 대표는 이에 굴하지 않았다. 온갖 천박한 비난이 폭우처럼 쏟아지는 가운데에서도 고개를 꼿꼿이 세웠다. 3인 공동대표의 눈총을 받아 가면서도 무시당하고 능욕당하는 진실을 위해 설득, 애원, 회의 지연, 중복 발언 등 시종일관 흔들림 없이 밀고 나갔다.

이정희 대표가 왜 그랬을까? 무엇이 그녀로 하여금 그렇게 단호한 결기를 모으게 한 걸까? 일신의 이익 때문에? 소위 당권파라는 종파의 대변을 위해? 아니면, 이정희 대표로서는 인격모독인 아바타론이 참이어서?

그런 건 아니라고 본다. 그런 지엽적인 이유로 유망한 정치인이 정치생명을 걸고 그렇게 단호한 결기를 보일 수 없다. 인권, 명예, 민주절차 등 이미 인류의 보편적 가치이며 우리 헌법정신이기도 한 정치기본을 지키고 싶었을 것이다. 그런 것들이 무너지는 순간 진보정신도 함께 무너질 거라는 위기감이 들었을 것이다. 억울한 당원의 명예를 지키는 게 곧 국민의 명예를 지키는 것과 같다고, 같아야 한다고 확신한 것이다. 진보를 표방하는 정당에서 이런 대원칙을 적당히 뭉개고 가면 남을 게 무엇이겠는가. 쥐꼬리만 한 당내 권력을 향한 이전투구일 뿐 아닐까. 이는 부정선거보다도 훨씬 중요한 것이라는 데 나는 동의한다. 민주주의라는 것도 결국 이런 기본적이며 천부적인 가치들을 지키기에 가장 나은 체제로 우리가 채택한 것이 아닌가.

기본을 지키는 건 매우 어려운 일이다. 그 속엔 인류 역사가 축적해 놓은 철학과 정치와 문화의 정수가 담겨 있기 때문이다. 따라서 기본의 크기와 중요성을 이해하고 그를 지킬 수 있는 사람은 그리 흔치 않다. 특히 인간의 내재적 탐욕을 자극하는 거짓과 검은 힘이 압도하는 극한상황에선 더욱 그러하다. 극히 소중하나 너무 익숙해서 잊고 지내는 공기나 물처럼 그토록 거대한 것을 계속 담고 있을 만큼 품이 넓어야 하고, 끝없이 유혹하는 상황논리에 흔들리지 않을 만큼 심지가 굳어야 한다.

나는 극한상황에서 기본에 충실하려는 이정희 대표와 그를 적당히 뭉개고 가려는 유시민 대표의 선명한 대비를 통해 두 사람의 그릇 차이를 알 수 있었다. 그리고 이정희 대표의 진가를 재삼 높이 산 것도 바로 이 순간이다. 1대 3으로 편중된 공동대표단의 외면, 극도로 적대적인 수구언론의 압력, 당원의 진의가 아니라 과도기에 임명된 전국운영위원의 정족수. 모든 여건이 이정희 대표에게 불리했다. 그럼에도 진실과 기본을 끝까지 지키려는 그녀의 자세와 결기가 경이롭기까지 했다. 저 정도면 강고한 수구기득권을 극복하고 새로운 세상을 열 거라는 믿음이 갔다. 잠시 유동하는 힘을 좇아 재빨리 변신하는 정치인은 유능해 보이지만, 역사는 그런 사람에게 큰 임무를 맡기지 않는다는 건 이미 증명된 바다.

그런 측면에서 5월 4일 이정희 대표가 보여 준 열일곱 시간의 사투는 아름다운 것이었다. 세상을 다 담을 수 있는 큰 그릇임을 증명해 주었고, 그녀를 보다 넓게, 보다 높게 밀어 올린 시간임을 상징하는 일이었다. 하지만 이정희 대표의 진실 세우기는 일단 실패한다. 그녀가 모든 걸 건 듯한 결기로 사투를 벌인 열일곱 시간의 결과는 앞서 말한 것처럼 참혹한 것이었다.

나는 5월 12일 중앙회의 이후, 이정희 대표가 트위터에 '제가 죄인입니다, 제가 무릎을 꿇지 못한 것이 모두를 패배시켰습니다.'라는 말을 남기고 침묵의 형벌을 받는 동안 여론을 예의 주시했다. 이정희 진실 세우기에 동참하는 지식인이나 언론인이 나서 주길 바랐다. 그러나 이정희 대표의 진가를 잘 모르는 사람들은 물론 그녀가 잘나갈 때 옆자리에서 찬사를 늘어놓던 사람들까지 입을 닫았다. 시사평론가인 유창선 박사와 동아대 이병창 교수를 제외하곤 너무도 고요했다.

도대체 그들은 진실이 무시되고 능욕당할 때 아무런 모욕감도 느끼지 않았단 말인가. 우리 사회의 진실이란 진실은 다 품고 사는 것처럼 떠들던 명망 높으신 지식인들이 아닌가. 막상 말해야 할 진실엔 철저히 침묵하면서 힘 있는 자의 의도된 진실 내보이기엔 열을 올리던 그들의 비굴한 모습이 눈앞을 줄줄이 스치고 지나갔다.

나는 며칠 더 기다리다 나라도 이정희 대표를 위해 글을 써야겠다고 마음먹었다. 역량이 턱없이 부족하긴 하지만 무엇이든 해야 한다고 결심했다. 참, 어째 이런 일이. 나는 몇 번 혀를 차고 이정희 진실 세우기에 동참을 호소하는 무명의 인터넷 글쓰기에 합류했다. 그 첫걸음이 5월 24일 발표한 「나는 고발한다. 이정희 죽이기 전모와 유시민을」이라는 좀 과격한 사회고발서다. 그동안 책을 몇 권 발간하긴 했지만 사람을 비난하는 글을 쓴 기억이 거의 없는 나로서는 그 자체로 벅찬 일이었다. 그러나 양심상 이정희 진실 세우기에 뛰어들지 않을 수 없었다. 그건 검고 포악한 힘에 의해 상처받고 신음하는 내 안의 진실을 바로 세우는 일이기도 했다. 사랑을 위한 사심 없는 투쟁이었다.

진실은 희귀하기 때문에 진실이다

5월 12일, 중앙의원회의가 있은 직후부터다. 통합진보당 주변엔 검은 시간이 흐르기 시작한다. 그 시간은 많은 당원들이 희망에 부풀어 있을 때 물밑에서 성기던 어둠이 짙어진 것이고, 조중동 등 검은 세력과 결탁된 것이어서 무척 고약했다.

그 검은 시간 아래 진실은 급격히 힘을 잃어 갔다. 더없는 진실, 박영재 님이 죽음으로 진실을 갈망했지만, 그조차도 성찰의 계기를 만들지 못했다. 진영 논리에 판별의 눈이 멀고 반성의 혀가 굳은 때문이다. 이런 상황에서 어떤 말이 귀에 들리고, 어떤 충고가 가슴을 울리겠는가. 여기서 밀리면 죽는다는 절박감과 비장함만이 검은 시간에 실려 유령처럼 떠돌았다.

당연한 일이었다. 진실이 거짓에 갇히는 이유는 간단하다. 힘의 불균형 때문이다. 당내 헤게모니를 잡기 위해 거짓을 끼워 넣은 간계파의 힘은 막강했다. 당내 힘은 평형을 이루고 있었지만, 그를 지원하는 외부의 힘이 엄청났다. 언론, 지식인, 사회단체는 물론 우군이라 믿었던 민주당 역시 이석기, 김재연 의원에 대한 국가관 검증이라는 기이한 발상으로 진실파를 압박했다.

게다가 검찰의 우회적 지원까지 받는 저들은 진실 죽이기 메커니즘을 꿰뚫고 있었다. 저급한 상호비방을 유도하여 진실과 거짓을 뒤섞어 놓아 사람들을 혼란에 빠뜨렸다. 진실과 거짓 대결이라는 선명한 쟁점을 흐리기 위해 사건들을 속도 있게 벌여 나갔다. 그리고 되지도 않는 언어조합을 통해 마치 거짓이 진실인 양 위장하기에 이른다.

간계파가 제2차 진상조사보고서에서 '부정을 방조한 총체적 부실'이라는 애매한 수사를 다시 들고 나온 것이 그 예다. 진실이란 '있다, 없다.' 라는 서술어처럼 아주 단순하고 명료한 것이다. 그럼에도 저들은 진실을 호도하기 위해 술수를 썼다. 열악한 환경에서 비롯되는 것이 부실인데, 이를 엉뚱하게 부정을 저지르기 위한 술책의 하나로 둔갑시키는 수사修辭과정처럼 그렇게 복잡하고 애매하게 꼬아 미궁에 처박으려 한 것이다.

그러나 진실은 덮는다고 사라지지 않는다. 깜깜한 지하에서도 무럭무럭 자라는 특성이 있다. 골리앗과 다윗의 싸움처럼 극도로 불리한 여건에서도

'이정희 진실 세우기'는 서서히 힘을 얻어 갔다. 조중동을 비롯한 검은 세력이 선량한 당원과 국민들의 눈과 귀를 막기 위해 쳐놓은 장막이 서서히 벗겨지기 시작한다.

6월 26일 발표된 제2차 진상보고서를 놓고 벌인 일련의 과정이 그것이다. 그 과정에서 '참여계 오옥만과 윤금순의 부정이 가장 심하다.'는 결과를 확인할 수 있었다. 아하, 도둑놈이 수사관을 자처하고 수사를 벌여 선량한 사람을 죄인으로 내몬 격이다. 하지만 그보다 훨씬 주의 깊게 주목해야 할 일이 있었다. 보고서 채택 직전, 소위 혁파들의 압력과 자의적 해석으로 진상조사가 공정하지 못하고 형평성을 잃었다며 사퇴한 김동한 진상조사위원장의 성명과, IT계 양심이라는 평판을 얻고 있는 김인성 교수의 양심선언형 언급이다. 이는 그동안 검은 힘에 억눌렸던 진실이 서서히 힘을 얻어 가는 터닝포인트였다. 이번 진보당의 정치공작성 쿠데타 속에 끼어든 거짓을 더는 묵과해서는 안 된다는 사회적 합의가 형성되고 있다는 것을 의미했다. 양심이 연대하기 시작한 것이다.

그러나 한 번 검은 시간에 실린 진실이 명료하게 그 모습을 드러내기는 쉽지 않은 일이다. 우리는 역사를 통해 그를 잘 알고 있다. 진실논쟁의 고전인 프랑스 드레퓌스 사건 속 진실이 세상에 나오기까지 12년이라는 세월이 흘러야 했다. 우리가 알고 있는 강기훈 유서대필 사건 역시 13년 동안 깜깜한 어둠에 묻혀 있어야 했다.

7월 14일에 끝난 통합진보당 선거결과가 이를 말해준다. 진실은 희귀하기 때문에 진실이라는 것을. 스스로 전진하던 진실이 잠시 숨고르기에 들어간 것이다. 우리는 그 사실을 가슴 저릿한 아픔 속에서 확인해야 했다. 참 많이 슬펐다.

왜 하필 이정희였나?

진중권은 이정희 대표를 말할 때, 항상 예쁜 얼굴을 먼저 말한다. 얼굴 마담론의 프레임을 짜기 위해서다. 그의 논지에 따르면 이정희 대표는 진보가 추악한 속내를 감추기 위해 내세운 아바타라는 것이다. 과연 조중동의 귀여움을 독차지하는 진중권다운 해석이다. 그는 진보진영이 힘들어하는 게 그렇게 보기 좋은지, 요즘 아주 신이 났다. 이정희 대표가 정말로 '강남 룸살롱 마담으로 나간다.' 라고 말할 기세다.

그러나 그의 논평이 얼마나 허약한 구조를 지닌지는 알 만한 사람들은 다 알고 있다. 언제나 그가 전가의 보도처럼 휘두르는 선이란 그의 머릿속 환상으로만 존재할 수 있는 절대선이다. 절대선을 선악 판단의 잣대로 쓰면 갓난아이까지 모두 악마로 변하기 때문이다. 그럼에도 그는 진보진영에서 어떤 사소한 잘못이라도 보이면, 여지없이 그 잣대를 들이댄다. 논객이라면 그 잘못이 인간 야수성의 내재적 모순에서 비롯된 것인지 따져봐야 하는데, 웬걸, 그는 잡놈처럼 그런 것쯤 가볍게 무시한다. 그래서 수구 진보 가릴 것 없이 전부가 부패한 자라는 도그마에 빠지게 만든다. 이미 부패 덩어리인 수구 언론이 이를 놓칠 리 없다. 진중권의 말을 족집게로 딱 집어 들고 '자, 봐라. 진보, 너희도 더럽지?'하며 함께 진창에 빠지는 피학성을 즐긴다. 변희재와 함께 그를 조선일보가 공들여 양육하는 것도 그 때문이다. 그러니 그의 논평으로 이정희를 바라보는 건 모독이다. 그저 이정희에 대한 진중권의 콤플렉스려니 하면 된다.

물론 이정희 대표가 대중의 엄청난 지지를 이끌어 낸 데는 참하고 착해 보이는 외모도 한몫을 했을 것이다. 현대는 이미지 시대고 누구도 그 굴레에서 벗어날 수 없다. 그러나 정치판에서 외모는 결정적인 요인은 아니다. 어쨌든 이 나라 대통령인 이명박 씨가 그것을 증명하고도 남는다.

이정희 대표가 국민들, 특히 거칠고 투박한 노동자들의 진정어린 지지를 받게 된 요인은 다른 데 있다. 그야말로 '온몸'을 내던지는 진정성이다. 그렇다. 말과 행동의 통합에서 오는 몸의 언어 때문이다. 몸을 더 많이 써 벌어먹고 사는 사람들일수록 말로는 감동시키기 어렵다. 살아오면서 현란한 말에 너무 많이 속고, 기득권자들의 호통 소리에 마음 졸인 탓이다.

그리고 그녀는 깊은 사랑과 강한 투쟁이 다르지 않음을 이해하는 정치인이다. 이성으로 상대를 설득하고, 감성으로 설득당한 상대의 아픔을 감싸줄 줄 아는 특출한 인품의 소유자기도 하다. 학력고사 전국 수석으로 책상머리에서 가장 오래 앉아 있었을 그녀가 민중의 삶터인 노동현장과 시장골목을 선험적으로 알고 있는 게 놀라웠다.

그런 자질과 노력이 언어의 속성이기도 한 분별의 벽을 넘어서게 했다. 그녀의 말은 그녀의 행동을 통해 몸에 수렴되고, 그렇게 의식을 체화한 그녀의 몸은 그 자체로 명징한 언어를 지닌다. 즉 정신과 몸, 나와 타자와의 경계를 넘는 일원성으로 환원된다. 따라서 대중들은 직관으로 그녀를 쉽게 이해하고 쉽게 다가간다. 원래 단순 명료한 것은 한눈에 파악되고, 말과 응결된 이미지는 가슴의 기억으로 남게 되어 있다. 나는 그것이 그녀가 민중들의 지지를 얻을 수 있었던 원천이라고 생각한다.

그것이 초기의 의심을 씻어 주었다. 그것이 일하는 사람들과 서로 배려하고 복종하는 동지 관계를 맺어 주었다. 빠르게 그들의 희망이 되게 했다. 어디서 불어오는지 모를 꽃향기처럼, 수많은 국민들에게 즐거움과 희망을 주었다. 이정희가 조동중의 집중 마크 속에서도 국민들의 폭넓은 지지를 이끌어 냈던 것도 이에 근거한 것이다.

그렇다면 지지자들만 이정희를 그렇게 느꼈을까.

물론 아니다. 조동중을 비롯한 짐승의 DNA를 더 많이 지닌 수구들은 더욱 놀란다. '얼굴마담 정도겠지' 했는데 그게 아니었던 것이다. 강기갑 대표에게 바통을 물려받은 그녀가 거의 빈사지경에 이른 민주노동당을 살려내는 것을 보고 경악한다. 자신이 노력한 대가보다 턱없이 많이 가져간착취라고 할 수 있을 만큼 저들은 늘 긴장 속에 산다. 부당한 소유이기에 언제든 공격당할 수 있다는 공포감을 떨칠 수 없어서다. 이정희는 저들을 자극하기에 충분했다.

그런 이정희가 야권연대를 이끌어 내자 저들의 미션은 좀 더 구체적이고 선명해진다. 수많은 민중이 차별없이 함께 잘사는 새로운 세상을 이정희를 통해 투사하는 만큼 타협의 여지는 거의 없었다. 그녀가 무릎을 꿇지 않는 한 그녀는 함께하기 어려운 존재였다. 이정희를 그대로 놔뒀다간 자기들 마음대로 주물렀던 이 땅에서 비주류로 전락할 수 있다는 위험성을 짐승의 본능으로 꿰뚫어 본 것이다. 이정희를 죽이는 것. 이정희를 재기불능으로 만들어 정치판에서 영원히 몰아내는 것. 그 미션이 이번 진보대란 이전에 이미 작동하고 있었다.

그러는 와중에 이정희 대표와 동지라 자처한 자의 칼에 옆구리를 깊숙이 찔린 것이다. 절호의 기회였다. 저들이 보고만 있을 리 만무다. 조중동을 선봉으로 이정희를 종북으로 몰아치며 간계파와 연합전선을 펼친 건 너무도 당연한 일이었다. 바로만 흐르지 않는 역사의 아이러니를 우리는 지금 아프게 겪고 있는 것이다.

오늘 이 아픔은 더 큰 감동의 예시다

나는 요즘도 5월 4일 그날, 이정희 대표가 마녀사냥으로 몰리던 광경을 가끔 되새긴다. 그때 만약 그녀의 심장과 함께 진실을 향한 열정이 그렇게 뛰지 않았다면 상황이 어떻게 전개 됐을까, 하고 말이다. 당시 그럴 만한 여건이 충분했다. 그녀 좌우에 포진해 있던 유시민, 심상정 대표가 누군가. 정치 연륜이나 지명도 등 그런 것들을 다 떠나 같은 대학의 선배였다. 다들 안 그런 척하지만 학벌과 연고주의가 가장 큰 힘을 발하는 게 대한민국 현실이다. 그 순간 저항은 파문을 의미했다. 아무리 강철 같은 가슴을 가진 사람이라 해도 그런 상황이라면 두 무릎을 꿇고도 싶었을 것이다.

이정희라는 개인으로 볼 때는 그러는 게 훨씬 편했을지 모른다. 또한 평온을 가장한 비굴은 인간이 종종 자기기만을 위해 써먹는 수법이기도 하다. 하지만 정말 그랬다면 그 순간 대한민국 진보정치 발전은 그 자리에서 멈췄을 것이다. 그날 이정희 대표가 '선 진실규명, 후 정치적 책임'을 말하는 순간 진보진영은 미증유의 분란에 빠져들었지만, 역사는 분명히 그를 달리 기록할 것이다. 그 시간은 우리 정치사에서 진실이 정치적 당위보다 우선하는 선진형 정치의 입구로 인도하는 순간이었다고.

사실 우리는 진실 문제로 투쟁을 벌인 경험이 없다. 짧은 근대사에서 생사를 건 큰 사건들이 많아 진실은 항상 뒷전으로 밀렸다. 정치적 거짓을 정치력의 하나로 당연시하는 분위기도 있을 만큼 그에 무감했던 것도 사실이다. 서양에서는 100년 전 이미 드레퓌스 사건 등을 거치며 진실은 정치적 당위보다 상위 가치로 정립되고, 그것이 진리처럼 작동하고 있다는 걸 알면서도 그랬다. 어떤 이론이든 직접 체화되지 않으면 신기루 같은 것임을 이번에도 경험하고 있는 것이다. 그런 의미에서 이정희의 진실 세우기는 역사성을 갖는다.

그러나 슬프게도 그건 아직 눈앞 전망이 아닌 먼 미래 이야기다. 이 문제를 가지고 얼마나 더 싸워야 '진실은 어떤 이유로든 침해당하지 말아야 한다'는 인식이 공유되고 체제로 수렴될지 아득하다. 이는 우리 사회에 진실이 무시되고 모욕당하는 분위기가 그만큼 짙게 깔려 있음을 반증한다. 승자독식의 성공주의, 출세주의에 매몰되어 진실 같은 건 얼마든지 뭉개고 갈 수 있다는 암묵적 동의가 우리 사회를 이끄는 분위기다.

그 배경의 중심에 많이 가진 자, 힘 있는 자, 입김 센 자, 사대주의자 등이 위치한다. 그들은 지금 이 시간에도 끝없이 거짓을 퍼트리는 중이다. 국가 총생산력을 높인다는 미명 아래 보통사람들이 도저히 도달하기 힘든 거짓 이미지를 생산하여 탐욕을 부추긴다. 거기에서 발생하는 이익에 빨대를 꽂고 독점하기 위해서다. 그러니 저들에게 진실은 소중한 게 아니라 백 번 천 번 암흑에 처박아야 할 이물이다.

우리는 이번 이정희 진실 세우기를 방해하는 저들의 발악적 태도에서 그걸 생생히 체험했다. 거기엔 좌우 구별이 없었다. 그것이 거짓임이 뻔한데도 콩알만 한 이익이라도 보이면 서슴없이 자신을 속였다.

그동안 우리 사회 도처엔 스스로 진실의 담지자라는 지식인들이 많았으나 헛것이었다. 정치, 경제, 사회, 문화 모든 분야를 막론하고 소위 저명한 인사들이 저마다의 진실을 외치며 한 치의 양보 없이 격돌하는 양상을 보였지만, 결과적으로 그들이 구한 건 진실이 아니었다. 거짓말을 밥먹듯 하는 사람을 대통령으로 밀어 올렸을 뿐이다. 정작 그들이야말로 진실을 혼수상태에 빠지게 한 주범이었음이 분명해졌다.

그런 상황에서 이정희가 진실 세우기에 나선 것은 놀라운 일이었다. 아마도 거짓이 스미기 힘든 정신과 몸의 일원성을 체화한 그녀이기에 가능한 일이었는지 모른다. 그녀는 마녀사냥을 당하는 과정에서도 진실을 꼭 끌어

안고 사투를 벌이는 열정을 보여 줬다.

어떤 가치를 향한 열정, 그리고 그를 현실 속에 구현하는 용기와 의지는 우리 안에 있는 본질이다. 그러나 그것을 밖으로 드러내어 타인과 교감할 수 있는 사람은 그리 많지 않다. 게다가 시대의 요구를 명확히 꿰뚫고 그를 민중과 소통 가능하게 하는 능력은 더욱 어려운 일이다. 그런데 이정희는 이번에 그것을 보여 줬다. 거의 모두가 정치논리로 거짓을 강요하는 순간 그녀는 그를 일거에 뛰어넘는 진실 세우기를 통해 우리로 하여금 내 안에 있는 진실과 손잡게 했다.

그러나 그 과정 속에서 이정희는 많은 걸 잃었다. 그것이 참으로 불의하다는 걸 알지만 조작된 거짓여론도 정치적으론 실재하는 여론이고 힘이다. 진실이 낱낱이 밝혀진다 해도, 그 힘은 금방 사라지지 않는다. 진실이 점차 새로운 힘을 얻어 그를 압도하기 전까지는 이 불의한 힘은 존속할 것이다. 명백히 모순이지만 그것이 세상의 일면이고, 그 모순 때문에 조동중이 산다.

그럼에도 나는 오늘 이정희의 시련과 아픔이 새로운 감동의 예시豫示임을 확언할 수 있다. 진실은 본래가 실한 것이고, 허한 거짓과는 달리 축적해 나가는 힘이 있다. 나는 그것을 이 글 서두에서 밝힌 것처럼 유월의 나뭇잎 앞에서 감동으로 체화한 사실이 있다. 젊음과 찬사와 황금빛을 쏟아 내던 5월 나뭇잎 뒤에 희미한 존재감으로 남은 6월 나뭇잎 역시 경탄스러웠던 건, 그것이 성장하고 있다는 점 때문이었다. 누가 봐주지 않아도 더 큰 시선인 별과 달의 사랑을 받으며 차곡차곡 제 몸을 불려 씨앗을 키운다는 점이다

척박한 우리 정치판에 혜성처럼 나타난 이정희, 그녀에겐 분명 우주를 한 번 출렁이게 하는 연초록빛 5월 나뭇잎의 이미지가 있었다. 그러나 무성한 잎과 열매를 맺기 위해서는 그 찬란한 시간을 넘어서야 하는 것이 자연의 이치다. 대한민국 정치를 새롭게 할 진실 세우기를 위해 모든 걸 던졌던 이정

희, 그 과정에서 그녀에게 운명처럼 고난의 시간이 주어졌다. 그러나 그 시간
이 그녀를 한 단계 높이 끌어올릴 것이고, 새 세상을 열 것이라는 민중 신화
를 잉태할 것이다. 그리하여 품이 넓고 잎이 무성한 거목으로 거듭나게 할 것
이다. 영화 〈아바타〉에 나오는 나비족의 성목처럼 이 땅 모든 민중들이 기대
어 편히 쉴 수 있을 만큼 큰 나무로 말이다. 그것이 오늘 이 아픔이 더 큰 감
동의 예시임을 분명히 믿는 이유다.

※ 에필로그

망설임도 많았습니다.

5월 4일 그날, 이정희 전 대표의 진실 세우기 공명에 감응하여 뭔가를 하지 않으면 안 된다고 생각했지만 많이 생소했던 것도 사실입니다.

저는 진실 문제에 그리 민감했던 사람이 아니었습니다.

어느 분처럼 정직이나 진실을 가훈으로 삼아 살았던 적도 없습니다. '이 땅의 좋은 작가란 투쟁으로 사랑을 완성할 줄 아는 사람이다' 라는 저만의 문학관에 따라 주로 사랑을 주제로 글을 쓰고 책을 내 온 사람입니다. 다만, 10년이 넘는 세월 동안 병든 모친의 간병을 하면서 보냈기에, 남에게나 나 자신에게 거짓말을 할 기회가 적었던 것은 사실입니다.

아마도 그런 세월이 쌓이고 모여 이런 글을 쓰게 되었는지 모릅니다.

5월 24일, 5·2 진보대란과 관련하여 사회고발서를 쓰면서 약속했습니다. 물론 누구도 아닌 저 자신과의 약속입니다.

진실 세우기에 온몸을 던지다 마녀사냥을 당한 이정희 전 대표가 침묵하는 동안, 1주일에 한 번 정도는 에세이 형식을 갖춰 그녀를 응원하는 글을 쓸 것을요.

한 편에 원고지 40장 분량의 글을 지금까지 거르지 않고 썼습니다.

6월 4일 「이정희가 보여준 17시간 사투의 처절함과 아름다움」

6월 11일 「이정희를 대통령으로 격상시킨 조중동, 고맙다」

6월 14일 「이정희를 위한 광화문 연가」

6월 18일 「늘 밥만 짓고 배는 곯는 이정희, 여전히 진보의 희망이다」

6월 25일 「이 시대 진보판단의 창, 바로 이정희다. 유시민이 아니다」

7월 2일 「이정희의 침묵이 거짓을 반쯤 이겼다」

7월 9일 「이정희 진실 세우기에 함께 아파하고 분노하다」

7월 18일 「이정희 진실세우기에 뛰어들다」

저는 이 글들을 없는 시간을 내어 자발적으로, 양심에 따라 썼습니다. 그런데 별 이상한 이야기를 다 들었습니다. '00파 지하요원이냐?'는 등의. 하지만 아무런 마음의 동요도 느끼지 않습니다. 제가 제 자신을 속이지 않는데 그 어떤 오해나 비난이 나를 흔들겠습니까.

제 홈페이지를 공개합니다. 궁금하시면 오셔서 보시면 압니다.

http://www.djjb.kr

진보파 언론과 지식인은 왜 '카인'이 되었나? :

김영종 · 작가

나는 네덜란드파고 스피노자주의자다. 네덜란드 출신인 렘브란트와 고흐, 에라스무스와 스피노자를 사랑한다. 어렸을 적 카스텔라 빵을 무척 좋아했는데, 이것도 네덜란드인 하멜이 제주도 앞바다를 표류할 무렵 네덜란드 함대가 일본 나가사키에 가지고 들어간 양과자다. 재미삼아 말하면, 원래 이 빵은 네덜란드를 지배한 스페인의 카스틸랴Castilla지방의 빵이었던 까닭에 이름이 카스텔라란다.

이정희는 카스텔라를 좋아했을까? 들리는 바로는 관악구의 어느 작은 두부공장 집 딸이라고 하던데 그 정도면 내 추억의 풍경이 그려져 고개가 끄덕거려진다. 햇살 좋은 남도에서 고등학교 다닐 때, 시골 천변에 있는 두부공장 집 딸이 어느 여고에 다닌다는 풍문만 듣고서 당시 또래인 나는 설레었다. 세월이 많이 흘러 추억의 파편들이 이합집산을 한 언젠가부터 갑자기 그 소녀가 카스텔라랑 뗄 수 없는 짝이 되어 버렸다. 카스텔라는, 완전히 시간대가 다른 코흘리개 시절 제과점 진열장을 들여다보면서 넋을 놓고 침을 흘리던, 볼 수만 있고 결코 먹을 수는 없는 고급 빵이었다. 그게 어떻게 해서, 내 추억 속에 설레는 한 폭의 풍속화인 '시골 천변의 두부공장 딸'과 연쇄되었는지 알다가도 모를 일이다. 어느 쪽이든카스텔라든 두부공장 딸이든 한쪽을 떠올리면 다른 쪽이 자동적으로 연상되는 것이다.

그때나 마찬가지로 나는 이정희와 일면식도 없건만 두부공장 집 딸이란 사실에 끌리고, 그런 이정희에게 내 카스텔라 추억을 갖다 붙이고 싶고, 더욱이 그 빵의 연원이 네덜란드라는 게 반갑다. 한마디로 이런 이상한 연상작용과 기호嗜好와 무의식적 감성에 매혹되기 쉬운 기질은 네덜란드파의 특징이지 않을까 싶다. 추억의 감정들을 순서와 정황에 맞게 재정리하고 싶은 논리적 욕구를 비웃으며 7080세대임에도 서정을 질서정연하게 노래하는 통기타음악보다는 미친 듯 내지르는 록과 횡설수설하는 랩을 좋아하는 것도 혹여 관련이 있으려나.

1

렘브란트가 매너리즘에 빠진 르네상스 화풍에 새로운 빛을 던진 게 자연을 두 눈 총총히 빛내며 직면한 결과였듯이, 에라스무스가 당시 마녀사냥을 일삼는 기독교 도덕주의의 성직자들한테 대항해 인문주의를 개척한 게 인간의 욕망과 감정을 도덕이 아닌 자연으로 받아들인 결과였듯이, 스피노자가 데카르트의 정신우위 철학('나는 생각한다, 고로 나는 존재한다')에 반대해 신체를 정신에서 해방시킨 게 자연의 신에 대한 탐구의 결과였듯이, 네덜란드파를 자처한 나는 당연히 이정희의 고난을 논리가 아닌 자연의 관점에서 바라볼 수밖에 없다.

자연의 관점이란 구체적으로 무얼 말하나? 뒤에 다시 얘기하겠지만 자연순환의 관점이요 피부의 관점이다. 자연순환은 '발전'에, 피부는 '의식'에 대립한다. 이정희에게 저주를 퍼붓는 좌우 지식인들의 뇌에는 바로 이 '자연에 대립하는 관점'인 발전과 의식에 대한 신앙 즉, 경쟁의 신앙이 자리 잡고 있다.

이 신앙은 시대에 따라 옷만 달리 걸칠 뿐 마녀사냥의 행태를 유지한다. 최근의 '종북' 선풍이 좋은 예다. 요즘의 종북은 옛날 말로 빨갱이인데, 대한민국의 좌우 매스컴이 종북을 척결해야 한다고 하루가 멀다 하고 머릿기사를 장식한다. 조중동이야 당연히 해야 할 일이고 안 하면 직무유기지만, 멀쩡한 사람을 웃기는 건 진보 쪽의 언론과 지식인이다. 빨갱이란 말엔 조건반사적으로 거부감을 보이면서도 종북에 대해선 마치 민주투사처럼 달려드는 이 분열증. 아마도 병증이 더 심해지면 원숭이와 잔나비란 말에도 똑같은 분열 증세를 보이지 않을까 심히 염려된다. MB 정부가 '민영화'란 말에 여론이 좋지 않자 '선진화'로 바꾼 것이 이렇게 잘 이해된 적이 없다.

나는 묻고 싶다. 당신이 이정희한테 그토록 분개하는 이유가 무엇인지? 종북 때문인지, 선거부정 때문인지, 국민의 눈높이를 모르는 정치적 무능 때문인지? 이정희가 진보를 말아먹었다고 하는데 그게 진짜 당신의 솔직한 마음인지?

이번 사태는 상대를 인정하지 않은 독단의 산물이다. 언론의 마수에 걸려들지만 않으면 삼척동자도 알 수 있다. 정말 부탁하건대 당신의 이익을 조금만 접고 좀 솔직해지면 안 될까? 그러나 여전히 당신이 정당하다고 믿는다면 답하라. 경기동부, 지하세력, 지령, 종북, 애국가, 국민의례, 회계부정, 지하정부 형태 등의 치명적인 단어를 동원해 같은 진영을 공격하는 게 제정신으로 할 수 있는 일이라 생각하는지? 동지의 자성을 촉구한다, 진보를 쇄신한다는 충심 어린 명분을 들고서? 그러니까 그게 같은 진보의 동지에게 하는 애정 어린 충고라고?

당신은 마치 부정이 의심되는 누이를 창녀라고 온 천하에 알려서 좋은 누이가 되길 바라는 사람과 같다. 당신이 선택한 단어들은 창녀, 갈보, 사창가, 기둥서방, 화대 갈취 등에 해당한다. 그러나 대중들의 눈에는 누워서 침 뱉기로 보인다는 점이다. 대중은 구당권파와 신당권파를 구별하지 않을 뿐만 아니라 통합진보당과 당신진보 언론인인 당신 또는 진보 지식인인 당신도 구별하지 않는다. 그놈이 그놈이라는 인식은 비전문가인 대중에겐 당연한 것 아닌가.

물론 설마 할 거다. 언론의 힘을 누구보다 잘 아는 당신이니까. 정의의 명분은 백퍼센트 당신의 것이라고 여기니까. 근데 그게 아니라니까. 유시민을 보라고. 당신이 그토록 밀었는데도 인기는 점점 떨어지고 대권은커녕 어딜

가나 당을 분열시킨다는 욕을 먹고 있지 않는가. 그게 유시민한테만 국한되는 게 아니다. 집안싸움으로 보는 대중들에겐 『한겨레』, 『경향신문』, 『오마이뉴스』, 『프레시안』, 진중권, 김민웅, 조국, 석기파, 강기갑파, 유시민파 등 모두가 한통속이다. 심지어 '진보당'이나 '한겨레'로 통칭되기조차 한다. 어느 한가한 대중이 오마이를 알 것이며 김민웅, 조국을 알 것인가? 경향이야 옛날 어용신문이었는데 요새 어찌 됐나 하는 수준이다.

이런 점에서 진보당 사태는 진보 쪽 언론과 지식인의 과대망상증이기도 하다. 물론 조중동의 대공포 포화 없이는 애초부터 불가능한 일이었지만, 평소 콤플렉스 망상으로 헤매는 당신의 모습과 다르게 이참에 극과 극은 통한다는 사실을 여지없이 보여 줬다. 근데 그토록 입술이 닳도록 약자를 대변한다는 당신은 정작 강자 앞에만 서면 왜 그렇게 작아지는가? 작년 서울시장 부정선거와 4·11 강남을 부정선거에서 당신이 어떻게 대응했는지 상기해 보라. 그러면서 같은 진보진영인 이정희를 비난하는 데 혈안이 된 당신은 도대체 어떤 인간인가? 밝혀낸 사실 하나 없이 혐의만 가지고서 마녀사냥을 하다가 되레 당신편이 문제였다는 증거만 나온 이 사필귀정의 진실이 지금 급속도로 퍼져나가고 있다.

2

'경고하는데 또 다시 선관위 조작 어쩌구하며 닭짓 하지 마세요. 그 닭짓이 이번 선거 말아먹은 겁니다.' 강남을 부정선거 관련

'가장 충격적인 일은 이정희의 변신 … 모두발언을 하는데 마치 영화 「링」을

보는 듯 소름이 끼쳤다.' '이렇게 어제의 '아이돌'인 이정희는 오늘의 '처키'(악마)가 돼버렸다.' _{진보당 내 비례대표선거 관련}

위 인용은 잘 알려진 진중권의 트위터 글이다. 진중권은 MB 정권의 부정선거를 덮기 위해 '나꼼수'와도 일전을 불사했고 조중동의 논조에도 기꺼이 우군으로 가담했다. 진보 쪽 언론과 지식인은 진중권과 오십보백보로 같은 반응을 보였다.

진실 규명 후 처벌해야 한다는 이정희파의 주장과 국민의 눈높이에 맞춰 선先 사퇴해야 한다는 신당권파의 주장 중에 당신들은 후자 편을 열렬히 들면서 전자를 마녀사냥했다. 그런데 철저한 기술검증이 이뤄진 2차 진상조사의 결과는 어떤가? 검증 책임자 김인성 교수는 밤샘 조사 끝에 범죄행위를 발견하고 범인을 찾아냈다며 이번 사건을 '가해자와 피해자가 뒤바뀐 뺑소니 사건'으로 결론지었다.

마녀사냥이 과학의 힘으로 맨얼굴을 드러내는 순간이었다. 하지만 강기갑혁신비대위는 자신에게 불리하다고 검증단의 소명 한마디 듣지 않고서 기술검증보고서를 폐기처분해 버렸다. 이런 사태 앞에서 진상조사특위의 김동한 위원장은 "법학자의 양심에 기초해서 봤을 때 이번 조사_{강기갑비대위의 주장만 채택한 조사}는 객관성과 공정성이 철저히 보장되지 못했음을 인정하지 않을 수 없다."며 위원장직을 전격 사퇴했다.

그러나 진보언론은 이 중대한 팩트를 놓고 인터뷰 기사 하나 싣지 않았다. 6월 27일치 『한겨레』는 강기갑비대위의 주장에만 입각해 「당권파, 미투표 명단으로 이석기 조직적 지원」을 1면 헤드라인으로 뽑고 이어 5면에 「'이석기 몰아주기' 낱낱이 공개… 당권파 "확증 없다." 발끈」이라고 자사가 기존에 해 온 주장만 되풀이했다. 이는 명백히 사실을 왜곡한 것이다.

백번을 양보해도 저널리즘의 기본인 사실에 대한 보도를 외면하고 왜곡까지 한 것은 진보·보수를 떠나 이미 언론이기를 포기한 행태임이 명백하다. 김인성 교수는 조사특위에 소명의 기회를 요청하면서 "책임지지 못할 의혹제기 또는 거짓말을 해도 아무런 상처를 받지 않고 오히려 더 위상이 높아질 수 있다면 그것이 바로 악의 자리란 것입니다."라고 심정을 털어놓았다. 진보언론이 기술검증까지 음해하는 강기갑비대위의 편을 든 환경 속에서 '진실을 가진 자'의 고독한 목소리다.

보라. 당신의 목적이 마녀사냥에 있음을 보여 주기에 부족함이 없는 증거 아닌가?

3

나는 강화도 해안가에 살면서 석양의 아름다움에 넋을 빼앗기곤 한다. 참으로 굉장하다. 노을의 색채는 한 순간도 같은 게 없다. 가끔은 평평한 갯바위에 앉아 거문고를 탄다. 꾀꼬리나 휘파람새가 마치 낚싯줄이 공중에 휙 던져지는 듯한 소리를 지르고 날아간다. 갯벌에는 아낙들이 조개를 캐거나 낙지를 잡는다. 괭이갈매기 떼가 수평선을 부질없이 바라본다. 진양에서 자진모리까지 짧게 한바탕 타면 이십 분이 걸린다. 마음이 시원하다. 바닷바람이 가슴을 쓸고 배꼽까지 내려간다. 팬티 속마저 쾌적하다. 막걸리 한 사발이 땡긴다. 강화막걸리 한 통을 사들고 들어가 집에 김치도 있겠다, 외출한 아내의 손을 빌릴 필요도 없이 소박한 주안상을 차려놓고 한 잔 술로 저녁 한 끼를 때운다.

이런 나를 보고 신선놀음한다고들 한다. 비난 섞인 부러움이다. 마음 한 구석에 죄송한 마음도 있지만 유유자적 도락을 즐기는 것이 워커홀릭으로 사는 엘리트보다는 세상을 덜 어지럽힌다고 위안을 삼는다.

헌데, 최근 이정희가 마녀사냥을 당하자 이 위안이 심술을 부려서 마구 사나워지는 것이다. 마치 드레퓌스 사건의 에밀 졸라나 된 듯이 평정심을 잃고 학벌 찬란한 강호에 몸을 던지려 하니 내가 봐도 가당치가 않다. 원래 나는 그런 사람이 아니다. 평소 무위도식하는 자로서 어쩌다 발작을 일으키듯 소영웅심에 사로잡혀 남보다 먼저 술값을 내는 게 기껏해야 내 용맹의 수위다. 일은 벌어졌고 그래도 사내라고 썩은 무라도 베야 하지 않겠는가.

4

『카라마조프가의 형제들』에서 가장 빛나는 「대심문관」의 장은 이렇게 시작한다.

장엄하게 타오르는 화형장에서
사악한 이단자들을 불태웠도다.

전날 거의 백여 명이 넘는 이단자를 화형에 처한 대심문관은 지금 호위대를 거느리고 길을 가다가, 그리스도가 자기 자식인 이단자들을 보러 와서 군중들에게 구원을 행하는 광경을 목격하고 체포해 감옥에 넣으라고 지시한다.

독자 여러분. 대심문관은 어떤 사람일까요? 좋은 목자일까요, 나쁜 목자일까요? 조중동 같은 성직자일까요, 한경오프「한겨레」, 「경향신문」, 「오마이뉴스」, 「프레시안」 같은 성직자일까요? 그는 후자이며, 항상 선의 탈을 쓰고 나타나기 때문에 사람들은 그를 그리스도로 착각한다.

도스토예프스키는 '대심문관' 역시 예수처럼 광야에서 풀뿌리로 연명했고, 자신의 육체를 극복해 가며 스스로를 자유롭고 완전하게 만드는 데 온 힘을 기울였으며, 한 평생 인류를 사랑했던 인물임을 밝힌다.

그러한 그가 악마의 유혹에 넘어간 '이유'가 무엇인가? 작가는 이것을 말하고자 작품을 썼다고 해도 과언이 아니다. 나 역시 당신이 진보를 위해 싸워온 순수한 열정과 이력을 추호도 부정할 생각이 없다. 문제는 그런 당신이 왜 마녀사냥에 나서는가 하는 그 '이유'다.

왜 진보의 이름으로 진보를 화형에 처하는가? 왜 그리스도의 이름으로 그리스도를 화형에 처하는가? 나의 문제의식은 도스토예프스키의 고뇌와 인식 안에 있다.

인류를 위한 연단과 사랑이 궁극적으로 '자기'로부터 나올 때 그것은 필연적으로 대심문관의 길로 나아간다. 그 길로 가는 것은 변절 때문이 아니라 '완벽한 자기의지의 실현'이라는 환상 때문임을 도스토예프스키는 보여준다. 나는 이 글에서 그 환상이 일어나는 인간의 의식과 메커니즘을 살펴볼 예정이다.

인간에겐 오직 두 가지 길밖에 없다. 타자를 향하는 그리스도의 길과 자기를 향하는 대심문관의 길. 즉, 자유의 길과 행복에 안주하는 길. 전자는 빵 대신 자유가, 후자는 자유 대신 빵이 슬로건이다. 이 둘은 결코 양립할 수 없는 적대관계란 것이 작품 속에서 놀라울 만큼 잘 표현되고 있다.

왜 적대관계라고 하는가? 대심문관의 길은 신에 맞서 인간이 신이 되려고 하는 길이기 때문이다. 그는 악마를 따르고 있음을 감추기 위해 '양떼도 하나 목자도 하나'라는 이념을 내세운다. 이것은 '국민도 하나, 지도자도 하나'라는 현대정치의 이념이기도 하다. 이 이념이 빵(이익) 속에서 자유를 찾으

라는, 자본주의 경제사상과 당신의 의식에 어떻게 나타나는지는 뒤에 다시
설명하겠다.

5

이정희는 "100명의 범죄자를 놓쳐도 한 사람의 무고한 피해자를 만들면
안 된다. 이게 근대의 상식이고 원칙이다."라는 입장을 취했다.

이 말에 대해 진중권은 "'유죄 증거 없이는 무죄다.' 그 빌어먹을 '무죄
추정의 원칙'이 또 다시 반복되고 있다는 것. 뭐, 증거를 들이대면, 판결 없이
는 무죄라고 할 것이고, 판결이 나오면 동지보다 적들의 법정을 믿냐고 할 겁
니다."고 비아냥댔다.

독자들은 어떤 생각이 드는지 궁금하다. 내가 볼 때, 이정희는 집단 우선
주의에 반대해 개인을 존중하는 반면, 진중권은 개인의 억울함은 뒷전이고
편 가르기에 급급하다.

편을 가르는 이유는 무엇일까? 잠시 공자 말씀을 생각해 보자. '군자는
화합하지만 패거리 짓지 않고 소인은 패거리 짓지만 화합하지 않는다.' 君子和
而不同[군자화이부동] 小人同而不和 [소인동이불화] 신영복은 이 말을 "군자는 자기와 타
자의 차이를 인정하므로 타자를 지배하거나 자기와 동일한 것으로 흡수하려
하지 않는데 반해, 소인은 타자를 용납하지 않으며 지배하고 흡수하여 동화
한다."고 해석한다. 공자에 따르면 진중권은 틀림없는 소인이다.

나는 공자와 예수가 일치하는 지점을 '양떼와 목자'의 비유에서 발견한다.

길 잃은 한 마리 양을 찾아나선 목자, 예컨대 공동체에 백 마리 양이 사는
데 한 마리 양의 이탈은 공동체의 룰을 위반한 것이 된다. 이 룰은 누구를 위

한 룰인가? 공동체를 지배하기 위해 타자를 용납하지 않는 룰이다. 소인의 룰이다.

공자가 죽기 전까지 탐독한 책이 『주역』이다. 『주역』은 바로 하늘의 뜻을 알려주는 책이다. 『주역』은 군자가 화이부동화합하지만 패거리를 짓지 않음하기 위해 '나'와 '타자' 사이에서 하늘의 뜻을 찾도록 돕는 윤리학이다. 군자는 하늘의 뜻에 따라 개인의 존엄을 공동체의 룰에 우선한다.

백 마리 양들이 있지만 양 한 마리 한 마리가 다 타자이고 '나' 역시 타자이다. 군자의 윤리학은 군자가 집단 위에 군림하지 않고 집단 속의 한 개인으로 존재하면서 집단을 화합으로 이끄는 리더십이다. 앞서 본 대심문관은 '양떼는 하나'라는 이념을 내세워 공동체를 이탈한 양을 화형에 처하였다.

6

대심문관은 나름으로는 민주주의자며 사회주의자다. 그는 '공통의 하나'에 대한 이념, 하나의 규칙을 공동체에 강요하여 자신의 의지로 세상을 세우려 한다. 그러나 자신의 의지는 아무리 숭고한 것이라도 결국 이익으로 종착하고 만다. 이점은 진보당 사태의 핵심이다. 그러므로 여기에 천착하지 않을 수 없다. 어려운 철학적 분석도 마다할 수 없는 상황이다. 하지만 이는 좀 뒤로 미루고 현안을 잠시 보자.

2012년은 대한민국 지식계의 총파탄을 선언한 해라 할 수 있다. 좌우 엘리트들 중에 이정희 마녀사냥에 동참하지 않은 사람은 '유대인'과 '에밀 졸라'뿐이라 해도 과언이 아니다. 이런 사태를 두고 광기라고 하지 않으면 무엇을 광기라고 할까?

사진가 로버트 프랭크는 『The Americans』란 사진집에 매카시 선풍이 휩쓸고 간 1950년대의 미국을 담았다. 그는 전국을 다니며 미국인의 일상 속에 숨 쉬는 국가주의 광기를 카메라에 담았는데, 그 광기의 그늘 아래 있는 개인들은 한결같이 우중충하고 버림받은 모습이다. 여기서는 국가가 사람을 위해 존재하지 않는다. 사람들이 국가를 위해 존재한다.

이정희에 대한 매도도 같은 맥락 위에 서 있다. 보수파야 당연한 것이니 진보 지식인에 국한하겠다. '종북'이 진보의 앞날을 망친다는 이유 때문이란다. 그렇다면, DJ와 노무현 10년 동안엔 침묵하다가 독재자 박정희의 딸이 가장 유력한 대통령 후보가 된 이때 동지의 목을 치는 건 어떻게 이해해야 하나. 이정희파가 같은 진영이 아니든가 아니면, 진보가 '국민의 눈높이'에 맞춰야 정권교체가 가능하다는 읍참마속식의 명분 말곤 달리 이유를 찾을 수 없다. 만약 이유가 후자라면 너무 황당하므로 되묻는다. 과연 그건 사실인가? '종북'과 '국민의 눈높이'를 들먹이는 것 자체가 매카시즘이고 국가주의의 광기가 발동한 건데 차마 이런 이야기까진 않겠다.

나에겐 당신이 이정희파의 득세를 파시즘보다 더 큰 위기로 느꼈을 것이라는 것 말고는 해석이 안 된다. 왜냐면, 국민은 당신의 정의로운 행동(?)을 대하면서 진보 전체를 불신의 눈으로 바라보고 있기 때문이다. 당신은 그것을 감수하면서도, 심지어 이러다간 대선, 진보 필패라는 걸 잘 알면서도, 경쟁자를 이기기 위해서라면 당원 정보도 넘기는 걸 목격하면서까지도 연일 지상에 동지의 피를 뿌려대고 있다. 이게 바로 당신이 이익 때문에 이번 거사를 일으켰다고 말할 수밖에 없는 확실한 이유다.

그러면 당신의 이익은 무엇인가? 잠시 보류했던 철학적 분석에 들어가겠다.

7

의지의 활동무대인 의식意識은 스피노자에 따르면 환상의 거처다. 의식에서 환상이 일어나는 이유는 인간이 이익을 도모하기 때문이다. 예를 들어 여행하는 날 화창하면 하늘이 도와서라는 생각이 드는데, 이 환상은 자연현상과는 관계없이 나의 주관적인 이해에서 생긴다.

한 걸음 더 나아가서 보면, 이 환상은 여행 전의 바람이 여행하는 날 실행된 데 대한 나의 감정이다. 이를 정의의 형태로 정리하면, 의식이란 이행에 대한 감정인 것이다. 이를 이번 사태에 적용해 보자.

이정희가 선거부정에 책임을 져야 하고 종북사상을 버려야 한다는 당신의 생각은 이정희가 '당신류의 진보세력(A)'을 압도하는 '진보 전체의 아이콘이자 헤게모니(B)'로 등장했기 때문에 생긴 것이다. 당신의 이 생각은 한 마디로 감정이다. 이처럼 '의식'은 당신이 속한 전체(A)가 보다 큰 전체(B)를 만났을 때 즉, A에서 B로 이행하는 사태에 대한 '감정'인 것이다그 역도 성립한다.

그런데 당신은 이 감정을 부정한다. 그 까닭은 첫째, 의식이 감정이란 사실을 알지 못한 데다 거꾸로 의식에 대해 환상을 제거하는 합리적 정신이라고 오인하기 때문이다. 다음으로, 이 감정이정희에 대한 열등감 같은은 약자의 감정인데 이 감정을 인정하면 추락한 당신의 위치가 기정사실화되고 당신이 내건 대의명분이 약자의 원한으로 전락하기 때문이다.

그런데 이 두 가지 이유가 다 당신이 이번에 이정희를 상대로 일으킨 거사의 본질이다.

8

의식은 이행에 대한 감정을 합리화하기 위해 논리를 동원한다. 이 논리는 3종의 환상을 불러들인다. 목적성의 환상, 자유의 환상, 신학적 환상이 그것이다. 이 환상의 3종 세트가 거주하고 있는 의식은 '두 눈 뜨고서 꾸는 꿈'일 뿐이다. 의식이 그러한 이유는 반복하건대 인간이 이익에 사로잡혀서 외계를 대하기 때문이다.

이번 거사를 통해 당신의 의식에서 일어난 이 3종의 환상을 확인해 보자.

이정희를 매질한 이유를 압축하면 진보의 미래를 위해서다. 그것은 부모가 아이한테 매질을 하면서 아이의 교육을 위해서라고 말하는 것과 같다. 알기 쉽게 설명하기 위해 부모의 매질을 예로 들겠다.

이때 매질은 흉포한 분노에서 비롯된다. 그런데도 교육이라고 생각하는 것은 결과로서의 매질이 목적이 되어 버리기 때문이다. 매질이 교육을 위해서라는 목적인으로 뒤바뀜으로써 부모는 아이가 발생시킨 손해그릇을 깼다든가에 대한 분노의 감정을 은폐할 수 있다. 이 과정에서 교육과 매질은 등가교육=매질가 되고 부모의 의식 속에 '손해의 보상'을 교육으로 착각하는 환상이 일어난다. 이것이 바로 의식에서 일어나는 '목적성의 환상'이다.

이 환상에서 벗어나서 보면, '이정희가 진보에 끼친 손해'라는 의식과 '매질'이란 행동은 실제로 별개다. 고소공포증 환자가 높은 곳이기 때문에 두렵다고 하지만 높은 곳이 공포의 원인이 아닌 것처럼, 당신의 매질 충동은 당신 자신한테 그 원인이 있는 것이다.

다음으로 세상 사람들은 부모의 매질을 감정이 아닌 자유의지에서 나온 것으로 생각한다. 그러나 그것은 사람들이 자신의 기억 속에서 동원한 상상일 뿐이다. 실제로 매질의 원인은 충동 속에 있다. 그런데 인간은 충동의 원인을 알지 못한다. 부모가 매질을 한 원인을 사람들은 모르기 때문에 자유의지를 떠올리고 그것을 부모한테 투사하는 것이다. 이처럼 원인을 모르기 때문에 오는 환상이 인간의 의식 속에서 일어나는 '자유의 환상'이다.

환상에서 벗어나서 보면, 당신이 이정희한테 가한 매질은 매스컴이 비쳐주듯 자유의지에서 나온 게 아니다. 충동에서 나온 매질의 원인을 알 수 없다고 해서 충동이 사라지기는커녕 더 강력한 힘을 갖는다. 실로 걱정스러운 것은 사태의 진실이 밝혀져 매질할 이유가 사라졌는데 당신이 사과해야 하기 때문에 더 광포해지는 경우다.

마지막으로 신학적 환상이다. 어떤 매도 부정하는, 교육 상의 매도 부정하는, 매를 들리라곤 상상도 못하는 그리스도 같은 성직자가 자녀에게 매질을 할 때, 사람들의 의식 속에서는 '신의 매'라는 신학적 환상이 일어난다. 이번 사태에 대한 『한겨레』의 보도 태도를 독자가 정의의 매로 생각하는 것이 신학적 환상에 속한다.

결론적으로 말해서, 당신이 이익을 소거할 때 이 환상의 3종 세트와 싸워 이길 수 있다. 그 싸움이 바로 윤리다. 그리스도가 인간에게 선물한 '자유'가 이 3종의 환상에서 의식을 해방하는 것이다. 대심문관은 이 자유를 빵^{행복}과 대체하기 위해 그리스도의 사람들을 마녀사냥으로 화형에 처한 것이다.

9

장맛비가 주룩주룩 내리고 술 생각이 간절하건만 이 글을 쓰느라고 꾹 참고 있으려니 당신이 참 대단하단 생각이 든다. 도대체 그 좋은 봄날 무슨 할 일이 없어서 죄 없는 이정희를 때려잡지 못해 그 안달을 쳤단 말인가.

총선 끝나고 쓴 낙서글 한 토막을 소개하겠다.

진달래 따다 화전 붙여서 매화주로 위와 간을 적시니

사방에서 우짖는 온갖 잡새 소리가 춘정에 불을 지른다.

참지 못하고 일어나 산에 오르니 반기는 나무 앞서거니 뒤서거니

땅 위의 만화방초 오솔길 따라 우거져 있다.

걷다가 마침내 개박달나무 아래 웅달샘에 이르러

부리에 물을 묻혀 목욕하는 붉은머리오목눈이를 만난다.

이런 제기랄.

나도 모르게 붉은머리오목눈이 위로 이정희가 오버랩 된다.

당장에 그 즉시, 남의 둥지에 들어와 부화한 뻐꾸기 새끼가 보인다.

어, 저것들. 재수 없어. 술맛 다 버렸잖아.

근데 당신은 술맛이 더 났을 테구. 나 하고 이렇게 다르단 말이야? 아참, 내가 깜빡하고 있었구나. 당신과 나는 근본적으로 신분이 다르다는 걸.

10

신분은 계급이고 취향도 계급이다. 당신 취향은 어떤가? 막걸리 좋아하고 빈대떡 좋아하고 다 그런 건 알겠고 내 맘에 딱 걸리는 게 당신의 문화적_지적인 취향이다. 난 그게 질색이다. 그게 물과 기름처럼 섞이질 않는다.

아무리 당신이 민중 어쩌고저쩌고 해도 거기서 갈라진다. 뭣보다 문화 취향이 비슷해야 사람은 이질감을 느끼지 않는다. 당신이 별짓을 다해도 그게

안 되니까 서민들 하고 겉도는 것이다. 근데 이정희는 그게 되는 사람이다.

직접 본 적이 없기 때문에 이정희에 대한 내 이미지는 영상을 통해 비쳐진 모습이다. 이정희가 현장에서 비를 맞고 땅바닥에 뒹굴고 함께 스크럼 짜고 끌려나오고 하는 장면들은 논외로 하자. 대중들 속에 섞여 서 있거나 앉아 있는 이정희는 여느 정치인과 다르게 직업적인 후광이 없다.

이정희의 후광은 서민적이다. 회화로 보면 민화적 원근법앞쪽이 좁게 뒤쪽이 넓게 묘사됨. 대표적으로 책거리 민화가 있는데, 사람의 관점에서 사물을 보는 것이 아니라 사물의 관점에서 본다의 굉장한 완성도다. 이것은 인위적으로 만들 수 있는 것이 아니다. 서민과의 문화적 취향이 일치하지 않고는 불가능하다. 두부공장 집 딸이라는 것만으로는 국회의원이란 직업적 후광을 제거할 수 없다. 한국 최고 엘리트의 신체가 민화적 원근법의 신체로 나타나는 것은 놀라운 일이다. 의식이 아닌 신체가!

왜 이정희는 이런 인간인가? 엘리트 지식인은 자기 지식에 대한 내적 파괴작업을 감행하지 않고는 권력의 의지에서 벗어날 수 없다는 게 내 확신이다. 문화적 취향은 여기서 결정된다. 나는 오늘날 이정희의 수난은 이미 민화적 원근법의 신체에서 예비되었다고 믿는다.

이렇듯 서민의 문화취향이 체화된 엘리트 이정희는 엘리트 계급이 아니다. 그런데 당신은 명명백백히 엘리트 계급이다. 대학의 서열이 신분을 결정하는 현실에서 외국어대학 용인캠퍼스 출신 이석기와 김재연은 엘리트가 아니다. 이 점은 간과해서는 안 되는 사안이다.

의식은 이행에 대한 감정이라고 말했다. 이정희가 '당신류의 진보세력'을 압도하는 '진보 전체의 아이콘이자 헤게모니'로 등장한 데 대한 감정, 이 감정이 이정희에 대한 당신의 마타도어로 나타난 것이다. 문제는 왜 엘리트 계급인 당신이 선봉에 서서 저주에 가까운 분노를 쏟아냈는가에 있다. 답은 의외로 간단하다. 자기 계급에 대한 위기의식과 용납할 수 없는 우월의식이다. 이때 당신의 의식은 3종 세트의 환상이 춤추고 있는 것이다. '두 눈 뜨고서 꾸는 꿈'에 불과하지만, 당신이 모든 매체와 진보 이미지를 장악하고 있으니 당분간은 주지하는 바 같이 천지를 다 태우고도 남을 불길이다.

당신은 계급투쟁을 하고 있는 것이다. 젊은 날 그렇게도 하고 싶었던 계급투쟁을 이제야 진짜 자기 계급을 위해 싸우는 것이다. 아래 계급에 맞서! 나는 그 아래 계급의 이름을 '잔반殘班'이라고 칭한다. 잔반은 상놈 같은 양반이다. 반면, 당신은 양반 사대부다.

나는 이 사태의 성격을 좌우 양반 사대부가 단합하여 대중적 지지 속에 부상한 잔반세력을 공격하는 것이라고 규정한다. 모든 반反혁명이 그렇지 않았을까? 농민전쟁이나 사회주의운동 때도 그랬던 것 같다.

무슨 소리냐고 화낼지 모르겠다. 당신은 민주주의자고 사회주의자인데. 그 허위의식에 대해선 바로 이어서 이야기하기로 하고, 당신의 계급투쟁이 시대를 거스르는 것이며 그런 의미에서 진보가 아니라 퇴보이고 약자의 원한이 폭발한 것이란 사실을 강조한다.

11

당신의 직업은 기자이거나 교수이다. 기자나 교수가 사회적으로 우대받는 이유는 상인처럼 이익을 목적으로 하지 않고 사회정의나 진실, 진리 따위를 추구한다고 사람들이 믿기 때문이다. 그러나 이보다 더 잘못된 믿음이 어디 있을까?

기자의 월급은 재벌의 광고비에서 나오고 교수의 급료는 학생이 낸 학비에서 나온다. 광고는 자본주의의 꽃이고 학비는 고혈과 등골이다. 기자는 벌과 나비처럼 꽃을 찾아 여기저기 날아다니고, 교수는 고혈과 등골 위에 세워진 상아탑에 들어앉아 세 치 혀만 놀린다.

술값을 안 내는 영순위가 검사라고 하는데, 그런 검사한테 접대 받는 직업이 기자라고 한다. 그만큼 기자는 권력자다. 세상만사를 한눈에 내려다보면서 시비도, 선악도, 정의도 자기가 가리고 훈계하며 사람 키워 주고 죽이는 것도 자기가 다 한다는 식이다.

교수는 또 어떤가? 채점을 하는 인간들이라 그런지 세상의 모든 문제에 정답을 가지고 있다고 착각하는 집단이다. 세상에 정답이 있다는 사고방식도 어처구니없고, 사안마다 코멘트하는 발언이 현실화되는 순간 탁상공론에 불과하게 된 것도 어처구니가 없다.

이 둘은 모두 돈과는 무관한 것처럼 군다. 그러니 당연히 정신과 신체가 분리된다. 따라서 이들은 데카르트파일 수밖에 없고 나 같은 심신일체의 스피노자파와 대립한다. '나는 생각한다, 고로 나는 존재한다.'의 데카르트파는 의식이 가장 중요하다.

이들은 '만물을 인식하는 나는 만물을 장악하게 된다.'는 의식 속에서 산다. 여기서 지식은 절대적이다. 당신이 이정희처럼 지식을 내적으로 파괴할 수 없는 이유다. 당신의 데카르트적 사고와 권력의 의지가 결합해서 당신의 지식건축물에 목숨을 거는 것이다. 당신의 문화적 취향도 여기서 나온다. 그런데, 당신의 지식건축물과 문화적 취향은 광고와 고혈이 없으면 사상누각이요 신기루다. 이것이 바로 당신의 의식이 허위의식임을 증명한다.

지식을 내적으로 파괴하는 것이 무엇인지는 여기서 논하지 않겠다. 다만 수신제가치국평천하가 일관되게 관통하려면 '우월성'을 극복해야 하는데, 지식인한테 이것은 내적으로 지식을 파괴하는 길 말고는 달리 없다는 것만 말해 두겠다. 그렇지 않을 경우 결국 대심문관의 길에 이른다.

이상의 고찰은 좌파, 우파가 따로 없이 해당된다. 이러한 공통된 기반 위에서 이정희가 이끄는 잔반을 상대로 좌우 사대부들이 계급투쟁 그리고 연합전선을 펼쳤던 것이다.

12

'진보시즌2' 당신의 깃발이다. 당신은 이 깃발의 반대편에 '종북'의 깃발을 세워 놓았다. 당신 말고는 누구도 종북의 깃발을 세워 놓은 적이 없다. 심지어 보수도 당신을 따라할 뿐이다. '진보시즌2'의 핵심 내용은 종북 반대의 사회주의다. 당신은 이것을 진정한 민주주의라고 말한다.

상대한테 가상의 적기를 안겨 주는 것은 '테러와의 전쟁'을 선포한 미국의 예에서 보듯이 당신이 존립의 위기에 처했음을 반증하는 것이다. 콩 심은 데 콩 나듯 그 결과는 냉정했다. 이정희를 매장한 것은 곧 당신의 매장이었고, 당신이 연 판도라 상자에서 나온 것은 구당권파의 주체사상, 비밀주의 따위가 아니라 한 번도 노출된 적이 없는, 그리스도의 얼굴을 한 당신의 본얼굴이었다.

나는 보았고, 천 개의 눈이 보았고, 밤하늘에 빛나는 별들만큼 많은 눈들이 보게 될 것이다. 지금 적어도 천 개의 눈은 반 '종북'이 마녀사냥을 위한 게 아니라면 이런 거냐고 묻는다. '7·4, 6·15, 10·4 남북합의를 보면 자주, 평화, 민족대단결, 종전선언, 평화체제, 남북경협, 인적 교류 등이 있는데 이는 북한체제를 인정하지 않고는 성립이 불가능하다. 반종북은 북한체제를 인정하는 거냐, 거부하는 거냐? 인정하는 거면 최소한 상대가 북한체제를 인정한다고 종북으로 몰아붙이는 것은 잘못이 아니냐? 북한체제를 인정하기 때문에 주체사상, 3대 세습, 북핵문제, 인권문제를 비판하지 않은 이정희를 종북으로 매도한다면, 같은 말을 또 하게 되는데 그것은 남북합의 정신에 위배되지 않느냐? 그렇다면 김대중, 노무현에 대해서도 대북문제에 있어서만큼은 인정하지 않는다는 얘기냐? 당신의 반종북은 무엇을 주장하는 거냐? 대선 전략에 있어서도 새누리당이 해양 전략이라면 이것에 맞서 대륙 전략을 펴야 정통성도 계승하고 불황의 늪에 빠진 경제도 활로를 찾게 되는 것 아니냐?'

당신은 반종북의 정당성을 구시대의 반공이 아니라 에둘러 사회주의 이데올로기에서 찾을 수 있다. 그러나 그것은 반공 시대의 독재와 다르지 않은 평등 시대의 독재를 준비하는 것임을 밝히겠다. 다만, 이때 사회주의는 유럽에 실재하는 개혁체계 내지 경제조직으로서의 사회주의가 아니라 당신 의식 속에 개념으로만 존재하는 새로운 종교로서 그리고 이데올로기로서의 사회주의다.

13

마르크스는 새로운 종교로서 이데올로기로서의 사회주의를 또, 그런 사회주의적 이상가를 철저히 비판했다. 그것은 마르크스가 '가치'에 대해 심원한 통찰을 하고 있기 때문이었다.

『자본론』은 상품의 '가치'에 대한 연구다.

여러분에게 질문 하나 던지겠다.

"화폐의 의미가 먼저 있고 그 후에 화폐가 사용되었을까?"

어떠한가? 아니라고? 딩동댕 빙고. 그렇다. 아니다.

자, 생각해 보자. 사람들이 계속 화폐를 사용하다 보니 그 의미를 묻지 않을 수 없었다. 화폐가 상품 교환을 매개하는 자격이 어디서 나오나? 하고. 상품들이 '공통의 가치'를 가지고 있지 않다면, 모든 상품을 교환하는 화폐의 그런 자격은 불가능하다고 생각했다. 그럼 상품 속에 들어 있는 '공통의 가치'가 뭘까? 하고 묻게 되겠지.

이때, 고전경제학파17~19세기 중반가 그것은 '동일한 인간노동'이라는 걸 알아냈다. 이로부터 경제학이란 학문이 성립될 정도로 이것은 획기적인 발견이었다. 고전파에 따르면, 화폐는 '노동의 동질성'을 기초로 상품가치를 표시하고 노동시간에 의해 그 가치를 측정하는 척도였다.

그런데 문제는 그 다음부터였다. '공통의 가치'나 '동일한 인간노동'이나 잘 들여다보면 동어반복에 지나지 않기 때문이다. 원래의 질문이 서로 다른 상품들 속에 내재한 '공통의 가치'가 무엇인가였는데, 동어반복에 그치고 만 것이다. 이질적인 것은 동일하다고만 대답하고 있기 때문이다.

이 점을 주목한 사람이 마르크스다. 그는 다양한 이질적인 인간이 모두 다 등가等價라는 당시의 평등개념을 받아들일 수 없었다. 뭣보다 그것은 현실에서 있을 수 없는 일이고, 이 개념이 자본주의를 운영하는 부르주아지 사상이라는 것을 발견한 것이다.

자본주의가 시작되면서 자유 노동자가 새롭게 등장함에 따라 이들을 합리적으로 지배하기 위한 언어가 '인간의 동등성'이었다. 자유와 평등은 이런 시대적 배경 속에서 나온 말이었다.

마르크스가 『자본론』에서 밝힌 것은, 상품의 가치는 '동일한 노동'에서가 아니라 '노동력이란 상품'에서 나온다는 것이었다. 이것은 엄청난 차이인데, 이상주의적 사회주의자들새로운 종교로서 이데올로기로서의 사회주의자은 무슨 소리인지 알지 못했다. 그들은 '인간의 동등성' 개념에 흠뻑 매혹되어 벗어나지 못한 것이다. 오죽하면 마르크스가 "나는 마르크스주의자가 아니다."라고 하였겠는가?

간략히 두 개념의 차이를 설명하면, '동일한 노동'은 상품이 아닌, 이데아 같은 고정불변의 '본질'인 데 반해, '노동력'은 상품으로서 언제라도 팔고 사는 흥정의 대상이다. 즉, 항수와 변수의 차이다.

마르크스가 파악했듯이, 노동력이란 상품은 본질과는 아무 상관없을 뿐 아니라 오히려 본질을 부정해야만 존립하게 되는 그런 것이다. 예를 들어, 예수가 바리새인을 비판하며 '안식일이 사람을 위해 있는 것이지 사람이 안식일을 위해 있는 것이 아니다.'라고 한 것과 같다. 여기서 안식일은 항수_{노동/본질}고 사람은 변수_{노동력/상품}다.

본질_{인간노동의 평등}이 사람_{차별}이 아닌, 노동력이란 상품의 차이을 규정할 때 사람이 무가치해져 버리는 케이스다. 평등 혹은 동등성 개념은 본질을 통해 공동체를 지배하려는 권력자—부르주아지, 심문관, 사회주의자—들이 개개 구성원을 무가치하게 만들고 '하나의 양떼'처럼 지배하기 위해 내놓은 이데올로기다. 이런 평등개념은 과거 사회주의국가에서 목격된 것처럼 필연적으로 공평한 분배란 명분하에 인민의 자유를 빼앗고 독재를 한다.

마르크스는 '본질'을 '가치'로 대체했다. 이것이야말로 가장 혁명적인 일이었다. 상품에서 '가치'는 어디에 있는가? 내부가 아니라 표면에 있다는 진실을 발견한 것이다. 모든 상품들은 부딪침 속에서 빛난다. 표면과 표면의 부딪침 속에서 각 상품이 자기를 표현한다. 그 순간 죽어 있던 각 상품은 살아난다. 특히 노동력이란 상품은 어떤 부딪침이냐에 따라 극단으로 표현한다.

상품들은 사람의 시선과 부딪칠 때 가장 강렬하게 인정의 욕구를 드러낸다. 자기의 가치가 결정되기 때문이다. 이런 생동하는 세계를 죽은 시인의 사회로 만드는 게 자본주의의 화폐다. 마르크스는 죽은 시인의 사회를 실제의 생동하는 세계로 환원하기 위해 새로운 사회의 화폐를 갈망했다. 그는 사회주의에서 그것을 실현하고자 했다.

그러나 사회주의 이상가들은 '본질'을 굳게 확신하고 있는 것이다. 사회주의자가 상품 속에 내재한 '본질노동의 평등'을 장악해 계획하고 실행하면 인민의 자유와 평등이 보장된다는 믿음이다. 그러나 그것은 마르크스에 반하는 신앙이자 진실로 대심문관의 신앙이다.

잉여가치는 표면들의 부딪침에서 발생한다. 부딪칠 때 나타나는 각 상품의 '차이'가 잉여가치다. 가장 중요한 예로, 노동자가 자본가와 부딪쳐 노동력을 파는 순간의 가치와 그 노동력이 완제품으로 나와 시장에서 소비자와 부딪칠 때의 가치 사이의 '차이'가 잉여가치다.

그러나 '본질'은 잉여가치를 생산하지 못한다. '본질'은 가치의 차이를 발생시키지 않기 때문이다. G화폐-W상품-G´G+△G에서 '동일한 노동'이 관철된다면 △G가 발생할 수 없다. △G는 노동시간의 연장에서 얻어지는 게 아니다. 만약 얻어진다면 왜 회사는 도산을 밥 먹듯 하는가? 생산과 유통의 전 과정에 걸친 '부딪침' 속에서 실패했기 때문이다. '부딪침'과 무관한 '본질'에서는 소비자가 사 주든 말든 상관없기 때문에 노동시간을 연장해도 △G는 발생하지 않는다. 이 사실을 사회주의 계획경제가 보여 주었다.

잉여가치는 선도 아니고 악도 아니다. 생명의 끊임없는 도약이다. 각 상품은 잉여가치를 창출하기 위해 시장에서 목숨을 건 도약을 한다. 그것은 부딪침 속에서 가치의 실현이다. 이 부딪침을 학술 용어로 말하면 사회적 관계다. 마르크스에 따르면 노동운동은 새로운 사회적 관계 즉, 차이의 극대화를 위해 계급적 차별을 철폐하는 운동이다. 예를 들어, 밀레가 감자와 석류는 화가가 진정한 시선만 가지면 차별 없이 아름답다고 말한 것과 같다. 수많은 꽃들의 다양한 차이를 위해서 꽃의 아름다움을 서열화하는 걸 부정하는 것이다.

그리스도는 하느님의 말씀을 실천하기 위해 목숨을 건 도약을 하라고 하였다. 하느님의 말씀은 화폐가 아니다. 본질이 아니다. 끊임없는 생성이다. 그리스도의 언행 속에 관철되고 있는 것은 이것이다. 모세의 율법을 어기고 간음한 여인에 대해 '너희 중에 죄 없는 자가 있으면 이 여인에게 돌을 던지라.'고 한 것은 하느님 말씀이 율법에 갇힌 게 아니라 부딪침 속에서 끊임없이 새롭게 생성되는 걸 보여 준다. 이 생성을 따르기 위해선 목숨을 건 도약이 불가결하다.

사회주의 이상가들이 생각하는 것이지만, 사물 속에 내재한 고정불변의 이데아 같은 '본질'은 없다. 그런데 화폐는 똑 그런 본질의 형태로 우리에게 존재한다. 우리는 의식하고 있지 않지만 화폐를 그런 형태로 사용하고 있다. 화폐의 사용은 어떠한 교육보다도 어떠한 종교보다도 매일 매일 인간의 무의식에 그 본질을 각인시킨다.

우리는 무의식까지 자본주의 화폐한테 장악당하고 있는 중이다. 그 결과, 의식은 지배당한 지 오래고 충동마저 화폐의 손길이 뻗치고 있다. 이것이 도스토예프스키가 고뇌하고 분노한 지점이다. 작가는 구원의 손길을 그리스도에게 내밀었다. 「대심문관」의 장은 적그리스도를 통한 그리스도의 응답이다. 그리스도는 언제나 먼저 나타나지 않고 문제 속에서 나타난다. 하느님의 말씀이 생성이기 때문이다.

그리스도 대 적그리스도대심문관의 언어를 배열해 보겠다. 자유 대 행복, 생성 대 본질, 한 마리 양 대 하나의 양떼, 생명의 도약 대 평등, 다양성 대 단일성, 보편성 대 일반성, 차이 대 차별, 자연순환 대 발전, 윤리 대 도덕, 표면 대 내면, 피부 대 의식….

당신이 어떤 언어를 사용하는가를 점검해 보기 바란다.

이제 글을 마무리할 시간이 왔다. 폴 발레리는 '가장 심오한 것은 피부다'라는 유명한 말을 남겼다. 피부의 느낌을 촉감이라고 하는데 이는 시각, 청각, 후각, 미각의 바탕이다. 촉각 없이는 아무것도 느낄 수 없다. 그런데도 합리주의자들은 반대 순서로 중요성을 자리매김했다. 신체에서 가장 멀리 떨어져 있는 것을 지각할 수 있는 것일수록 중요하다는, 그리고 이성적인 순서라는 것이 이유다. 오감의 바탕인 촉각이 거꾸로 우선순위에서 가장 밀린 것이다.

화가 베이컨은 「기관 없는 신체」를 그렸다. 합리주의자들이 매긴 순서를 다시 뒤엎고 촉각을 전면에 내세운 작품이다. 여기서는 인간과 동물의 구별이 사라진다. 인간이 진정으로 자연의 일원으로 돌아가는 획기적인 회화다.

당신은 지식건축물에 틀어박혀서 피부를 경멸한다. 진보당 사태로 박영재 씨가 분신 사망해도 눈 하나 깜짝 않고 이성적 시선을 견지한 것을 보고 더욱 느낀 것이다. 앞서 상품가치에서 말했듯이 모든 가치는 피부에서 발생한다. 피부의 부딪침은 오감의 바탕이다. 이로부터 언어체계가 형성되는 것이다. 그래서 가장 심오하다.

언어체계의 현상과 화폐체계의 현상은 다르지 않다. 소리 나는 단어의 의미가 그 음성을 대신하는 뒤바꿈책상이란 의미가 책상이란 음성을 대신하는 것은 '오감 순서의 뒤바꿈' 그리고 '화폐에서 사용과 의미의 뒤바꿈'과 전혀 다르지 않다. 지식 사대부인 당신은 수미일관하게 반자연의 길을 걷고 있는 것이다.

자연은 반복 순환의 운동을 한다. 당신이 잘못 생각하고 있듯이 자연은 기계적인 반복운동을 하는 게 아니다. 하루하루가 반복되지만 같은 게 한 순간도 없고 완전히 새롭다. 피부는 여기에 순응해서 기쁨과 환희를 느낀다. 그러나 의식은 그럴 능력이 없다.

근대 이후 합리주의자들이 출현해서 인간이 자연을 정복하는 걸 '발전'이라고 계몽했다. 헤겔은 자연을 이념의 외화로 보고 자연엔 이념의 주관성이 결여돼 있어 완전하지 않다고 하면서 예술가는 이러한 자연미의 결함을 손보아 완전한 아름다움으로 재창조해 내야 한다고 했다.

현대는 그 연장선상에 있다. 그리고 당신의 지식건축물도 이 토대 위에서 있다. 그 건축물의 간판은 '지식은 나의 빛'이다.

당신의 지식은 물론 당신의 빛이다. 그러나 자연한테는 살상병기다. 당신이 자연보호를 해도 마찬가지다. 마치 당신의 사회주의가 약자를 사랑하는 것이 아니고 연민인 것처럼, 그리고 대변하는 것이 아니라 봉사인 것처럼. 당신은, 누차 이야기했는데 바꿔 말하면, 피부가 아니라 의식의 사회주의자이기 때문이다.

문제는 단 하나다. 방향의 문제다. 방향이 타자에게로 가느냐. 나에게로 가느냐, 이것이 문제다!

이정희는 방향이 타자를 향하고 있다. 이때 정신에서 일어나는 사건은 사유다. 대조하기 위해서 말하면, 당신의 정신에서 일어나는 사건은 의식이다. 의식은 매사 자기중심적으로 마스터플랜진보시즌2 같은 을 만들고 강한 의지로 그것을 성취한다. 반면 사유는 언제나 한걸음 물러나 타자와 소통하려고 한다. 사유는 타자와의 빛나는 부딪침 속에서 생명의 도약을 발견하고 실천한다.

이정희는 7월 11일자 『민중의 소리』와 인터뷰에서 다음과 같이 말했다.

"제가 당 대표로 일하면서 오래전부터 당에서 일해 온 분들과 늘 의논을 하면서 일을 했어요. 제 견해가 있다고 하더라도 여러 의견을 듣고 '저 판단이 옳다'는 생각이 들면 말을 바꾸기도 했지요. 대표의 권위? 또는 행동의 일관성 같은 걸 왜 유지하고 싶지 않겠습니까? 그럴 경우 일부러라도 한 발 떨어져서 다시 생각을 했어요. 그럴 때 제 판단이 바뀌는 경우도 있었습니다. 매번 정치적 판단이 필요할 때 고심해서 했지만, 늘 함께 논의하는 자세를 지키려고 애를 썼지요. 이게 저의 스타일이라면 스타일입니다. 하지만 그렇게 해서 내려진 판단은 저의 판단이고 책임이지요. 모든 책임은 제가 진다는 것, 그건 결국 판단을 도중에 바꾸게 되더라도 그 결과에 대해 책임을 진다는 대표로서의 자각 같은 것이었습니다."

나는 이정희의 사유를 보았다. 그리고 놀라움을 금치 못했다. 의식의 환상에서 벗어나는 길은 타자를 향한 사유 즉, 그리스도의 사랑을 향한 사유밖에 없는데 이정희는 매번 그것을 보여 주었다. 그래서 진실한 사람들이, 자유를 열망하는 사람들이 그리고 그녀가 만났던 수많은 사람들이 마음속에서 진정 이정희를 사랑하고 있는 것이다.

나는 이번 이정희의 수난을 통해 '수난·죽음·재생'이란 자연의 사이클을 생각한다. 이정희를 매도한 당신이 아니었더라면, 나 역시 의식의 환영들에 놀아나 새 시대의 도래를 알아차리지 못했을 것이다. 이정희가 대중적 지지 속에 부상한 잔반세력을 이끌고 좌우 사대부 계급을 교체하는 과정에 있다는 걸 내가 어찌 알았겠는가.

새로운 시대는 노동자 농민 등 사회적 약자가 피라미드 상층을 지키는 엘리트 지배계급에게 이용당하지 않고 자신의 세상을 찾는 것이다. 좌파 엘리트들의 말로만 하는 이상적 명분, 또 그들이 만든 지적, 문화적 위화감, 그리고 때때로 그들의 배신에 마음을 주지 못했던 서민대중이 이정희를 만나고서야 조금씩 마음을 열기 시작했다. 그것이 이번 총선에서 드러났다.

『한겨레』여론조사(발표하고 곧바로 사라진)를 보면 진보 지지자의 경우 61.8
퍼센트, 국민대중의 경우 51.1퍼센트 이상이 진보당 사태에서 선진상조사가
옳다고 응답했다. 이건 상상을 초월한 언론의 포화 속에서도 대중이 엘리트
적인 의식과는 거리가 멀다는 걸 보여 주는 것이다.

이런 상황에서 이정희가 자신의 역사적 위치를 좀 더 철저히 깨닫기를
바란다. 이정희는 시대가 어디로 가고 있는지를 스스로에게 내린 침묵의 형
벌 기간에 사력을 다해 마주해야 할 것이다. 광야에서 홀로 분투한다는 것은
외롭고 고통스러운 것이지만 세상을 향한 재생의 장소라는 걸 역사는 웅변
하고 있다. 이런 사명은 아무에게나 주어지는 것이 아니다.

3장
언론 권력, 지식인 권력 비판

언론인 유창선의 페북 어록과 외로운 진실전쟁

"여론보다 중요한 것은 오로지 진실이다" :

나미꾸 · 온라인 시민기자

진실규명 촉구한 유창선

"선거는 과연 승리한 쪽의 모든 논리를 정당화하는 것일까요? 당원들이 배
심원이 된 법정에서까지 판결이 나왔으니, 이제는 저도 '지구는 돌지 않는
다' 라고 해야 할까요? 저의 사회적 · 정치적 생명을 부지하지 위해 그럴지도
모르겠습니다. 그러나 그 법정을 나서면서 저는, '그래도 지구는 돈다.' 라고
말할 것만 같습니다. 제 입속에서만 되뇌일지라도…" (7월 15일)

지난 7월 15일 통합진보당 당직선거에서 강기갑 혁신비대위원장이 당대
표로 선출된 데 따른 시사평론가 유창선 박사의 페이스북 논평이다. 강기갑
대표 선출은 단순한 당권교체 의미를 넘어 '진실규명'을 앞세운 구당권파의
패배와 '혁신명분'을 앞세운 신당권파의 승리를 상징한다. 당심이 '진실' 보
다는 '명분'을 선택했다는 의미이기도 하다. 좀 더 확대해석하자면, 진보정
당의 혁신을 바라는 민심이 경선 부정의 진실규명을 바라는 민심을 압도한
결과다. 이에 대한 유창선 박사의 해석은 더욱 의미심장하다.

"선거는 그 이전까지의 논란들을 일단락 짓는 위력을 갖고 있습니다. 그래서
선거라는 게 있는 것인지도 모릅니다. 사실을 가리자던 목소리도, 역사의 영
역에서는 여전히 의미가 있겠지만, 정치의 영역에서는 의미를 잃게 되는 것
입니다. 통합진보당 내에서 논란이 되었던 많은 문제들이 이제, 정치의 영역
에서는, 일단락되는 분위기입니다." (7월 15일)

시사평론가 유창선 박사는 유명 언론인 가운데 경선 부정 진실규명에 논
점을 맞춰 의견을 피력해 온 사실상 유일한 존재다. '조중동' 등의 보수언론

은 물론이고 '한경오프'로 통칭되는 진보언론마저 '진실규명'은 철저히 외면한 채 시종일관 구당권파를 겨냥한 종북마녀사냥식 왜곡보도만 일삼아 온 현실을 감안한다면, 유창선 박사의 '진실규명' 언행은 참으로 무모하고 바보스러운 처세로 비치기 십상이다. 말과 글로 먹고사는 시사평론가로서 자신의 언행에 대한 주변 지인들의 불편한 시선을 모르지 않을 텐데, 그에 아랑곳하지 않고 마치 구당권파 지지자인 양 '진실규명'만을 촉구하니 더더욱 그렇다.

신당권파의 승리로 귀결된 통진당 당직선거를 통해 그동안 '진실규명'만을 요구하던 사람들의 뇌리속엔 '진실은 저 너머에…'라는 불안한 예감이 깃들었을 거라 짐작된다. 어쩌면 유창선 박사처럼 "그래도 지구는 돈다."는 갈릴레이 명언을 위안 삼아 양심과 소신을 곧추세울지도 모르겠다.

절대 다수의 사람들이 유창선 박사와 판단과 선택이 달랐다. 언론은 물론 SNS에서조차 막강한 영향력을 행사하는 파워 오피니언 대부분이 신당권파가 내세운 혁신명분을 지지하는 현실이다. 진실규명을 촉구하는 유창선 박사 페이스북 어록을 엿보며 응원의 메시지를 남기는 부류는 사실상 구당권파 당원과 극소수 네티즌에 지나지 않는다. 그럼에도 불구하고 지난 5월 4일을 기점으로 SNS를 무기 삼아 통진당 경선부정의혹과 관련한 외로운 진실전쟁을 치르는 유창선 박사의 굳건한 모습이 참으로 경외스러울 따름이다.

유창선 박사, 그는 MB정권 출범과 함께 방송가에서 퇴출당하면서 졸지에 정리해고자 신세로 전락한 아픈 경력의 소유자다. 시사평론가로 승승장구하며 지상파 방송가를 주름잡던 그에게 MB의 잔혹한 재앙이 닥친 거다. 그가 직면한 불운한 위기는 당장의 생계유지마저 위태로울 만큼 심각했다. 그처럼 막막한 현실 가운데 마침내 그가 찾아낸 대안이자 궁여지책 돌파구가 바로 인터넷 개인방송 '아프리카Afreeca TV'에서의 시사 토크였다. 이에 대한 상세한 내막과 일화는 얼마 전 출간된 그의 저서 『정치의 재발견』을 통해 살펴보면 좋을 듯하다. 여하튼 MB 재앙방송에 맞서기 위해 1인 미디어 시사평론가로 변신한 유창선 박사의 오기와 소신이 곁들여졌는지 모르겠지만, 이번 통진당 사태의 '팩트'와 '진실'을 가늠하는 데 있어서 그의 관점과 논평은 실로 남다른 일면이 뚜렷이 돋보인다.

"여론보다 중요한 건 진실"

" '국민의 눈높이'는 정치의 영역에서는 지고지선의 것일지 모른다. 그러나 이성적 사유의 영역에서는 그조차도 합리적 의심의 대상이 될 수 있다. 이념보다, 정파보다, 여론보다 중요한 것은 '오로지 진실'이다." (5월 19일)

각 당의 정치인은 물론 모든 언론과 여론이 '국민의 눈높이'에 맞춰 통진당 사태를 해결하라며 엄중히 불호령하는 극한의 상황에서 '그보다 진실'이 우선이라는 유창선 박사의 결연한 외침이다. 한없이 온순해 보이는 그의 외모를 떠올리면 도저히 어울릴 성싶지 않은 당찬 일갈이다. 마치 리영희 선생님의 진실어록을 되새기는 바로 그런 느낌이다. 그러나 또 한편으로는 도대체 진실이 어떤 가치를 지녔기에 그 모든 이념과 정파와 여론보다 중요하다는 것인지 의문이 감돈다. 물론 이에 대한 유창선 박사의 명쾌한 해석 또한 궁금했다. 하지만, 진실의 가치를 원론적으로 언급한 그의 어록은 눈에 띄지 않았다. 다만 "단 한 명의 '억울한 사람'이라도 지켜주기 위해서라면 여론과 맞서는 것이 옳다."는 그의 신념을 통해 그가 그토록 중요시하는 진실의 가치를 여렴풋하게나마 짐작할 따름이다.

"진보라는 이념, 얼마나 덧없는 것인가. 이번 통합진보당 사태 앞에서 다들 돌을 던졌다. 보수언론뿐 아니라 진보적인 언론, 논객, 학자들, 다들 나서서 부정선거를 한 파렴치하고 부도덕한 세력이라고 손가락질하며 돌을 던졌다. 그런데 그 손가락질당한 사람 가운데 억울한 사람이 있다면…. 십수년 온갖 희생과 탄압을 무릅쓰며 진보정당을 지켜 온 대가가 부정선거 주모자라는 누명으로 돌아온 사람들이 있다면…. 이를 어쩔 것인가 말이다. 여론이 그러하니 무조건 잘못했다 빌고 책임지라 한다. 진보의 편에 섰다는 사람들이 더 난리이다. 그러나 나는 진정으로 억울한 사람이 단 한 명이라 해도, 그를 지켜 주기 위해 필요하다면 여론과 맞서는 것이 옳다고 생각한다. 그것이 자신을 믿어 주었던 동료들에 대한 지식인들의, 혹은 리더들의 책임이 아닌가. 자기들이 살기 위해 억울한 희생자를 만들어 내는 것이 진보라면 그것은 도대체 무엇을 지키기 위해 존재하는 것일까? 언제나 출발은 이념이 아니라 인간에 대한 진정성이다. 책임져야 할 위치에 있는 사람들의 책임이 조금이라도 덜해져야 한다는 의미가 전혀 아니다. 책임은 분명하게 져야 하는 것이지만, 전체가 살아야 한다는 이유로 동료들의 부당한 매장을 정당화하는 것이 진보의 정신은 아니라고 나는 믿는다." (5월 11일)

막연한 추측이겠으나 어쩌면 유창선 박사에게 내재된 '진실의 가치'는 '사람의 가치'와 맞닿은 듯하다. 지난 7월 15일 자신의 페북 담벼락에 '사람이 먼저다.'라는 문재인 후보의 대선 슬로건과 곁들여 "통합진보당 강기갑 대표께도 진심으로 그 말을 전해드리고 싶습니다. 혁신, 사람이 먼저다." 라고 새삼 강조한 부분만 살펴보더라도 그의 '진실'은 바로 '사람의 가치'를 지키기 위한 인식의 토대로 엿보인다. 그렇기에 함부로 진실을 속단하지 않고 그토록 조심스럽게 진실에 접근하려는 태도를 보였는지도 모르겠다. 실제로 통진당 사태와 관련한 그의 페이스북 어록 어느 부문에서도 '이것이 진실이다.'라는식의 단언은 결코 찾아볼 수 없다. 무수한 언론인들이 무차별적으로 구당권파 사람들을 부정의 주범으로 몰아붙이는 무책임하고 경솔한 언행과는 극적으로 대별된다. 유창선 박사만의 사려 깊고 진중한 면모가 돋보이는 대목이다. 이같은 그의 일면은 지난 5월 4일부터 자신의 페이스북에 남긴 통진당 사태 관련 어록 첫마디부터 고스란히 드러난다.

"통합진보당 조사위의 조사결과를 어떻게 받아들여야 할 것인지. 지켜보는 사람으로서 판단이 무척 어렵다. 내가 조사위원이 되어서 실체를 직접 확인이라도 하고 싶은 심정이다."(5월 4일)

"통합진보당 부정경선 문제, 언론은 가히 융단폭격을 하고 있다. 분명 잘못인데, 얼마나 큰 잘못인지는 사실관계를 더 확인하고 판단하고 싶다. 당사자들의 이의제기도 충분히 들을 기회가 있으면 좋겠다. 그래야 최종판단이 가능할 듯하다." (5월 4일)

사실 통진당 사태와 관련한 여러 시사평론가 의견과 견주어 보더라도 유창선 박사의 이 같은 접근방식은 전혀 전문가답지 못한 소심한 태도로 비춰질 수 있다. 정치적 사안과 쟁점에 대한 시청자들의 궁금증을 속 시원히 풀어줘야 할 시사평론가 입장이라면 더욱 그렇다. 실제로 유창선 박사를 제외한 모든 시사평론가들의 경우 통진당 경선부정을 당연시하며 이에 따른 명쾌한 해법을 당당히 제시하는 프로다운 면모를 유감없이 과시했다. 그런데 왜 유독 유창선 박사만큼은 시청자들의 궁금증을 풀어주기는 커녕 시청자인 필자의 입장과 똑같이 진실이 궁금하다며 '진실규명'을 촉구했겠는가? 다른 시사평론가들은 물론 모든 언론인들이 다 아는 진실을 오로지 유창선 박사만 몰랐기에 진실에 목말랐겠는가? 그 이유 역시 그의 페북 어록을 통해 확인할 수 있다.

"통합진보당 내분이 이렇게 악화된 데에는 한겨레, 경향을 비롯한 진보언론들의 책임도 컸음을 나는 지적하고 싶다. 이들은 '조준호 보고서'가 나오자 화들짝 놀란 나머지, 팩트에 관한 기본적인 검증과 확인은 제쳐놓고 당권파-비당권파 간의 갈등에만 초점을 맞추었다. 이들이 언론 본연의 책무인 사실에 대한 검증과 확인에 노력했다면, 내 판단으로는 잘못된 판단과 오해들은 상당 부분 해소되었을 것이고, 통합진보당 내부 갈등이 이 지경까지 치닫지는 않았을 것이다. 조중동은 그렇다치고, 진보언론들도 사실을 직접 확인하고 합리적인 판단을 내리는 노력을 보여 주지 않았다. 언론 본연의 책무는 다 하지 않은 사람들이 이제 와서 목소리만 높이는 것도 우스꽝스럽다." (5월 16일)

유창선 박사의 이 같은 언급이 어쩌면 이번 통진당 사태의 전반을 꿰뚫는 핵심 맥락이 아닐지 모르겠다. 통진당 내부의 경선부정 논란과 결부된 당권투쟁 수준에 그치지 않고 진보진영을 넘어 광범위한 정치·사회적 문제로까지 비화된 근본 요인이 바로 보수와 진보를 망라한 주류 언론과 논객들의 무절제한 이해타산에서 기인한 것으로 보여지기 때문이다. 신당권파 승리로 상징되는 강기갑 대표 체제 출범의 일등공신 역할을 담당한 주류 언론의 편파왜곡 보도에 대한 시비와 논란은 통진당 경선부정 의혹이 제기된 시점부터 지금까지 줄곧 이어졌음은 주지의 사실이다. 하지만 시비와 논란의 중심에 놓인 주류 언론은 물론이고 언론비평 매체조차 이같은 문제제기를 철저히 외면한 채 방관하는 행태를 취했을 뿐이다. 심지어 모 언론비평 매체의 경우 언론왜곡과 편파성을 문제삼는 이석기, 김재연 의원의 입장 표명에 대해 외려 자성과 사퇴를 촉구하며 질타했을 정도다.

"최소한의 증언은 남겨 놓아야"

조준호 진상조사 위원장이 언론에 밝힌 총체적 부정선거 사례와 증거 가운데 상당 부분이 부실조사에 따른 허위사실로 드러났음에도 모든 주류 언론이 작당한 듯 외면하는 기이한 상황이 지속되면서 진실규명 차원의 공정보도를 요구하거나 언론왜곡을 문제 삼는 부류는 고작해야 구당권파 당원들과 극소수 네티즌에 불과했다. 각당의 정치 지도자를 비롯 진보 지성인을 대표하는 파워 오피니언 그 누구도 언론왜곡과 편파성을 문제 삼지 않았다. 거의 모든 파워 블로거와 파워 트위터 역시 언론왜곡과 편파성에 대한 침묵의 동조자 모습으로 일관했다. 사소하고 시답잖은 여론쟁점에 대해서조차 유난스러울 정도로 '팩트'를 강조하던 진보 지성인, 그들 모두 통진당 사태에 대해서 만큼은 유독 '진실규명'에 침묵하는 불편한 현실, 더구나 극도로 편파적인 왜곡보도를 일삼는 언론에 대해서조차 한결같이 관대한 태도를 취하는 불편한 현실이 아닐 수 없었다.

거듭 강조하거니와 신당권파의 혁신명분을 지지하는 언론과 여론은 "이미 드러난 사실만으로도 총체적 부정경선이 분명하다."는 입장을 시종일관 견지했다. 더구나 애시당초 '이미 드러난 사실' 부분 가운데 거의 모두가 허위로 밝혀진 사실에 대해서는 일체 언급을 회피하는 자기기만적 태도로 일관했다. 두 번에 걸쳐 진상조사가 이뤄졌음에도 불구하고 여전히 진실은 오리무중 상태이고 억측과 궤변만 난무했을 뿐이다. 그렇다면 유창선 박사는 물론이고 모든 사람들이 '통진당 경선부정의 진상을 명확히 모른다.'는 사실이야말로 또 다른 진실일 것이다. 이것이 유창선 박사의 페북 어록 어느 구석을 뒤져보더라도 '이것이 진실이다.'라는 식의 언급을 찾아볼 수 없었던 이유다. 유 박사를 비롯한 구당권파 지지자들만이 진실을 식별하는 분별력이 부족해서 고집스레 '진실규명'을 요구한다는 말인가. 외려 허위로 드러난 조준호 진상조사 발표에 대해 아무런 언급조차 안 하는 부류의 행태가 진실을 외면하는 경우로 비춰질 따름이다.

결국 진실이 가려진 상태에서 두 달 넘도록 지속된 통합진보당 내분사태는 유시민 · 심상정 · 조준호 · 강기갑 등의 신당권파 승리로 일단락되었다. 신당권파와 대립각을 세우며 당직선거 승리를 통해 명예회복과 당권수복을 기대했던 구당권파 측은 그러나 이를 진실보도를 외면한 언론왜곡에 힘입은 신당권파의 부당한 승리로 규정한다.

'조중동' 등의 보수언론은 물론 '한경오프'로 통칭되는 진보언론마저 경선부정의 실체적 진실규명은 철저히 외면한 채 구당권파를 경선부정의 주범으로 낙인찍었을 뿐만 아니라 비이성적인 종북마녀사냥식 여론몰이로 국민을 기만한 데 따른 잘못된 당직선거 결과라는 해석이다. 앞서 유창선 박사도 언급했듯이 "선거에서 승리한 쪽의 모든 논리마저 정당화되는 것은 아니다."라는 논지와도 같은 맥락이다. 물론 유 박사의 또 다른 지적처럼 이번 당직선거에서의 신당권파 승리가 그 이전까지의 논란 즉, '진실규명' 요구마저 일단락 짓는 위력을 발휘할 가능성도 다분하다.

그러나 "그래도 지구는 돈다."는 갈릴레이의 진실이 끝내 입증됐듯이 통진당 사태의 진실 또한 반드시 밝혀져야 마땅하다. 만약에 이마저도 기대난망이라면 유 박사의 독백처럼 최소한 '2012년의 5~6월에 무슨 일이 있었던가를 있는 그대로 증언하는 기록은 남겨져야 하지 않겠는가.'

"내가 통합진보당 사태와 관련된 글을 자주 올리는 이유는 통합진보당 지지자여서가 아니다. 나는 그저 사회적 자유주의자 정도의 사람이다. 그렇다고 각 정파에 대한 이념적 호불호가 있어서는 더더욱 아니다. 다만 내 눈앞에 펼쳐지는 상황전개가 정의롭지 못하다고 여겨서이다. 통합진보당 사태를 가리켜 김인성 교수는 "가해자와 피해자가 뒤바뀐 뺑소니 사고"라고 표현했다. 내가 교통경찰관은 아니지만, 길 지나가다 그 상황을 목격했다면 내가 본 대로 증언할 윤리적 책임은 따르는 것 아니겠는가. 가장 정의로워야 할 진보정당 내에서 정의롭지 못한 일이 벌어지고 있다면 수많은 저널리스트 가운데 한 사람 정도는 그것을 바로잡으려는 노력을 해야 하는 것 아닌가 하는 생각이다. 물론 그런다고 해서 지금의 환경에서 작금의 사태에 대한 국민들의 인식이 크게 바뀌거나 언론들이 균형감을 찾으리라 기대하지는 않는다. 어차피 어려워진 일이다. 그들의 당이 다시 일어서려면 빨라도 몇 년의 시간은 걸릴 것이다. 그렇다 해도 2012년의 5~6월에 무슨 일이 있었던가를 있는 그대로 증언하는 기록은 남겨져야 하지 않겠는가." (7월 3일)

조중동과 경쟁하다
조중동 선정주의 닮아가는
진보매체들 :

김갑수 · 작가

아주 진부한 이야기로 논의를 시작하려 한다. 개가 사람을 물면 뉴스감이 안 되지만 사람이 개를 물면 뉴스감이 된다는 말이 있다. 피해자가 사람인지 개인지 그것은 하등 중요한 일이 아니다. 이것은 물론 저널리즘의 선정주의와 관련되는 말이다.

진부한 이야기를 하나 더 하기로 하자. 1815년 나폴레옹이 유배지인 지중해의 엘바 섬에서 탈출하여 파리에 입성하기까지, 당시 프랑스 유력 일간지 『모니퇴르』가 보인 '기민한 변화'에 관한 이야기이다. 처음 나폴레옹을 살인마라고 호칭했던 신문은 나폴레옹이 파리에 가까이 다가올수록 그 호칭을, '아귀 → 괴수 → 괴물 → 폭군 → 약탈자 → 보나파르트 → 황제' 로 바꾸어 갔고, 끝내는 '황제 폐하'라고 부르며 경하를 보냈다.

놀랍게도 이것은 불과 20일 동안에 이루어진 일이었다. 다시 3개월 후 나폴레옹이 실각하여 아프리카의 섬 세인트헬레나로 유배 갔을 때 어떻게 보도됐는지는 알지 못하지만 아무튼 이것은 저널리즘의 기회주의적 속성을 극적으로 드러낸 실화였다.

근대에서 현대로 이행되는 과정에서 프랑스 신문뿐 아니라 영국, 미국, 일본 등의 신문 역시 이 선정주의와 기회주의를 가차 없이 발휘하며 성장해 왔다. 그리하여 선정주의와 기회주의라는 양대 속성은 오늘날 저널리즘의 본질로 굳어져 버린 게 아닌가 싶다.

한국의 보수신문 조중동은 제국주의 국가들의 신문 못지않게 선정·기회주의적 속성을 보여 왔다. 특히 한국 특유의 군부독재와 분단체제는 이런 것들을 더욱 용이하게 이용해 먹을 수 있는 환경을 제공했다. 이에 따라 조중동이 언론 본연의 사명을 내팽개치고 선정·기회주의에 함몰된 것은 어제오늘의 일이 아니다.

그러나 정작 조중동과의 차별화를 내세우면서, 민주주의와 진보적 가치

를 표방하는 『한겨레』, 『경향신문』, 『오마이뉴스』 등의 매체들마저 이런 속
성에 감염되어 있다면 이는 우리 모두에게 참으로 불행한 일이 아닐 수 없다.

불행히도 한국의 진보매체는 이번 통합진보당 사태에서 이런 속성들을
여지없이 드러냈다. 진보매체의 보도 태도가 『한겨레』가 창간된 1988년 이
래 처음으로 조중동의 보도 태도와 거의 비슷해진 현상은 이것의 유력한 방
증이 된다.

대관절 왜 이런 일이 벌어지는 것일까? 이는 앞서 말한 선정 · 기회주의
적인 저널리즘의 속성 때문인데, 이익 집단에 불과한 조중동이 이것에 함몰
되는 것은 이해할 수 있다손 치더라도 왜 진보매체마저 이렇게 되고 마는 것
인지에 대해서는 조금 더 깊이 연구해 볼 여지가 있다고 본다.

다만 이 글에서는 종이 신문을 대표하는 『한겨레』와 인터넷 신문의 선두
격인 『오마이뉴스』 두 매체의 통합진보당에 관련된 기사를 통해 한국 진보
매체가 드러낸 문제점을 살펴보기로 한다. 지면 제약으로 해당 기사를 발췌
하여 제시했다는 점을 감안하여 읽어 주기 바란다.

조중동의 낡은 칼 가져다 휘두르는 『한겨레』

통합진보당이 갈수록 태산이다. 비례대표 경선 부정에 대한 2차 진상조사 특
위의 결론을 두고 당권파와 비당권파가 전혀 상반된 해석을 내놓으며 티격태
격하고 있다. (…) 마주 보며 달리는 열차를 보는 것 같은 통합진보당 내의 소
모적 대결을 보면서 참담함을 금할 수 없다. 비례대표 경선 부정에 대한 1차
조사 결과, 그리고 뒤이은 당내의 폭력사태만으로도 당내의 책임 있는 세력

이나 인사는 모두 석고대죄하고 직을 버려야 한다. (…) 2차 진상조사 결과를 양쪽 모두가 수용하지 못하리란 건 애초부터 예상됐던 터다. 국민들 눈에는 당권파가 부정을 저질렀건, 양쪽이 다 부정을 저질렀건 그리 중요하지 않다. (…) 이석기 · 김재연 의원은 더 늦기 전에 자진사퇴의 결단을 내려 주길 바란다. 이대로 가다간 진보정당의 존립 기반마저 무너지는 사태가 올 수 있다.

위는 '통합진보당, 언제까지 진흙탕 싸움만 할 건가?'라는 제목의 글이다. 일단 독자에게 물어봐야겠다. 어느 신문의 글 같은가? 먼저 제목 '언제까지 진흙탕 싸움만 할 건가?'는 정치 불신을 조장하는 선동 문구 수준이다. 게다가 '참담함을 금할 수 없다.'느니, '이대로 가다간 진보정당의 존립 기반마저 무너지는 사태가 올 수 있다.'는 식의 '걱정해 주기' 화법은 우리가 어디에선가 익히 보던 화법 아닌가? 무엇보다도 '어느 쪽이 부정을 저질렀건 그리 중요하지 않다.'는 것은 또 무슨 해괴한 논리인가?

이것은 전형적인 양비론이다. 시시비비를 가리지 않는 양비론은 논증의 포기이거나 회피밖에는 되지 않는다. 더욱이 양비론은 모두를 함께 질책하는 모양새를 취함으로써 스스로 도덕적 우월감을 과시하려는 위선적인 기만일 수도 있다. 놀랍게도 이 글은 『조선일보』의 것이 아니라 6월 27일 자 『한겨레』 신문의 사설이었다.

『한겨레』는 6월 18일 〈이석기 '애국가 발언'은 고도의 전략?〉이라는 제목의 기사를 실었다. 이보다 하루 전인 6월 17일 자 사설에서는 '이석기 의원, 지금 애국가 논쟁할 때 아니다.'라는 제목의 사설을 싣기도 했다.

이석기 통합진보당 의원이 애국가를 국가로 볼 수 없다는 취지의 발언을 해 논란이 일고 있다. (…) 발언 배경이야 어찌됐든 한마디로 부적절한 발언이다. (…) 이 의원 발언은 무엇보다 때 아닌 이념 논쟁을 부추겼다는 점에서 경솔하다. 이 의원은 지금 논란의 핵심에 있는 인물이다. 통합진보당 비례대표 경선 부정 문제로 당 안팎에서 사퇴 압력을 받고 있다. 보수세력은 이 의원 등에게 종북 꼬리표를 붙여 이념몰이를 하고 있다. 그런 와중에 애국가는 국가가 아니라는 발언은 보수세력에게 좋은 먹잇감을 제공하는 것이나 마찬가지다.

사설은 이석기 의원의 애국가 발언이 부적절한 것이었다고 질타하고 있는데 나는 먼저 자유민주주의 나라에서 이 정도 발언도 할 수 없는 것인지를 묻고 싶다. 게다가 '발언 배경이야 어찌 됐든'이라는 화법은 또 무엇인가? 이것이야말로 전형적인 '묻지 마라' 식 화법으로서, 상대의 반론을 사전에 원천 봉쇄하는 논리적 오류이기도 하다.

또한 이런 발언이 '종북 꼬리표를 붙여 이념몰이를 하는 보수세력에게 좋은 먹잇감을 제공한다.'고 짐짓 말해 보는 것은 또 무슨 의도인가? 정말 보수세력의 공격이 걱정돼서 한 말일 경우, 이것은 '눈치 보기'거나 '패배주의'가 아닐까 한다. 자유민주주의 나라에서 이 정도 논쟁은 얼마든지 할 수 있는 법이기 때문이다. 그런데 이 문장에는 더욱 고약한 의도가 개입되어 있는 것으로 보인다. 보수세력의 이름을 들먹이기는 했지만 정작 이 의원에게 종북 꼬리표를 붙이고 있는 것은 바로 이 사설이기 때문이다.

종북, 종미도 마찬가지다. 종북이란 게 사람을 재단하는 무서운 무기가 될 수 있듯, 종미도 무턱대고 몰아세울 일은 아니다. 시대가 변하고 있다. 진보도 변해야 한다. 애국가의 정통성을 운운하거나, 종미가 진짜 문제라는 식의 발언으로 진보인 양하는 것은 시대에 한참 뒤떨어졌다. 이 의원은 전체 진보 진영의 수준을 10년, 20년 전으로 후퇴시키는 발언을 삼가기 바란다. (…) 이 의원은 더 이상 당과 진보 진영에 누를 끼치는 행보를 그만두고 스스로 거취를 정하기 바란다. (6월 17일 『한겨레』 사설)

이 사설은 보수세력의 '종북몰이'를 문제 삼는 게 아니라 생뚱맞게도 한 진보 정치인의 종미발언을 문제 삼고 있다. 지나친 추정 같지만 이 발언에는 종미주의자로서의 피해의식 같은 게 묻어 있는 것으로 보인다. 그렇기에 '종미가 더 문제'라고 한 문제 제기 수준의 발언을 마치 대단한 '종미몰이'나 되는 양 과장하고 있다.

이 사설은 분단의 역사 60년 동안 우리에게 지울 수 없이 처절한 피해를 입힌 것은 '종미몰이'가 아니라 '종북몰이'였다는 엄연한 사실을 전혀 모른다는 말인가? 한국의 진보 인사 중에 스스로 종북이라고 말하는 사람은 없다. 일단 종북이 아니기 때문이고, 만에 하나 종북이라고 해도 국가보안법이 시퍼렇게 살아 있기 때문이다. 하지만 보수 인사들은 스스로 종미주의자임을 밝히기도 한다. '위키리크스'에서 확인되었듯이 이상득 의원이 '이명박은 뼛속까지 친미'라고 한 것은 스스로 종미주의자임을 과시한 발언이었다. 한국에서는 종북과 달리 자기 스스로 아무리 종미라고 해도 전혀 위험하지 않다.

또한 이 사설은 종미를 문제 삼는 것이 진보진영의 수준을 10년, 20년 전으로 후퇴시키는 발언이라고 못 박고 있다. 먼저 진보진영의 수준은 누가 정하는 것인지 묻고 싶다. 진보진영의 수준이라고는 했지만 기실 이것은 『한겨레』의 수준이 아닐는지. 우리가 알고 있듯이 통합진보당의 강령에는 주한미군 철수와 한미동맹 해체가 규정되어 있다. 당 소속 의원이 강령에 따라 종미를 문제 삼는 발언을 하는 것이 도대체 왜 문제라는 말인지 이해할 수가 없다. 끝내 사설은 이석기 의원의 사퇴를 종용하고 끝을 맺는다. 결국 야단스럽게 종북과 종미 그리고 진보진영의 수준 등을 운운한 의도가 무엇이었는지를 알게 해 주는 끝맺음이다.

또한 6월 7일 사설에는 이석기 김재연 의원에 대한 조롱성 인신공격까지 담겨 있었다.

이석기 · 김재연 의원 등은 요즘 언론의 조명을 한 몸에 받고 있다. 그래서 혹시 자신들이 '언론 스타' 라도 된 듯 착각하고 있는지도 모르겠다. 만면에 웃음을 띤 이 의원의 여유 있는 모습을 보면 이런 우려가 결코 지나치지 않다. 진보세력 전체를 곤경에 빠뜨린 데 대한 최소한의 양심의 가책을 느끼고 있는지조차 의심스럽다. 지금이라도 늦지 않았다. 이 의원 등은 하루빨리 국회의원직에서 물러나 통합진보당의 혁신을 위한 한 알의 밀알로 남기 바란다.

『한겨레』는 사설 이외에도 '통합진보당 당권파가 북핵과 미사일, 세습 등에 침묵하거나 모호한 태도를 보여 화를 키웠다.'는 기사도 실었다. 우선 이런 기사는 과연 『한겨레』가 진보매체인지를 의심하게 만든다. 물론 나 역시 핵에 반대한다. 하지만 나는 한국 진보매체가 핵을 문제 삼을 때 미국이나 중국의 핵을 거론하는 것을 단 한 번도 보지 못했다. 다음으로 미사일 발사는 주권 국가로서 하나의 권리라고 보아야 한다. 그리고 북의 인권이나 세습은 거론할 수도 있고, 안 할 수도 있다. 이것은 자유민주주의 국가 국민의 선택일 따름이다. 하지만 아무데서나 '당신은 종북인가 아닌가' 묻는 것은 대단히 무례한 짓이다. 마지막으로 북한의 3대 세습은 살아남기 위해 왕조 국가를 선택한 것이라고 이해할 수밖에 없다.

진보란 현재의 체제를 회의하거나 부정하면서 미래의 전진을 도모하는 가치관이다. 그런데 현재의 체제는 무엇인가? 신자유주의라는 보편적 체제와 분단체제라는 특수 체제이다. 따라서 제대로 된 진보라면 이 두 가지 것을 동시에 개혁 또는 혁파하기 위해 노력해야 한다. 유감스럽게도 한국의 진보 매체는 분단체제를 외면하거나 경시하고 신자유주의 체제만을 중시하는 경향을 보인다.

물론 『한겨레』의 모든 기사가 다 이렇게 저열한 것만은 아니었다. 실명 필자의 글 중에는 날카롭고 건전한 것이 더러 있었다. 특히 '아침 햇발' 박창식 논설위원의 글, '종북 만들어내기'는 단연 눈에 띄었다. 다만 신문의 사설은 매체의 입장을 대변하기 때문에 이 글에서는 주로 사설을 중심으로 논의해 보았다.

『오마이뉴스』의 친노 편파성

『한겨레』와는 달리 시민 저널리즘을 표방하는 『오마이뉴스』에는 사설 같은 것이 없다. 그리고 실제로 기사 중 상당수가 시민기자에 의해 작성된다. 이런 이유 때문인지 이번 통합진보당 사태와 관련된 『오마이뉴스』의 기사는 『한겨레』에 비해 다양하게 나타났다. 당권파에 대한 비판이나 비당권파에 대한 비호도 전반적으로 『한겨레』보다 노골적이지는 않았다.

다만 이것은 시민기자가 작성한 기사를 대상으로 했을 때 할 수 있는 말이다. 『오마이뉴스』의 매체적 입장은 상근기자들의 기사를 통해 나타난다. 이 글이 상근기자의 기사를 논의의 대상으로 삼은 것은 이 때문이다. 물론 사측에서는 상근기자의 글도 시민기자의 글과 마찬가지로 여러 다양한 기사 중의 하나라는 입장을 견지한다. 그러나 모든 기사의 채택과 수정과 배치 그리고 제목 뽑기는 거의 상근 편집실의 권한으로 행사된다.

> 한 달째 이어진 통합진보당 사태는 국민들에게 상당한 충격을 주었습니다.(…) 정치적·도의적 책임을 떠나 공개적인 회의 자리에서 보여 준 폭력과 무질서는 "도대체 진보정치가 저게 뭐야?" 하는 냉소를 자아내기에 충분했습니다. 통합진보당의 혁신은 지금부터 시작이라는 생각이 듭니다. 무엇보다 콘텐츠가 중요합니다. 검찰의 부당한 수사에 맞서 싸워야 하는 것은 맞지만, 지금은 당내 화합보다는 혁신이 먼저입니다. 얼마나 과거와 다른 모습을 보여 줄 것인가. 통합진보당의 숙제가 아닐 수 없습니다. 이 숙제를 잘해야 더 많은 사람들이 진보당에 관심을 갖고 함께할 것입니다. 그렇지 않고 대충 '짜웅' 하는 모습을 보인다면, 그야말로 '통합진보당'이 아닌 '통합절망당'이 될 것입니다. 여러분의 생각은 어떠십니까. (5월 26일 [장윤선의 톡톡! 정치카페] '통합진보당, 이제부터가 중요하다')

이 기사 역시 『한겨레』와 비슷하게 '정치·도의적 책임'이라는 본질을 논하지 않고 겉으로 나타난 '폭력과 무질서'만을 문제 삼고 있다. 또한 '당내 화합보다는 혁신이 중요하다'고 단정함으로써 미리 비당권파의 주장에 동조해 놓고는 여러분의 생각은 어떠시냐고 천연덕스레 묻고 있다. 누가 보아도 이것은 유시민, 심상정을 두둔하고 민노당파를 일방적으로 비판하는 논조인데 겉으로는 아닌 것처럼 꾸미는 화법이 교묘하게 구사되고 있다.

하지만 안타깝게도 이정희 대표와 당권파는 국민이 어떻게 생각하든, 앞으로 진보당의 운명이 어찌되든 상관없이 그저 자신들의 억울함만을 호소하기 바빴다. 오히려 따지고 보면 이 상황에서 비당권파가 더 억울할 수 있다. 문제의 원인은 다른 곳에 있는데 책임은 공동으로 진다는 사실에 대해서 말이다. 그러나 다행히 그런 문제 제기를 하는 비당권파는 없었다. 유시민 대표는 책임을 져야 할 위치에 있다며 비례대표 승계를 거부했다. 그래서 그들은 국민과 여론의 힘을 얻었고 그렇게 하지 못한 당권파는 여론의 뭇매를 맞았다.

(『오마이뉴스』 주장 기사, 유경근, '통합진보당의 위기, 해법은 당권파에 있다')

이 기사에는 중대한 사실의 왜곡이 개입되어 있다. 조금만 생각해 보면 알 수 있듯이 당직자와 비례 당선자 전원이 사퇴하는 방식의 해법은 당권파의 유죄 인정과 무장 해제를 의미하는 것이다. 그런데도 이 기사는 이런 해법이 오히려 비당권파에게 더 억울한 일이라고 반대로 말하고 있다. 특히 이 기사는 유독 유시민 대표의 비례대표 승계 거부를 높이 평가하고 있다.

①통합진보당의 핵심 관계자는 "민노당 당권파에게 국민은 안중에 없다." 며 "당내에서 자신들의 계파를 유지하면서 활동하는 것을 훨씬 더 중요하게 생각하는 사람들" 이라고 비판합니다. (…) 뭔가 단단히 잘못되고 있음을 직감하지 않을 수 없습니다. 통합진보당이 존폐의 기로에 놓여 있다는 ②여느 정치평론가들의 말을 무심코 넘기기가 어려운 단계로 접어드는 것이 아닌가 생각됩니다. (…) ③당내에는 민노당 당권파가 이미 전략을 세웠다는 말들이

파다합니다. 검찰조사에 불응하면서 각종 자료를 내놓지 않고, 당에서 농성을 시작한다는 거지요. 그 얘기를 접한 한 ④통합진보당 관계자는 이런 말을 합니다. 통합진보당 당권파가 검찰조사를 거부하고 농성을 벌인다면, 과거 이인제 의원과 김민석 전 민주당 최고위원과 무엇이 다르냐고. (…) ⑤당내 일각에서는 "이정희 대표가 경기동부의 핵심으로 알려진 이석기 당선자를 살리고 자신은 장렬한 최후를 맞이하겠다는 것이냐"라는 조롱도 나옵니다. 이번 사건으로 '통합진보당이 죽었다.'고 말하는 ⑥기자들도 있습니다. 기성 정당보다 못한 정치구태를 보이는 정당이 진보정당일 수는 없다는 뜻이겠지요. (…) 지난 2010년 지방선거에 도전했던 ⑦한 통합진보당 인사는 "이건 당이 해산하고도 남을 문제"라며 "새누리당보다 못한 게 지금 우리 당의 현실"이라고 일갈했습니다. (…) 이어 그는 "지금 당권파가 제정신이 아닌 것 같다."며 "빨리 총사퇴로 결단하고 국민에게 새롭게 태어나는 모습을 보여 줘도 될까 말까 한 시점에 조사위 조사내용을 수용하지 못한다는 것은 정말 납득할 수 없는 일"이라고 말했습니다. (5월 4일 [장윤선의 톡톡! 정치카페], '어금니

꽉 깨문 이정희, 누굴 위해 버티나, 해산해도 모자랄 판에… 조사결과 인정 못해?')

이 기사는 보수언론의 기사까지 포함해서 통합진보당 사태에 관한 기사 중 가장 편파적인 기사로 꼽힐 만하다. 일단 기사 제목부터가 매우 악의에 차 있다. 흔히 거짓이 담긴 신문기사를 비하할 때 쓰는 말이 '소설'인데 이 기사는 가공할 정도의 소설 창작력(?)을 선보이고 있다. 이 기사가 제시한 출처들을 필자가 임의로 매긴 번호를 따라 한 번 읽어 보자. ①통합진보당의 핵심 관계자 ②여느 정치 평론가들 ③당내의 말 ④통합진보당 관계자 ⑤당내 일각 ⑥기자들의 말 ⑦한 통합진보당 인사 등이다.

『오마이뉴스』의 상근기자 장윤선은 자기가 하고 싶은 말을 7명의 정체

미상 인물을 동원하여 죄다 하면서 이정희 전 대표와 민노당파를 일방적으로 공격하고 있다. 이렇게까지 독자를 얕잡아 볼 수 있는 무모함은 어디에서 비롯되는 것인지, 그리고 이렇게까지 편파적인 기사를 생산하는 이유는 또 뭔지 알아볼 필요가 있다고 본다. 다음 기사들의 제목을 읽어 보자.

유시민 "당권파에서 당권거래 제안했다."
라디오 인터뷰 통해 "중앙위 폭력사태는 잘 준비되고 조직된 행동" 비판 (5월 14일)

"정치발전 위한 충정"… 유시민 사퇴에 담긴 뜻은?
비례대표 사퇴서 제출… "작은 이익 버리고 대의 따라야" (5월 29일)

"비례대표 경선, 한 사람 제외하고 모두 부정"
유시민 전 대표 『한겨레』 인터뷰… "당권파, 이석기 지키려 이정희 버렸다." (5월 31일)

유시민 "구태 반복하면 '야권연대 말라.' 나올 수도"
라디오 인터뷰 출연… "2차 진상조사 결과 발표돼도 이석기 · 김재연 사퇴 가능성 낮아." (6월 25일)

이처럼 『오마이뉴스』는 유시민에게는 거의 파격적인 수준의 지면을 할애해 주었다. 『오마이뉴스』가 노무현과 '친노'에게 지나친 편향을 보인다는 것은 주지의 사실이다. 이번 통합진보당 사태에 관한 보도 태도가 일방적으로 비당권파를 비호하고 민노당파를 공격하는 것으로 나타난 것은 바로 이

친노 성향과 무관하지 않다고 본다,

물론 『오마이뉴스』에도 나름대로 공정하고 진정성 담긴 기사가 없는 것은 아니었다. 이종필이나 손우정은 이미 전문기자의 수준을 넘어서는 기사를 선보여 온 베테랑 시민기자들이다. 이종필의 '국회의원 배지 좌우하는 질문 하나'(5월 29일)와 손우정의 '수많은 기회 저버리고 '심장'도 털렸지만⋯ 해법은 있다.'(5월 23일) 등이 매우 돋보이는 기사였다. 물론 이 기사들의 제목은 필자가 정한 것인지 아니면 편집자가 고친 것인지는 잘 모르겠다.

혁파돼야 할 선정 · 기회주의, 기자의 수준 제고가 관건

사실 한국 진보매체의 선정 · 기회주의가 노골적으로 나타난 것은 2009년 노무현에 대한 수사와 그의 죽음 때부터였다. 봉하마을로 돌아간 노무현이 밀짚모자를 쓰고 여유를 부릴 때만 해도 한국의 진보매체들은 앞다투어 그를 부각시켰다. 그러다가 노무현이 검찰 수사를 통해 궁지에 몰리자 마치 물을 만났다는 듯이 기사를 남발하는 조중동에 진배없이 진보매체들은 그를 비열하고 치사한 인간으로 치부하면서 한껏 조롱하는 기사를 생산했다. 더욱 가공할 표변은 노무현의 투신 이후에 벌어졌다. 진보매체들은 노무현을 파렴치범에서 일약 '거룩한 희생양'이나 '깨어 있는 지도자'로 미화해내기 급급한 모습을 보이지 않았던가?

『한겨레』나 『오마이뉴스』가 한국 언론 발전에 기여한 바를 폄하할 생각은 없다. 어려운 여건에서도 정론을 펼치고자 분투해 온 그들의 공적을 부인할 수는 없다. 하지만 거대한 조중동과 경쟁하는 사이 알게 모르게 조중동을 닮아가게 된 것은 아닌지 절박하게 성찰해 보아야 한다. 양적으로 조중동에 맞서려고 하면 실패할 수밖에 없다. 진보언론은 질로 승부해야 살아남을 수 있다. 그리고 질을 높이려면 몸집을 줄이는 것도 하나의 유용한 방도가 아닐까 한다.

기자라면 지식인의 최소 역량이라도 있어야 한다. 지식인은 역사와 현실에 대해 정확한 식견을 피력할 수 있어야 한다. 한국 진보언론의 기자 중에서 과연 지식인은 몇이나 되겠는지를 생각하는 것은 씁쓸한 일이다. 진실의 편에 서는 것은 개인의 도덕적인 문제이고 그것이 진실인지를 아는 것은 개인적 역량과 식견의 문제라고 본다. 유감스럽게도 한국 진보언론의 기자 가운데 이 두 가지 문제에서 자유로운 사람은 거의 없어 보인다.

강남좌파의 허상과 편견

조국 교수는 왜 보수자경단원을 자처하나? :

김대규 · 서울디지털대학교 교수 · 법학

지난 4월의 국회의원 선거에서 필자는 녹색당의 원내 진입을 바랐다. 이를 위해 우리 지역의 당원들과 함께 창당과정에도 나름 열심히 참여했다. 그러나 모두가 알다시피 녹색당은 원내 진입에 실패했다. 물론 녹색당은 짧은 기간 동안 적지 않은 지지자들을 확인했고 재창당을 추진하고 있다. 하지만 이러한 상황에서 당의 당내 경선이 어떻게 이루어졌는지 알기도 힘들고 관심도 없었다. 그러나 통합진보당이 진보정당의 만형으로서 총선에서 약진하여 원내교섭단체를 꾸릴 수 있기를 바랐다. 어쩌면 이런 입장 때문에 통합진보당에 한편으로 애정을, 다른 한편으로 나름의 거리를 두고 말을 할 수 있지 않을까 싶다.

총체적으로 부실한 조사

필자는 평소 일어나자마자 신문을 읽으며 아침잠을 쫓는다. 모든 기사를 다 읽을 수 없기에 요약 기사를 중심으로 살펴본 다음, 출근길에 관심 기사를 정독한다. 그러나 통합진보당 비례경선에 대한 이른바 대문 기사를 읽던 날은 그렇게 할 수 없었다. 한마디로 '총체적 부실·부정'이라는 말이 갖는 의미를 헤아리기 어려웠기 때문이다. 당의 선거관리가 어느 단위 할 것 없이 총체적으로 부실할 뿐만 아니라 모든 경선 후보들이 부정선거를 저질렀다는 의미인지 아니면 특정 후보가 전국적인 선거 부정을 저질렀다는 것인지 주어와 술어가 모호하고 조사의 한계가 두드러져 보이는 결론이었다. 최소한 '총체적'이라는 형용사를 쓰려면 조사방법이 실증적이어야 하고, 조사대상과 범위도 전반적이어야 할 것이다. 그러나 진상조사위는 단기간에 이루어졌으며, 그 범위와 대상도 객관적 기준 없이 임의로 실시했다. 이러한 문제점에도 조준호 대표는 거리낌 없이 '총체적'이라고 규정하고, 이를 가감 없이 톱기사로 전하는 신문도 이해할 수 없었다.

그러나 진상보고서가 허술하기에 차후에 어떻게든 문제가 될 거라 여겼다. 소동은 금세 잠잠해질 것이었다. 그러나 사태는 우리가 모두 알다시피 예상과 달리 흘러갔다. 각종 인터넷 뉴스와 『한겨레』에서도 이른바 '구 당권파'에 대한 편향성 보도와 사설이 넘쳤다. 제목은 선정적이었으나 내용은 대체로 양비론적 입장에서 상황을 나열하고 편향적으로 끝을 맺는 경우가 많았다. 특히 애국가와 종북주의 세력을 거론하는 자체가 마음을 불편하게 했다. 이 불편함의 정점을 건드린 인사 중의 한명이 조국 교수였다. 정황만을 가지고 부실과 부정의 책임을 주장하는 것은 논리적이지 않다. 이럴 때는 기초 사실의 부족을 이유로 판단을 유보하거나 최소한 중립을 지키는 것이 마땅할 것이다. 그러나 평소 합리적인 지식인으로 여겨왔던 조국 교수의 여러 발언은 지독한 편견과 비난으로 가득 차 있었다. 이해할 수 없는 일이었다.

사회주의자에서 자유주의자로

조국 교수에 대한 개인적인 기억은 1992년쯤으로 거슬러 올라간다. 당시 군복무를 마치고 복학을 해서 4학년에 재학하고 있었다. 법학공부에 대한 전망을 세우지 못해 답답하던 차에, 『민주법학』 제5호에 실렸던 '변화하는 한반도와 법률투쟁의 고리'라는 조국 교수의 논문을 읽었다. 당시 사회주의권의 몰락과 미국·이라크 전쟁을 거치면서 미국 중심의 패권주의가 강화되고 있었다. 또한 한반도에서는 남북한의 유엔동시가입과 남북합의서 채택이라는 중요한 계기가 있었음에도 우리사회 내부는 전반적으로 보수반동화 흐름이 강화되고 있던 시절이었다.

이러한 어두운 전망에도 불구하고 국내외 정세의 변화로 드러나는 남한 법체계의 자기모순을 지적하고 남한의 제 법률이 국제적 수준의 자유민주주의적 기준에도 미달하는 수준임을 폭로하고 법률개폐를 쟁취하여 진지로 삼자는 그의 주장은 신선했다. 또한 그가 편역하여 출간한『실천법학입문』은『법사회학입문』이나『맑스와 엥겔스는 법을 어떻게 보았는가』등과 함께 '변혁법학'에 대한 나름의 기대를 갖게 했다. 당시 대학원생 '조국'은 '김도균'과 함께 강경선·곽노현 교수가 이끌던「민주주의법학연구회」를 중심으로 초기 마르크시즘에 기초한 법학방법론 연구에서 나름 선구적인 역할을 했다.[1]

그러나 90년대 초반 사회주의권의 몰락과 자본주의 진영의 팽창에 따라 우리 사회에서 마르크시즘에 대한 열정은 급속히 잦아들었고, 진보적 법학을 표방했던 분들 중 상당수가 다시 일정한 진보성을 띤 자유주의적 전통으로 회귀하게 된다. 인하대 정태욱 교수는 이 시기에 조 교수도 종래의 마르크시즘에 기초한 과학적 법철학방법론을 모색하던 좌파사회주의자에서 이른바 진보적 '자유주의자'로 발전해 갔다고 평가한다(「민주법학 41호」).

1993년에 조 교수는 울산대 재직 중에 '사회주의노동자동맹' 사건으로 5개월가량의 수감생활 끝에 집행유예를 선고 받아 석방된다. 그리고 그 해 11월에 태광그룹 '일주문화장학재단'의 후원으로 미국 유학을 한다. '사노맹' 사건으로 옥고를 치른 후에 재벌그룹의 장학금으로 유학을 한다는 게 어딘

---

1) 조국, "변화하는 한반도와 법률투쟁의 고리", 민주법학 제5호, 1992: 조국, "진보법학의 개념정립을 위한 몇 가지 질문들", 민주법학 제6호, 1993: 조국, "현단계 맑스주의 법이론의 반성과 전진을 위한 시론", 민주법학 제6호, 1993.

가 부자연스러워 보이지만, 유학을 전후하여 조 교수는 확고한 '미국식 자유주의자'로 변신한 것으로 보인다. 조 교수는 2005년에 출간한 자신의 저서 『성찰하는 진보』에서 미국과 영국에서 유학경험으로 인식의 전환이 있었음을 고백한다. 또한 자신을 인간의 이기심과 소유욕을 직시하고 시장의 역동성과 중요성을 인정하는 자본주의자이면서 자본주의 문제를 사회적으로 순화시키려는 자유주의자로 규정한다.

하지만 정태욱 교수는 "우리나라의 자유주의적 법학은 권위주의적이고 반동적인 현실 사회에 대해 일정한 진보성을 띤 발언을 했을 뿐, 본래 서구 자유주의자들의 목적이었던 '자본주의의 순화' 문제에 대해서는 별다른 힘을 발휘하지 못했다."고 지적한다. 왜냐하면 현실 사회주의권의 붕괴는 분단 국가인 우리나라 사람들에게 오히려 비인간적 자본주의에 대한 견제와 균형의 상실을 의미하였기 때문이다. 순화된 자본주의 형태인 사회민주주의조차 우리 사회에서 여전히 금기시되고 있으며, 이와 같은 이념적 배타와 독선이 지배하는 토양에서 자유주의의 개혁성을 강조하는 것은 추상적이고, 현실 자본주의 경제의 시스템적 문제를 왜곡하고 오도할 수 있다는 것이다.

실제로 조국 교수가 지향하는 근대 시민법상의 '자유'는 우리 사회에서 전경련 산하 '자유기업원'과 같은 자산 기득권층이나 '뉴라이트'와 같은 수구 냉전세력이 말하는 왜곡된 '자유'에 힘을 쓰지 못한다. 오히려 언론과 대중에 의해 혼동되거나 그 자장에 말려들어가는 모습을 보일 수밖에 없다. 이와 같이 왜곡된 자유주의 시민법은 자본과 국가의 결합에 더할 나위 없는 호재일 수밖에 없다. 미국식 금융자본주의의 파탄을 뜻하는 글로벌 금융위기가 지속되고 있음에도 불구하고, 우리나라에서는 여전히 국부증대와 기득권 옹호의 논리가 국가적 책무의 근거가 되고 있기 때문이다.

하지만 조국 교수는 미국 유학 이후 여러 경제 문제에 대해서 발언하면서 '정의', '자유경쟁', '민주주의'와 같은 추상적 · 윤리적 개념으로 경제문제에 접근한다.[2] 하지만 경제를 추상적 윤리의 틀로 접근하면 자본가의 이기적 행태를 비난할 수 있어도, 자본가의 이윤추구를 제어할 수 있는 효과적인 규범을 찾기 어렵다. 왜냐하면 조 교수가 『성찰하는 진보』에서 고백했듯이 호모 에코노미쿠스의 이기심과 소유욕이야말로 신자유주의자들이 말하는 시장경제 역동성의 근간이기 때문이다. 따라서 협동하는 인간 · 사회적 인간을 상정하고 신자유주의적 경제관을 거부하지 않는 한, 자본가의 소유욕을 근본적으로 규제하기 어렵다. 그런지 몰라도 고려대 이상돈 교수는 조교수가 평소 강간죄나 성폭행과 같은 다른 주제영역에서 보여주었던 윤리적 엄벌적 경향이 경영영역에서는 상당히 완화된 태도를 보인다고 지적한다(「형사법 연구」 제32호).

경영영역에서는 관대한 조교수가 소수정당인 통합진보당 내부 문제에 대해서는 성폭행이나 강간죄와 같은 영역에서처럼 도덕주의적 주관을 다시 강하게 드러낸다. 마치 영화 「다크 나이트」에 나오는 자기허상에 빠진 극단적인 자경단원 배트맨처럼 말이다. '조준호 진상보고서'의 문제점에도 불구하고 의원직 사퇴거부와 제명처분에 불복하는 이석기 의원 등에 대하여 "21세기 OECD 소속 국가 수준의 진보로 나아가지 못한 후진적인 관성으로 사고하고 행동하는 사람들"이라고 단정한다.

---

2) 조국, 『성찰하는 진보』, 63면 이하; 조국 · 오연호, 『진보집권플랜』, 83면 이하.

허상에 빠진 배트맨

OECD가 미국 주도의 '경제협력기구'라는 것을 생각해보면, OECD 국가 수준의 진보란 다름 아닌 정체성이 모호한 '아메리칸 리버럴'을 가리킨다고 볼 수 있다. 그러나 미국의 민주당은 오래전 '사회적 경제'를 정강정책으로 수용한 유럽의 보수우파정당보다 보수적이다. 존 갈브레이스는 『경제학의 역사』에서 미국의 자유주의자들이 대공황 이후 공급주도의 경제정책에 매몰되어 탈선의 길을 걸은 지 오래라고 지적한다.

조지 레이코프는 『프레임 전략』이라는 책에서 대표적인 아메리칸 리버럴 조지프 리버만 상원의원 같은 이는 동성애나 낙태·마약에 대해서는 상대적으로 진보적인 투표를 하지만, 미국의 패권을 위해서 이라크나 한반도와 같은 문제에 대해서는 침공과 봉쇄에 찬성하는 '이중개념의 진보'라고 지적한다.

그러나 통합진보당은 소수자의 인권옹호와 사회적 약자보호를 위한 사회보험정책 등 거의 모든 면에서 '아메리칸 리버럴'보다 충분히 진보적이다. 한반도의 평화구축과 남북한의 내재적 접근에 기초한 통일을 명시한 강령도 이중적 가치관을 갖고 있는 '아메리칸 리버럴'이 이해할 수 있는 것이 아니다. 오히려 '아메리칸 리버럴' 정치가들은 평화로운 통일과 자주권 획득을 위해 한미동맹해체와 미군철수를 정강정책으로 삼는 정당과 대립적인 견해를 갖고 있다. 사실이 이러한대 진보정당 국회의원의 자질기준을 퇴행적인 OECD국가 수준의 진보에 맞추라고 요구하는 것은 모욕이다.

영화 「다크 나이트」의 악당 조커는 자신을 정의의 사도라고 여기는 부자 배트맨에게 "세상의 선과 악이란 일종의 역할극이며, 그 배역은 우연히 결부되는 상황과 맥락에 따라 결정될 뿐이며, 선악의 이분법은 지극히 개인적인 판단에 기초한 망상에 불과하다."라고 말한다. 또한 영화 중에 조커가 선악의 허상에 사로잡혀 갈피를 못 잡는 배트맨에게 "Why so serious?"(왜 그리 유난 떨어?)라고 묻는 장면이 있다. 마치 배트맨처럼 조 교수도 진보정당의 당내갈등과 정치의 전개과정을 선악의 이분법으로 접근하는 모습을 보여준다.

7월 2일 『한겨레』의 '조국의 만남'이라는 인터뷰 기사의 대담자는 권영길 전 민주노동당대표였다. 이날 조국 교수는 질문자임에도 권 대표에게 통합진보당과 관련한 자신의 견해에 대해 동의를 지속적으로 구하는 모습을 보였다. 예컨대, "총선 이전 통합진보당은 원내교섭단체 구성을 목표로 뛰었고 그럴 전망도 보였다. 밥그릇이 커질 것 같으니 당권파가 무리수를 써서 밥을 독차지하려다가 밥솥을 통째로 엎어버린 형국"이라는 진단을 내린 후에 그럼에도 진상조사위 발표에 대해 '자주파'의 이의제기가 바람직한지 권대표의 의견을 구하는 방식이다. 답이 뻔한 OX형 질문이다.

생각건대, 밥그릇이 작으면 혼자 다 먹으려는 것은 보았어도, 밥그릇이 커지려 하니 다 먹으려고 밥솥까지 통째로 업는 경우는 흔치 않다. 어차피 못 먹으면 버리는 거 나눠 먹고 인심도 얻는 게 좋다. 예외가 있을 수 있겠지만, 조 교수의 비유는 보편성을 얻기 힘들다. 이러한 질문과 비유는 대담자에 대한 결례이기도 하지만, 당의 중심이었던 자주파에 대한 그의 편향성을 드러낸 것이다.

조국 교수의 편향적 발언은 다음 질문에서도 이어진다. 통합진보당 중앙위원회 진행과정이 "'볼셰비키'가 아니라 '돌쇠비키'가 설치는 것 같다."며 크게 웃는다. 바보가 아니라면 통합진보당 중앙위원회의 파행과 당원들의 행태를 비웃는 것임을 쉽사리 알 수 있다. 형법을 직업적으로 연구하는 학자라면, 행위가 아닌 행태를 가지고 타인을 판단해서는 곤란하다. 더구나 비아냥거림은 학자가 삼가야 할 태도가 아니던가?

반북프레임과 종북몰이

'위키피디아'에 소개된 조국 교수의 이력 가운데에는 "대학원 석사과정 재학 중 이진경, 진중권 등과 함께 '주체사상' 비판 작업을 수행하였으며, 필명으로 『주체사상비판』을 출간한" 내용이 포함되어 있다. 이러한 소개는 조교수를 강연자로 초빙한 곳에서 자주 인용된다. 이 경력은 사노맹을 조직하여 노동현장에서 자주파와의 정치노선 투쟁에 앞장섰던 백태웅 교수의 가명 '이정로(이것이 정통정치노선이다)'를 떠올리게 한다. 『성찰하는 진보』에서 그는 사노맹의 정치적 비전이 어설펐다는 의미에서 "사회민주주의, 생디칼리슴, 국가사회주의 등이 섞여 있었다."고 평가한다.

이처럼 그는 사노맹의 오류와 과격성에 대해 반성하는 태도를 보이지만, '주체사상비판 작업'을 한 것에 대해서는 그런 흔적이 보이지 않는다. 오히려 기회 있을 때마다 이를 언급하고, '비북' 하자고 주장하는 것을 보면, 민족해방계열과 주도권 다툼한 것에 여전히 자부하는 것으로 보인다. 어쩌면 사노맹 전과에도 불구하고 주류사회에서 환영 받은 이유 중의 하나가 그의 이런 입장에 있지 않나 생각한다.

지난 6월 9일 MBC 라디오 인터뷰에서도 조 교수는 통합진보당에 대해 "정강정책이 있는 정당으로서, 또 국고보조금을 받고 유권자에게 표로 호소하는 정당으로서 당연히 핵심적인 정강정책을 내놓아야 한다."면서 "애매하게 하면 안 된다."고 강조했다. 이러한 생각은 2005년 『성찰하는 진보』나 2010년 『진보집권플랜』에서도 찾아볼 수 있다. 그의 말을 듣다 보면 '새누리당'이나 '민주당'이 마치 '주체사상반대', '3대 세습반대'를 정강정책으로 삼고 있는 듯하다.

그가 왜 통합진보당에 대해서만 종북 마녀가 아님을 부인하라고 지속적으로 요구하는 것일까? 명색이 자유주의자를 자처하면서 말하지 않을 자유를 억압하는 이유는 무엇일까? 어느덧 그도 국가주의에 포섭된 것일까? 그의 견해는 아무리 생각해도 한반도 정치 생태계를 무시하는 관념적 사유에 불과하다. 정치는 동기가 아니라 결과를 보고 판단한다. 동기를 불문하더라도 그의 발언이 통합진보당의 자주파에 대한 주류언론의 '종북몰이'가 한창일 때 이를 부추기는 윤활유 역할을 한 것은 분명하다.

물론 조국 교수는 '종북'이라는 단어를 직접 쓰지 않는다. 그러나 그의 화법은 주류언론의 '종북몰이'에 가담한 심상정 의원과 비슷하다. 심 의원은 지난 6월 19일 『한겨레』와의 인터뷰에서 "개인적으로 '종북' 이란 단어를 써본 적이 없다. 2008년 분당 때도 '편향적 친북행위' 라 표현했다."며 '종북몰이' 와 무관함을 강조한다. 그러나 '편향적 친북행위세력'과 '종북세력'이라는 표현이 과연 유신 파시스트들에게 어떤 차이를 가질까? 외려 편향적 친북행위 라는 표현에서 부정과 배제의 기운이 더 느껴진다.

훈련의 결과이겠지만, 조국 교수는 평소 논쟁적 단어 사용을 기피하되 모호한 표현을 만들거나 차용한다. 예컨대 '비북'이라는 용어가 그에 해당하는데, 통일을 배제하지 않는다는 점에서 '반북' 과 차이가 있다고 설명한다. 그러나 그의 '비북' 주장은 관점이 협소할 뿐더러 또 다른 '연북' 주장과 충돌한다. 그의 '연북·비북' 모순은 미국을 중심으로 한 글로벌 패권주의의 실체는 인정하는 반면에 북한의 실체는 전혀 인정하지 않는 태도에서 기인한다. 이러한 불구적 의식의 바탕에는 유학을 통해 느낀 앵글로색슨국가의 경제력에 대한 경도와 의식에 저변에 자리 잡은 반도의 다른 한편인 북한에 대한 뿌리 깊은 '거부감' 이 아니면 설명하기 힘들다.

친미보수 영남사림

조국 교수는 2003년 『동아일보』와의 인터뷰기사에서 미국 법제의 선진성을 우리나라에 접목하고 싶다고 말한다. 이에 기자가 반미정서를 거론하자 그는 "미국을 미워할 만한 충분한 이유가 있다. 「한미행정협정(SOFA)」에 문제가 있다. 하지만 양국 간 규정은 힘의 관계를 반영할 수밖에 없는 현실을 인정해야 한다. 한국이 동티모르와 맺고 있는 SOFA는 훨씬 불평등하다. 주한 미군이 철수해야 한다는 데는 누구나 동의할 것이다. 하지만 그것이 지금 당장이냐는 것은 다른 문제이다. 감각의 균형이 중요하다."는 말을 해서 『동아일보』 기자를 놀라게 한다.

이어서 그는 "친미가 보수는 아니다. 학생에게는 설익은 주장을 할 수 있는 특권이 있다. 하지만 지금은 내 말에 책임을 져야 한다. 논거 없는 주장은 할 수 없다. 구호만으로 해결될 수 없는 프로페셔널리즘의 세계가 있다."고 말한다. 이 밖에 『진보집권플랜』에서도 조 교수는 한반도를 둘러싼 냉전적 동맹실체를 인정해야 하며, 평등한 한미동맹을 만들자고 한다. 나아가 패권국가 미국을 적극 이용하는 용미(用美)가 필요하다고 말한다. 그러나 역사상 평등한 국가 간 동맹이 존재한 적이 있었던가? '평등한 동맹'과 '용미'란 말을 듣다 보니 로마를 이용하려다가 비극적인 최후를 맞은 클레오파트라 남매가 떠오른다. 당대의 패권국가 미국을 용(用)할 수 있다고 생각하다니 매우 소박(naive)하다.

그런데 이게 무슨 진보적 생각인가? 새누리당의 원희룡 전 의원의 생각과 무엇이 다른가? 한반도 냉전체제유지는 분단체제의 지속을 의미한다. 정전협정이 상징하는 냉전체제가 유지되기를 바라는 친미는 진보가 아니라 수구이다. 그럼에도 친미는 보수가 아니라는 주장을 할 수 있을까? 그는 이 대목에서 확실히 수구주의 우파세력의 견해에 동조한다. 단지 현실 권력에서 소외된 영남사림(嶺南士林)의 태도라 아니 할 수 없다. 따라서 친미우파 조국 교수가 '주한미군 철수'와 '한미동맹해체' 강령재검토를 권고한 통합진보당 '새로나기특위'의 주장을 환영한 것은 놀라운 일이 아니다. 오히려 새누리당이나 민주당과의 합당을 요구하지 않은 게 다행이다.

강남좌파의 정체성

김용민이 저술한 『조국현상을 말한다』에서 '리얼미터의' 이택수 대표는 "강남좌파란 좌파 중에서도 고학력, 고소득, 전문직 종사자들을 일컫는 것으로 기존에도 실체가 있긴 했지만 진보진영의 집권을 위해 그들 계층이 꼭 실천적으로 참여해야 한다는 절박감에서 최근 새로이 나타난 신드롬"이라고 보았다. 이들은 사회적으로 성공을 이룬 탓에 몸은 우파 중심지, 즉 강남에 속해 있지만, 사상은 진보적인 사람들이라는 것이다.

그러나 시사평론가 공희준은 '강남좌파'를 부조화의 복합단어이며 한때의 트렌드에 불과하다고 보았다. 그에 따르면 "강남좌파의 본질은 좌파에 있지 않고 강남이라는 물적 토대에 있다. 따라서 '강남 좌파'는 강남이 상징하는 어떠한 사회적 토대, 강남이 상징하는 어떠한 구조적 특징을 인정한 다음에 뭔가를 하자는 사람들이다. 즉 명색이 좌파라면 우리 사회의 근본적인 모순의 근원을 뿌리 뽑으려 해야 하는데, 강남좌파들은 그걸 건너뛰고 진보를 말하는 사람들"이다. 달리 말하면, 기존 질서를 전복하기보다 종래의 것들을 인정하고 잘 유지하는 것이 목적인 사람들이라는 것이다.

그는 또한 이러한 강남좌파를 상징하고 대변하는 정치집단들이 있다고 한다. 진보신당이 대표적이고, 자유주의적 개인 가치를 대변하는 유시민 세력도 역시 여기에 포함된다. 조국 교수도 정당을 기준으로 하면 진보신당에 가장 우호적인 입장을 공개적으로 취한다. 진보신당은 한나라당보다는 민주당이나 민주노동당에게 가장 강력한 공세를 취한다. 민주당의 보수성이나 민주노동당의 우편향성을 지속적으로 비판해왔다. 왜냐하면 민주당의 촌티가 싫고 구 민주노동당의 빈티가 싫기 때문이라는 것이다.

공희준의 지적은 거칠지만 결론적으로 타당하다고 본다. 사람들은 흔히 보수와 진보라는 두 가지의 프레임을 가지고 오늘날의 한국 정치지형을 본다. 그러나 진보 안에는 개인의 자유라는 가치를 신봉하는 개혁적인 자유주의자들과 합리적 이성을 신봉하여 이성적인 사회체제를 건설하려는 계몽주의자들에서부터 모든 사회적 강제성과 국가의 통합적 권력을 거부하는 급진적인 무정부주의자들까지 다양하게 존재한다. 그러나 한국의 정치지형은 이런 자유주의적 개혁이나 합리주의적 계몽조차 '진보=좌파'라는 도식 속에서 왜곡된 보수적 권력 체계에 의해 압살당해 왔다. 이러한 상황에서 좌파는 언제나 '비이성적 위험분자'라거나 '친북인사'라는 이미지로 대중에게 전달되어왔다.

이광일은 『좌파는 어떻게 좌파가 되었나』라는 책에서 '진보=좌파'라는 도식이 반북·반공이데올로기라는 낡은 프레임을 재생산한다고 말한다. 즉 이 프레임이 좌파와 자유주의 간의 경계선을 모호하게 만들고 오히려 보수의 본래 가치인 개인 가치나 민족주의를 배제한 대신 국가주의나 친미사대를 표방하는 '한국적 보수'에 정당성을 부여한다는 것이다.

뿐만 아니라 이광일은 반북·반공 프레임이 좌파 안에서도 '민족이냐 계급이냐'의 갈등을 재생산하는 준거로 작용한다는 점을 강조한다. 아마도 공희준이 거론한 강남좌파가 건들고 싶어하지 않는 우리 사회의 본질적인 문제란 바로 이 지점을 가리키는 것이 아닐까 한다. 즉 강남좌파의 모순은 보수 기득권층이 만들어 놓은 이러한 '반북·반공주의'라는 프레임을 거부하지 않고 친미보수주의를 받아들일 뿐 아니라, 진보 개념의 모호함을 이용해 진보의 긍정적 이미지만을 차용하는 부조화에 있다는 것이다.

이런 의미에서 강남좌파는 본래적 의미의 좌파라고 볼 수 없다. 또한 한국사회에서 강남이라는 신자유주의 정점이 갖는 토대의 상징성에 친미보수·반북주의 성향이 더해진다면 넓은 의미의 진보로도 보기 힘들다. 오히려 한국적 보수의 특징을 온전히 가진 채 개별적으로 미국 유학이나 생활을 통해서 체득한 가치인 미국식 개인주의가 가미된 일종의 '튀기 보수' 또는 '변종 보수'라고 보는 것이 타당할 것이다.

얼버무리기 공화국의 덩달이 지식인

이제까지 조국 교수는 여러 언론매체와의 대담에서 '조준호 진상보고서'의 '총체적 부실·부정'이라는 결론을 의심 없이 받아들이는 모습을 보여주었다. 그러나 '조준호 진상보고서'는 부정투표의 가능성만을 제기했을 뿐, 조사의 기본이어야 할 부정의 주체를 비롯하여 부정의 원인과 이유에 대해서 아무런 정보를 주지 않았다. 또한 부정의 사례로 언론에 공개한 것들도 개별적인 검증 없이 예단을 갖고 제시한 것이므로 증거법칙에 위배된다. 또한 선거관리위원회의 관리부실에 의해 부정이 촉발된 것이라면 선차적으로 관리 담당자들에 대한 조사와 소명이 선차적으로 이루어졌어야 한다. 그러나 실증적인 조사와 소명 없이 일부 사례를 지목하여 전체의 문제로 비약하거나 또는 부실관리와 부정을 뭉뚱그려서 부실은 부정을 낳고 부정은 부실을 강화할 수밖에 없으니 총체적 부실 및 부정이 맞다는 논리는 말장난에 불과하다.

정책을 실현하는 포괄적인 입법과 달리 유무죄를 결정해야 하는 재판은 구체적 사실에 기초한 구체적 결정이어야 한다. 재판에서의 사실은 보다 구체적으로 한정된 특정의 사실이고 그 인정은 일정한 증거법칙에 따르지 않으면 안 되기 때문이다. 나아가 공정한 재판을 위해서는 유무죄를 결정하기 전에 인정된 사실이 형법상 유죄의 구성요건을 충족하는지 따지고 가려 보아야 한다. 이렇게 절차를 거쳐 결론에 이르기 전에 당사자들은 무죄추정을 받아야 한다.

무죄추정의 원칙을 형법학을 가르치는 조국 교수가 모를 리 없다. 그럼에도 그가 증거법칙에 위배되고 절차적 정당성을 결여한 진상보고서를 근거로 특정인에게 윤리적 책임을 강조하는 것은 선험적인 판단이 작용했거나 '조준호 진상보고서'가 내포한 문제점에 대해 깊이 생각하지 않고 무비판적으로 차용한 것이라고 볼 수밖에 없다. 만일 이 두 가지 요인이 복합적으로 작용하여 반북주의 여론몰이에 편승하여 한 것이라면 조국 교수도 이념 지향적 '얼버무리기 지식인'이라고 볼 수밖에 없다.

정치학자 박동천 교수는 프레시안에 기고했던 '지식인들이 앞장선 얼버무리기 공화국'이라는 칼럼에서 얼버무리기(obscurantism)현상이 우리나라에서 자주 발생한데에는 무엇보다도 우리사회 지식인들이 독자적인 사고를 추구하기보다는 언어적 유행에 쉽게 동조해버리는 탓이 가장 크다고 주장한다. 세부항목에 관해 날카롭게 버려진 각자의 입장을 발언하는 것이 아니라, 적당한 수준에서 두루뭉수리로 얼버무려진 내용을 난삽한 현학에 실어서 발표하는 무별주의(無別主義) 탓이라는 뜻이다.

지난 한 달여 동안 통합진보당의 비례경선에 대한 공식적인 진상조사의 결론인 '총체적 부실·부정'에 진보 언론과 지식인들의 발언을 돌아보면, 언어구조의 논리가 무엇인지를 따지기보다 언어의 표피에 매달려서 교조적 표어에 집착하고 이를 기반으로 정당이 지향해야 할 도덕성을 강제하는 폭력적인 장면이 많았다. 이러한 무뇌아적 덩달이담론이 횡횡하고 언론에 의해 증폭될 때, 우리 사회에 '황우석 교수 사태'가 반복되고, 노무현 전 대통령에 대한 실망과 신드롬의 널뛰기가 지속적으로 변주될 수밖에 없다.

지식인과 언론이 이치에 입각한 사회적 소통에 기여하기보다는 덩달이 현상에 몸을 던진다면 사회가 혼란해지고 대중은 자신의 판단을 유보할 수밖에 없다. 또한 지식인과 언론이 말하지 않을 자유를 억압하고 '종북'의 너울에 몸을 맡기며 통합진보정당의 한반도 통일 정책의 근간을 흔드는 모습은 자기 파괴적이다. 만약 무죄추정의 원칙을 누구보다 중시해야 할 법학자가 부정선거의 사실 관계가 확인되기도 전에 여론몰이에 편승해 이석기, 김재연 두 의원의 사퇴를 주장한 것이라면, 스스로 선이라 생각하여 거리낌 없이 자신의 행위를 정당화하는 '고담 시티의 보수 자경단원', '배트맨'과 무엇이 다른가?

패권세력의 배제전략 종북과 낙관주의 :

이시우 · 사진작가

빨갱이, 주사파, 종북

"이는 동東이라고 할 수도 있고 서西라고도 할 수 있으며, 희다고도 할 수 있
고 검다고도 할 수 있는 것이어서 왼쪽으로 끌면 왼쪽으로 기울고, 오른쪽으
로 끌면 오른쪽으로 기울어진다. 이 세상이 마치도록 서로 다투고 자손에 까
지 전해가더라도 그 결말은 나지 않을 것이다. 인생에는 할 일이 많은데 당신
과 내가 이 짓을 하고 있을 여유가 없다."

다산 정약용이 『여유당전서』에서 조선시대 당쟁의 근원이었던 이기론理
氣論을 비판한 말이다. 지금의 주사파·종북논쟁보다 어느 면에서는 더 살벌
한 논쟁이 주리론과 주기론의 대결이었다. 상복 착용을 1년으로 할 것인가 9
개월로 할 것인가를 놓고 피를 부르는 당쟁이 이어지고 각 당파가 자기를 합
리화하는 논리의 마지막 보루가 이기론이었다. 다산의 비판은 당시에는 그
리 특별한 것이 아닐 정도로 누구나 공명하는 것이었다. 다산이 다른 점이 있
었다면 이기론의 뒤얽힌 논쟁의 한편에서 편당을 만드는 대신 아예 이理의
어원을 고증하여 개념 자체를 해체시켰다는 데 있다. '이理라는 글자는 옥돌
의 결(玉+田+土=理)을 뜻하는 말일 뿐이었음을 실증적으로 밝힌 것이다. 다
산의 서술을 요약해 보면 다음과 같다.

"리란 본래 옥돌의 맥리脈理(결)를 가리키는 것이다. 이 뜻을 빌어다가 다스리
는 것을 리라고 하여 치리治理의 뜻을 갖게 되었고, 치리는 옥사獄事만한 것이 없으
므로 옥관獄官을 리라고 하면서 법리法理의 뜻을 갖는 것이다. 어찌 일찍이 형체도
없는 것을 리라 하고, 형질이 있는 것을 기氣라하며, 천명天命의 성性을 리라하고
칠정七情의 발현을 기라 하였겠는가? 모두가 맥리, 치리, 법리에서 빌어다 글을 만

든 것이니 곧바로 성을 리라고 하는 것은 도대체 어디에 그 근거가 있는가?'[1]

　시작은 소박했으나 결말은 너무 번잡해져 원래의 출발을 상실하고 만 그런 개념들에 대해 다산의 지적은 언제나 따갑다. 빨갱이에서 주사파를 거쳐 종북주의로 발전되어 온 적대개념들의 공통점은 정확한 정의가 없고 의미하는 바를 특정할 수 없다는 것이다. 그 점에서는 다산이 비판했던 조선시대의 '리理'보다 더 모호한 개념이다. 해방 이후 반공청년단들에게 국가주의가 투사되는 과정과 반공청년단들에 의해 국가주의가 발산되는 과정을 보면 그 핵심에 빨갱이란 단어가 있음을 발견하게 된다.

　1947년 4월경부터 서북청년단의 테러가 본격화되기 시작하였다. 테러에는 도끼·방망이는 물론 총기와 폭탄 등도 동원되었다. 부산에서는 정수복 검사와 박경영 사장을 빨갱이로 지목하여 암살했다. 빨갱이기 때문에 죽이는 것이 아니라, 자기들에게 죽었으면 빨갱이가 되는 본말전도의 억지와 공포가 당시를 지배하던 분위기였다. 이 비합리와 모순은 한 가지 개념으로 합리화·정당화되었다. '빨갱이 공포'였다. 그러나 미군정은 1948년 1월, 남한 각 도의 공산주의자 활동에 대한 평가를 내리며 정반대의 결론을 내렸다.

　　우익은 '빨갱이 공포'를 강조하고 주로 청년단체나 관공서에서의 좌익 축출
　　을 통해 섬을 장악하려 하고 있다. 주목되는 것은 제주도의 좌익은 반미적이
　　아니며 최근의 테러 사태는 우익에 의해 선동된 것이다.[2]

　미군정도 인정한 허구의 '빨갱이 공포'는 당시 가장 강력한 폭력의 정당성이었다. 4·3당시 제주도민들이 빨갱이란 말을 쓰지 말아 줄 것을 간청하기까지 했다는 기사는 그 강박의 정도를 짐작케 한다.

통탄의 제주도는 드디어 사태의 수습 움직임을 보이고 있다. 관은 관, 민은 민대로 상극적 입장에서 반복하던 이곳 제주도에서는 탄압정책을 벗어나 귀순하는 도민의 자기반성을 촉구하는 한편 반역의 낙인과도 같이 사용하던 '빨갱이'라는 말은 일절 쓰지 않기로 결정하여 실시 중에 있다. 즉 지난 1일에 개최된 도내 군읍면장 합동회의 석상에서 각 읍면장은 무고한 도민의 감정을 저해하는 '빨갱이'라는 말을 각 관청에서부터 사용하지 않는 것이 좋겠다고 건의한 것을 임 지사는 즉석에서 채택 실시키로 하여 관하에서 말하였다 한다.[3]

제주도민들이 얼마나 '빨갱이'란 말에 시달렸으면 단어 하나 때문에 회의를 열어 쓰지 말아 달라고 간청하기에 이르렀던 것일까. 빨갱이란 말이 곧 '반역의 낙인'과 같았다는 말에서 빨갱이에 담긴 '공산당' 보다 더 강력한 적대개념을 읽을 수 있다. 이들이 이렇게까지 한 데에는 빨갱이란 이름만 붙이면 어떤 학살과 만행도 가능했던 서북청년단과 군인·경찰에 대한 공포 때문이었다. 빨갱이로 지명당하는 사람들에 대한 공포가 아니라 빨갱이라고 지명하는 사람들에 대한 공포였던 것이다. 한 의사는 당시를 정신병리학적으로 다음과 같이 분석했다.

1) 원문은 다음과 같다. 理者本是玉石之脈理, 治玉者, 察其脈理, 故遂復假借, 以治爲理, …治理者, 莫如獄, 故獄官謂之理, …曷嘗以無形者爲理, 有質者爲氣, 天命之性爲理, 七情之發爲氣乎, …皆脈理治理法理之假借爲文者, 直以性爲理, 有古據乎. (정약용, 『孟子要義』; 『與猶堂全書』2, 卷6,26)

2) U. S. Headquarters, U. S. Army Force in Korea, "No.123(1948.1.16~1.23)," G-2 Weekly Summary ; 제주4·3연구소 역, 『제주4·3자료집, 미군정보고서』, (제주 : 제주도의회, 200), p.215재인용

3) 『강원일보』 1948.7.21, p.2

우리 사회에서 빨갱이라는 말은 그동안 죽어야 할 자, 더 나아가 죽여야 할 자라는 뜻을 가지고 있었다. 빨갱이라는 낙인이 찍히면 더 이상 인간이 아니므로 그에게는 어떤 만행도 가능하다. 차마 짐승에게도 할 수 없는 짓이 허용된다. 그러기에 처모와 사위를 대중이 모인 가운데서 정조를 맺게 하고 총살시키는 일도 가능했던 것이다. 문둥이는 나병이라는 실체를 가지고 있다. 그런데 빨갱이는 실체조차 없는 말이다. 좌익사상을 가진 자라는 뜻이 있지 않느냐고 하겠지만 우리 사회에서 그동안 쓰여 온 빨갱이의 어의는 그것과 크게 다르다. 한마디로 인간파괴와 동의어인 것이다. 그리고 빨갱이는 애당초 실체가 없는 것이기에 문둥이보다 훨씬 파괴적이다. 빨갱이가 아니라는 사실을 증명하라는 협박 앞에 무엇을 할 수 있을 것인가? 다른 빨갱이를 만들어 내고 탄압하는 길 이외에는.[4]

제주의 많은 청년들은 나중에 귀신 잡는 해병이 되어 '빨갱이' 소탕에 앞장섰다. 4·3 당시에도 빨갱이의 누명을 쓰지 않거나 벗으려고 '빨갱이'를 고발하는 등 빨갱이 사냥꾼들의 앞잡이가 되었었다. 80년대 주사파로 불리던 학생 운동권 중 일부가 뉴라이트를 자처하며 누구보다 앞장서 주사파 척결에 몰입한 것도, 제주도 출신 해병대원들의 그것과 크게 다르지 않다. 주사파척결운동에 나선 뉴라이트 인사들에겐 나름대로 자신들이 변신한 논리와 소명이 있었다. '종북주의'를 처음 내세운 조승수 의원 역시 나름대로의 소명이 있었다. 그들의 문제제기에 진정성이 있다 하더라도 그 같은 의도는 언제나 지배세력의 패권Hegemony을 위한 적대의 논리로 재구성된다는 점에서 개인의 진정성 여부와는 인연이 없었다.

진보당 내부를 보면 국가보안법이 서슬 퍼런 상황에서 적전분열은 해당행위라며 모든 것을 국가보안법 탓으로 환원시키는 논리도 있고, 국가보안법을 핑계로 비판을 피해만 간다는 불평도 있다. 국가보안법을 대하는 온도의 차이일 뿐 국가보안법에는 모두 반대한다. 빨갱이와 주사파와 종북주의는 국가보안법만으로는 설명되지 않는 체계 차원의 현상이다.

적

내가 곧 국가라는 일체감을 가지려는 서북청년단에게 필요한 것은 그들 스스로의 의지가 아니라 자신의 의지를 설명할 외부의 이유와 명분이었다. 그래서 등장한 것이 국가의 적이다. 내가 왜 곧 국가여야 하는지를 설명하기란 어렵거나 불가능하다.[5] 그러나 국가의 적과 싸워야한다는 데는 복잡한 설명이 필요 없다. 국가에 대한 대립물이 없었다면, 그들을 강력한 정체성 아래 결집시키지 못했을 것이다. 그들에게 적이란, 즉 국가 아닌 것이란, 곧 빨갱이였다. 지젝Slavoj Zizek의 지적처럼 대립물을 찾지 못하면 주체는 상징기호와 동일시하는 데 실패한다. 적대의식이 파괴적이고 위력적이 되려면 그들을 하나의 상징으로 선명하게 결집시켜야 한다. 단순 명쾌한 단어와 규정이 있어야 하는 것이다.

빨갱이, 주사파, 종북주의로 이어지는 일련의 적대물은 패권세력의 성공

4) 역사문제연구소 외편, 『제주4·3연구』 (서울 : 역사비평사, 2006), p.337

5) 주체의 형성이 타자에 의존한다는 의미에서 라캉은 다음과 같이 말했다. "인간의 욕망은 타자의 욕망이다."(Le desir de l'homme est le desir de l'autre) (J. Lacan, "subversion de sujet et dialectique du desir" Ecrits (Paris: Seuil, 1966), p.814, 181,268; 강용안, 『주체는 죽었는가』 (서울: 문예출판사, 1996), p.214)

작들이다. 종북주의는 조승수 의원의 입을 통해 나왔다. 당내에서 느끼는 문제점들이 있었을 것이다. 그러나 그러한 문제점들이 적대적인 모순은 아니었을 것이다. 어쨌든 그것은 개인의 의도나 의지의 산물이 아니라 항상 사회라는 구조에서 개인의 의도와 다르게 재창조된다. 종북주의가 '적'인 것은 패권세력이 종북주의를 적으로 규정했기 때문이다. 원래 적이었기 때문에 사회가 그들에게 적대감을 갖게 된 것이 아니다. 한 사람이 왕인 것은 오로지 타인들이 그와 신하의 관계에 있을 때에만 가능하다. 그런데 그들은 왕이 왕이기 때문에 그들 자신이 신하인 듯이 상상한다.[6] 그것은 관계와 구조의 효과일 뿐 실체가 아니다.

이번 진보당 사태에서는 '경기동부연합'이 새로운 상징으로 등장했다. 이전까지 경기동부연합이 당내에서 어느 정도의 의미를 갖고 있었는지는 중요하지 않다. 지금의 '경기동부연합'은 사회체계 차원에서 불가촉의 적대집단으로 창조되었다. 경기동부연합이라는 정확한 명칭으로 불릴 필요가 없기에, 즉 현실과의 정합성이 중요하지 않기에 '경기동부'라고 약칭되어도 문제가 안 되었다. 도대체 '경기동부'라는 단어만 듣고 어떻게 경기동부연합을 연상할 수 있을까. 사태 이전엔 불가능했겠지만 지금은 가능하다. 뿐만 아니라 오히려 더 선명하게 인식된다. 선명하게 연상되는 것은 집약되고 강렬한 특징이 생겼기 때문이다. 그것은 적대성이다. 경기동부 소속일 것이라고 지목당한 사람들은 정작 자신이 왜 경기동부로 분류되는지 어리둥절해 한다. 본인들의 증언으로 부정되었고, 법적으로 그 실체를 밝히는 것도 실패할 수밖에 없는 이들 개념은 상징계에서만 성립이 가능한 것이다.

이들 개념이 상징계에서 만들어져야 하는 것은 현실의 법정에 세우면 그 실체 없음이 바로 증명되기 때문이다. 이 상징계는 현실과의 정합성이 요구되는 이성이나 합리성이 판단 중지된 영역이다. 그런데도 어떤 조작을 통해서 상징계가 실재계와 조화롭고 정합적인consistent 전체인 듯이 여겨진다.[7] 그래서 논리모순을 일일이 검증하거나 납득시킬 필요가 없다. 필자가 북한 주민과 접촉하여 북한을 이롭게 하는 행위를 하면 국가보안법에 걸리지만 청와대가 정상회담을 구걸하기 위해 북한에 거액의 뇌물을 주면 걸리지 않는다. 북한 책을 필자가 한 권만 소지하고 있어도 이적표현물소지죄가 적용되는데 학자가 수천 권을 소지하고 있는 것은 죄가 되지 않는다. 비논리, 비합리는 적대의 우산 아래 가려진다.

배제

빨갱이 · 주사파 · 종북 같은 적대의 개념이 상징계에서 만들어지는 궁극적인 이유는 '배제하기'에 있다. 패권세력으로서는 상징계를 통해 우리 사회에서 배제되어야 할 적대물이 완성되어야 한다. 범죄의 사실이 없는 필자를 실재 세계에서 격리하거나 배제하려면 상대는 직접적 폭력을 사용해야 할 것이다. 그러나 직접폭력을 사용하면 그가 범죄자가 되고, 그래서 감옥에 갇혀 오히려 자신이 사회로부터 배제된다. 이것은 자신의 자아가 체계를 통해 만들어지고 작동한다는 사실을 모르고, 자신의 의도대로 통제된다는 환상에 빠져 있기 때문이다. 그러나 체계는 주체의 의지를 엉뚱한 방향으로 끌고 간

6) Slavoj Zizek, The Sublime Object of Ideology (London and New York: Verso, 1989), p.24-25; Slavoj Zizek, For They Know Not What They Do: Enjoyment as a Political Factor (London and New York: Verso, 1991), p.254

7) 홍준기, 「라캉의 성적주체개념-'세미나 20권: 앙코르'의 성 구분 공식을 중심으로」 (철학과 현실사, 2001), pp.116-151참조

다. 이는 극우보수 단체가 흔히 택하는 방식이다.

그러나 상징계에서는 피를 묻히지 않고도 적을 효과적으로 배제하는 것이 가능하다. 이 기획은 종북주의를 체제전복 세력으로 만드는 데 목적이 있지 않다. 배제의 대상으로 만드는 데 있다. 라클라우와 무페는 모든 사회적 객관성은 궁극적으로 정치적인 것이며 정치적 구성을 지배하는 배제행위의 흔적을 드러낼 수밖에 없다고 했다. 즉 포섭적 배제inclusive exclusion이다.[8] 이승만이 소장파 의원들을 빨갱이로 몰아 통째로 구속시켰을 때 미국이 이승만 제거 계획을 시행하려 했던 역사를 돌이켜볼 때, 진보당 섬멸, 퇴출전략은 불가능하진 않지만 극히 위험한 전략인 것이다. 전복세력이 있다는 것은 패권세력의 통치에 흠결이 있다는 것을 자백하는 행위가 되기 때문이다. 따라서 화살이 전복세력이 아닌 패권세력에게 돌려질 위험성이 있는 것이다.

통합진보당 전체가 아닌 일부만을 배제시키고 나머지는 포섭하고자 하는 전략이 정치권에서만 성공한 것은 아니다. 당권파와 혁신파에 대한 사실보도 자체가 객관적이지 않은 것은 언론과 여론이 '포섭적 배제' 전략에 동의하고 있다는 증거이다.

이러한 상징계란 한 사회체계의 패권세력의 이해관계와 정치적 의도가 '날것'으로 표출되는 공간이다. 진보당 사태를 통해 만들어진 상징계의 적대모형은 그동안 패권세력과 결탁되어 있었으나 진보의 이름으로 위장되어 있었던 치부가 거의 완벽하게 드러나는 계기가 되었다. '경기동부'에 대한 반응은 다양했다. '국민의 눈높이'부터 심지어 '서울대 출신인 심상정, 유시민과 외국어대 용인분교 출신들의 경기동부'라는 학력차별주의까지 듣고 나서 나는 패권세력의 배제 전략이 얼마나 성공적으로 완수되었는지를 확인했다. 국민이나 국가 전체를 대의할 수 있는 정치세력 따위는 없다. 구체적인 인격을 가진 사람과 그 연합체 같은 조직의 이해를 대의할 수 있을 뿐이다.

국민의 눈높이나 이해관계를 말하는 사람은 예언자 아니면 사기꾼이다. 또한 학력까지 운운할 정도면 진보세력으로서는 막장이다. 유시민이 노무현을 공개 지지하며 비판했던 서울대 운동권들의 엘리트주의에 이번엔 유시민조차 갇히고 말았다. 유시민으로 표방됐던 자유주의는 '애국가' 발언으로 사상의 단두대에서 사라졌다. 레닌은 말했다. "고의로 배신하는 자와 마음이 유약해서 배신하는 자는 개인적으로 큰 차이가 있다. 그러나 그 결과는 항상 같다는 점에서 기회주의는 정치적 문제이다." 적대관계에서 위선과 기만, 기회주의는 설 자리가 없다. 배제하느냐, 배제되느냐의 전선만이 존재하기 때문이다.

가까이 있는 적

경기동부연합의 실세로 이석기 의원이 지목됐다. 그러나 이석기 의원만으로는 상징계의 적을 현실의 적으로 변화시키는 데 부족하다. 그는 무명으로 지금까지 일상에서 주목받지 못한 인물이기 때문이다. 적대가 최고절정에 다다르기 위해서는 '공포'와 연결되어야 한다. '적이라는 공포'가 밀려오게 하기 위한 최상의 방법은 그 적대세력이 바로 우리의 이웃이었다는 사실을 깨닫게 하는 것이다. "그들이 나의 생활 속에 이토록 깊이 침투해 있었

---

8) 에르네스토 라클라우, 샹탈 무페, 김성기 외 옮김, 『사회변혁과 헤게모니』 (서울: 터, 1990) 참조. 무페는 데리다의 개념을 빌려 '구성적 타자'라는 개념을 썼다. 무페는 "모든 객관성이 내재하고 있는 적대감과 집합적인 정치적 정체성을 구성하는 데 우리와 타자라는 구별이 중심적"이라고 보았다. (샹탈 무페, 이행 옮김, 『민주주의의 역설』 (일산: 인간사랑, 2006), p.29 지젝은 적대 때문에 사회를 객관적 전체로 파악할 수 없다고 했다. (Slavoj Zizek, The Plague of Fantasies (London and New York: Verso, 1997), pp.216-217)

다니!"라는 자각을 이끌어 내기 위해서는 더 친숙한 인물이 이석기 의원과 연결되어야 한다. 이정희대표가 이석기 의원에게 배후조종을 받고 있었다거나 나아가 용인 외대출신의 임수경 민주당 의원까지 확장되면 금상첨화일 것이다. 성남이나 용인지역에서 활동했던 활동가들이 묻지도 않았는데 손사래를 치며 "난 경기동부는 아니야."라고 고해성사를 하는 것을 보면 이 기획은 어느 정도 성공했음이 분명하다.

패권세력의 기획에서는 '가까이 있는 적'이 필요하다. 인민군보다 간첩이 압도적 비율로 적대의 대상이 되어 온 것은 바로 이 때문이다. 간첩보다는 주사파가 더 효과적이고, 국회의원이 된 종북의원이 더 효과적이다. 천안함 사건, 연평도 사건이 일어나도 인민군을 적의 실체로 만들지 않는다. 아니 만들 수가 없다. 인민군이 아닌 바로 우리 내부의 적, 이웃 중에 숨어 있던 적을 타도하자고 해야 적대의 기획은 실재계에서 힘을 갖는다. 집 밖의 호랑이보다 옷 속에 들어온 바퀴벌레가 더 공포스러운 것이다. 공포가 됐건 혐오가 됐건 적대감만 형성되면 된다. 오히려 적대세력을 집 밖의 호랑이로 만들어서는 안 된다. 적대세력을 영웅이 되게 해선 안 되기 때문이다. 빨갱이나 주사파 만들기가 부분적으로 역효과를 일으켰던 것은 남한사회 밖에 실제로 존재하는 북한을 호랑이처럼 인식시켰기 때문이다.

단합

상징계란 일종의 작전지도와 같이 기능한다. 작전지도는 현실의 한 특징만을 반영한 모형이다. 그러나 지도는 모형으로서만 사용되는 게 아니라 실제 작전에 투입되어 현실적 기능을 수행한다. 그래서 상징계에서의 배제가 성공하면 그것은 바로 현실에서도 실행된다. 궁극적으로는 현실에서 누군가를 실제 배제함으로써 상징계에서 구성됐던 적대 이미지의 실체를 입증하는데 있다. 그래야 비로소 자기편을 동일시할 수 있는 힘과 권력을 얻기 때문이다.[9]

이데올로기의 힘은 지식 차원에서만 만들어지는 것은 아니다. 개인들의 행위에 의해 현실에서도 만들어진다. 문제는 사람들이 이데올로기가 현실을 왜곡하거나 편집한 것임을 알면서도 여전히 그렇게 행위한다는 것이다.[10] 그 행위가 이데올로기를 현실로 바꾼다. 상징계는 허구일 뿐이고 어떤 현실을 준거점으로 갖지도 않는다. 개인들은 권위가 허구임을 알지만 '그럼에도 불구하고' 이런 허구가 개인들의 행위를 규제한다.

"임금님이 벌거벗었다. '그럼에도 불구하고' 우리는 뭉쳐야 한다."가 과거의 권위를 유지하는 논리였다면 이제는 "임금님이 벌거벗었다. '바로 그렇기 때문에' 우리는 뭉쳐야 한다."는 논리로 바뀐다.[11] 그것은 다음과 같이 전개된다. 경기동부는 종북이다. 그런데 경기동부만으로는 종북과 연결시키기에 부족하다. 이 결핍을 채워 그럴듯한 그림을 만들기 위해서 더 적극적으

---

9) 지젝을 인용하면 "상징계에서 배제된 것이 '유태인'으로 구성되어서 실재계로 되돌아온다"고 한 과정과 일치한다. Slavoj Zizek, The Sublime Object of Ideology (London and New York: Verso, 1989), pp.126-128

10) 상품 A는 (등가인) 다른 상품 B와 관련해서만 그 가치를 표현할 수 있다. 그런데 한 상품이 다른 상품과 관계 맺지 않고 그 자체로 이미 가치를 갖는 것처럼 여겨지는 경우가 있다. 이때 '등가가 됨being an equivalent'이 다른 상품과 무관하게 그 상품의 자연적 속성인 것처럼 오인된다. 이처럼 교환행위를 하는 동안 개인들의 행위에는 어떤 오인이 있다. 그런데 재미있게도 이런 '오인'이 교환행위를 유효하게 하는 '필수조건'이다. 개인들이 화폐를 사용할 때 그것이 사회관계를 표현하는 것이고 그것에 어떤 마술적인 힘도 없음을 매우 잘 안다. 그런데 문제는 그들이 사회적 행위를 할 때 화폐가 '마치' 부 자체를 직접 구현하는 것'처럼' 행위 한다는 점이다. 그들은 실제 행위에서 물신주의자처럼 행동한다. 이로써 화폐는 모든 상품들의 보편성을 체현하는 비물질적인 몸을 지닌 '숭고한 대상'이 된다. (Slavoj Zizek, The Sublime Object of Ideology (London and New York: Verso, 1989), pp.30-31, 32-33참조)

11) Slavoj Zizek, For They Know Not What They Do: Enjoyment as a Political Factor (London and New York: Verso, 1991), pp.251-252참조

로 욕망해야 한다. 만약 그림이 그럴듯해지기 전에 이런 결핍이나 모순이 폭로라도 되면 망한다. '바로 그렇기 때문에' 우리는 더욱 똘똘 뭉쳐야 한다.

허구와 진실

사회적 적대세력을 만드는 데서 패권세력은 첫째, 적의 이미지를 집중시켜야 한다. 산만하게 분산되면 실패하기 때문이다. 둘째, 적을 배제시킴으로써 주체를 동일시시킨다. 셋째, 적이 우리의 이웃이었다는 사실을 깨닫게 한다. 넷째, 허구인 것을 알면서도 행동은 하도록 관성화시켜야 한다. 다섯째, 허구가 폭로되지 않도록 패권세력 내부를 단합시켜야 한다.

그러나 부작용이나 역효과도 항상 수반된다. 첫째, 적대 이미지를 집중시키기 위한 과도한 욕망은 조급함과 과잉반응과 현실의 과도한 왜곡을 초래하기 쉽다. 둘째, 포섭적 배제가 아닌 섬멸과 전면퇴출을 통한 배제는 오히려 체제의 위기를 불러올 수 있다. 셋째, 이웃이 적이 아니라 소중한 이웃이었다는 사실이 재확인되면 역효과를 초래한다. 넷째, 적이 허구인 것을 알고 행동도 하지 않으면 상징계의 허구는 현실로 전화되지 않는다. 다섯째, 패권세력이 균열되면 상징계의 모형도 붕괴된다. 이들은 패권세력 내부의 문제로 균열이 생기는 경우이다. 우리는 어떨까?

이정희 대표는 이 엄청난 체계의 공세 앞에서 '진실의 가치'를 강조했다. "최소한의 소명과 반론절차를 거치지 않은 의혹을 사실로 말해서는 안 된다."며 그것은 '근대의 상식'이라고 했다. 그의 마지막 정치적 유언이 된 셈이다.

추리소설의 거장 에드거 앨런 포의 『도난당한 편지』에는 다음과 같은 구절이 있다. "인간이 가장 범하기 쉬운 실수는 가장 단순한 것을 조사하지 않는 것이다." 그것은 개인 차원에서는 실수일 뿐이지만 정치 차원에서는 의도적인 기획이다. 이 대표에게 정치적이지 못하다는 비판과 시간끌기라는 폄하가 이어졌다. 상징계에 세우고자 하는 적대 이미지는 정치적 권력의 욕망에 의해 작동될 뿐, 현실과의 정합성과 이성과 과학적 검증에 의해 작동되지 않는다. 따라서 진실의 규명과 합리적 토론의 장이 만들어지는 순간 상징계의 허구는 힘을 잃는다. 그리고 진실이 규명되어 갈수록 패권세력은 적대 이미지가 가진 결핍과 모순 때문에 더욱 강하게 결집한다. 그러나 진실에 의해 적대 이미지의 모순이 균열을 일으키는 순간 패권은 더 크게, 더 급속도로 붕괴한다. 이정희 대표의 정치적 유언이 되고 만 '진실의 가치'란 화두는 정치적이지 못할 수는 있다. 그러나 그것은 최소한 역사적이다.

에머슨이 지적했듯이 민주주의는 보수적이다. 특히 자유가 아닌 절차만을 강조할수록 체계 변화의 수단에서, 패권 유지를 위한 도구로 전락한다. 근대주권의 지배 양식에 의해 자유는 천부적으로 주어지는 권리에서 능력에 따라 획득되는 것으로, 나눌 수 없는 본질적 요구에서 나눌 수 있는 파편으로, 평등한 것에서 서열화된 것으로 바뀌었다. 그리고 결국 자유는 개량화되었다. 루미스C. Douglas Lummis의 언급을 응용하면 다음과 같이 비유할 수 있다. "자유는 분명 인민의 언어였고 비판적 언어이자 혁명적 언어였다.

그러나 인민을 지배하는 자들과 지배에 정당성을 부가하려는 자들에 의해 도난당했다."[12] 자유와 함께 민주주의도 도난당했다. 도난당했다고 해서 포기해선 안 될 것이다. 오히려 그것은 다시 되찾아와야 할 가치이다. 진정한

---

12) C. Douglas Lummis, Radical Democracy (Ithaca and London: Cornell University Press, 1996), p.15

자유나 민주주의 같은 것은 없다. 진보세력이 패권을 잡으면 진보적인 자유민주주의가 되는 것이고 보수세력이 패권을 잡으면 보수적인 자유민주주의가 되는 것이다. 민주주의는 고정된 가치가 아니기 때문이다.

낙관주의

동등한 권리와 권리가 서로 맞서 있을 때에는 힘이 문제를 해결한다.[13] 그러나 현실의 권리는 평등하지 않다. 체계와 체계, 적대와 적대가 충돌하여 한 측이 파멸하는 상황보다 더 비참한 것은 관리되는 상황이다. 이것이 고상한 정치에서의 '균형'이다.

그람시Antonio Gramsci에 의하면 '정태적 균형상태'란 "절망적이며 진보세력은 성숙되어 있지 못하고, 결국 보수든 진보든 그 어떤 집단도 승리를 위한 능력을 가지고 있지 못한 상태"이다. 그람시는 이러한 균형상태의 정치적 표현으로 카이사르주의Caesarism를 말한다. 즉 갈등하는 세력이 파국적인 방식으로 서로 균형을 유지하고 있는 상황인데 카이사르주의적 상황에서 갈등하는 정치세력은 계속되는 투쟁이 오직 서로의 파멸을 통해서만 종결될 수밖에 없기 때문에 이를 피하기 위해 균형을 유지하려고 한다.[14]

나폴레옹전쟁 이후 1차 대전까지 유럽의 100년 평화는 '세력균형' 모델의 전형이다. 체계의 균형이 유지되는데 있어서 행위자·주체의 관점이 중요함을 입증하는 사례가 영국 외상 팔머스턴과 독일 수상 비스마르크의 낙관주의와 이에 대비되는 빌헬름 2세와 에어 크로의 비관주의일 것이다.[15] 상대방에 대한 신뢰의 붕괴, 불신에 의한 공포심의 확산, 공포심에 의한 실제 공포의 초래, 공포가 초래한 파국. 이것이 비관주의가 하나의 체계를 위기로 몰아가는 경로이다.

이 같은 역사는 우리에게 역지사지의 교훈을 준다. 우리가 고난을 뚫고 낙관주의를 견지할 때 상대는 비관주의로 분열하고 위기를 초래하며 붕괴될 것이란 것이다. 그때 비로소 패권세력이 주도하는 균형이 흔들리고 체계를 변경시킬 수 있는 기회가 도래할 것이다. 대선 전까지 진보당은 아무리 깨고 싶어도 깨질 수 없는 객관적 환경에 처해 있다. 아무리 포섭적 배제전략에 관통당하며 분열의 상처가 현존한다 할지라도 신뢰의 붕괴를 막을 수 있다는 낙관주의가 견지된다면 패권세력의 배제전략을 무산시키고 그들이 사회로부터 배제되는 역전의 기회는 도래할 것이다. 마음을 새롭게 다잡으며 모든 시작의 순간에 그러하듯이 지금 가장 필요한 것은 무엇일까? 나의 생각엔 이것이다. 낙관주의.

---

13) Karl Marx, Das Kapital Erster Band in MEW, 23. (Dietz Verlag, 1983), p.249

14) Antonio Gramsci, Selections from the Prison Notebook, eds. & trans. by Quintin Hoare and Geoffery Nowell Smith, (London: Lawrence and Wishart, 1971), pp.210-211, 219

15) 에어 크로의 비망록으로부터 비롯된 영국 외교정책의 수정이 1차 대전의 위기를 초래한 점을 예로 들 수 있다. Eyre Crowe, "Memorandum on the Present state of British Relations with France and Germany," January 1, 1907. F. O. 371/257. in G. P. Gooch ed., British Documents on the Origins of the War, Vol.Ⅲ (London: H. M. Stationery Office, 1928), pp.398-420참조

이성의 죽음과 민중의 꿈

김귀옥 · 한성대 교양교직학부 교수 · 사회학

1.

　2012년, 종북 논란의 2라운드가 열렸다. 2012년 종북 논란은 지난 4, 5월의 격렬함은 약화되었으나 새로운 양상을 띠면서 계속 확산되어 가고 있다. 즉 SNS를 통한 종북 논란이 그것이다. SNS를 통해 종북 논란이 확산되면서, 일종의 사상 검열로까지 확대되고 있다. 한 예로 청소년, 대학생들 사이에서는 김일성, 김정일에게 특정한 욕설을 하지 못하면 '종북'으로 찍히게 되면서 친구들에게 놀림이나 왕따를 당하는 일까지 발생하고 있다. 소위 신공안 정국이 정치사회를 넘어 일반인들의 생활 세계 깊숙이까지 파고들고 있다.

　한편 1라운드 종북 논란은 2008년에 발생했다. 2008년 종북 논란은 구 민주노동당을 분당시키는 구실이 되었다. '종북좌파' 논쟁은 결국 민주노동당을 분당시키고 진보를 분열시키는 사건으로 치달았다. 종북의 실체는 무엇인지도 제대로 밝혀지지 않았고, 진보는 상처를 입을 대로 입었으나 제대로 치유되지 않은 채 봉합되는 것 같았다. 미봉 상태에서 상채기가 곪아 터진다면 다음에는 더 큰 상처를 남기게 될 것은 명약관화한 일이었다. 2012년, 급기야 터졌다. 역시 2012년 통합진보당의 내부 분열만이 아니라 정치권의 위기와 진보 진영의 대위기를 가져오고 있다.

　1995년 박홍 전 서강대 총장이 주도한 냉전적 매카시 선풍이 떠오른다. '한총련 뒤에는 주사파가 있고, 주사파 뒤에는 사로청이 있고, 사로청 뒤에는 노동당, 노동당 뒤에는 김정일이 있다'는 박홍의 말은 급기야 공안정국을 열었다. 1950년대 미국의 매카시 광풍이 탈냉전 시대가 도래한 1990년대 중반에도 진보 진영을 휩쓸어 학생운동권과 지식인 사회를 소위 '주사파'에 대한 마녀사냥터로 변모시켰다. 1987년 민주화 직후 어느 정도 합법화된 분위기에서 성장하기 시작했던 시민사회단체, 민족, 민주 세력들에 대해 사상검열이 이루어졌다. 이미 세계의 시계는 탈냉전을 가리키고 있으나 한반도는 여전히 냉전의 시각에 고착되어 있었다.

돌아보면 1948년 8월15일, 대한민국 정부가 출범한 직후 수립된 반민특위 사건도 그랬다. 일제 35년의 과거를 청산하고, 정의를 세우기 위해 '반민족행위특별조사위원회'가 설립되었다. 그러나 역사는 정의의 순방향으로 흐르지 않았다. 친일반민족행위자들을 조사하고 법정에 세워야 했던 반민특위의 위원장으로부터 수많은 위원들이 친일파 세력과 합작한 반공세력으로부터 빨갱이라는 역공을 당해야 했다. 이승만 전 대통령도 가세하여 빨갱이를 제외하고는 모든 국민이 대동단결해야 한다는 담화를 발표했다. 반민특위 개시 1년도 안 되어 반민특위 사무실은 극우 반공 청년들이 불법난입한 난장터로 바뀌었다.

친일반민족행위자를 청산하기는커녕 친일파가 친미파로 변신하며 득세하는 세상이 오면서 세상의 정의는 죽은 듯했다. 1960, 70년대 생사람이 간첩으로, 빨갱이로 구속되고, 사형을 당할 때도 극소수 양심적인 사람을 제외하고는 국민 대다수가 반공주의의 덫에 걸려 침묵하거나, 반공주의 대열에 동원되었다. 빽 없고 돈 없는 국민들은 행여 실수로 반공의 덫에 걸릴까 봐, 또는 집안에 불온한 혐의자가 있을 경우에는 '빨간 줄이 그일까 봐' 반공의 망에 걸리지 않기 위해 살얼음판을 걷듯 했다.

그때나 지금이나 사상검열에서 벗어나기 위한 유일한 처방이 있다. 즉 '북한 욕하기'이다. 진실이 뭐건 상관이 없다. 북한 정권의 핵심인 북한 체제 및 김일성, 김정일을 욕함으로써 자신이 자유민주주의자, 또는 반공주의자임을 입증할 수 있다. 현재 한국 사회 분위기 상 반공 검열 기제가 작용하는 맥락에서 북한 욕하기를 하지 않게 되면 곧 종북으로 매도될 가능성이 심대해졌다. 통일부에 따르면 종북이란 '대한민국 헌정질서와 자유민주주의 체제를 부정하고 북한의 주체사상 및 선군 정치를 무분별하게 추종하는 것'이라고 정의 내리고 있다. 오늘날 청소년, 청년들이 SNS상으로 종북 게임을 하고 있다. "소원을 말해 봐."가 아니라 "김정일, 김정은을 욕해 봐."

2.

얼마 전까지만 해도 한국 사회에서 국가보안법은 초법적인 것이었다. 21세기에 가까스로 헌법이 제 지위를 되찾으면서, 헌법재판소는 권위를 회복하기 시작했다. 그런데 한국 사회는 여전히 강압적인 철거반원들을 향하여 "김일성(김정일)만 못한 ×아!"라고 했다고 하여 국가보안법으로 실형을 받아야 했던 시간에 멈춰 있는 걸까? 뉴라이트 세력이 주장하듯 반공·반북주의를 절대 이성으로 여기고 있는 시간에 살고 있는 걸까? 또한 천안함의 진실을 물으면 곧 종북좌파인가? 극우세력이 종북좌파라고 명명한 사람이나 사건에 대해 회의하면 회의하는 자는 종북좌파인가? 종북 또는 반북보다 더 중요한 가치관, 도덕은 없는가? 진보가 말하는 진실은 종북주의자의 허상에 불과한 것인가? 다시 말해 종북이나 반북과 무관한 또는 그것을 초월한 사람 중심의 사고, 이성은 없는가? 세상에는 사랑, 평화, 정의, 나눔, 복지, 사회적 약자에 대한 배려, 공평함, 환경 보호 등 종북이나 반북적 가치관보다 훨씬 더 소중한 사상이나 가치관, 도덕이 존재하지 않는가? 신자유주의 사회에서 자본주의적 정글의 법칙을 비판하고, 나눔의 공동체를 강조하는 가치관을 갖고 세상이나 사람을 보는 것은 종북적 태도인가?

우리는 근대를 이성의 시대, 민주주의의 시대로 호명해 왔다. 근대 이성과 민주주의는 절대 종교, 신분제 등이라는 봉건적 주술의 세상에서부터 사람을 해방시켰다. 그러나 한반도에서는 봉건시대 이래로 현대에 이르기까지 진정한 이성의 시대를 맞이할 수 없었다.

과거 종교의 이름으로 이단자를 화형시키고, 유배시켰다. 신분의 이름으로 사람에게 굴레를 씌웠다. "왕후장상의 씨가 따로 있겠느냐?"는 고려조 노비 만적의 주장은 신분제라는 사슬 속에서 허용될 수 없었고, 조선조에서 역시 마찬가지였다. 어떤 사람은 신분 때문에 아무리 노력해도 가난을 벗어날 수도 없고, 아무리 능력이 있어서 능력에 맞는 일을 할 수 없으며, 아무리 돈이 많아도 맛있는 음식, 좋은 집에서 살 수 없고, 그런 자유와 권리를 박탈당해야 하는 세상이 강요되었다. 또 어떤 사람은 아버지의 신분 때문에 능력에 상관없이 벼슬과 재산을 세습 받을 수 있고, 노력에 상관없이 호의호식할 수 있고, 자신보다 신분이 낮은 사람을 발밑에 둘 수 있는 세상이 주어졌다. 그런 시대에는 양반이 아니고서는 인간일 수 없었고, 세상을 분별할 수 있는 능력으로서 이성을 가질 수 없었다.

그런데 시대마다 그 시대의 질서를 흔들려는 사건들이 드물지만 있었다. 고려조는 말할 것도 없고, 조선조 역시 마찬가지였다. 조선조 후기의 종교 박해 사건의 배경에는 기독교가 있었다. 기독교는 '만민평등사상'으로 유교적 신분제 질서를 흔들려 했다. 1894~95년, 몰락해 가던 조선 왕조의 몰락을 가속시켰던 동학농민혁명에도 '인내천사상'과 만민평등사상이 신분제적 주술을 허물어뜨리려고 했다. 즉 기나긴 신분제적 억압 시대에도 민중들 속에서 스스로 인간임을 선언하고 세상을 분별할 수 있는 이성을 가지려는 끈질긴 노력이 있었다.

일제 강점기에도 일제는 조선인을 '엽전'이니, '맞아야 말을 듣는다.', '조선인은 해도 안 된다.'는 등 조롱하고 폄하하려 했다. 일본의 경우에 1868년 메이지유신 이후 1889년 일제 헌법을 공포하면서 의회제 민주주의를 선포한 소위 민주주의 국가를 가장했다. 1910년 대한제국과 늑약勒約한 이래로 일제는 '내선일체內鮮一體'라는 위선 속에서 조선민들을 일제의 최하등 국민으로 만들었고, 어떠한 자유와 평등의 제도나 정신도 주지 않았다. 황국신민, 대동아공영권의 거짓 기치 속에서 청년들이 끌려 나가고 어린 여성이 일본군 위안부로 공출되어 나가야 했던 분위기 속에서도 독립운동, 민족해방운동이 그치지 않고 일어났던 것은 국권회복을 넘어서서 인간화를 회복하기 위한 눈물겨운 노력이라고 할 수 있다. 또 다른 말로 해서 이성 회복을 위한 저항 운동이라고 할 수 있다.

이러한 이성 회복을 위한 저항의 움직임은 일제 강점기에는 말할 것도 없고, 한국전쟁 직후 그 참혹한 극우 반공, 냉전의 세상에서도 꿈틀거렸다. 1960년 4·19 혁명 직후에도 한국전쟁 전후 빨갱이사냥에 의해 개죽음을 당했던 유족들이 진실규명과 명예회복을 외치면서 전국 방방곡곡에서 유족회를 구성하며 억울한 죽음을 알렸다. 1961년 5·16 쿠데타에 의해 유족회는 흩어지고, 유족회 대표는 사형선고를 당하고 말았다. 소위 혁명재판소는 정의에 사형선고를 내리는 곳으로 변모했다. 유족들은 침묵하고 잊기를 강요당했다. 그러나 그 유족들은 침묵 속에서도 소설도 쓰고, 자녀들에게 억울한 사정을 얘기하기도 하고, 민주화 국면에 진상 규명을 위한 지침 없는 활동을 했다. 반공독재 권력은 민중에게 죽음을 강요하고, 이성의 침묵을 선고할 수 있었으나 최종적인 집행을 할 수 없었던 것이다.

국가보안법이 무소불위의 칼날을 휘두를 때도 그 칼날을 맞을지언정, 휘거나 도망치지 않으려 했던 사람들이 있었다. 한반도에 싸우지 않고 평화롭게 살도록 호소하기 위해 임진강을 건넜던 게 계기가 되어 네 번이나 조작 간첩이 된 후에 1992년 다섯 번째 만에 진짜 간첩이 되었던 김낙중은 80세의 노인이 되어서도 평화 통일의 신념을 굽히지 않았다. 폭력과 공포는 사실을 왜곡하고 조작할 수 있지만, 진정한 마음을 굴복시키지는 못한다.

3.

21세기 휘몰아치는 종북의 격랑은 과거 반공의 광풍에 비하면 약한 강도인가? 결코 아니다. 20세기 반공의 광풍을 야만적인 냉전 시대의 산물이라고 한다면, 21세기 탈냉전 시대에도 나와 다른 사람을 종북으로 몰아가는 사회는 결코 이성이 살아 있는 사회라고 말할 수 없다. 여전히 야만의 시대를 살고 있고, 적응하고 있는 것이 수치스럽다. 종북으로 찍힐까 두려워하는 지식인들을 보면 서글픈 생각마저 든다. 아니, 내 안의 사상검열 자체가 역겹다.

진실이 불편한 것이라고 하여 손바닥으로 해를 가릴 수 없다. 종북 선풍이 사회를 휩쓸어도, 신자유주의 시대를 살아가는 민중들의 삶은 펴지기는커녕, 여전히 어렵기만 하다. 한반도 분단 구조의 70년 간 대결 세력들은 계속 새로운 단어를 제조하고 있다. 반공, 멸공, 빨갱이, 간첩, 좌경용공, 좌빨, 종북좌파 등의 단어들은 사실은 같은 개념이다. 즉 이성의 죽음이다. 식민의 시대와 냉전분단의 시대를 포함한 20세기 100년 간 지배집단은 이성의 죽음을 통하여 민주주의의 싹을 자르고, 평화와 통일, 정의와 인권의 깃발을 꺾으려고 시도했다.

고장 난 시계처럼 한반도의 시계는 냉전과 탈냉전 사이를 계속 동요하고 있다. 탈냉전이 강해지면 남북은 화해가 되고, 냉전이 강해지면 대결의 분위기로 치닫게 된다. 그 틈새에서 민중들은 죽어나고, 지식인들은 영혼을 팔았다. 이성의 무덤이 한반도 곳곳에 솟아 있다. 어느 버려진 무덤 가운데 돋아난 들풀 하나가 말한다. "너희가 아무리 내 몸통을 짓밟아도 내 뿌리, 내 영혼마저 갖지는 못해."라고. 이성과 민주주의의 뿌리는 서구와 미국이 주입시켜 준 것이 아니라 자유와 평등을 갖고 싶어 했던 이 땅 민중들의 수 천 년 된 희망이다. 이성의 죽음을 통하여 이성은 더 깊게 민주주의의 땅에 뿌리를 내려 부활할 것이다. 그게 바로 민중이다.

4장
사람아 사람아

:

불이 되고 바람이 되어(고 박영재 노동자 장례식 참관기) • 최진섭
"어거지로 입성한 서기호, 의원 승계 돌려놓아야"(조윤숙 장애인 비례대표 후보 48일 농성기) • 편집위원회

불이 되고 바람이 되어 :

글 · 사진 / 최진섭 · 전 월간『말』기자

생의 마지막 책을 한 장도 읽지 못했는데

검은 바람. 6월 24일 여의도 성모병원에서 고 박영재의 발인예배를 끝낸 뒤, 영구차가 한강 다리를 지날 때, 강 건너편에서 검은 바람이 세차게 불어왔다. 영구차에 실린 관에 누운 채 강을 건너는 고 박영재(45)의 목소리가 바람결에 들리는 듯했다.

'불에 타 버린 내 육신. 이제 난 껍질을 벗어 버리고 물이 되고, 바람이 될 거야. 분하고 억울한 내 육신 못 떠날까 걱정들 마오. 나는 이제 분노와 억울함은 저 강물 위에 뿌려 버리고, 바람처럼 자유롭게 날아갈 터이니.'

영구차는 바람을 가르며 다리를 건넜다. 가족과 문상객들도 버스를 타고 영구차 뒤를 바짝 따라갔다. 박영재 노동자가 살던 수원으로 가는 버스 안에서 그가 후배에게 보냈다는 마지막 문자 메시지를 읽고 또 읽었다.

"영등포행 열차에 몸을 실었습니다.

생의 마지막 책을 한 장도 읽지 못했는데 벌써 도착했네요.

택시를 탔어요. 충청도 사투리가 구수한 아저씨의 구수한 입담도 무슨 말씀을 하시는지 귀에 하나도 들어오지 않네요.

나는 또 시 한 수를 남겨야 되는데 머릿 속만 어지럽습니다. 누구에게 전화 통화하는 것도 생략합니다.

저의 인생에서 마지막 눈물은 내 조국 대추리 철조망 아래에서가 좋아서요. 시간은 없습니다. 나는 가야 합니다.

참된 벗들 노동자 형제를 사랑합니다. 안녕히. 노동자 박영재."

그가 읽고 싶었던 마지막 책은 무엇이었을까? 그가 쓰려던 시는 무엇이었을까? 그는 생애 마지막으로 누구와 통화를 하고 싶었을까? 아직 그에 대해 아는 것이 너무 적었다. 그는 자신을 '노동자 박영재'라고 적었다. 노동자라는 칭호를 무척 자랑스럽게 여긴 듯하다.

　자랑스러운 노동자로 살던 그가 왜 죽음을 선택했나. 당의 궂은 일 마다않고 하던 그는 금싸라기 같은 시간을 쪼개 방통대 법학과 수업까지 듣고 있었다. 누군가는 "신념을 밥처럼 먹고사는 사람은 인간적으로 나쁜 놈이 아니라는 것을 증명하기 위해 죽음이 필요하다면 주저하지 않습니다. 박영재 당원이 그렇게 죽었습니다."라고 글을 썼다. 진정 그의 심정이 그러했을까. 가난 앞에서도 당당했던 노동자 박영재가 부정의 주범이라는 불명예는 참을 수 없었던 것인가.

　버스에 탄 조문객들은 아무도 입을 열지 않았다. 조문객 중에는 '침묵의 형벌'을 받고 있는 이정희 대표도 앉아 있었다. 당이 부정의 소굴로, 당원들이 도둑놈으로 손가락질 받을 때, 이정희 대표는 외롭게 방패막이 역할을 했다. 5월 7일 트위터에 "부실 책임 제가 모두 지지만, 진상조사위가 근거없이 공표한 '총체적 부정'이란 말로 여론의 뭇매 맞는 억울한 사람들 두고 제 살길 찾지는 못하겠습니다. 지금은 이들 옆에 있으렵니다."라는 글을 올리고 옥쇄를 선택했다. 여러 날 단식 중이라 몰라보게 수척해진 얼굴에는 눈물조차 보이지 않았다. 그녀는 어쩌면 이승을 떠나는 박영재 동지와 마음속으로 작별 인사를 나누고 있었을지도 모른다.

　'이제 하늘에서는 온몸 감싼 붕대 풀어 버리고

　하나도 아프지 않은 아기 새살로

　당신이 마지막 길 가기 전까지 동지들 앞에서 늘 그랬던 것처럼, 웃고 사세요.

'누이, 울어 봐요. 침묵의 형벌을 자청한 누이가 눈물 흘리면, 저들은 눈물도
언어라며 비판할지도 모를 일이죠. 하지만 누이가 눈물 흘리지 않으면, 가슴
속으로 피눈물 흘리지 않겠소. 눈물이 우리의 상처를 아물게 할 터이니 마음
껏 울어 보소.'

다시는 누구도 서럽고 고단하지 않은

당신이 원하던 세상 만드는 동지들에게

당신을 기억하기에 이제 더 많이 사랑하고 땀 흘릴 동지들에게

가끔, 아주 가끔씩 시원한 바람 한 줄기만 주세요.'

고 박영재 당원의 목소리가 또 바람결에 실려왔다.

'누이, 울어 봐요. 침묵의 형벌을 자청한 누이가 눈물 흘리면, 저들은 눈
물도 언어라며 비판할지도 모를 일이죠. 하지만 누이가 눈물 흘리지 않으면,
가슴속으로 피눈물 흘리지 않겠소. 눈물이 우리의 상처를 아물게 할 터이니
마음껏 울어 보소.'

울음 끝에서 길이 보인다

어느새 영구차는 노동자 박영재가 살던 집에 도착했다. 수원시 오목천동
변두리 단독주택의 허름한 옥탑방이었다. 그 방에는 지금은 아무도 살고 있
지 않고, 문이 굳게 잠겨 있었다.

감나무가 서 있는 마당에서 묵념으로 예를 갖춘 뒤, 수원시 장안동에 있는
경기 비정규노동센터로 이동해서 고 박영재 당원의 노제를 진행했다. 그는 이
건물에 함께 입주해 있는 수원 비정규노동센터 소장으로 활동하고 있었다.

오랫동안 함께 활동해 온 수원진보연대 윤경선 의장은 "박영재 동지는
돈도 시간도 가장 소중한 마음도 줬는데 정작 우리는 동지에게 해 준 것이 없
다. 밥 한 번 못 사 주고, 옷 한 벌 못 해 줬다."며 흐느꼈다.

'이제 나는 세상을 떠나려 한다. 그대들은 아는가?
내가 태우려 한 것이 나의 육신만이 아니란 사실을.
내가 태우려 한 것은 허위의 보고서이고, 쓰레기 같은 신문들이고, 분열의
언어들이라는 것을.'

"동지를 잃고 나니 동지가 얼마나 소중한 사람이었는지 알겠네요.

동지의 삶을 되짚어 보면서 동지가 얼마나 큰사람이었는지 알게 되네요.

박영재 동지!

돌이켜보니 우리는 동지에게 받기만 했네요.

보증금 50만 원에 월세 17만 원 월세방에 살면서도

동지는 자신이 가진 모든 것을 우리에게 내주기만 했네요.

돈도 시간도

가장 소중한 마음도….

그런데 우리는 동지에게 해 준 게 없네요.

동지를 안 지 10년이 다 되어 가는데

동지의 생일잔치 한 번 해 준 적이 없네요.

동지에게 번듯한 옷 한 벌 사 준 적 없고

동지에게 따뜻한 밥 한 끼 제대로 사 주지 못했네요.

우리는 모두 동지에게 빚을 진 사람들입니다.

동지는 우리에게 그 빚을 갚을 기회조차 주지 않고

매정하게 가 버렸네요.

참 나쁜 사람입니다.

우리는 어떻게 살라고 그렇게 말없이 가 버립니까?"

검은색으로 번져나는 울음 바다. 산 자들이 울음으로 죽은 자의 넋을 달
랜다. 아니 그보다는 죽은 자가 산 자들의 아픔을 보듬는 눈물의 의식 같다.
가족과 동지들이 흘리는 눈물은 슬픔과 분노의 눈물이다.

어느 시인은 "울음 끝에서 슬픔은 무너지고 길이 보인다." (신현림 「자화

상」)라고 썼다. 심장에서 터져 나온 눈물에는 진실을 밝히겠다는 결의가 담겨 있다. 오늘 흘리는 눈물은 와신상담의 묘약이 되고, 슬픔을 딛고 일어서는 길잡이가 될 것이다.

노제에 참석한 동료들은 노동자 박영재가 가장 즐겨 부르던 노래인 '비정규직철폐가'를 함께 불렀다. 추모제가 끝난 뒤 참석자들은 수원 비정규노동센터 사무실로 올라가 박영재 당원이 사용하던 책상 위에 국화꽃을 한 송이씩 헌화했다. 동료들이 기억하는 박영재 노동자는 말이 없고, 할 일을 찾아서 하는 이였다. 함께 있어도 티 안 나고, 있는 듯 없는 듯 조용한 사람이었다. 당이 부르면 만사 제치고 나서는 진짜 노동자 당원이었다.

박영재가 태우려 한 것은

12시 정각, 영구차는 대방동 통합진보당사 앞에 도착했다. 이곳에서 지난 5월 14일 오후 6시 15분경 박영재 당원은 조준호 공동대표가 주도해서 작성한 진상보고서의 폐기를 주장하며 분신했다. 그는 동료들에게 보낸 마지막 편지를 통해 유시민, 심상정 공동대표에게 '통합의 정신'으로 돌아올 것을 촉구했다.

"야권연대를 파기하고 2012년 대선을 이겨 영구집권을 꾀하는 새누리당과『조선일보』,『중앙일보』,『동아일보』등 보수언론 도움에 힘입어 통합진보당의 당권을 장악하려는 불법적인 행위를 멈추고 통합의 정신으로 돌아오십시오.

이석기 국회의원 당선자가 그렇게 부담스럽습니까? 국가보안법으로 실

형을 살았던 자주적 민주적 통일국가를 건설하려는 동지로 인해 격조 높은
명망가에게 조중동 빨갱이 색깔 공세의 흙탕물이 튈까 두렵습니까?'

고 박영재 노동자는 통합정신의 회복을 위해 목숨을 걸었지만, 통합진보
당의 분열은 날이 갈수록 악화의 길로 치닫고 있다.

단식을 하며 장례식장을 지켰던 이정희 전 대표는 통합진보당사 앞에서
열린 영결식에서 추모사를 했다. 그는 박영재 당원에게 "생각하기조차 두려
운 고통 속에 당신을 빠뜨려 정말 죄송합니다. 40일을 버티며 당신은 기다려
주셨는데, 마음의 고통조차 미처 덜어 드리지 못해 죄송합니다"라며 사죄했
다. 이와 함께 당을 옳바른 노선으로 바로 세우겠다는 뜻을 밝히기도 했다.
얼굴은 수척해 보였지만 목소리에서는 결연한 의지를 느낄 수 있었다.

"통합진보당을 아래에서부터 재건할 것입니다. 당의 중심인 노동자, 농
민, 서민들은 모진 풍파에도 흔들리지 않습니다. 민중들로부터 생겨난 진보
적 지향은 말 몇 마디로 변색되지 않습니다. 동지애와 의리의 자양분으로 만
들어진 진보의 나무는 가뭄에도 숲을 지키고, 나이테를 더할 뿐 성장을 멈추
지 않습니다."

영결식에서 흰옷에 붉은 천을 휘날리며 노동자 박영재가 되어 춤을 추는
이가 있었다. 춤추는 박영재가 남은 자들에게 마지막으로 말하고 싶은 것은 무
엇이었을까. 불꽃으로 산화한 그의 목소리가 진달래 빛 절규로 울려 퍼졌다.

'이제 나는 세상을 떠나려 한다. 그대들은 아는가?
내가 태우려 한 것이 나의 육신만이 아니란 사실을.

"우리는 모두 동지에게 빚을 진 사람들입니다.

동지는 우리에게 그 빚을 갚을 기회조차 주지 않고

매정하게 가 버렸네요.

참 나쁜 사람입니다.

우리는 어떻게 살라고 그렇게 말없이 가 버립니까?"

내가 태우려 한 것은 허위의 보고서이고, 쓰레기 같은 신문들이고, 분열의 언어들이라는 것을.

그대들은 아는가. 내가 마지막 순간 불꽃 속에서도 움켜쥐려 한 것이 무엇인지를.

내가 지키고 싶은 것은 통합의 정신이고 진실과 명예라는 것을.'

나의 입술이 되어 말해 달라

경기도 마석 모란공원 묘지 앞에서 고 박영재의 관은 '극락왕생'이라는 글자가 새겨진 천으로 감싼 후 상여로 옮겨졌다. 노동자 박영재는 꽃상여 타고 무덤으로 향했다. 고 박영재 당원을 태운 꽃상여가 만장을 앞세우고 무덤가에 도착하자, 애절한 음악이 울려 퍼졌다.

"그대 타는 불길로 그대 노여움으로 반역의 어두움 뒤짚어 새날 새날을 여는구나…"

하관식이 끝나고 가족과 참가자들이 차례차례 한 삽씩 관 위에 흙을 뿌렸다. 이석기 의원은 감정이 복받쳤는지 삽 대신 맨 손으로 흙을 퍼서 덮어 주었다.

이제 흙 속으로 돌아간 노동자 박영재. 만장에 휘감긴 바람 소리에서 그의 목소리가 펄럭인다.

'나는 이제 입술이 없다.
여러분들이 나의 입술이 되어 말해 달라.'

'나는 이제 입술이 없다.

여러분들이 나의 입술이 되고 혀가 되어 말해 달라.'

노동자 박영재 당원의 목소리에 화답하듯, 산 자들이 붉은 해처럼 뜨거운 구호를 토해 낸다.

'분열을 이겨내고 통합정신 실현하자.'

'공안탄압 분쇄하자.'

'조국의 자주 민주 통일 앞당기자.'

"어거지로 입성한 서기호,
의원 승계 돌려놓아야" :

편집위원회

2012년 통합진보당 사태의 본질과 현상의 실체를 가장 극명하게 드러낸 사람이 바로 조윤숙 비례대표 후보이다. 그는 온몸으로 진실의 전쟁터가 되기를 자처했다. 그리고 한국 정치사의 가장 치욕적인 정치적 술수와 협잡을 폭로하는 생생한 증인이 되었다.

조윤숙 후보가 국회의원 되는 것을 막기 위해 비례대표 사퇴선언을 했던 윤금순 후보는 조 후보가 당에서 제명될 때까지 사퇴하지 않는 꼼수를 썼다. 결국 윤금순 의원 자리는 여성도, 소수 약자도 아닌 남성 '국민판사' 서기호가 승계했다.

흔히 여성의 사회적 지위가 그 사회의 진보와 발전의 정도를 보여 준다고 한다. 성적, 인종적, 경제적, 사회적, 문화적인 차별이 없는 인권의 획립 정도가 그 사회 발전지표가 되기 때문이다. 여성이 인류의 기나긴 역사 속에서 '사람'으로서 정당한 참정권을 행사해 온 역사는 불과 100년 남짓이다.

또 장애인과 소수자의 사회적 지위도 그 사회의 진보와 발전 정도를 가늠하는 가장 중요한 잣대가 된다. 장애인과 소수자의 사회적 지위와 권리는 사회적 다양성, 문화적 다양성을 통해 발전해 온 인류 진보의 지렛대로서, 인권의 차원을 넘어 모든 생명의 권리를 존중해 나가고자 하는 진보가치의 주춧돌이기 때문이다.

편집위원회는 이 진보의 가치를 서슴없이 파탄 내 버린 퇴행과 부조리에 맞서 48일의 농성을 통해 싸워 온 조윤숙의 페이스북FaceBook 기록을 통해, 2012년 통합진보당 사태에 대한 성찰의 샘물을 길어 올리고자 한다.

프롤로그

"제가 태어난 이유는 '새'가 되기 위해서 랍니다. 그럼 사람 사는 것을 경험하고 나서 점점 새로 변하는 걸까요? 지금도 변해 가고 있는 건가요? 처음부터 새로 태어났으면 자유롭게 날아다닐 수 있었을 텐데…. 하긴 머리가 좀 나빴겠죠? ㅋㅋ 2012년 4월 25일

"정의란 무엇인가. 자신의 소신을 잃지 않는 것이 정의의 정의가 아닐까 생각해 봅니다. 태양과 공기와 물처럼 아무리 다른 언어와 사람, 다른 각도, 다른 시야, 다른 의미, 다른 해석으로 본다 해도 그 본질은 변함없는 것처럼 말입니다." 5월 7일

자신의 사회주의 정치적 활동에 비판적인 신문사나 비평가들에게 헬렌 켈러는 다음과 같이 응수했다. "내가 사회봉사나 맹인들을 위한 활동에 전념하는 한, 신문들은 나를 일컬어 '시각장애인들의 성녀'라거나 '기적의 여인'이라면서 칭찬을 아끼지 않는다. 그러나 내가 우리 주변의 빈곤과 산업 체제에 대해 논의하기 시작하면 언론의 태도는 완전히 달라진다. 장애인을 도와주는 것은 갸륵한 일이지만 모든 인간이 안락하고 여유 있는 생활을 해야 한다고 주장하는 것은 허황한 꿈이며 그 실현 가능성을 진지하게 고민하는 사람들은 귀머거리, 벙어리, 장님이 돼야 한다는 것이다! 이 세상에서 가장 아름다운 것은 보이거나 만져질 수 없다. 그것들은 오직 '마음'속에서 느껴질 것이다." —헬렌 켈러 6월 13일

성찰—선거가 끝나고

"7번이 간당간당 걸려 있어서 새벽까지 결과 지켜보다가 씻고 잠을 청했는데 벌써 눈이 떠졌네요. 응원해 주신 여러분께 진심으로 감사드리며 선거기간의 경험들 잊지 못할 것 같습니다. 다만, 진보정당에서 장애인이 1명도 입성하지 못한 것이 너무 죄송하고 안타깝습니다. 앞으로 더욱 세상을 변화시키기 위해 노력하겠습니다. 4월 14일

"한가해지고 공허해지고 멍해지고… 하지만 다시 갑니다. 이상하게도 사람이나 일이나 주변의 모든 것이 해체되지 않고 그대로 있습니다. 오히려 더 견고해진 느낌입니다. 제 지위에 상관없이 저 자체를 믿고 좋아해 주는 사람이 많다는 것도 참 감사합니다." 4월 14일

"이제 '선거앓이(후유증)'에서 벗어나 일상투쟁현장으로 돌아가려 마음을 추스르고 있습니다. 한동안 저의 낙선으로 19대 국회에 진보적 장애운동을 정책으로 연결할 창구가 없는 것에 눈물이 났습니다. 하지만 실망하지 않고 선거기간에 만난 분들이 진보에 거신 기대와 희망을 계속 담아낼 그릇이 되도록 노력하겠습니다. 복지와 장애인 정책을 꾸준히 고민하고 소통하는 역할을 해나가겠습니다." 4월 22일

진실의 길을 선택하다

"아프고 슬프고 힘들다고, 진실을 알고 싶다고 할 자격도 없는 사람이 되

었습니다. 이런 저를 보면서 가장 힘드신 건 장애인, 피눈물 나게 투쟁해 오신 운동가분들이실 거라는 생각에 더 어려운 길이라 생각이 듭니다. 그러나 다수가 공감하지 못하는 것이, 그리고 당장에는 비난을 받는 것이 소수이고 진보라면 그 길을 선택하려 합니다." 5월 23일

"장애인 동지들께 호소 드립니다. 지난 2008년 구 민주노동당 시절 박김영희 동지께서 중앙위원회 단상에 오르셔서 중앙위원들께 여성장애인비례대표를 1번으로 배정해야 하는 필요성을 강력히 설득하셔서 여성장애인비례대표를 1번으로 배정하는 당헌당규를 만들어 내셨다고 들었습니다. 장애인들의 진보운동 투쟁들은 기존의 비장애인 위주의 관례와 법에 맞서는 길바닥 투쟁입니다. 때문에 진보운동 투쟁들은 국민의 냉대 속에서 전개되어

왔습니다. 하지만 옳은 길이기에 가고 있습니다. 이처럼 진보운동과 장애인의 정치세력화도 강력한 목소리 없이는 아무것도 이뤄낼 수 없습니다. 비장애인 소수자 운동도 힘겹지만 장애인들의 목숨을 담보로 하는 처절함은 훨씬 절박합니다. 당이 어려울 때 함께 책임져야 하는 것은 당연합니다. 하지만 진실 규명 없이 일방적인 강요에 의한 사퇴, 제명, 출당조치는 잘못 없고 순수하게 헌신한 통합진보당 비례후보들과 약자에게 가혹한 정치적 탄압일 뿐입니다. 장애운동의 선배님들이 진보정당에서 장애인의 정치세력화를 위해 이루신 업적을 이런 식으로 없앨 수는 없습니다. 여성장애인비례대표를 1번으로 배정을 주장하신 선배님들이 개인의 사리사욕을 위함이 아니었음을 모두가 알고 있습니다. 장애인의 진보장애운동의 후배로서 저로 인해 사회에서 가장 열악한 장애인비례후보 명부가 가루가 되지 않도록 맞서 싸우겠습니다. 함께해 주시기를 간절하게 부탁드립니다." 5월 28일

당기위에 제소당하다

"서울 당기위에 제소당했습니다. 저의 면담요청으로 오늘 강기갑 혁신비대위원장님을 만났습니다. 강 위원장님도 제가 잘못한 건 없다고 하셨습니다. 그럼 진실을 밝혀 주시라고 했습니다. 이에 중앙위 결정사항을 집행했을 뿐이라고, 국민들이 원하고 당의 결정사항을 따라 '희생'해 달라고 하셨습니다. 진보정당에서 장애인비례의 가치와 특수성에 대한 생각도, 고민도 없으신 강 위원장님의 태도에 분노가 치밀었습니다. 사퇴권고에 불응했다고 제소, 제명은 부당하다고 말씀드리니 "말만 권고지…"라고 얼버무리셨습니다." 5월 29일

2012년 5월 30일, 당기위제소 철회 농성에 들어가다

"당기위제소철회를 위한 농성 2일차 입니다. 몸도 마음도 많이 아리지만 여러분들의 지지와 격려로 힘을 내고 있습니다. 어젯밤에 강기갑 위원장님이 농성장에 오셨습니다. '어떤가?' 보러 오셨다고 하셨습니다. 그리고 계속적으로 '당의 권고를 따르지 않아서 당기위에 제소했다'라는 것만 강조하셨습니다. 진실이 무엇인지 먼저 밝혀 달란 호소에는 귀도 입도 닫으셨습니다. 원칙과 상식 없이 흘러가는 현실이 슬픕니다." 5월 31일

"당기위제소철회를 위한 농성 5일째 입니다. 일요일이네요. 어제는 6학년 딸아이가 농성장에 온다고 했습니다. 정당하고 꼭 해야만 하는 투쟁이지만 우리나라 진보정치가 지금 보여 주는 이 모습이 전부라고 생각을 할 것 같아서 못 오게 했습니다. 정신 나간 당의 지금의 모습을 올바로 돌이킨 후에 만나려 합니다. 어제부터 몸이 많이 안 좋아지고 있습니다. 아픈 몸과 단 한번 얼굴도 비추지 않는 혁신, 아니 제명비대위에 대한 분노로 마음이 더 피폐해지려 합니다. … 하지만 굳게 다잡고 가겠습니다. 어제 밤새 김재연 의원이 함께 농성장을 지켜 주었습니다. 선거 때 처절하고 순수하게 청년과 장애인의 정치참여를 위해 한 명 한 명을 모아 온 과정을 나누며 부정의 당사자, 출당의 대상으로 거짓 소설로 얼룩진 당쟁을 한탄했습니다. 가혹한 정치탄압에 굴하지 말자고 다짐했습니다." 6월 3일

"제명을 위한 당기위제소 소명에 대한 심적 압박이 겹쳐서 오후 한때 공황상태였습니다. 저녁 즈음에 겨우 정신이 들어서 잠시 잊고 있던 부분을 써봅니다. 처음 사퇴거부 기자회견을 할 때부터 내용과 기조가 선거의 진실이

밝혀진 후에 책임질 사안은 책임질 것이라고 했었습니다. 즉 '정확한 진상조사가 먼저'라는 말입니다. 그런데 왜 제명비대위는 저의 요구는 깡그리 무시하고 계속 '닥치고 사퇴, 출당'인지 이해할 수 없습니다. 윤금순의 조건부 사퇴와 저의 조건부 책임 중 어느 쪽이 순리일까요. 부정 논란의 당사자의 승계방지용 의원직과 저의 승계방지용 '닥치고 제명'은 도대체 어느 나라 법이며 비례 순번 갖고 놀기 권한이 제명비대위에 있습니까? 그것은 국민이 원한다는 쇄신이 아닌, 당권 쟁탈전일 뿐입니다." 6월 4일

중요한 건 심장입니다

당기위제소철회를 위한 농성 6일째입니다. 점점 정신과 몸이 땅속으로 꺼져가는 듯 처집니다. 하지만 지지해 주시는 당원 분들의 진실을 향한 열정과 제명비대위의 욕심이 드러나니 마음은 점점 뜨거워집니다. 역시 중요한 건 심장입니다. 6월 4일

"당기위제소 철회를 위한 농성 8일째입니다. 어제 저녁에 저의 농성지지, 비례대표 징계철회를 위한 촛불문화제가 있었습니다. 약 200명 넘는 당원이 모여 주셨습니다. 한동안 사리사욕, 당권파 등으로 낙인 찍혀 외로운 투쟁일 거라 생각했던 제가 바보였다는 걸 깨달았습니다. 동지들을 보며 이 상황에 대한 서글픔과 반가움이 교차되어 목이 메었습니다. 심려를 끼쳐드려서 죄송합니다. 그리고 함께해 주서서 고맙습니다. 힘내겠습니다." 6월 6일

"농성 9일째입니다. 어제 서울 당기위에 가서 더 정확한 소명을 위해 시

간을 더 주십사 간곡히 부탁드렸습니다. 그런데 예상대로 일방적이고 독단적인 '제명'이 결정되었습니다. 정치적 퍼포먼스의 연속입니다. 강기갑 위원장이 총사퇴를 권고하면서 팔다리를 자르는 듯한 심정이라고 했는데 단 11일 만에 화끈하게 다 잘라 버리셨네요. 검찰에게 심장도 내어 주고 팔다리도 떼어 버린 혁신비대위… 당 전체를 언론과 자신의 당권을 위해 팔아먹은 혁신비대위… 훌륭한 비례후보들을 버리고 패권을 향해 양심도 변절한 혁신비대위… 당을 사랑하고 헌신한 당원들이 반드시 심판할 것입니다." 6월 7일

"'권고'라 쓰고 '결정'이라 읽는다. '제명'이라 쓰였지만 '살인'이라 읽힌다." 6월 7일

"농성 10일째 입니다. 어제 서울 당기위 제명결정에 대해 유감의 뜻을 전달하는 기자회견을 했습니다. 저의 기자회견에 앞서서 강기갑 위원장이 기자회견을 열어서 "지금이라도 사퇴하면 당원 자격은 유지해주겠다."라고 했습니다. 사퇴를 거부했지만 우선 진상조사부터 하자는 요구였을 뿐 비대위 측의 공동의 정치적 책임을 함께 지자는 뜻에는 동의합니다. 그런데 아까 강 위원장의 말 속에는 '내 말 잘 들으면 봐 줄 수 있다.'라는 권력놀이에 빠진 듯 보입니다. 갈수록 부정선거의 책임으로 사퇴하라는 진정성도, 명분도 없어집니다." 6월 8일

잔꾀로는 결코 진실의 힘을 이길 수 없다

"농성 11일차입니다. 중앙당사의 공기도 좋지 않고 제명 이후에 심리적

압박 때문인지 경직이 심해져서 몸이 잘 움직여지지를 않습니다. 서울 당기 위의 어느 위원이 제 농성이 힘들까 봐 빨리 제명시켰다고 합니다. 참으로 감격스러운 동지애입니다." 6월 9일

"저는 힘들어도 이 농성장을 사수하면서 당원 분들과 진실을 밝히는 마음을 모으는 구심점 역할을 하고 싶습니다. 혁신비대위가 제명과 출당을 서두를수록 그들의 졸속권력도 금방 끝날 것입니다. 왜냐하면 혁비는 동지를 서로 불신, 분열, 제소하게 만들려 애쓰기 때문입니다. 혁비는 사퇴 거부한 4인은 사리사욕 가득한 돼지로, 자신들의 당권찬탈 야욕은 고귀함으로 포장하며 다양한 방법으로 고립시키고 죽이려 하지만 저는 정치생명만이 전부가 아니며 지금과 같이 얕은 잔꾀로는 결코 진실의 힘을 이길 수 없음을 믿습니다." 6월 9일

"농성을 하면서 경직 약을 평소보다 두 배로 늘려서 먹고 있습니다. 경직 약이란 몸이 늘어지도록 하는 성분이 있어서 정신도 몽롱합니다. 상황판단도 대처능력도 잘 되지 않네요. 몸과 정신, 그리고 마음이 모두 다 건강해야 한다는 것을 뼈저리게 느낍니다. 더 많이 기운 차려서 예전처럼 웃음과 아픔을 가족처럼 나누는 동지애 넘치는 진보정당의 모습을 되찾는 것에 힘 보태겠습니다." 6월 12일

"농성 15일째입니다. 어제 오전에 박영재 당원 병원에 면회를 다녀왔습니다. 응급실에서 처음 뵌 동지의 모습에 여러 가지 복잡한 생각이 들었습니다. 박 동지가 목숨을 걸고 지키려 했던 진보정치의 바람은 무엇일까. 아마 사회 소수 약자들이 인간답게 사는 소박하고 순수한 삶을 통합진보당에서

이루기를 간절하게 바라셨던 게 아닐까. 박 동지의 진실을 향한 몸부림이 헛되지 않도록 마음에 새기고 돌아왔습니다. 진실규명을 위한 이 투쟁의 소중함도 다시 한번 되새겼습니다." 6월 14일

당원들이 즐거워야 합니다

"농성 19일째입니다. 당원들이 즐거워야 합니다. 진보정당에서의 활동과 통합의 찬반을 떠나서 통합한 후 총선을 치르면서 당원들은 신이 났습니다. 우리 손으로 진보의 가치를 이뤄 낼 우리의 목소리를 대변할 국회의원을 만들어 낸다는 열정이 저절로 흥이 나도록 만들었습니다. 하지만 총선 후 선거에서 좋은 결과를 얻었음에도 당원들은 절망과 패배감을 느끼고 있습니다. 서로를 믿지 못하고 공격하고 죽이고, 누구도 즐겁지 않습니다. 마음이 허전합니다." 6월 18일

"농성 21일째입니다. 당원들과 모두에게 아팠던 과도기를 끝내야 합니다. 차이와 다름을 인정하기에는 너무 짧아서 모두에게 힘들었던 과도기가 끝나가고 있습니다. 진정 진보의 가치실현과 당을 사랑하는 지도부들이 선출되기를 바랍니다. 당이 본래의 모습을 찾아서 정파 갈등 없이 전진하고 이명박 정권에 맞설 수 있는 힘을 길러 가기를 바랍니다. 소수 약자를 대변하는 정당으로 다시 돌아가기를 간절히 바랍니다." 6월 20일

"농성 23일째입니다. 어제 저녁에 당기위제소철회를 위한―한밤의 콘서트―를 열었습니다. 음악과 감동으로 당원들 마음은 다시 하나가 되었습니

다. 폭풍이 지나가면 따뜻한 바람이 불어 올 거라 믿습니다." 6월 21일

"농성 24일째입니다. 당기위제소를 철회하라! 어제 중앙 당기위에 이의
신청을 했고 5일 후에 소명을 하게 됩니다. 혹시 이의신청을 기각하지 않을
까 걱정했는데 그나마 다행입니다. 서울 당기위보다 훨씬 현명한 판단을 기
대합니다." 6월 22일

박영재 동지를 떠나보내며

"40일 전 통합진보당의 당원이 분신을 했다는 기사를 접했습니다. 분신
의 이유는 부정선거의 진실규명과 당의 정상화를 바라는 것이었습니다. 순
간 머릿속이 하얘졌습니다. 당 대표단도 아니고 당의 간부급도 아닌, 부정선
거의 관계자도 아닌 평당원이 당의 명예를 지키기 위해 자신의 몸을 태우다
니…. 동지가 몸과 마음을 다해 사랑한 통합진보당. 당이 분열되는 상황에
얼마나 분노하셨을지, 당이 부정선거의 범죄 집단으로 몰리는 것이 얼마나
억울하셨을지, 생각하면 가슴이 아려 옵니다. 이제라도 동지의 죽음이 헛되
지 않도록 진실을 밝히고 화합하고 당을 정상화하여 노동자, 소수 약자가 행
복한 사회를 만들도록 온 힘을 다하겠습니다. 부디 하늘나라에서 편안하시
기를 기도합니다." 6월 23일

"박영재 동지 빈소에서 그립던 이정희 대표님을 만났습니다. 우연히 조
용한 공간에서 따로 뵐 기회가 되어 서로 껴안고 하염없이 울었습니다. 휠체
어를 탄 저의 눈높이에 맞춰 특유의 자세를 낮추시며 이 사태를 막지 못하고

힘들게 해서 미안하다고 옛말하며 웃을 날 있을 거라고 하셨습니다. 저는 생각합니다. 그리고 믿습니다. 우리는 모두 잘못한 것이 아니라고, 그냥 잠시 폭풍의 가운데 있는 것이라고." 6월 23일

"1명의 진실한 당원을 보내고 61명의 유령당원을 만들다." 6월 23일

사퇴권고를 되짚어 보다

"장애인축구 국가대표 선수인 오경석 동지가 이번 통합진보당 중앙위원으로 출마하셨습니다. 그분은 정치에 대해서는 초보지만 이런 말씀을 하시더군요. 지금 우리 당을 보면 축구감독이 선수가 골을 13개나 넣었고 심판 판정도 나지 않는데 우리 선수가 부정으로 골을 넣어서 모두 무효로 하고 선수 자격을 박탈해야 한다고 방송에서 떠드는 것과 같다. 그것은 제 얼굴에 침 뱉기 아닌가, 라고요. 그래서 오히려 감독을 교체하고 선수를 보호하기 위해 출마한 것이라고…." 6월 24일

"비례부정에 대한 진상조사는 조사한 대로 가감 없이 밝혀져야 합니다. 왜곡과 은폐 없이, 정치적 계산 없이 그대로 밝혀져야 합니다. 다시 조작되고 일방적으로 언론 플레이를 한다면 나중에는 자꾸 덮을 일만 생길 겁니다. 책임자를 명확히 가려내고 내부에서 해결해야 합니다. 우선 가장 중요한 건 꼼수가 아닌 진실입니다." 6월 26일

"농성 29일째입니다. 사퇴권고를 되짚어봅니다. 처음부터 비례후보 경선

부정과 관련해 모든 비례후보 총사퇴로 결론 나거나 사퇴를 강권했으면 저도 당원도 국민도 납득했을 것입니다. 그런데 몇 번 몇 번은 봐주고 몇 번은 살리고 몇 번은 제명시키려 하고 몇 번은 사퇴 보류하는 권력놀음을 하는 것을 보고 사퇴와 책임이라는 것은 명분이 없다는 것을 알았습니다. 책임과 권고의 의미가 구당권파로 몰아 숙청과 제명을 시킬 만큼 강제적인가요. 장애인은 빈곤과 차별의 연속이며 계속적인 사회 억압 속에 살고 있습니다. 저도 그러한 삶을 살아왔습니다. 그 고리를 끊어 보고자 진보정치에 희망을 걸고 있는데 진보정당마저 권력으로 억압을 강요합니다. 권고라는 말이 이렇게 권위적일지 몰랐습니다. 요즘 처음으로 다음 세상에는 장애 없이 살고 싶다는 생각을 해봅니다. 6월 26일

농성의 원천은 억울함과 동지애

"농성 30일째입니다. 한 달 간의 농성의 원천은 억울함과 동지애입니다. '부정이 있다고도 없다고도 할 수 없다', '잘못 없고 억울하지만 사퇴해라'로 시작된 닥치고 사퇴 강압은 저를 억울하게 만들었습니다. 사퇴거부 후에 당권파로 낙인 찍히고 제명 위기가 오고 나서 저를 지켜 준 것은 동지애였습니다. 혁신비대위에서 채택한 2차진상보고서도 장애명부에 부정이라는 정확한 증거는 나오지 않았습니다. 뭉뚱그려서 부정이라는 것입니다. 그래도 혁신비대위는 도의적 사퇴를 강요할 테죠." 6월 28일

"농성 31일째입니다. 당사 로비 전체가 농성장이 되었습니다. 당사 로비에 동지들이 모였습니다. "사상초유의 선거중단사태! 강기갑 비대위원장은

사퇴하라!"라는 분노에 찬 목소리로 함께하고 있습니다. 현장에서 한 사람 투표를 독려하기가 얼마나 힘든데 선거 무효라니요…. 강기갑 위원장이 '사퇴하는 건 책임지는 게 아니다'라고 했답니다. 그렇죠? 사퇴는 책임을 지는 게 아니죠?' 6월 29일

"농성 32일째입니다. 농성 계속합니다. 동지 여러분… 이정희 대표님이 동지들과 아픔을 같이하신다며 단식을 하시다가 오늘 마음을 드셨다고 합니다. 얼른 기운 내셔서 거짓에 맞서 주시기를 함께 기다립니다. 그리고 이석기, 김재연 의원을 지켜 주세요. 특히 김재연 의원은 어린 나이에 너무 힘든 시련을 겪고 있는 것이 마음이 아픕니다. 가장 힘든 것은 당원 분들이실 거라 생각합니다." 6월 30일

"중앙 당기위로부터 제명통지서를 받은 어제, 조윤숙 후보님과 장애인 당원분들과 함께 당사농성 33일째를 기념하며 삼겹살을 먹었답니다. 늘 씩씩한 동지들, 함께 있으면 웃음이 떠나지 않고 희망이 마르지 않는 정말 좋은 동지들입니다♥" ―조윤숙님과 함께 7월 2일 김재연 의원 페이스북

서류상 잠시 당원이 아니면 어떻습니까

"농성 34일째입니다. 중앙위와 혁신비대위 등 당의 과도기 선출직은 모두 6월 말로 임기가 끝났습니다. 혁신비대위는 어떻게든 계속해서 권력을 이어가려 하겠지만 당규에도 명시되어 있고 당원들도 인정하지 않을 것입니다. 저와 이석기, 김재연, 황선을 자르면 자신들이 당권을 차지할 거라 생각

하지만 그것은 시작일 뿐입니다. 진보정당을 무너뜨리려는 조직적 음모에 속고 있는 것입니다. 자신들의 권력을 위해 당을 팔아먹고, 분열에 앞장서고, 동지를 죽이는 혁신비대위를 반드시 심판해 주십시오. 저는 차기 지도부 선거에서 강기갑 후보 낙선운동을 하겠지만 진정한 적은 따로 있습니다. 진보와 소수 약자를 탄압하는 보수세력을 막아내는 것이 당을 지키고 장애인 투쟁을 승리로 이끄는 것이라 믿습니다. 갖은 비바람 속에서도 진보의 가치를 설득해 가며 통합진보당에 가입해달라고 간청했던 당원들의 분노와 울분이 함께해 주시리라 믿습니다. 서류상 잠시 당원이 아니면 어떻습니까. 이제 시작입니다. 함께 싸우겠습니다. 승리하겠습니다." 7월 2일

"농성 35일째입니다. 거짓과 진실, 지금 당내에서 일어나는 거짓과 진실

모두 우리의 마음을 아프게 합니다. 거짓에 가려 있을 때보다 진실이 드러날 때 상처가 더 심할지도 모릅니다. 하지만 진실 속에만 치유의 힘이 있습니다. 언론과 혁신비대위는 진실을 알고자 하는 당원들을 특정 정파의 목소리로 치부하겠죠. 만약 그렇다고 하더라도 이 또한 당원의 목소리입니다. 단 한 명의 목소리와 진실에 귀 기울이는 것이 진보입니다. 사회적 약자와 소수를 대변하는 것이 진보정당입니다. 혁신비대위는 진실을 밝히고 대화와 소통을 하시기 바랍니다." 7월 3일

"농성 36일째입니다. 오늘은 좀 피곤합니다. 그런데 잠은 오질 않네요. 아무리 그래도 제가 사랑하는 당의 강기갑 후보님 앞에서 낙선 피케팅을 했다는 것이 마음을 무겁게 합니다. 그리고 요즘 당 게시판에 잘 안 들어가다 오늘 잠시 들어갔는데 저 개인에게는 뭐라고 하셔도 괜찮지만 장애인이라서 누군가에 의해 움직이고 아무 생각이 없는 것처럼 쓴 글을 보고 한참 가슴이 먹먹했습니다. 약자한테 가해지는 차별적 언사와 심리적 폭력이 진보정당 내에서 자행되고 있습니다. 인권의 감수성이 다시 살아나기를 바랍니다."
7월 4일

다시 세울 것입니다

"농성 38일째입니다. 아직 끝나지 않았습니다. 진실을 향한 외침은 계속될 것입니다. 윤금순 동지가 사퇴하고 서기호 판사가 승계한다는 언론보도가 있었습니다. 각 정당에서 비례순번을 홀수는 여성, 짝수는 남성으로 정해놓은 이유는 여성과 소수 약자의 정치세력화를 위한 것입니다. 그동안 진보

정당의 가치로 자랑스럽게 지켜 왔던 비례의 순수한 의미를 버리고 정당한 승계 순리도 아닌 순번을 억지로 바꿔 가면서 여성도, 소수 약자도 아닌 남성 판사가 비례를 승계한다는 것은 정치놀음이며 진보를 퇴색시키는 결과를 낳을 것입니다. 정파논리에 갇혀서 가장 열악한 계층인 여성 장애인 명부를 희생시켜서는 안 됩니다. 지금 정치적 책임이라는 명목으로 물러서면 진보는 몇십 년 전으로 돌아가게 될 것입니다. 이에 저는 현재 제명결정 무효가처분 신청을 진행 중입니다. 반드시 진보운동의 역사와 진실을 되돌려 놓을 것 입니다. 혁신비대위는 진보운동을 해 온 당원들을 기만하며 우롱하는 행위를 당장 그만두어야 합니다. 부정 없고 잘못 없다면서 여성 장애인을 가차 없이 잘라 내고 서기호 후보에게 승계하여 정파의 이익을 챙기려는 분별없는 정치행태를 막아 내겠습니다. 진보의 모든 가치를 지켜 내기 위해 계속 투쟁하겠습니다." 7월 6일

"언론에서는 오늘 기자회견을 신당권파의 목소리로만 보도하고 있습니다. 여성 장애인의 정치생명과 진보정당이 해야 하는 역할에 대해서는 전혀 언급이 없습니다. 우리나라 언론이 어찌 이렇게도 무식할까요. 언론이 왜 이렇게 혁신 편을 들어 주는 걸까요. 혁신하는 일이 옳기 때문일까요. 아니 옳은 일을 한 게 아니라 제대로 된 진보를 죽이고 가짜 진보를 도우려는 언론의 계획이죠. 보수정당의 정권과 진보정당의 당권을 향한 욕심이 맞물려서 사상초유의 진보 말살이 자행되고 있는 것입니다. 강기갑, 서기호님, 당과 당권을 팔아 당신들의 권력을 채우려 하지 마십시오. 수구세력의 사탕발림에 속지 마십시오. 몇몇의 당쟁이 아니라 당원들의 마음에 귀기울이고 헤아려 주십시오. 열악한 환경에서 어떻게, 누가 만들어 온 진보정당인데 기득권들의 입에 털어 넣으려 하십니까. 진정한 진보는 소수 약자가 정치에 참여하는

것입니다. 이제 다시 시작할 것입니다. 다시 세울 것입니다." _{7월 6일}

산책을 했습니다

"농성 39일째입니다. 산책을 했습니다. 토요일… 장마철인데도 하늘이 맑은 날이었습니다. 안에만 있기 답답해서 중앙당 당사 근처를 한 바퀴 산책을 했습니다. 전동휠체어로 노량진역까지 가면서 세상과 사람에 대한 생각을 했습니다. 아직도 휠체어로 다니기에는 너무 불편한 거리. 아직도 휠체어로 다니기에는 너무 힘든 시선들. 아직도 장애인을 대하는 것에 어색한 사람들. 아직도 소수 약자가 살아가기에 약육강식인 나라. 이제는 휠체어로 다니기에 불편함이 없는 거리. 휠체어가 지나다녀도 아무렇지 않은 시선. 장애인과 비장애인이 평등한 세상. 장애인이 소수 약자가 아닌 나라. 그런 사회를 바라 봅니다. 그러나 지금 진보정당에서 여성 장애인들의 소외와 차별을 없애줄 수 있어야 하는데, 진보가 자라니 싹을 자르려는 수준 이하의 정치. 여성 장애인을 내치고 그 자리에 비장애 남성을 앉히려는 기득권 위주의 정치. 이제 어디 가서 진보의 가치를 이야기할 수 있을는지요. 중앙당 당사에 들어오며 진보정당의 문턱은 낮아야 한다고 생각했습니다." _{7월 8일}

"농성 40일째입니다. 당사의 장애인 시설은 당의 정체성을 대변합니다. 농성을 하면서 제일 힘든 일이 화장실에 가는 일입니다. 중앙 당사에는 장애인 화장실이 있기는 한데 비좁아서 휠체어가 들어가지 못합니다. 매번 당직자들의 도움을 받아서 지하철역 공중화장실에 다녀옵니다. 화장실이 멀기도 하고 당직자들이 바쁘지 않은 시간에 가야 해서 물도 줄여서 먹습니다. 당사의 편의시설도 안 되어 있는데 다른 곳의 편의시설을 말할 수 있겠습니까. 비장애인에게 평범하고 아무렇지 않은 일상이 저에게는 너무 힘들고 특별한 일정입니다. 오늘 강기갑 후보가 당 대표가 되면 조윤숙과 황선을 당에서 일하게 할 거라는 기자회견을 하셨습니다. 결국 자기편에게 금배지 넘기려고 제명했다는 뜻을 밝히신 것입니다. 그렇게 달래는 척하면 이미지에 도움이 되는 줄 아시나 보네요. 강기갑 후보! 그 입에 제 이름 올리지 마십시오. 당 대표 선거에 이용하지 마십시오." 7월 9일

"농성 42일째입니다. 당원 여러분 당사에서 농성을 하며 당원들의 목소리를 많이 들을 수 있습니다. 당이 혼란스러운 상황이 우리의 마음을 얼마나 아프게 하는지…. 더 이상 당원들이 현장에서 배척당하지 않고 더 이상 당원들이 내쳐지지 않고 더 이상 여권에서 진보를 쉽게 보지 못하도록 지도부 선거로 심판해 주십시오. 통합진보당 국회의원을 조윤숙 의원승계방지용[윤금순], 이석기 · 김재연 의원제명용[서기회]으로 전락시킨 혁신비대위를 절단 내 주십시오. 그리고 억울하게 제명당한 당원들의 명예를 되찾아 주십시오."

7월 10일

"농성 43일째입니다. 오늘 이정희 대표님의 인터뷰 기사를 읽으며 반갑고 힘을 얻기도 했습니다. 정치꾼들에게 지쳐 있는 당원들에게 다시 한 번 빛으로 다가오실 날이 멀지 않을 것 같습니다. 광풍 속에서도 굴하지 않고 잘 버텨 온 우리기에 조금만 더 힘을 내면 그 빛을 함께 나눌 거라 믿습니다. 그동안 넘어왔고 넘어야 할 고개가 험하고 많아서 그런지 오늘은 몸이 조금 지치네요. 앞으로 있을 진실과 정의의 승리를 믿으며 끝까지 힘내겠습니다."

7월 11일

"화병 날 것 같아서 내용을 다 읽지는 않았지만 서기호님이 '조윤숙 제명이 정당하다'라고 했답니다. 진실과 꼼수가 함께 드러나고 있어서 제명처리가 무효 될까 조마조마하신 듯합니다. 그래도 공식으로는 제 이름 거론 안하셨으면 좋겠습니다. 동지들한테서 계속 그런 말이 나오는 것이 마음 아파옵니다." 7월 11일

"농성 44일째입니다. 역사에 남을 사건. '통합진보당 비례대표 총체적 부정'이라는 사건이 터지고 두 달이 조금 지났습니다. 그동안 정당 역사에 없었고 다시없을 사상초유의 일들이 참 많이 터졌습니다. 두 달 간의 일들이 진보를 발전시키는 일이었다면 얼마나 좋을까요. 우리들을 아프고 힘들게 한 만큼 탄탄해진 진보였다면 얼마나 좋을까요. 과도기가 끝나면 더 단단한 진보로 거듭날 거라 믿습니다. 오늘 페북 친구이신 분의 요청으로 인터뷰를 했습니다. 통합진보당의 비례대표 부정과 제가 농성을 하기까지의 과정을 취재하셨습니다. 언론에 왜곡되고 가려지고 은폐된 부분들을 역사에 남길 예정이랍니다. 작가 몇 분이 집필하셔서 책으로 나오게 됩니다. 외롭고 힘든 싸움에서 진실을 찾으려 함께하는 분들이 있기에 다시 힘차게 가 보려 합니다."
7월 12일

"간판이 허세와 위선으로 칠해져도 금방 벗겨지고 진실이 드러날 겁니다. 다시 힘 모아서 달려가 봐요~" 7월 14일

"농성 46일째입니다. 5월 이후에 더 많이 알게 된 정치. 저는 정치가가 되려는 것이 아닙니다. 진보적 장애운동을 실현하는 하나의 방법으로 정치에 도전한 것입니다. 아직 진보정당에서도 장애에 대한 대변자 역할을 제대로

하지 못하고 있는데 이번 사태를 겪으면서 정치논리로 장애명부를 없애서는 안 된다는 생각이 더 강해졌습니다. 장애인정책이 발전하면 모든 약자계층의 영역이 좋아집니다. 앞으로 진보의 발전을 위해서 더구나 지켜져야 할 장애명부를 없애고 불법과 어거지로 입성한 서기호의 승계를 원래대로 돌려놓을 것입니다." 7월 14일

"모두들 저에게 '고생하셨다'라고 하시는데 과거형이 아니라 계속 고생할 예정입니다. 우리들의 진실과 명예를 되찾는 날까지…. 참, 서울 강북1선거구에 중앙위원 장애인명부로 출마하신 오경석 당원이 당선되셨습니다. 조윤숙을 살리려 고생길을 자처하신 뉴페이스 동지 오경석 중앙위원님 축하드립니다." 7월 15일

집에 돌아왔습니다

"농성 48일째 집에 돌아왔습니다. 오늘 김미희, 이상규, 김재연 의원님과 유선희, 이혜선 최고의원님, 오경석 중앙위원님, 정태흥 서울시당 부위원장님, 김재용 서울시당 장애부위원장님, 이덕인 강서구 부위원장님, 서울학생위원회, 그리고 당원들과 함께 중앙 당사 철야농성 해단식을 가졌습니다. 조금만 쉬었다가 투쟁시즌2진실과 명예회복을 시작하겠습니다. 모두 감사드리며 48일의 기억을 잊지 않겠습니다." 7월 16일

5장
통합진보당에 무슨 일이 있었나

"통합진보당 우경화가 문제다" :

날짜 : 7월 12일
장소 : 서울 종로2가 민들레영토
사회 : 김경아 시민운동가
참석자 : 김갑수 작가 양동주 정치평론가 김준식 소설가

내가 이 자리에 온 이유

사회자 안녕하세요. 처음 뵙겠습니다. 사회를 맡은 김경아입니다. 통합진보당 사건의 진실과 거짓을 주제로 좌담회를 시작하겠습니다.

저를 포함해 이 자리에 참석하신 네 분 모두가 서로 초면이고, 통합진보당 당원은 아니신 것 같은데, 통합진보당 때문에 세상이 시끄러운 이때에 예민한 이 문제에 대해 발언하시기 위해 자발적으로 이 자리에 참석해 주신 이유를 밝히는 것으로 시작해 볼까 합니다.

우선 저부터 말씀드린다면 저는 91학번인데, 고등학교 때 전교조 선생님들의 영향과 선배님들 소개로 사회과학 서적을 읽으며 고교연합 서클에서 활동했었습니다. 대학 때는 학생운동이 NL 계열과 PD 계열로 극명하게 갈라져 있었는데, 제가 가입한 서클은 PD 계열이었습니다. 대학 3학년 이후로는 그냥 개인적인 삶에 충실해서 대학 졸업하고 일하면서 결혼했어요. 양김 정권에 대해서는 비판적이었고 노무현이 대선 주자로 올라올 때 뭔가 바꾸려나 하는 희망을 갖고 열심히 지켜보다가 당선 후 중간부터 참여정부의 여러 정책에 대해 크게 실망스러웠어요. 가령 이라크 파병, 한미 FTA 추진 등등이요. 그러던 중 제가 사는 지역에서 주민들과 함께하는 활동을 하게 되었는데, 민주노동당 당원들 중 생협이나 동네 도서관 활동, 노인복지 활동 등을 펼치는 지역 활동가들을 알게 되었고, 서로 도우면서 지내온 게 벌써 한 7, 8년이 되었지요. 그래서 이번 사태는 제 개인적으로는 충격이었어요. 민주통합당은 처음부터 큰 기대가 없었는데 총선 후보 선정과정을 보며 크게 실망한데다가, 통합진보당조차 비례대표 선정에서 부정선거를 했다니 패닉이었어요. 이제 진보는 다 죽었구나. 끝장이구

나. 이 혼란을 어떻게 해야 할지 몰라서 며칠 동안 잠을 못 잤어요. 그러면서 주위를 돌아보니 통진당 당원들의 고통이 눈에 들어오더군요. 저보다 훨씬 더 극심한 거예요. 사실 여부를 떠나서 통진당 당원들의 고통이 그대로 맘에 와 닿아서 정말 아무 말도 못했습니다. 페이스북에서도 입을 다물고 그렇게 두 달을 지낸 것 같습니다. 그동안 사실 관계도 많이 밝혀졌고 그에 대한 평가도 할 수 있는 시기가 된 것 같아서 이 자리에 오게 되었습니다.

김갑수 저는 일단 제 삶의 목표나 제가 하고 있는 작업이 정치와 직접적으로는 상관없는 사람입니다. 그렇기 때문에 통합진보당 사태를 객관적으로 보아 왔는데 조중동은 물론이고 진보라고 하는 매체들의 주요 편집 방향에도 심각한 문제가 있다고 생각해서 이 자리에 왔습니다.

양동주 저는 성향은 사회주의자인데 사회주의가 현실적으로 가능하지 않다는 생각에 정치와는 인연을 끊으려다가 97년 연길에 갔더니 30만 명이 굶어 죽었다 하는 데서 남북문제의 심각성을 체감하고, 이의 해결을 위해 일하려고 DJ정부 출범 후에 제 지도교수인 최장집 선생님을 따라서 정책기획위원회에 들어갔었고요, 고 김근태 선생이 대통령 하면 남북문제 해결에 좋겠다 싶어서 계속 그분을 도왔습니다. 총선 때는 대개 민노당을 찍었는데 이번에 3당 합당하는 걸 보고 민노당을 믿을 수가 없어서 처음으로 진보신당을 찍었어요. 이번 사태가 어디서부터 잘못된 것인지 구 민노당 세력이 어디로 가야 하는지 제 의견을 제시하고 싶습니다.

김준식 저는 세속적인 사랑을 주제로 해서 소설을 쓰는 사람입니다. 소설책을 여덟 권 정도를 냈고, 『월간에세이』를 비롯해서 수자원공사, 한국전력 등에 에세이를 좀 썼고요, 그런 과정에서 『조선일보』에서도 청탁이 들어왔는데, 『조선일보』만은 받아들일 수가 없었어요. 그것이 유일한 저의 투쟁 정도인데 제 나름대로는 밥줄을 건 투쟁이었다고 생각합니다. 개인적으로는 기득권들이 강고한 세력을 형성하고 있는데 그 프레임에 제가 들어가면 이율배반적이라는 생각 때문에 거절한 것이었고요.

통진당 사태 이후 제 홈페이지에 이정희 대표에 대한 변론을 여러 편 썼는데 사실 소위 명망있는 지식인이라든가 언론들이 나섰다면 제가 굳이 쓰지 않았을 것입니다. 저는 이것은 파당적인 문제가 아니고 진실의 문제로 접근했거든요. 그동안 유시민 대표와 이정희 대표를 주시하고 있었고 굉장히 호의적인 감정이 있었는데, 그 두 사람이 5월 4일 날 딱 대립하는 것을 보고 진실이 이정희 대표에 있다고 판단했습니다. 그런데 거기에 대한 변론을 누구도 해주지 않는 겁니다. 전 사회적으로 힘이 유시민 쪽으로 확 쏠려 있기 때문이었죠. 제 개인적인 성향이나 친분을 보면 당연히 유시민을 지지했어야 돼요. 저는 이게 노선이나 정파, 정책문제 같았으면 개입하지 않았을 겁니다. 그러나 이게 진실문제이기 때문에 진실을 밝힐 수밖에 없었고 결과적으로 유시민 전 대표를 저격하게 된 것이죠. 그 점에 대해 가슴이 아픕니다. 그래서 이 좌담에 참여하게 됐는데, 정치인을 공개적으로 지지한 것은 이것이 처음입니다.

통합진보당 사태, 어떻게 볼 것인가

사회자 그러면 본격적인 논의로 들어가 보겠습니다. 5월 어느 봄날의 충격. 통합진보당 비례선거가 총체적 부정부실이었다는 발표에 이어 비례대표 총사퇴 결의, 그에 대한 반발로 폭력사태, 당원 분신까지 발생했습니다. 조중동, 검찰은 물론『한겨레』,『경향신문』,『오마이뉴스』등 이른바 진보언론들도 한 목소리로 통진당 구당권파가 권력에 눈이 어두워 부정선거까지 저지른 주범이라며 매를 들었고, 이는 종북몰이로 치달았으며, 억울하다는 당사자들의 목소리는 묻혀 버렸습니다. 그 가운데서 2차 진상조사 과정에서 외부 IT 전문가 김인성 교수가 "통진당 부정선거 사태는 가해자와 피해자가 뒤바뀐 뺑소니 사고"라면서 유시민 측 후보의 조직적 부정선거 근거를 담은 보고서를 제출했는데 신당권파에 우호적인 측이 절대 다수인 '진상조사보고서 결과에 따른 후속처리 및 대책을 위한 특별위원회'가 표결로 이를 폐기했고, 이 과정에서 조사의 객관성을 보장할 수 없다며 김동한 조사위원장이 사퇴하는 일까지 벌어졌습니다. 우선 이 사태를 어떻게 봐야 할지에 대한 의견들을 말씀해 주시면 좋겠습니다.

김갑수 서두에 사회자께서 큰 충격을 받았다고 하셨는데 제 경우는 충격을 받진 않았습니다. 저는 이정희 대표와 유시민 씨가 함께 몰려다닐 때부터 이런 일이 생길 거라고 예상을 했습니다. 유시민이란 사람의 성향, 그리고 유시민 씨 집단하고 통합을 하려는 이정희 대표의 판단력 등에 두루 문제가 있다고 봤기 때문입니다. 민노당은 다수 대중이 지지하는 집단일 수는 없지만 소수나마 강력한 고정 지지층이 있습니다. 그런데 노무현이 범한 실수를 이정희가 비슷하게 범한 거라고 봅니다. 자기 지지 세력을 외면하고 새누리당이나 민주당 성향 지지자를 끌어들이려 했단 말입니다. 결국 저는 민노당과 이정희 대표가 전략적으로 실패했다고 봅니다. 유시민과의 통합 그 자체가 잘못된 선택이었다는 것입니다. 왜냐면 유시민 세력과 진보신당 탈당파들은 정치적 책략 면에서 이정희 세력보다 한층 더 세속적인 사람들입니다. 그런데 그 두 개 집단하고 같이 섞였으니 결국은 밀린다고 봤기 때문에 저는 충격 받진 않았고, 아! 예상했던 일들이 벌어지는구나, 이렇게 생각했습니다.

다만 이번 사태에 대해서는 선거 부정이나 진상조사 같은 세부적인 얘기보다는 크게 얘기하고 싶습니다. 2008년 분당 때 탈당파들이 명분으로 내세웠던 게 당권파의 패권주의였지만 사실은 종북이었습니다. 그리고 이번에도 선거부정 어쩌고 하지만 실제로 여론몰이는 종북으로 하고 있는 겁니다. 저는 우리나라에서 진보연하는 사람들이 머릿속에 세뇌되어 있는 국가주의에 문제가 있다고 봅니다. 과도한 국가주의. 운동권 학생들도 데모할 때 태극기 달고 하잖아요. 광주항쟁 때도 태극기를 달았고. 너나없이 국가주의와 반공주의에 물들어 있어요. 그런데 엄밀히 말해서 반공과 민주주의는 같이 갈 순 없다고 봐요. 북한을 포용하려는 사람들을 무력화하려는 반공적인 국가주의자들의 집단적인 동의와 합의가 있기 때문에 이런 일이 벌어졌다고 봐요.

양동주 저도 거의 비슷한 이유로 전혀 놀라지 않았는데, 제 얘기를 조금 하자면 2007년에 열린우리당과 민주당 합당이 논의될 당시 김근태 씨에게

좌측부터 양동주(정치평론가), 김갑수(작가), 김준식(소설가), 김경아(시민운동가).

"민주노총과 협의해서 민노당과 합치자."는 내용의 보고서를 냈는데 김근태 씨는 좋다고 했어요. 다 같이 진보개혁대연합을 해도 대선은 지겠지만 총선은 어떻게 좀 해볼 수 있지 않겠느냐고. 그런데 민주노총 쪽에서 미온적이어서 안 됐고요. 그리고 '동인'이라고 한 달에 한 번씩 김근태, 천정배 등이 만나는 모임이 있었는데 거기에 한신대 이해영 교수, 『경향신문』 이대근 편집국장 등도 참석했고 이정희 대표도 2010년 경부터 나왔어요. 나는 참석은 안 하고 전해 듣기만 했는데 김근태 씨가 이 대표에게 계속 민주당이랑 합당하자고 설득했던 걸로 알아요. 제가 김근태 씨에게 제안했던 내용은 "진보신당은 이미 분당으로 떨어져 나갔고 좌파 정당도 있어야 되니까 그대로 놔두고, 민주당이 워낙 형편 없으니까 민노당을 끌어들여서 집권 가능한 중도파 대중정당을 만들자."라는 것이었어요. 천정배 의원은 처음에는 반대였으나 나중에 찬성했고, 김근태 씨는 민주노총 위원장 등 여러 사람들을 만나서 설득하고요. 제가 알기로 권영길 씨도 2007년에는 거기에 찬성하는 편이었거든요. 이정희 대표는 계속 반대였다고 해요.

그런데 2012년에 와서 느닷없이 유시민과 합당을 했는데, 합당하려면 민노당과 진보신당이 합당을 해야지, 내부 반대도 많은데 왜 갑자기 이걸 할까? 그래서 아마 대선이 끝나면 깨질 거라고 봤는데 상황이 좀 빨리 왔다는 느낌이었어요. 민노당이 유시민이랑 합친 걸 좋게 해석하면 대중성을 확보하려고 한 거고, 정치공학적으로 보면 대선에서 야권이 이길 거라고 예상하고 총선에서 마땅한 의석을 확보한 다음에 유시민을 대통령 후보로 내세워서 민주당과 후보 단일화를 해서, 대선에서 이기면 연정을 해서 입각을 하려고. 그런데 내가 보기에는 정치공학적인 판단도 잘못됐고 과정도 문제였어요. 진보신당이나 특히 당내 원로들, 권영길 선생 같은 분도 강하게 반대하는데도 강행하는 패권적, 비민주적 행태도 마땅치 않았고, 또 노회찬 심상정도, 2008년에 떨어져 나갈 때도 자기들 개인적인 권력을 위해서 나간 건데, 이번에도 진보신당 내에서 합당안이 부결됐는데도 무시하고 후배들 다 버리고 자기들 개인 이익만을 위해서, 국회의원 되고 싶어서 들어오는 것도 옳은 일이 아니었죠.

그리고 친노 세력들을 정치일선에서 접해 보면 이건 정치공학이라 할 수 없을 정도로 꼼수 정치예요. 노무현 대통령도 대통령이 된 뒤에는 통치를 하는 게 아니라 정치를 했어요. 권력투쟁을 하는 건데 노무현의 그런 꼼수에 제일 영향을 많이 준 게 유시민하고 이해찬이에요. 이념적으로 보수적이고요. 그런데 그런 유시민하고 합친다? 처음부터 이들이 먹으려고 들어오려는데 거기에 이정희 대표를 비롯한 민노당 세력들이 당했다고 생각해요. 정치 경험이 미숙하고 판단이 잘 못돼서. 욕심이 과했죠. 특히 대선에 이기면 입각을 하겠다, 연정에 참여하겠다, 의석수보다 거기에 더 초점이 있었다고 생각하거든요. 그 욕심 때문에 무리수를 둔 거죠.

처음에 상황이 딱 터졌을 때, 아니 사실은 총선에서 이정희가 부정선 거했다고 문제됐을 때부터 그런 느낌을 받았어요. '아, 유시민이 이 제 시작하는구나.' 이정희 지역구에서 문제의 문자 메시지를 참여계 당원이 인터넷에 올렸다는 거지요? 「조준호 보고서」 상황이 터졌을 때는 '아, 이들이 총선에 져서 실제로 대선 전망이 별로 밝지 않으니 까 진보당 완전히 접수하고 깨 버리려고 시작하는구나.' 생각해서 놀 라지 않았습니다.

김준식 전 좀 견해를 달리하는데요. 이정희 대표와 유시민 대표가 주도해서 진행한 진보 통합은 시대에 부응했는데, 준비가 덜 돼 있고, 욕심이 과해서 이런 결과를 낳았다고 봅니다. 노무현 대통령께서 노동문제에 자신이 실패했다고 얘기했고 유시민 대표는 그것을 승계하겠다고 하 면서 좌편향으로 돌아선 거거든요. 그게 만약에 성심이었다면 상당히 진보 발전에 도움이 됐을 거라고 보고요. 그러나 지금 결과적으로 보 면 유시민이 그런 그릇이 아니라고 봅니다.

디테일한 부분으로 들어가면 이 사태가 과연 기획한 것이냐 아니면 우발적인 것이냐 하는 문제가 있는데요. 저는 그 사이에 있다고 봅니 다. 이렇게 크게 벌어질 줄은 유시민도 몰랐을 것이고, 하다 보니까 이런 결과까지 온 것인데 거기에는 두 가지 논거가 있습니다. 하나는 유시민이 처음 4·11 선거 끝나고 나서 이 문제를 거론했는데 진상조사위원회가 구성되고 조사하는 과정에서 이미 언론 플레이가 됐다는 거죠. 그건 이미 일정 부분 기획 의도가 있었다고 보는 겁니다. 그런데 박영재 당원이 분신까지 하게 되는 과정은 유시민도 상상하지 못했을 겁니다. 특히 이정희 대표가 자기를 지지할 것으로 생각한 것 같고요. 그런 과정에서 이정희 대표가 틀어 가지고 이런 사태까지 오게 됐는데, 그런 점에서는 이정희가 정치적으로 미숙한지는 모르지만 대단히 순결성 있는 정치인이다, 저는 그렇게 보고 있습니다. 그래서 이번 기회에 그 사람의 결기와 기본을 지키는 자세, 그런 것 때문에 사실 지지하게 된 것이죠. 그런 과정을 통해서 우리 한국 정치가 바뀌어야 된다고 생각합니다. 저로서는 이 사태의 원인은 두 가지로서, 하나는 기획도 일부 가미됐고 나머지는 우연이 상당히 겹치면서 이렇게 커졌다고 보고 있습니다.

3당 합당, 잘못된 선택?

사회자 통합진보당 사태를 평가하다 보니 3당 합당에 대한 평가 문제로 넘어갔는데 조금 이견도 있으신 것 같으니 좀 더 논의를 진전시켜 볼까요?

김갑수 저는 일단 야권이 연대해야 한다는 선거 전략에 크게 찬성하고 그것을 일찍부터 주장해 왔습니다. 그래서 1차로 민주개혁세력과 진보세력이 각각 통합을 하고 2차로 총·대선에서는 연대하기를 바랐어요. 민주당 쪽하고 진보당은 합당이 될 수 있는 성격의 당은 아니니까요. 그런데 뜻밖에도 민주당 또는 한나라당에 가야 할 국민참여당이 진보

통합에 끼어든 겁니다. 제가 볼 때 유시민은 한나라당으로 갈 수도 있는 사람이에요. 2007년 대선 때 말했잖아요. "한나라당이 된다고 망하는 것도 아니다." 진보 통합에는 물론 노림수가 있었다고 봐요. 정당 투표에서 많은 표를 얻어 가지고 비례대표를 확보하고 원내 교섭단체를 만들어 보자는 것이었는데, 이정희 대표나 구당권파가 너무 성급하지 않았나 싶어요. 저는 국민참여당을 진보 통합에 참여시킨 것은 명분과 전략, 양면에서 크게 실수한 잘못된 선택이었다고 봅니다.

김준식 저는 통합 취지나 방향은 옳았다고 봅니다. 그 논거로는 유시민 대표가 노 대통령 유언까지 걸었기 때문에 저는 상당히 진정성 있다고 봤어요. 개인적으로 유시민에 대해 연구를 많이 했는데 저는 유시민의 위험성을 알고 있었지만, 3당 통합 과정만 살펴보면 노무현 대통령이 돌아가시면서 자기가 노동문제에 실패했다 그런 얘기를 했거든요. 그리고 유시민이 그걸 받아서 자기는 노 대통령이 실패한 부분만 승계하겠다, 그리고 그 방법론의 하나가 통합이었잖아요. 그러니까 저는 돌아가신 분을 저렇게 언급할 정도면 쉽게 결정한 건 아닐 것이다, 한 거예요. 모사란 걸 처음부터 알고 있었지만, 자기가 모시고 있던 분, 그 어마어마한 후원을 받았는데 돌아가신 분을 거론했다면 그래도 1년은 갈 거 아닌가, 이렇게 본 거죠.

제가 왜 유시민에 호감을 가졌느냐 하면 이분이 일반 정치인보다 자기 성찰이 강했던 측면이 있습니다. 그분의 책을 읽어 보고 만나서 대화를 해보면 그런 측면이 있어요. 그건 제가 우리나라 정치가 보수와 진보로 나누기보다는 진실과 거짓의 대결이라는 후진성을 지니고 있다고 보는 견해와 연결되어 있어요. 유시민은 분명히 정치 경제 쪽으로는 새누리당에 가까운 사람입니다. 중도우파 성향인데 그럼에도 이쪽으로 왜 올 거라고 봤느냐면 성찰하는 사람이기 때문에 거짓은 없다고 봤던 거예요. 새누리당은 물론 민주당도 많은 거짓이 섞여 있다고 보거든요. 그래서 그쪽보다는 이쪽으로 통합돼도 좋다라고 느꼈던 건데, 이번 일이 이렇게 되다 보니까, 제가 가장 분노한 게 성찰하는 모습이 전혀 안 보였다는 거예요. 제가 알고 있는 유시민은 내적 불안에도 불구하고 끊임없이 성찰하는 분이었는데 이번만큼은 그게 전혀 안 보였던 겁니다. 그래서 제가 그 부분을 집중적으로 거론할 수밖에 없었던 것입니다. 방향이나 취지는 옳았지만 유시민 전 대표가 독선적이고 너무 협량이었다. 마음이 좁았다. 한마디만 더 한다면 저는 이정희 대표의 얼굴마담론에 대해서 긍정하는 편입니다. 왜냐하면 역할 분담으로 볼 수 있거든요. 이건 보통 마음을 가지곤 안되는 거죠. 나를 받치고 있는 사람들과 자기 권한을 나눠야 되지 않습니까. 유시민이나 심상정처럼 독선적이면 나눌 수가 없어요. 그런 측면 때문에 이정희를 지지하게 된 거지요.

정리하자면 방향과 취지는 맞았지만 아직 때가 아니었다. 그리고 드러나지 않은 인간 심리적인 문제가 있었을 거예요. 유시민, 심상정은 오랫동안 상당히 가까운 관계에 있었는데, 자기들이 주도하면 이정희는 큰 저항 없이 따라 줄 것이다 생각했다고 봅니다. 이정희를 잘못 본 거겠죠. 그래서 이정희 대표가 5월 4일 날 그걸 딱 깨고 나오는 모습에서 저는 다시 봤습니다. 확실하게 다시 봤습니다. 그전까지는 좋은 정치인이다 정도였지, 한번 대한민국의 미래를 걸어 봐도 좋겠다고까지는 생각 안 했습니다.

양동주 3당 합당에 대해서 하나 덧붙일 것은 지역 문제하고 연결시켜서 보면 민노당은 지역적으로 영남 정당이에요. 실제로 영남 출신들이 지도부를 차지해 왔고, 갈라져 나간 진보신당도 그렇고요. 그런데 문제는 민노당이 의석은 정당명부에서 주로 얻는데 정당명부에서 주로 표를 주는 건 호남이나 호남 출신들이에요. 그래서 실제 선거에서 지지하는 대중들하고 당의 지역적 색깔하고 차이가 있었어요. 그런데 선거 전술로 봤을 때 이번 총선에서는 오히려 3당 합당을 안 하는 것보다 두 가지 면에서 손해를 봤다고 생각해요. 첫째는 유시민을 호남 출신이나 호남에선 아주 싫어해요. 그래서 지난 경기지사 선거 때 단일 후보였는데도 다른 데는 압승하는데 김문수한테 지잖아요. 아무리 해도 유시민은 안 찍는 사람들이 있어요. 특히 호남 출신은 노무현을 싫어해서 더 그래요. 그건 점점 갈수록 더 심해지는데 이번 총선에서는 극에 달했어요. 그래서 호남에서는 김선동, 오병윤처럼 대안이 있으면 민주당을 안 찍었어요. 강동원도 참여계라기보다는 원래가 한화갑 민주당의 구 민주계였어요. 그거 때문에 된 거예요. 참여계라는 걸 내세웠으면 아마 떨어졌을 텐데. 그래서 통합진보당이 유시민하고 안 합치고 어지간히 후보만 잘 냈으면 지역구에서도 더 많이 됐을 거고 정당명부에서도 훨씬 많이 얻었을 거예요. 그건 서울, 수도권 선거에서도 나타나잖아요. 관악 선거에서도 갑작스런 이정희 사퇴로 도저히 이길 수 없는 선거인데 대신 내세운 이상규도 뽑아 주잖아요. 거기는 호남 출신들이 가장 많은 지역구지요.

또 하나는 유시민 때문에 진보신당하고 완전히 합치지 못한 것. 유시민 없이 진보신당하고 합쳤으면 영남에서 저렇게 패하지 않아요. 영남에서 완전히 몰패했는데 그것은 상당 부분 박근혜의 힘이기도 하지만, 예를 들면 강기갑이야 원래 2008년 총선때 친박·친이 분열 때문에 당선된 사람이니까 이번에는 애초부터 당선이 어려웠지만, 권영길도 나와서 됐을 거고. 울산에서는 노동자들 표가 통진당과 진보신당으로 갈려 가지고 진 지역구들이 몇 개 있기 때문에, 저는 유시민이랑 합치지 말고 제대로 진보신당하고 합쳤으면 의석으로는 아마 원내 교섭단체를 넘어섰을 거라고 봐요. 20석은 넘었을 거라고.

김준식 지금 진보당을 지지하는 분들이 출신은 지역으로 따지면 전라도가 참 많아요. 유시민 전 대표가 큰 정치인이라면 이쪽으로 들어온 후 그분들한테 무한히 다가갔어야 돼요. 저는 그분이 자기의 중도우파 성향을 버리고 중도좌파로 올 때는 그런 각오를 하지 않았나 생각했거든요. 진보당 와서 기층 민중들, 호남 민중들에게 정말 낮은 자세로 갔다면 장기적으로 볼 때 거목으로 성장할 수 있는 토양이라 생각했습니다. 물론 이런 사태도 없었을 것이고요. 그런데 그게 아니었던 거예요. 결과적으로 보니까. 너무 조급하기도 했고요. 3당 합당은 지금 총체적으로 깨지기 직전에 와 있는 것 같은데, 그럼에도 불구하고 이 사태가 잘 수습되면 누구를 중심으로 해서 모여야 되나 걱정하고 있습니다.

조중동과 한경오의 합창

사회자 통합진보당 사태에서 또 하나 충격적이었던 점은 조중동과 한경오「한겨레」, 「경향신문」, 「오마이뉴스」가 시종일관 같은 목소리로 구당권파를 부정

선거의 주범이라고 단정했다는 사실입니다. 저도 1차 진상조사서를 꼼꼼히 훑어봤는데 부정선거 내용은 나열돼 있는데 누가 저질렀다든지, 증거가 뭐라든지, 당사자는 뭐라고 소명하고 있다든지 등등 당연히 있어야 할 내용이 전혀 없었습니다. 더구나 그 보고서를 작성한 진상조사위원회는 모두 신당권파로 구성되어 있었고, 당내 논의도 없이 일방적으로 언론에 터뜨렸는데 이런 상황이라면 조중동은 몰라도 한경오 정도는 당연히 어느 쪽 말이 맞는 것인지, 부정선거를 빌미로 한 권력투쟁은 아닌지 의심을 해야 하는 것 아닙니까. 통진당 양측이 그 문제로 붕괴 직전까지 싸우고 있으면, 진보 정당 재건을 위해서라도 "빨리 제대로 진상조사 해서 문제 해결하라."고 촉구하는 게 상식일 것 같거든요.

그런데 한경오조차 구당권파가 부정의 주범이라고 단정하는 보도 일색이었어요. 심지어 5월 말쯤인가 『한겨레』는 "구당권파 부정선거 최초 물증 발견"이란 제목을 뽑았는데, 그러면 그전 한 달 동안은 물증도 없이 구당권파가 부정선거 주범이라고 단정 보도했다는 것인지? 5월 28일에는 『한겨레』 홈페이지에 통합진보당 사태에 대한 여론조사 기사가 게재되었는데 이석기 김재연 사퇴와 관련하여 "부실과 부정이 명백히 드러났으므로 사퇴가 맞다."가 43.4%, "객관적인 조사를 통해 부실과 부정의 정도를 명확하게 밝힌 뒤에 책임을 묻는 것이 맞다."는 의견이 51.1%라는 내용이었습니다. 그런데 이 기사가 다음 날 사라졌어요. 『한겨레』는 대체 왜 이 기사를 내린 것일까요? 국민들은 진상조사부터 확실히 한 후에 책임을 물으라는 지극히 상식적인 판단을 하고 있었는데 말이죠.

그리고 당권파=종북=주사라는 마녀사냥도 문젠데, 저는 제가 사는 지역에서 경기동부 사람들 그렇게 많이 알고 친밀한데, 그 사람들 정말 바닥부터 일하는 사람들이었어요. 노인복지 위해서 복지관 가서 봉사활동하고, 시에서 재정 확보하려고 불철주야 뛰어다녀요. 아이들 방과후 학교 만들어 줄 재정 만들려고 자기 돈 써 가면서 뛰어다니던 사람들입니다. 근 10년을 알고 지내면서 그들이 종북이라고 한 번도 느낀 적이 없는데, 조중동이 몰아가고 한경오는 거기에 부화뇌동하는 게 너무나 황당했어요. 단군 이래 최초의 조중동과 한경오의 합창, 이걸 대체 어떻게 봐야 할까요?

김갑수 우리나라 역사를 볼 때 비일비재한 일이에요. 이번 통진당 사태는 50년대 진보논쟁하고 별 차이 없습니다. 그때도 반북 진보가 용북 진보에게 "그럼 서울에서 김일성 장군 환영 군중집회라도 열자는 말이냐?"는 식으로 몰아붙였으니까요. 이런 일은 60, 70, 80년대에도 계속 간헐적으로 벌어졌습니다. 그러니까 우리나라 이념 수준이 60년 동안 하나도 발전을 않고 이승만 박정희 단계에 머물러 있는 거지요. 제가 지지난 주에 헤이리에 있는 한 회사에 가서 '진보란 무엇인가'라는 주제로 강의를 했는데 그 자리에서 이런 말을 했습니다. '예를 들어서 북한에 김일성 동상이 3만 개가 있다는데 남쪽에서 반공교육 받은 사람 입장에서 보면 정말로 웃기는 짓이지만, 북쪽 사람들 입장에서 남쪽을 보면 남쪽에는 십자가가 10만 개씩이나 되는 거예요. 그러면 과연 한민족에게 김일성은 누구고 예수는 누구냐를 따질 때, 북한 사람들 눈에는 남한 사람들이 더 터무니없이 보일 수가 있지 않겠냐'고요. 21세기에 이런 개방적인 사고가 마땅한데 문제는 지난 50년대 이래로 우리 사회가 이념 면에서는 거의 개방화되지 않았다는 겁니다. 이런 반공주의, 국가주의가 진보·보수 막론하고 퍼져 있어요.

진보부터 정리해야 돼요. 이를테면 진중권 씨는 수구 반공주의자인데 그런 사람이 진보라고 자꾸 나대는 겁니다. 그가 진보면 대한민국에 진보라는 것이 얼마나 폭넓습니까. 조국도 진보, 손학규도 진보, 정치평론한다는 고성국은 겉으로는 진보라면서 사실은 교묘하게 박근혜 지지 발언 하고 다니잖습니까? 진보가 무엇인가부터 확실히 해야 합니다. 신자유주의에 반대하면 다 진보입니까? 신자유주의라는 것은 자본주의와 제국주의가 결탁한 강대국들의 경제지배체제입니다. 일단 진보라면 신자유주의를 회의하거나 부정해야 하지만, 모든 역사에는 보편적 체제도 있고 동시에 특수한 체제도 있습니다. 우리나라가 당면하고 있는 특수 체제는 분단체제입니다. 이 분단체제를 회의하거나 부정하지 않으면서 진보라고 자처하면 가짜 진보라는 겁니다. 이 사회의 중대한 모순을 파생시키는 60년 분단체제에 순응하는 게 어떻게 진보입니까?

그런데 우리나라에서 홍세화, 진중권 이런 사람들, 유럽 갔다 와서 그곳의 사회주의만 선망하면서 신자유주의에 반대하고 복지만 외치면 진보인 줄 알아요. 그런데 이걸 잘 보십시오. 민족주의가 대단히 보수주의인 것처럼 알지만 오늘날과 같은 분단체제에서 제대로 된 진보는 어차피 민족주의와 같이할 수밖에 없는 상황이에요. 그런데 마치 북한을 포용하고 북한을 비판 안 하면 잘못된 것처럼 목소리를 높이지요. 특히 진중권이 그 얘길 많이 하지 않습니까? 왜 멀쩡한 사람 가지고 난데없이 종북이냐고 물어보는 겁니까? 그런 것이 심하게 잘못되었다는 것을 가르쳐 줘야 돼요. 그리고 이제는 주사파면 어때? 이런 수준의 논의가 이뤄져야 돼요. 그럴 때가 됐습니다. 주사파면 어때,

인마, 사람 살다 보면 김일성 존경하는 놈도 있을 수 있지. 이런 유연한 분위기가 돼야지 통일도 되고 이 사회가 발전하지, 50년대, 60년대 수준에 묶여 가지고 공산주의라고 할까 봐 벌벌 떨고, 빨갱이 소리 들을까 봐 눈 돌리고 피해의식에 절어서 일단 디펜스부터 하려고 하면 안 된다 그겁니다. 제가 얼마 전에 『오마이뉴스』에 "그래 나 빨갱이다. 어쩔래?" 이런 내용을 담은 글을 쓴 게 있습니다. 이런 문제는 더 확장되고 보다 더 열리는 쪽으로 해야 근원적으로 해결된다고 봐요. 선거부정이니 패권주의니 하는데, 그것은 본질이 아닙니다. 그럼 왜 박근혜한테는 패권주의라고 욕 안 합니까? 박근혜는 다 제멋대로 하는데. 왜 항상 민노당만 패권주의냐고? 그건 구실입니다.

양동주 저도 같은 생각인데요. 우선은 현실정치에서 민심, 일반적인 국민들의 정치의식을 따라가야 되는 측면이 있기 때문에 사이비 진보주의자들이 반공 반북주의로 나대는 것인데, 이번에 먹혀들어 갈 수 있었던 것은 국민들도 똑같이 반공주의, 반북주의, 좀 더 사회과학적인 용어로 얘기하면 파시즘이죠. 한국전쟁을 겪고 계속 민간 또는 군사 파시즘 아래서 50년 동안 살아오면서 우리들 안에 파시즘이 거의 내면화됐다고 생각합니다. 그래서 일반 시민들도 그렇지만 지식인들, 보수 지식인뿐 아니라 진보를 자처하는 지식인들도 스스로 내면화된 파시즘 때문에 거의 무의식적으로 자기 검열을 한다는 느낌이 있어요.

반면에 한참 주사파가 운동권을 휩쓸었을 때, 전향한 김영환처럼 실제로 북한에 가서 노동당에 가입하거나 북쪽의 지시에 따라서 움직인 구체적인 전례들이 있기 때문에, 같은 진보 진영 내에서나 보수 쪽에서도, 그리고 그걸 받아들이는 국민들한테도 설득력이 있다는 거죠. 그래서 특히 거기에 해당하는 사람들, 예를 들면 민혁당에 관계됐던 이석기 씨가 비례대표로 나오는 것은 아직은 현실정치에서 다분히 공격의 빌미를 줄 수 있는 것이기 때문에 처음부터 나오지 말았어야 했다고 봅니다.

김갑수 90년대에 구소련과 동구권이 붕괴될 때 진보세력이 숱하게 전향하는 걸 보면서 저는 이해할 수가 없었어요. 구소련은 진정한 사회주의와는 거리가 먼 공산 전제국가였습니다. 그런데 소련이 무너졌다고 해서 진보주의자가 흔들렸다는 것은 그들의 진보주의가 매우 사대주의적이었다는 방증이지요. 중국 사회주의는 구소련과 동구권이 무너졌음에도 불구하고 새로운 이념을 수용하면서 더욱 발전해 나갔습니다. 우리의 사회주의도 우리 것을 찾아서 새로운 논의구조를 만들었어야 되지 않았나 싶은데 그러지 못했고 위축된 나머지 반공 파시즘에 눌려 버린 겁니다. 벌써 20년 가까이 흘렀는데 그게 왜 여전히 작동하는

가를 파악하는 것이 중요합니다. 저는 지금 모든 이념의 논의구조가 반공과 자본에 억압되어 있다고 봅니다. 우리나라가 지금 진보·보수에 대한 치열한 논쟁이 가능한 상탭니까? 아니라고 봅니다. 기본적으로 역사적인 진실과 거짓의 대결도 끝나지 않았습니다. 이 상태에서 진보냐 보수냐의 논쟁은 사실 '변죽 울리기'일 따름입니다. 이번 사태에서 한경오를 비롯한 진보언론들까지 진실이 아니라 파당논리로 접근했다는 것은 역사적으로 진실과 거짓에 대한 핍진한 논쟁이 없었던 결과라고 봅니다.

양동주 덧붙이고 싶었던 게 이념문제인데요. 진보라는 개념 자체가 사실은 비과학적이고 한국적인 특수상황에서 나온 개념입니다. 보수·진보는 상대적인 것이라서 프랑스 혁명 때는 자본주의, 자유주의가 최고의 진보였듯이 지금의 시대에서 그냥 진보라고 표방하는 것 자체가 사실은 사회주의나 공산주의라는 용어를 피해 가려는 자기 검열적이고 비정상적인 용어라는 거죠. 우리나라의 대표적 진보 학자이신 최장집 선생님이 늘 자신은 사민주의자라고 하시다가 최근에는 자신은 평생 자유주의자였다라고 하고 계신데, 그 글을 보면, 1968년 프랑스 5·8혁명 후에 득세한 신좌파에 대항해서 신우파가 형성됐는데, 그들의 이론적 기반이 된 신철학파의 논리를 상당히 베낀 거예요. 그게 요즘 아마 미국에서 최첨단 유행인가 봅니다. 유럽의 18~19세기 온갖 이론가들을 전부 동원해 가지고 자유주의가 사회주의까지 포함하는 진보의 핵심이고 이 시대 최고의 사상같이 포장해 놨던데 자유주의는 분명히 자본주의를 뒷받침하는 정치사상입니다.

설령 자유주의가 진보의 핵심이라 인정한다 하더라도 최소한의 자유주의는 사상의 자유를 허용해야 하는 거죠. 그래서 우리나라도 공산당 허용해야 하고 아까 말씀하신 대로 누가 김일성주의가 좋다고 한다면 그런 사람도 인정해야죠. 그게 진짜 자유주의인데 우리나라 자유주의자들은 그런 최소한의 자기 자유주의도 못 지키면서, 지키지 않으면서 오히려 공격을 한다는 말이죠. 그러니까 저는 그 자유주의자들도 사이비 자유주의자들이라고 생각해요. 특히 거기 앞에다가 '진보' 자 붙여서 진보적 자유주의자들이라고 자처하는 사람들이 자기들을 새 시대 유행같이 얘기하는데 그 사람들이야말로 사이비 자유주의자들이에요.

사회자 우리 안에 내재된 파시즘은 저 스스로도 인정하고 가야 할 문제인 것 같아요. 통진당 종북 논란과 주사파 공격이 한창일 때 학생 시절에 NL 민족해방 계열이었던 친구들에게 전화해서 물어봤어요. "야, 너네 NL 계열 뭐 공부했는지 좀 알려줘 봐." 그랬더니 그 친구들 말이 비슷한데 '품성론' 만 열심히 읽었대요. 주변 사람들한테 잘해야 된다는 거. 이걸 정말 열심히 배웠대요. 주사의 다른 이론들까지 열심히 공부했던 친구들은 거의 없었던 거 같아요. 그 품성론이라는 게 북한 이론이라고 해서 이렇게까지 공격받을 일인지, 왜들 이러는 거지 싶었습니다.

김준식 그런 메커니즘이 작동하는 이유는 자본이 강대하기 때문에 그래요. 한경오같은 경우 절대 이런 태도를 보이면 안 되는데 사실은 자본으로부터 독립적이지 못한 겁니다. 우리가 그걸 극복하지 않으면 이 종북 논란은 언제든지 재발될 수 있는 것이고, 그러기에 거기에 대한 고민을 정말 많이 해야 됩니다.

진보정당 시즌2를 주창하는 지식인들의 우경화

사회자 진보언론에 이어서 진보적 지식인들의 문제에 대해 논의해 보고 싶습니다. 통진당 사태에 대해 우리 사회의 진보 지식인들이 사실 확인의 의무도 방기한 채 조중동과 한경오의 주장을 그대로 받아들이고 동조하는 모습을 보였고, 거기에 실망해서 통합진보당에 대거 입당해 진보정당 시즌2를 열자는 주장까지 나왔거든요.

김갑수 모두가 그런 것은 아닌데, 현재 거의 모든 지식인들이 구당권파를 비판하는 것처럼 보이는 이유는 구당권파를 옹호하는 글은 기사화되지 않기 때문입니다. 예를 들면 『오마이뉴스』 편집부의 사전 검열이 아주 심해요. 마음에 안 들면 다 자르지요.

사회자 신당권파를 비판하는 건 안 싣는 건가요?

김갑수 네. 자기들 취지에 안 맞으면 기사에 시비 걸고 어떻게 해서든지 빼든지 축소하든지.

사회자 김갑수 선생님은 『오마이뉴스』 최고 베테랑 시민기자 중의 한 분인데 선생님마저 이렇게 느끼시면….

김갑수 무력감을 느낍니다. 부아가 치밀 때도 있고…. 이번 통합진보당 사태만이 아니죠. 친노세력이 힘이 있을 때는 우리나라 진보매체들이 통합을 얘기 안 했어요. 그래서 제가 통합을 해야지 다음 대선에서 정권을 잡을 수 있다고 글을 쓰면 바로 편집부에서 반발이 들어와요. 통합만이 능사가 아니라고. 그러다가 친노가 야권에서 밀리잖아요. 그럼 통합 주장하고 나서요. 이런 게 『한겨레』, 『오마이뉴스』, 『경향신문』의 공통점이에요.

사실 친노들의 배타주의와 분열주의는 심각해요. 대북관계 의식은 불건전하고. 저는 노무현이 경선하는 과정까지는 드라마틱하게 잘 지켜봤습니다만, 대북송금 특검 시작한 것 보고 저렇게 대북관계가 불건전하고 막혀 있어 가지고는 아무것도 될 일이 없다고 결정적으로 실망했어요. 지금 우리나라 진보매체라는 것이 너무 친노세력에 좌지우지돼요. 물론 안 그런 분도 있지만…. 비교적 영향력 있거나 힘 있는 사람이 친노세력에 비판적인 글을 쓰면 마지못해 실어 주지만 모든 편집이라는 게 제목을 어떻게 하고 몇 시간 동안 어디에다 걸고 이것에 따라 조회수가 엄청나게 달라지잖아요? 『오마이뉴스』에 안철수 원장에 대한 글을 쓰다가 "안철수 입장에서는 이런 사람까지도 구태 정치인으로 비칠 것이다" 하면서 주요 기성 정치인을 열거했는데 막상 기사로 실린 것을 보니 여러 사람 중에서 문재인만 쏙 빠져 있어요. 평소 편집부가 사소한 것 고칠 때는 일일이 질문하면서 그런 중요한 것 뺄 때는 질문도 안 해요. 심각한 수준입니다. 자기들의 정치적 기준으로 재단하는 식의 사전 검열, 이런 것이 혁파되지 않으면 대한민국 저널리즘에 희망이 없어요.

노무현 수사 당시의 보도 태도 얘기를 한번 해볼까요? 나는 노무현에 대해서 비판할 자격이 있는 비판적 지지자입니다. 그래서 나는 노무현에 대해서 비판할 것은 비판했고, 예를 들어 나는 노무현이 퇴임 후 봉하마을에 가는 것을 반대했지요. 두둔해야 할 것은 두둔했습니다.

그런데 비판 기사는 작게 실리고 두둔 기사는 크게 실리는 겁니다. 그러다가 노무현 수사 들어갔죠? 그때부터 저는 노무현 비호하는 글을 네 편이나 『오마이뉴스』에 줬는데 평소와 다르게 아예 기사 취급도 안 하는 수준으로 실었어요. 그러다가 또 갑자기 노무현 죽으니까 나보고 노무현 두둔하는 글을 써 달래요. 오히려 저는 톤을 가라앉히고 썼어요. 노무현 수사 받을 때 유시민이 어떤 제스처를 취했는지 제 글에 그대로 다 있어요. 대학 강연하던 거 딱 그만두면서 자숙 모드를 취하고, "사실 나는 노무현 잘 모릅니다."라고 말했잖아요.

『오마이뉴스』 들어가서 읽어 보세요. 그때 썼던 네 편의 글을. 수사 받을 당시에 제가 노무현을 얼마나 옹호했는지를요. 『오마이뉴스』나 『한겨레』나 『경향신문』에서 저처럼 쓴 글이 단 한 번만 톱에 올랐어도 노무현 자살 안 했을지 몰라요. 제가 볼 땐 노무현을 죽인 건 진보 언론이에요. 문재인 씨도 자기 책에서 진보언론의 비난이 참을 수 없을 정도로 더 아팠다고 했잖아요. 왜냐하면 막말로 조중동이 '지랄' 떠는 건 별로 상심이 안 돼요. 그런데 『한겨레』, 『오마이뉴스』 이것들이 노무현 수사 받게 되자 검찰 발표 받아쓰면서 변화하는데 정말 나폴레옹 당시 프랑스 신문 표변한 것은 저리 가라 할 정도였지요. 그래 놓고 나서 죽으니까 갑자기 또 불세출의 영웅으로…. 저널리즘 연구하는 사람들이 그때를 좀 연구할 필요가 있어요.

김준식 저는 진보의 개념을 인간심리학적으로 보고 싶은데, 인간의 불완전성 그 자체를 완결로 보는 측을 보수라 생각합니다. 그다음에 인간의 내재적 불완전성을 극복할 수 있는 과제로 보는 건 진보예요. 그래서 진보다 보수다 해도 대부분이 5 대 5입니다. 이런 개념을 전제로 해서 정치문제로 들어가면, 현실의 불완전성을 극복하려고 노력하는 입장인 진보는 당연히 통일을 얘기해야죠. 한국 사회의 불완전성을 대표하는 가장 큰 문제 중 하나인 분단에 대해 회의하지 않는다면 진정한 진보가 아니라고 생각합니다. 지금 통일문제가 사회적 이슈로 잘 되지 않는 원인은 통일문제가 사는 데 직접적으로 이익과 관계가 적기 때문이에요. 우리 사회구조는 대단히 물질주의적이고 탐욕적이어서 통일문제가 대단히 중요함에도 불구하고 현실정치에서는 상당히 뒤로 밀리는 경향이 있는데 그럼에도 통일을 거론하지 않는 사람은 진보로 볼 수 없다고 생각합니다.

정태인이 진보 시즌2를 주장한 문제를 어떻게 볼 수 있느냐. 으음….저는 지금 진보 시즌2는 허구라고 봐요. 진실과 거짓이 정립되어 있지 않은 상태에서의 혁신 같은 것은 전혀 아무런 힘이 없는 것이고 다행히 이번 사건을 통해서 진실이 정치적 당위보다 우위에 선다는 것이 보편화될 때 비로소 가능해질 겁니다. 구당권파도 상당히 비밀주의적인 행동이 있었어요. 우리가 현실적으로 혁명정당 하자는 건 아니잖아요. 정당법에 의해서 대중적으로 지지를 받아서 공당으로서 활동하는 것인데 그렇다면 비밀주의적 관행은 없어져야 하고, 이번 기회를 통해서 많이 완화될 것이라 봐요. 그런 측면에서는 진보가 다시 한 단계 업그레이드되는 계기를 맞을 것이라 생각하고요. 저는 노동문제하고 통일문제를 분리시켜 놓으면 풀 수 없다고 보는 입장이거든요. 왜냐하면 자본 제약이 너무 강대하기 때문에 그것에 대항할 수 있는 힘을 얻기 위해서라도 노동을 안고 가야 합니다.

양동주 일반인들이 통일에 관심이 없다는 문제에는 두 가지 측면이 있는 것 같아요. 우선 한국 사람들이 고도로 발달한 후기 자본주의 사회에 살면서 철저하게 물신화, 탈정치화되어 정치에 관심이 없는 거예요. 한마디로 내가 우선 잘 먹고 잘 사는 게 중요하지 공동체의 이익, 공동선, 이념 이런 것에 별 관심 갖지 않아요. 그런 사회에서 막연하게 우리의 소원은 통일이라는 식으로 교육을 받아 왔고 헌법에도 그렇게 돼 있고 반공 이데올로기까지 겹쳐지지요.

독일의 경우도 브란트가 정상회담을 하기 전까지는 90%가 통일에 찬성하는데 정상회담 후에는 찬반이 50 대 50으로 바뀝니다. 전쟁에 대한 공포가 없어졌기 때문이지요. 우리나라도 마찬가지인데 통일해야 한다는 가장 직접적인 이유가 분단상황에서 전쟁 발발 우려예요. 자기 먹고사는 게 제일 중요한 사람들에게 갑자기 자기가 죽을지 모른다는 건 최악의 상황이거든요. 그리고 동서독 정상회담 후에 우리 식으로 말하면 무지막지하게 퍼주기를 했고 거의 자유 왕래가 되면서 현재 우리와 비슷한 의식을 서독 사람들이 동독에 대해 갖게 됐어요. 저 못사는 애들 귀찮다. 맨날 뭐 줘야 되고, 우리 먹고살기도 바쁜데 우리 세금으로 쟤들까지 줘야 되냐. 그래서 독일 통일 직전 여론조사를 보면 90%가 통일에 반대합니다. 그런데 금융자본과 제조업 대자본들이 자기들의 이익을 위해서 통일을 강행하죠.

우리도 지금 똑같이 가고 있어요. DJ 정상회담 하고 나서 남북 간에 큰 국지전이 일어나도 별 동요 안 해요. 전면전은 안 일어난다고 믿는 거죠. 그래서 통일 찬성이 많이 줄었어요. 또 서독이 동독에 했던 것에 비하면 전혀 퍼주지도 않았는데, 구 소련이 망한 후에 북한 경제가 1/20로 줄어들어서 정말 굶는 지경이니까 싫은 거예요. 그래서 통일 비용이 1조 달러라는 통일 부담 공세가 나오고. 하여튼 못사는 북한

이 귀찮아졌어요. 그게 일반적인 국민들의 정서일 거예요. 물론 편차는 있지만 평균은 그런 과정을 겪고 있어요.

지식인들 문제는 이것과 나눠 봐야 하는데, 거꾸로 지식인들 중에서도 문제가 되는 건 사민주의적인 경향을 가진 속칭 PD계열이라는 지식인들이 문제인데 우리나라가 실제로 노동과 자본을 중요히 여기고 또 대부분 서구 이론을 그대로 받아들이는데, 서방의 좌파 지식인들한테 민족주의란 곧 제국주의예요. 제국주의는 악이죠. 전쟁 일으키고, 제3세계 착취하고, 실제로 우리나라도 제국주의의 일원, 즉 아제국주의가 돼서 제3세계 착취하고 살지요. 그러나 우리가 아제국주의가 된 건 맞지만 분단문제가 해결되지 않은 상태에서 우리의 민족주의를 제국주의와 동일시하여 나쁜 걸로, 심지어 파시즘이라고 하는 건 명백한 오류죠. PD계열 지식인들이 서방 좌파 지식인들의 공식을 그대로 받아들이는 오류에 휩싸였단 거죠. 홍세화 씨나 더더군다나 분단 같은 걸 경험해 본 적 없는 러시아계 유태인 박노자 같은 사람이 대표적이죠.

김갑수 아까 말씀드렸듯이 서양 사회주의를 선망하면서 민족문제를 외면하는 진보들이 있어요. 진중권, 홍세화. 제가 그래서 예전에 「홍세화 진중권의 된장 사회주의를 비판한다 - 종북이라고? 차라리 '빨갱이'라고 해라」(『오마이뉴스』 2008. 1. 30.)라는 글을 한번 써 봤었어요. '된장 사회주의'란 사회주의는 사회주의인데 서구 것만 무조건 좋다는 취향의 사회주의이지요. 그들은 진보가 곧 복지인 줄 알아요. 복지도 물론 진보의 한 요건이죠. 하지만 우리에게는 엄연히 남북문제가 있는데…. 참여당이 민노당에 들어가서 요구한 게 뭡니까. 평화협정 체결에 따른 한미동맹 해체, 주한미군 철수, 국가보안법 폐지, 이런 내용들이 당의 강령에도 있는 민노당의 대미·대북 정체성이에요. 그런데 그것으로는 국민 지지 못 받는다고 하면서 그거 고치라고 하면 크게 잘못된 거죠.

선사퇴, 후진상규명은 어려웠나?

사회자 이번 통합진보당 사태에서 여론의 집중포화를 당한 문제가 이석기 김재연 의원의 사퇴 문제인데요, 통합진보당을 지지하는 분들 중에서도 대처 방안에서는 다른 의견을 표명하시는 분들도 많은 것 같거든요. 억울한 건 이해하는데, 진보당에 대한 공세는 금방 색깔론으로 넘어가니까 억울하더라도 일단 사퇴하고 그 후에 진상규명해서 통합진보당이 입을 피해를 줄였어야 하는 것 아니냐, 하는 의견이지요. 또 계속 사퇴 안 한다니까 권력에 집착하는 것 같고 반성 없이 버티기만 한다는 비판도 있는 것 같구요.

김갑수 저는 먼저 걸핏하면 무조건 사퇴를 요구하는 이상한 정치 현상에 대해서 짚어 봐야 한다고 봐요. 대한민국은 툭하면 사퇴하라 그러는데 그건 진보라는 사람들이 더해요. 직업이라는 것은 그 사람의 생업입니다. 국회의원이 됐으면 그게 그 사람들의 직업이에요. 사퇴를 하는 데는 법적으로 근거가 다 있잖아요. 저는 옛날 한나라당 강 뭔가 하는, 아나운서 욕한 의원 사퇴하라 할 때도 개인적으로 반대했어요. 그건 우선 자기가 알아서 할 일이고, 법에 따라 처리하면 되는 거지 무조건 사퇴하라고 소리 높이고 그것으로 자기 도덕성 높아지는 줄 아는 풍토가 잘못이에요. 대표적인 게 진중권이에요. 말 함부로 한다는 이유를 들어 저 동양대학인가 이제 겨우 들어간 거 사퇴하라고 하면 기분이 어떨까? 사퇴를 하라고 할 때는 근거가 있어야 할 거 아니에요? 생업인 데다 자기가 혼신을 다 해서 이룬 건데. 그리고 국회의원이 어떻게 하면 사퇴해야 된다는 게 다 법에 있잖아요. 이게 꼭 진보·보수 이런 문제가 아니라 한국 정치, 지식인 사회의 '퀄리티' 문제라고 봅니다.

양동주 저는 아까도 얘기했지만 이석기 씨는 출마를 안 했어야 맞는 거라 생각하지만 이미 출마해서 당선된 이후에, 부정선거 책임으로, 그것도 공정하지 못한 조사와 부당한 혐의로, 이석기 씨뿐만 아니라 김재연 씨, 조윤숙 씨 등 경쟁부문 후보들은 일괄적으로 다 사퇴하라 이랬을 때 그거는 신당권파의 짜여진 각본이고 그들의 엉터리 공세를 인정하라는 얘기기 때문에 절대 사퇴할 수 없는 일이라 봅니다.

더군다나 그다음엔 사퇴를 안 하면 당에서 제명하겠다고 나왔는데 그건 보수 정당에서도 있을 수 없는 일이에요. 야쿠자나 마피아 같은 조폭이라면 연합체니까 대표들이 모여 가지고 이번에 희생타로 재감옥 보내고 이 선에서 매듭짓자 그럴 수 있겠지만, 정당이라고 이름을 붙인 데서 서로 승복되지 않고 합의되지도 않고 명백히 밝혀지지도 않았는데 일방적으로 제명을 하겠다? 그리고 조폭보다 더 못한 게, 국회의원에서 제명하라고 새누리당이 먼저 얘기한 거 아니잖아요. 박근혜 국가관 발언 뒤에 한경오는 사실은 저희가 먼저 그래 놓고, 갑자기 태도를 바꿔 가지고 박근혜 욕만 하던데, 자당 국회의원들 그리고 비례 후순위 후보들이 저들 말대로 모조리 사퇴하면 승계할 후보가 없어서, 자기네 의석수가 줄어드는데, 그건 조폭도 안 하는 짓이에요. 조폭은 이해관계로 희생타로 처리하지 갖다 바치지는 않아요. 동료를 팔아넘겼잖아요. 빨갱이 누명을 씌워 가지고 자르라고 요구했단 말이지요. 그런 상황에서 사퇴하는 건 길 가다가 도둑놈한테 얻어맞고 돈 뺏기고 그러고서 나한테 잘못했다 빌라고 한다고 비는 것과 같아요. 도둑놈도 그런 짓은 안 해요. 때리고 패고 뺏고는 네가 잘못했으니까 사과까지 하라는 놈은 없어요.

김준식 선사퇴 후진상규명, 말은 그렇게 할 수 있지만 불가능한 얘기고요. 저도 사퇴는 반대입니다. 정말 유시민이 어떤 측면에서 그런 얘기를 했는지 모르지만 이건 정치 도의상 있을 수 없는 문제고, 다만 좀 아쉬운 게 있어요. 뭐냐면 아까도 말씀드렸지만 우리가 혁명을 논하는 게 아니면 당을 전술단위로 보면 안 된다고 생각하거든요. 정당법에 의해서 공당으로 활동하기 때문에. 그러면 공직에 진출하려는 사람들은 대중에 대해 일정 책임질 부분이 있습니다. 그런 의미에서 이석기라는 분이 당원들에게 많이 알려진 분이 아닌데, 그분이 지역구를 택해서 나왔다든가, 그래서 정당하게 주민들에게 인정받았다든가 또는 좀더 당이 안정화된 다음에 당에 자기 존재를 알린 이후에 비례대표가 되었으면 하는 아쉬움은 있어요. 그럼에도 불구하고 사퇴는 그런 식으론 안 된다는 거죠. 앞으로 사태가 진정된 다음에 이러이러한 문제 때문에 내가 사퇴하겠다면 명분이 설 거예요. 그러나 지금 상태에서는 죽는 한이 있어도 못 하는 거죠. 저는 그렇게 생각합니다.

사회자 제가 아는 통진당 일반 당원들한테 물어봤을 때 이석기라는 사람을 잘 아는 사람이 없었어요. 그런데 어떻게 비례대표 공천이 그렇게 쉽게 된 건지 물어봤는데 이번 선거에서는 야권 연대 과정에서 민주당하고 경선을 해야 하기 때문에 웬만큼 이름이 알려진 사람은 무조건 지역구로 나가야 했대요. 그래서 비례후보 전체가 듣보잡이 되었다네요. 그렇다 해도 그렇게 무명인 사람이 어떻게 그리 많은 표를 받았을까 하는 것도 신기해서, 조직에서 찍으라고 해서 알지도 못하는 사람 무조건 찍었냐고 물었더니 선거운동 영상물을 보고 정해서 찍었다고들 해요.

김갑수 선거 기획사 대표니까 선거운동은 잘했겠죠.

사회자 이석기가 전남교육감인가 선거홍보 맡아서 당선시켰잖아요. 당시 호남 쪽 친구한테 들었는데 정말 홍보를 잘했다고 하더라고요. 근데 지금 순천 검찰이 그 문제로 수사하고 있잖아요? 국고 사기라고. 이건 또 뭔가요?

양동주 장만채 교육감이 검찰 조사를 받기 시작한 건 이 사건 훨씬 전이지요. 선거를 치러 보면 아는데 선거 기획사가 선관위 신고를 하면 보조금도 나오고 신고해야 될 의무도 있고 한데, 실제로 어떤 선거든지 80%의 돈이 드는 건 조직 활동비예요. 선거운동하는 사람들이 활동하면서 먹고 자고 하는 돈. 그런데 우리나라 선거법상 가장 많이 인정해주는 게 홍보비예요. 우리나라 선거법이 반정치법이라서 그 선거법을 지키고서는 어떤 선거도 할 수가 없어요. 그래서 선거 기획사가 어떤 선거본부의 홍보를 맡으려면 선거법이 홍보비를 가장 많이 인정해 주기 때문에 조직 활동비 쓴 거까지 홍보비에 얹어 주는 게 관례예요. 다 그렇게 해요. 하지만 그것도 법에 걸면 걸리게 돼 있어요. 근데 그걸 트집 잡아서 부정행위라고 터뜨렸죠. 또 30 몇 억을 벌었다는 등 빌딩을 샀다는 등 터무니없는 기사를 냈는데 선거 기획사라는 게 원래 별로 남는 거 없어요. 35억이 매출로 잡혀 있어도 실제 매출도 아니고 순이익은 더더욱 아니에요. 기사 쓴 기자들도 선거 쫓아다녀 봐서 뻔히 알면서, 자기들 먹고 간 밥값도 홍보비에 얹어서 계산하는 것 뻔히 알면서 그런 기사 썼죠. 정말로 악질들이에요. 순천지청은 허위 신고 혐의로 CNC 사장과 직원들을 긴급체포했죠. 과잉 수사죠. 소환장 아침에 띄워 놓고 오후에 가서 긴급체포했어요. 소환장 받자마자 어떻게 순천까지 달려가요.

사회자 그런데 통합진보당 구당권파가 이렇게까지 사면초가가 된 데는 스스로 자초한 면도 있지 않을까요? 폭력사태 같은….

양동주 폭력사건에 대해서는 분명히 짚고 넘어가야 될 것 같은데요. 충분히 예상할 수 있는 상황이었기 때문에, 그런 일이 일어나지 않도록 사전에 구당권파 지도부가 당연히 통제를 했어야 됩니다. 중앙위원회 하다가 심상정 독재로 분위기가 격앙되었을 때 더 이상 회의가 무의미하니 니들 마음대로 하라고 선언하고 현장에서 데리고 다 같이 나가 버리든가 했어야지, 그걸 방치해 놓으니 젊은 당원들의 혈기로 그런 사태가 일어날 수밖에 없었죠.

김갑수 신당권파 측은 너희들이 폭력 쓰면 우린 더 좋다, 그런 게 분명히 있었어요. 사건 직후 유시민이 인터뷰했는데 "그들이 설마 의도적으로 폭력을 썼다고 생각 안 합니다." 이런 언론 플레이나 하고.

양동주 우리 사회는 왼쪽으로 갈수록 훨씬 더 철저한 도덕성 잣대를 대니까, 진보당의 작은 싸움은 훨씬 더 크게 충격적으로 와 닿게 하는 것이고, 민주당에서 했으면 훨씬 덜했을 거고 새누리당이 했으면 당연한 거다 하는 거고.

김갑수 그러니까 제대로 된 발언으로 자꾸 국민들을 계몽시켜야 되요. 수준 낮은 대중을 따라갈 생각 하지 말고 대중보다 반보나 일보 앞서가면서 대중을 부단히 참진보로 이끄는 노력이 있어야 하는데…. 이정희 대표 오늘 인터뷰한 것도 봤습니다만 약해요. 너무 약해요.

사회자 약해서 안타깝고 보호해 주고 싶은 그거지 지도자로 따르고 싶지 않은 거죠.

김갑수 그거죠. 보호본능 불러 일으켜 가지고 표 얻으려고 하면 안 되죠. 정치하는 사람들이. 그리고 이정희 왜 이렇게 자주 울어. 울면 안 되는 거예요. 남자건 여자건 정치가인데. 울려면 남 없는 데서 울어야지. 그런 것도 미숙한 거예요. 지난번 곽노현 사건 있었을 때 동아대 정모 교수가 글 썼잖아요. "도덕이 진보의 특성이라고? 개 풀 뜯어 먹는 소리하지 마라." 제목에 아예 '개 풀 뜯어 먹는 소리'가 들어가 있는 글이에요. 진보의 특성은 능력이다. 보수야말로 도덕이다. 진보가 도덕을 지나치게 내세우니까 새누리당이 하면 봐주고 민주당이 하면 조금 욕하고 진보당이 하면 많이 욕하고, 이렇게 되지요.

김준식 아까도 말씀드렸듯이 우리 사회에서 진보·보수의 개념이 사실은 바뀌어 있어요. 진실문제는 사실은 보수가 더 관심을 가질 문제입니다. 진보는 그걸 깨야 되는, 관행적인 도덕 같은 것을 깨야 되는 측면도 있기 때문에 이렇게 도덕적인 것에 얽매일 필요는 없는데. 그러나 지금 우리는 국민 수준을 항상 생각해야 한다는 거죠.

김갑수 이게 50년대하고 비슷한 수준이에요. 아까 제가 선거 부정은 명분이고 근저에는 종북 몰아치기가 있다고 했는데 2008년 분당 때도 이거랑 비슷한 점이 많아요. 50년대에 했었던 논쟁도 큰 차이 안 납니다. 항상 남북포용 세력이 패배를 해요. 그리고는 다시 살아납니다. 우리 역사에서 이런 일이 계속 반복되어 왔어요.

이제는 시간이 몇십 년 흘렀으니까 북한 문제에 대해서 진보도 나름대로의 논리를, 더 세련된 논리를 계발하고 그걸 국민들한테 홍보를 해야 돼요. 당장 대표적인 게 북침, 남침론. 그다음에 3대 세습론. 이런 것에 대해서 논리를 계발 않고 무조건 '양심의 자유에 따라 대답 않는다', 이것만 해서는 안 된다 이겁니다. 물어봤을 때는 대답 안 하더라도 안 물어봤을 때 적극적으로 나설 수 있는 논리가 필요합니다. 예를 들어 3대 세습을 물어보면 즉석에서 대답 안 하더라도, 평소에 북한의 정체성을 달리 규정해 주면 돼요. 북한은 조선시대로 돌아간 나라에요. 조선시대의 정치제도가 신자유주의 체제의 정치제도보다 꼭 나쁘다는 보장도 없고 또 나쁘다 한들, 그 나라가 왕조 국가라고 한들, 협상 안 해요? 사우디하고 협상 안 해요? 수출 안 해요? 이런 논리를 더 계발해야 한다 그겁니다. 지금 왕조 국가도 엄연히 10여 개국 이상 있지요.

그리고 정말로 답답한 게 북한이 무슨 인공위성 쏴 올렸는데 진보라는 작자들이 '그게 순수한 위성만은 아닌 것 같다?' 그런 말하는 자들이 무슨 진봅니까? 진보랍시고 핵을 반대한다면 미국 중국의 핵을 반대한다고 말하는 진보 한번 봤으면 좋겠어요. 그리고 '주권국가가 미사일 쏘는 게 당연하다.' 이렇게 나오는 진보가 이제는 등장할 때가 됐다 이겁니다. 지금 젊은이들 그렇게 얘기하면 거의 이해해요. 그런데 심지어 민노당 구당권파도 '북한을 간섭해서는 안 된다' 이런 소극적인 말이나 하고 있으니 낡았다 이겁니다.

고 박영재 당원 장지에 따라온 기자가 거의 없었다

사회자 이번 과정에서 5월 14일 분신한 박영재 씨 얘기는 꼭 짚어 봐야 할 것 같습니다. 이분이 분신 전에 밤을 새워 작성하여 「유시민 심상정 공동 대표님 통합의 정신으로 돌아오십시오」라는 제목의 호소문을 남겼는데 "야권연대를 파기하고 2012년 대선에 이겨 영구집권을 꾀하는 새누리당과 조중동에 힘입어 통합진보당 당권을 장악하려는 불법적인 행위를 멈추고 통합의 정신으로 돌아오십시오."라는 내용이었습니다. 수원에서 비정규직 노동운동을 했던 분으로 굉장히 성실하고 신망이 있던 분이라고 들었습니다.

김갑수 다른 분신에 비해서는 단연 묻히는 편에 속하는 분신이었지요. 총선 전에 광주에서 투신이 있었을 때에는 크게 부각시켜서 야당을 궁지로 몰았지요. 근데 이 분신은 훨씬 더 중대한 의미가 있는데도 언론이 외면하니 국민들이 몰라요. 가장 민감하고 첨예한 정치적인 문제 때문에 분신을, 가장 적극적인 방법으로 저항하고 목숨을 내놨잖아요. 그럼 당연히 애도와는 별도로 죽음의 원인을 밝히는 노력이 있어야죠. 이건 정치적인 문제에 앞서 인간적이고 도덕적인 문제죠.

양동주 문제는 국민들이 아니라 그걸 접하고 나서도 비당권파가 하등 양심의 가책을 느끼지 않는 것에 대해서 인간성을 의심해야 할 문제라고 생각해요. 자칭 자기들이 진보라면 적어도 최소한의 반성이나 행동의 변화 같은 게 있어야 하는데 일체 그런 게 없었다는 것은 그 사람들에 대한 최소한의 인간적 신뢰도 갖기 어렵게 만든 사건인 것 같아요.

김준식 저도 그렇게 생각하는데요. 인간적으로 볼 때는 정말 애석한 일이고. 다른 정파적인 입장이라기보다는 진실규명 때문에 한 생명이 죽었다는 것은 짚어야 한다. 그런데도 언론에서 전혀 조명이 안 됐다는 것, 이건 심각한 문제고요. 장지인 마석에 따라온 기자들이 거의 없었다는 것. 이건 죽음까지도 진영논리에 묻힌 거죠.
그리고 또 하나 문제는 박영재 님이 중앙위원회 폭력사태 때 조준호 대표를 잡았잖아요. 비정규직 운동에 굉장히 열심이었던 분이 조준호를 중점적으로 공격했다는 것은 심각하게 노동계에 분열이 있다는 얘기지요. 민주노총이 상당히 기득권화 돼 있다. 거기에 대한 반발이 비정규직에 팽배해 있다는 것도 보여 준다고 생각합니다. 우리나라

같은 경우는 대기업 노조하고 비정규직이 똑같은 일을 하면서 임금 차이가 너무 많이 나기 때문에 노동자로서 한 카테고리로 묶을 수 있는가 이 문제도 심각하게 고민해야 한다고 보고요.

어떻게 할 것인가

사회자 이제 마지막으로 통합진보당 사태를 어떻게 풀어야 할 것인지와 진보 정당 운동의 미래, 진보언론·진보 지식인의 역할에 대해서 한 말씀 해 주셨으면 합니다.

김갑수 진보가 진보다운 정체성을 유지할 때 우리 국민 수준의 성숙과 함께 어느 날인가 최대 야당, 또는 집권 여당으로 성장할 수 있다고 봐요. 진보가 보수 흉내 내고, 보수 끌어들여 가지고 인기나 높이려고 한다면 그건 자멸의 길이에요. 이번 사태가 그걸 증명하잖아요.

그리고 진보 지식인도 문제예요. 우리가 얼마나 민주주의를 고대하면서 힘겹게 살아왔어요? 그런데 서구식 민주주의도 최선은 아니라는 성찰이 필요한 시점입니다. 서구식 민주주의가 최선이라면 어떻게 이명박, 부시 같은 자가 대통령이 될 수 있겠어요. 이런 제도에 대한 성찰이 필요해요. 그러니까 대의 민주주의나 서구식 민주주의에 신자유주의가 결합돼 버린 현실에서 현재 절대선이라 생각하는 서구식 민주정치를 다시 성찰하고 새롭게 모색하는 진보적 지식인이 나와야 한다고 봐요. 1987년 양 김 씨의 분열을 욕하지만 양 김 씨가 아니라 삼 김 씨가 분열했어도 그렇지 어떻게 노태우가 될 수 있어요?

그런데 노태우가 대통령 되게 하는 게 서구식 민주주의란 말입니다. 이를 약간 보강할 수 있는 결선투표제도 있지만, 어쨌든 진보적 지식인은 서구식 민주주의가 최선이라는 생각에 회의를 품어야 합니다. 예를 들어 중국 같은 경우가 그렇습니다. 중국은 일당독재로 공산당이 국가보다 위에 있는데도 정권 교체가 순조롭게 되고 있잖아요. 중국에서 당 간부가 되거나 정치 지도자가 되기 위한 첫째 스펙은 교육을 얼마나 받았느냐예요. 그리고 지금도 중국 정치 지도자들은 매일 교육 받아요. 이게 옛날 왕조 시대로 말하자면 경연입니다. 경연을 좋아하는 왕일수록 똑똑했잖아요. 성종이나 영조가 그랬죠. 그런데 요즘은 무식한 자들이 영향력 있는 자리에 들어서는 현상이 정치뿐만 아니라 전반적이에요. 그러니까 이런 것까지를 회의해야지, 그저 서구식 민주주의, 구닥다리 반공주의 이런 것에 짓눌려 버리면 진보가 아니다, 요컨대 새로운 모색을 해야 진보다. 이런 주장을 하고 싶습니다.

김준식 저는 통합파, 통합주의자예요. NL이고 PD고 분파적으로 가지 말자. 저는 진보 발전을 위해서 세 가지 주문을 하고 싶어요. 첫째는 김대중 대통령이 말씀하신 통일에 대한 정치철학을 가진 정치인, 둘째는 노무현 대통령이 말씀하신 민주주의 원칙, 셋째는 전태일 열사가 추구했던 가치. 이것을 하나로 통합시켜야 됩니다. 통합시켜야만 우리 진보 발전이 있고 집권이 있다고 보는 사람이에요. 그래서 그것을 이정희 대표가 할 수 있을지 모르지만 현재 드러난 인물 중에는 적임자가 아닐까 그리 생각합니다. 그렇지 않고서는 진보는 계몽만 하는 진보에서 벗어나기 힘들어요. 이정희 대표가 그간 보여 준 모습도 정파적

논리에 갇히지 않고 상당히 통합 리더십을 발휘했는데, 그것을 계속 하도록 해야지요. 나중에 다시 나올지 모르겠습니다만 그분을 한 정파에 가두는 일은 가급적 하지 말자. 그래야만 진보가 발전할 수 있어요. 저는 민주당이나 새누리당이 집권하면 똑같다고 생각해요. 그 세 가지가 통합되는 정치인을 성장시켜서 힘을 모을 때 진보 발전이 있다고 봅니다.

그다음에 진보 지식인에 대해서는 저는 실명 비판해야 한다고 봐요. 두루뭉술하게 누구, 이렇게 하는 게 아니라. 제가 이번에 통합진보당 사태에 관한 글을 쓸 때도, 작은 글이지만, 제일 먼저 시민광장에 실었는데 제 사진까지 실었어요. 한 번도 그런 적이 없거든요. 그러나 내가 누굴 비판하는데 내 얼굴 까고 비판해야죠. 그건 최소한의 예의고 신뢰라 생각합니다. 그래서 우리 진보 지식인들도 두루뭉술하게 하지 말자. 깔 때는 자기 이름으로 실명 비판 하고 그다음에 잘못한게 있으면 사과하는 게 필요하고요. 두 번째는 자기 이론과 행동이 일치하는 것 아니면 계몽하지 말자. 진중권이 대표적인 사례라고 봅니다. 진중권은 절대선을 누구한테나 적용해요. 특히 진보한테. 그러면 더 나빠지는 사람이 누굽니까. 조중동에서 받아쓰니까, 진보 하는 너희들도 나쁘지 않느냐 이런 논리가 생성돼요. 모두가 악마가 되는 도그마에 빠지게 되어 거악에 대한 비판의 논거가 사라지는 겁니다. 그런 걸 정말 조심해야 합니다. 그래서 자기가 행동하지 못할 것 같으면 계몽도 하지 말자 오히려 그게 낫다. 그런 사람이 있으면 실명 비판하자. 저는 실명 비판할 겁니다.

양동주 당대표 선거 결과에 상관없이 봉합하여 현재 상태의 통합진보당이 유지된다는 것은 불가능하다고 생각해요. 서로가 같이할 수 없을 만큼 했기 때문에. 이정희 대표가 '침묵의 형벌' 그만하고 '진보당 우경화 반대'를 걸고 반드시 대선 경선에 나가서 유시민과 대결해야 합니다. 같이 책임지고 사퇴했는데 심상정은 원내대표 하면서 자당 의원 제명한다고 야단이고 유시민은 대선후보 한다는데 왜 이정희 혼자 침묵의 형벌을 자처합니까. 계속 그러고 있으면 통합진보당이 우경화되면서 진보세력 전체가 망합니다.

이정희 대표와 구당권파 세력의 사고의 전환이 필요한데, 우선 3당 합당이 잘못된 판단이었다는 것, 현재 당의 우경화 움직임이 내 잘못이라고 사과하고, '진보당 우경화 반대'로 진보 좌파 색깔 분명히 하고 "보수정당과 연대 의미 없다."는 '독자후보론' 걸고 정면돌파해야 한다고 봅니다.

대선에서 진보당이 독자후보를 내세우면 민주당의 대선 승리에 지장을 줄 수 있다고 우려하는데, 그렇지 않습니다. 현실적으로 진보당의 독자후보 출마가 민주당 후보의 당락에 영향을 미치지 않는다는 게 그동안의 대통령선거 사전 사후 여론조사로 확인되어 있어요. 대선에서 민노당 후보를 찍겠다는 사람들을 사전 사후에 여론조사 하면 일관되게 확인되는 현상인데, "만약 민노당 후보가 야권 후보 단일화로 사퇴했다면 누구를 찍겠느냐"라는 질문에 대해 여론조사마다 약간의 오차는 있지만 대체로 새누리당과 민주당 찍겠다는 대답이 40대 40으로 나왔어요. 20%는 투표 안 하고. 민노당의 영남 지역 지지자들에게 '호남 당인 민주당이 되느니 새누리당이 낫다.'하는 정서가 있는 거죠. 현재는 호남의 진보당 지지자들이 민주당을 싫어하기 때문에, 이들의 기권으로 마찬가지 현상이 일어날 수 있어요. 이처럼 야권 후보 단일화가 당락에 영향을 미치지 않기 때문에 그동안 대선에서 민노당이 독자후보를 냈던 근거가 된 거고요.

특히 이번 야권 후보들은 어느 때보다도 새누리당과 차별성이 없기 때문에 통합진보당이 독자후보를 내서 진보정당 대통령 후보가 해야 될 진짜 얘기들을 하고 그걸 통해서 진보를 재규합하고 다시 외연을 확충해야 합니다. 유시민 등은 대선에서 민주당이 이기면 이기는 대로 여당 되었다고 우경화할 것이고 지면 지는 대로 지리멸렬될 것입니다. 때문에 이정희 대표를 필두로 대선 국면에서 진보 좌파 색깔 분명히 하고 거기에 맞게 독자행동하고 대선 후에는 진보신당·녹색당 등과 넓히고 합쳐서 진보정당 재창당하는 게 순리에 맞는 일이라고 생각해요.

김준식 저도 양 선생님의 현실인식에 동의하고요. 같이 가기엔 너무 상처가 큰 것 같습니다. 근데 이제 제가 세 가지 주문한 것은 누가 진보당을 이끌든 같이 가져가야 할 내용이다. 그래야지 발전이 있는 것 아닌가. 저는 지금 세 당이 같이 가는 건 현실적으로 불가능하고 그 세 가지를 동시에 추구할 수 있는 분이 진보의 리더가 되도록 여러 사람들이 도와야 한다고 봅니다. 박영재 님이 안 돌아가셨다고 생각하면 싸우던 것 멈추자 할 수 있는데 지금 상처가 너무 깊어요.

양동주 세계적 큰 흐름과 관련하여 한 가지 덧붙인다면, 지금 대공황이 진행되고 있는데 한국 좌파운동에서 NL, PD도 의미 없고 빨리 입장 명확하게 해야 한다고 봅니다. 이번 공황은 세계 대공황이고 장기 공황이라서 노동자 농민만이 아니라 중산층 등 국민 대다수가 경제적으로 엄청나게 고통받을 것인데 이런 상황에서는 기존 지배계급이나 대자본이 힘이 없어지고 정부가 재벌들의 생사여탈권을 쥐게 됩니다. 단기적으로는 파시즘으로 가거나 아니면 신좌파가 집권하는 양자 선택인데 나라마다 역사적 조건에 따라 달라질 테고요.

이런 상황에서 온건 중도 우파들이 어떻게 할 수 있는 것도 아니고, 좌파들에게는 헤게모니 잡을 수 있는 기회도 되고 다시 파시즘으로 가는 길 닦아 주는 역할밖에 못 할 수도 있습니다. 이런 상황에서 좌파가 성장하려면 자기 색깔 확실하게 하고 실제 무엇을 할 것인지, 사회대협약의 구체적 내용 준비하고, 종북이라고 하든 말든 남북관계 적극 제기하고, 반미도 확실히 하는 등 이념적 원칙 명분에 충실해야 한다고 봅니다. 이런 큰 흐름에 대한 생각이 없으면 진보의 미래가 위험합니다.

사회자 장장 네 시간 넘게 통합진보당 사태의 원인과 평가에서 미래, 나아갈 방향까지 함께 말씀해 주셨습니다. 통합진보당 당원도 아니고 아무런 이해관계가 없는 분들이 자발적으로 모여 통합진보당의 현재와 미래를 애정을 갖고 고민했는데 이런 열정이 있는 한 한국 진보정당, 진보세력의 미래는 밝다고 자부해 봅니다.

오랜 시간 수고하셨습니다. 감사합니다.

조준호의 오판, 심상정의 노림수, 유시민의 과욕, 이정희의 무대응

김철민 · 수원시민신문 기자

5월 2일 통합진보당 비례대표 선거 진상조사위 보고서 파문으로 시작된 사태는 14일 비례대표 사퇴,혁신비대위 구성으로 일단락 된 것처럼 보이지만 내부싸움은 이제부터라는 지적이다. 그러나 무엇이 똥인지 된장인지 파악하지 못하고, 내부싸움에만 귀를 기울이는 한, 진보당은 간판을 내려야 할지 모른다. 싸움의 득과 실을 누가 가져가는지만 자세히 보면 이번 싸움의 의도와 본색은 쉽게 드러난다.

사태의 발단이 된 지난 2일 진상조사위의 부실한 조사보고서를 살펴 보기 전에, 지난 총선 결과까지 거슬러 올라가야 사태의 본질이 보인다.

지난 총선 결과가 모든 것을 이야기해준다. 총선 결과 뚜껑이 열렸다. 당권파 절반의 승리, 울산을 중심으로 한 노동계 전멸, 참여계는 1석만 얻고 전멸, PD계 노회찬과 심상정 정도만 살아남았다.

이런 총선 결과를 받아보고 유시민과 심상정은 거의 패닉에 빠진다. 낙제점을 받은 울산을 중심으로 한 노동계는 한숨만 나왔다. 이제 유시민과 심상정, 조준호는 당권파의 조직력과 결합력에 누구보다 두려움을 느끼기 시작했을 것이다. 당권파들은 이정희가 물러난 관악을에 전심전력해 인지도가 바닥인 이상규 후보를 당선시키는 힘겨운 승리를 몸으로 실천으로 보여 주었다. 성남 중원에서도 중도 사퇴한 윤원석을 대신한 김미희를 당선시키기 위해 선거운동원들은 죽을 힘을 다해 운동을 했다고 한다. 자유주의자 유시민과 참여계가 아무리 자다 깨어나도 이렇게 할 수 있을까. 이대로 가다간 자기들의 입지는 줄어들 수밖에 없다는 것을, 당권파를 그대로 두고 자기들이 할 수 있는 일은 거의 없다는 것을 절망적으로 느낀다. 카드가 필요하지 않았을까.

조준호, 유시민, 심상정 등은 총선 성적표를 받아들고 오로지 내부에 시선을 돌린다. 당권파의 흠집과 부정이 필요했다. 조사위가 구성되었다. 이정희 공동대표는 실수를 한다. 조사위에 전권을 부여해 주었고, 조사위는 언론을 통해 비례대표 선거를 총체적인 부정선거로 전 국민에 노출시켰다.

이 대목에서 '부분'을 '전체'로 오판한, 아니 몰고 간 조준호의 과오는 이후 계속된다. 당권파는 즉각 조사위의 부실한 조사를 지적했지만 다음 날 조준호 조사위원장은 일부 사과만 하고 구렁이 담 넘어 가듯이 넘어갔다. 이어 이정희 공동대표는 조사보고서가 특정 후보자를 타깃으로 했다는 지적을 공청회에서 하지만, 뭔가 덧씌워진 조준호 조사위원장에게는 조사보고서 부실 지적이 귀에 들어올 리가 없다. 유시민과 심상정에게는 이정희의 지적은 그저 지적일 뿐이다. 그들이 가는 당권파 축출 길에 그저 거슬릴 뿐이다.

더더욱 조중동에 의해, 누가 뭐라 해도 조사보고서는 총체적 부정으로 낙인이 찍혔다. 2008년 종북주의가 다시 되살아났다. 마녀사냥이 따로 없다. 무슨 논리가 필요한가. 그저 부정으로 몰면 되는데. 이 지점은 총선에서 전멸한 노동계와 참여계의 타깃이 정확하게 일치하는 지점이다. 지금 민주노총이 진보당 사태에 대해 자기 입장을 내놓는 것에 앞서 선행되어야 할 것은 지난 총선 성적을 뼛속 깊이 먼저 반성하는 것이다.

총선 때 진보정치의 아이콘인 이정희를 관악을에서 찍어내고, SNS의 아이콘인 김용민을 찍어내고, 한미 FTA의 주범인 김종훈을 수단과 방법을 가리지 않고 당선시키고자 했던 극우보수세력들은 일타 삼피 중 관악을에서만 피를 주워 담는 데 실패했다.

　총선이 끝났지만 진보당의 조사보고서 논란 속에 강남을의 부정선거 의혹을 규탄할 시간과 여력은 주어지지 않았다. 그야말로 새로운 당권을 향한 유시민과 조준호, 심상정에게는 당내투쟁이 더 급했고, 더 중요했기 때문이다.

　12일 일산 킨텍스에서 열린 중앙위원회의(이하 중앙위)는 누가 봐도 폭력 사태 일보직전에 다가선 전운상태였다. 이미 보이지 않는 당권을 향한 전투가 진행 중이었기 때문이다.

　이정희 공동대표는 중앙위를 앞두고 12일 사퇴했다. 무책임한 행동이었다. 전투를 끝까지 책임졌어야 했다. 그러나 자신이 참여하는 '킨텍스 전투'를 피했다.

　중앙위가 시작되었다. 구호와 피케팅이 있었지만 회의를 전혀 진행할 수 없는 정도는 아니었다. 부분을 전체로 판단한 조사보고서를 채택한 비당권파가 이제는 유령 중앙당원 지적이라는 부메랑을 맞았다. 세 치 혀를 유감없이 놀린 유시민 부의장은 유령 중앙위원 지적에 대해서는 엄격한 민주주의 원칙을 적용하지 않는 너그러움을 발휘했다.

　그러나 심상정 중앙위 의장은 전운이 감도는 '킨텍스 전투'에서 당권파의 폭력사태를 유발하는 의사봉을 두드린다. 일부 중앙위원들과 참관인들의 반대에도 불구하고 강령 개정안을 만장일치로 처리했다. 실제 만장일치가 아니었는데도 불구하고 심상정 의장에게도 뭔가 덧씌워진 것이다. 곧바로 이를 반대하는 중앙위원들과 참관인들이 단상으로 올라 몸싸움을 벌였다.

　모든 언론에서는 진보당 폭력사태만 부각했다. 이를 기회로 심상정 등은 중앙위를 전자투표로 전환해 결국 자신들이 원하는 비례대표 사퇴, 혁신 비대위 구성을 관철시켰다. 조준호는 또 병원 입원과 깁스를 연출하며 탄압받는 공동대표로 나타났다.

이 자리에서 당권파를 두둔하고 싶은 생각은 없다. 그들의 영웅심, 폐쇄성, 조직 이기주의, 과도한 정세분석에 동의하지 않는다. 그러나 당권에 관심 있는 비당권파들이 이런 수단 방법을 가리지 않고 당권을 노리는 것은 백번 양보해도 아니라는 것이다. 비당권파는 부분을 전체로 보는 우를 범하지 말고, 사실관계를 제대로 파악한 뒤 당권파를 몰아내든, 분당을 하든, 종북주의를 주장하든, 마녀사냥을 하든, 언론플레이를 하든 하라는 것이다.

2008년 분당사태와 2012년 사태의 득실을 따지면 누가 상황을 이 지경으로 몰고 가는지 잘 알 수 있다. 5월 14일 현재까지는 조·중·동, 조준호, 유시민, 심상정이 전투에서 이긴 것처럼 보인다.

어떤 면에서는 이번 사태가 대선 한참 전에 터진 것이 잘된 일인지도 모른다. 외부의 타깃과 내부의 타깃을 제대로 간파하지 못하는 세력을 속속들이 알아챘기 때문일까.

조준호의 오판, 심상정의 함정, 유시민의 과욕, 이정희의 무대응이 통합진보당을 구렁텅이로 빠지게 만들었다면 지나친 판단일까. 그들은 주소를 과연 잘 짚었을까. 타깃을 잘 겨냥하고 있는 걸까. 5월 14일

진실과 거짓 밝혀졌다

인병문 · 사람일보 기자

두 달 넘게 진통을 이어온 통합진보당 사태의 진실이 밝혀졌다. 패권과 부정이라는 '악'으로 규정되었던 자주진영에 대한 비난은 거짓으로, 진보정당 운동의 혁신을 외쳤던 혁신비대위는 정작 '패권주의', '부정세력'으로 판명되는 사례들이 드러났기 때문이다.

잘못 꿰인 첫 단추 통합진보당 비례대표 후보 경선에서 부정행위가 있었다는 의혹 제기로 촉발된 이번 사태는 처음부터 엉뚱하게 흘렀다. 윤금순 후보 측에서 부정을 했으니 조사해 달라는 오옥만 후보의 주장에 따라 꾸려진 1차 진상조사위원회(위원장 조준호)는 그 구성에서부터 '도둑이 도둑을 조사'하는 격이었다. 조사위원 대부분을 옛 국민참여당계와 진보신당계 인사, 특히 의혹을 받고 있는 후보 측 인사를 참여시키면서 애초부터 진상조사는 제대로 진행될 수 없는 한계를 지니고 출발한 셈이다.

조준호 조사위원회의 기만성 5월 2일 조준호 위원장의 '총체적 부정 선거'라는 폭탄선언은 진보정당 운동에 치명타를 안겼다. 모든 언론은 도덕성에 기반한 진보진영에 '부정'을 덧칠하면서 연일 대서특필로 통합진보당 죽이기에 열을 올렸다. 이를 근거로 이정희 대표를 비롯한 4인의 공동대표가 사퇴하고, 전국운영위와 중앙위원회가 열려 비례후보 총사퇴를 권고하기에 이른다.

하지만, 조준호를 필두로 한 조사위는 진상조사가 아닌 부실조사를 넘어 허위조사를 한 것으로 드러났다. 부정투표로 지목된 윤금순 후보의 영주투 표소에 대한 조사도 하지 않았으며, 현장조사와 당사자 소명도, 온라인투표에 대한 정확한 기술적 조사도 이뤄지지 않았기 때문이다. 이런 가운데 이석기 후보에 대한 집요한 조사와 부풀리기, 왜곡 발표가 진행되면서 이석기·김재연 후보에 대한 마녀사냥이 시작됐다.

정치 희생양 이석기·김재연·조윤숙·황선 통합진보당 내 자주진영의 숨은 실세로 거론되기 시작한 이석기 의원에 대한 집중 공격은 진보와 보수를 가리지 않고 이뤄졌다. 이른 바 '종북' 논란이다. 애국가와 국기에 대한 경례 논란도 더해졌다. 이석기 의원은 일약 '종북주의'의 거두로, 옛 민주노동당 내 지하세력의 대부로 규정됐다. 통합진보당 사태의 근원, '악의 축'으로 낙인찍히는 상황으로 치달았다. 김재연 의원 역시 30대 초반 정치신인임에도 불구하고 연일 언론의 집중공격을 받는 웃지 못할 일을 겪는다.

억울하다며 사퇴를 거부한 이석기·김재연·조윤숙·황선은 결국 중앙당기위원회의 결정에 따라 제명됐다. 정치인의 생명을 끊은 것이다. 이석기·김재연 의원에 대한 출당 처리는 당 내 의원총회 결정만 남았다. 게다가 의원직 제명 건은 19대 국회 개원협상에서 빠른 시일 안에 자격심사안을 본회의에 상정하기로 민주당과 새누리당과 합의까지 한 상태다.

2차 조사결과의 진실과 거짓 부실조사 의혹 속에 당 안팎에서 지속적으로 재조사를 요구하자 혁신비대위(위원장 강기갑)는 뒤늦게 2차 진상조사특위를 가동시켰다. 하지만 이 2차 조사결과 발표를 앞두고 김동한 위원장이 "법학자의 양심에 기초해서 봤을 때 이번 조사는 객관성과 공정성이 철저히 보장되지 못했음을 인정하지 않을 수 없다."는 발언과 함께 위원장직을 전격 사퇴하는 상황이 발생했다. 또한, 온라인분과에서 핵심적 역할을 했던 기술검증분야 전문가인 김인성 한양대 겸임교수의 보고서가 폐기되고 일부만 왜곡되어 인용되면서 '부실·비약 보고서'라는 지적을 받았다.

하지만, 김인성 보고서는 이후 언론을 통해 공개되면서 새로운 사실을 밝혀 줬다. 부정경선의 진실과 혁신비대위의 편파적 행보다. 애초 제기됐던 시스템관리회사의 투표값 조작은 이뤄지지 않았음이 확인됐고, 동일 아이피 중복투표도 부정행위로 단정할 수 없다는 의견이 표명됐다. 게다가 이 사항은 이석기 후보보다 혁신비대위 측 후보들에게 집중됐다. 또한, 관리자 아이디 명의의 온라인투표확인기능 조회에 따른 몰표에 대한 정확한 결과도 나왔다. 중앙당 당직자의 1,500여 회 조회는 정당한 업무로, 제주지역 국민참여당계 후보 측의 6,000여 회 조회는 부정행위이자 범죄라는 결정적 단서를 제시했다.

또한, 현장투표의 진실공방도 가려졌다. 투표용지가 붙어 있는 경우와 서명 조작 등 부정투표 의심을 받은 이석기 후보 측 의혹은 실험과 필적감정을 통해 해소됐다. 한편, 혁신비대위 측의 윤금순 후보는 영주투표소에서 대리투표 등 조직적 부정행위를 저지른 것으로 드러났다. 하지만 혁신비대위는 이 같은 결론을 자의적 판단으로 선별취사, 왜곡시킴으로써 '전체적 부정'으로 몰아가며 그동안의 행보를 정당화하는 전횡을 일삼았다.

혁신비대위의 무능과 전횡 통합진보당을 혁신하겠다며 5월 14일 출범한 혁신비대위의 그동안의 행보는 한마디로 무능과 부도덕, 정파 죽이기를 통한 당권장악이다.

혁신비대위는 왜곡된 조준호 조사위의 결과를 기초로, 절차상의 문제까지 야기하며 진행된 중앙위원회의 비례후보 총사퇴만을 관철시키는 데 집중했다. 이석기 · 김재연 · 조윤숙 · 황선 후보 제명을 위해 일방적 당기위 회부 등 법적 절차를 진행하고, 사이비 언론의 힘을 빌려 여론몰이를 이어갔다. 당기위는 당사자들의 소명요청을 묵살하고 초고속으로 제명결정을 내렸으며, 유시민 · 심상정 전 공동대표와 강기갑 위원장은 "당내에 눈에 보이지 않는 지하정부 형태의 조직이 있다." 등의 발언으로 수구세력의 '종북주의' 공세에 장단을 맞추며 이들을 몰아붙였다.

김재연 · 조윤숙 후보는 각각 청년과 장애 명부 비례후보로, 논란이 됐던 부정경선과는 아무런 관련이 없었지만 끝내 제명처리 됐다. 특히, 혁신비대위는 부정이 확연히 드러난 윤금순 의원의 사퇴를 보류하며 조윤숙 후보의 승계를 가로막는 전횡을 일삼기도 했다. 장애인 배려라는 진보당의 원칙에도 어긋나는 처사라는 비판을 면키 어렵게 됐다. 조 후보는 40일 넘게 중앙당사에서 항의농성을 진행하며 법원에 제명결정 효력정지 가처분신청을 했다.

청소년들의 정치참여를 가로막는 비민주적 행위도 있었다. 혁신비대위는 총선 전 당원으로 받아들인 청소년 당원들의 당권을 박탈, "진보정치 역사에 먹칠을 하는 행위" "총선이 끝난 후 토사구팽식으로 청소년을 내버리고 있다."라는 강한 반발을 사기도 했다.

혁신비대위는 산하에 새로나기특위를 가동, 당 혁신을 꾀했으나 이것마저 졸속 · 퇴보라는 비난을 받기도 했다. 특위 보고서는 ▲북핵 ▲북인권 ▲'3대 세습' ▲한미동맹 해체 ▲주한미군 철수 ▲재벌 해체 등에 대해 논의가 이뤄져야 한다고 주장했으나, "대선에서의 정권재창출을 위한 수구세력의 종북 장단에 춤을 추는 꼴"이라는 전농 등 시민사회의 반발에 부딪혔다. 결국, 혁신비대위는 이를 채택하지 못했다.

　혁신비대위의 부도덕과 무능은 전국 동시 당직선거에서 그대로 드러났다. '심판이 선수로 뛴다.'는 비판을 받으면서도 대거 후보로 출마, 선거관리 부실과 투표 중단이라는 초유의 사태를 초래했다. 또한, '당의 심장'이라며 검찰의 당원명부 압수에 강력 반발했던 혁신비대위 측의 후보가 당원명부를 조중동 등의 언론에 그대로 유출하고, 당원의 성향을 분석한 신상명세를 선거에 이용하기 위해 유포하는 등의 범죄행위를 저지르기도 했다.

　두 달 넘게 진행되며 온갖 논란을 일으켰던 통합진보당 사태의 종착역이 다가온다. 7월 9일부터 시작된 전국 동시 당직선거다. 통합진보당 당원들은 이번 선거를 통해 거짓과 왜곡, 전횡과 무능으로 점철된 혁신비대위의 행태와 마녀사냥에 대해 엄중히 심판해야 한다. 또한, 언론과 사이비 진보의 진보정당 죽이기를 끝장내고 18대 대선 승리라는 절체절명의 과제를 실현할 도약의 발판을 마련해야 한다. 7월 11일

조준호 진상조사위와 혁신비대위가 은폐한 '부정 선거' 의혹과 사실관계

진상조사위 '은폐' 내용	언론 보도	구체적인 사실확인 결과	조사결과의 왜곡 원인	관련자	진위여부
경북 영주의 조직적 대리투표	없음	100% 선거인명부 조작 및 대리투표 정황	무효표 처리후 '허위' 현장실사(고의적 은폐)	〈신당권파〉 윤금순, 유시민, 신지연 (이하 1차 진상조사위원), 고영삼	사실
제주 M건설의 온라인 투표 조작	없음	직업적 오퍼레이터 동원한 조직적 부정	2차진상조사에서 관련 보고서 '폐기' (고의적 은폐)	〈신당권파〉 오옥만, 고영삼 (1차 진상조사위원)	사실

조준호 진상조사위와 혁신비대위가 폭로한 '부정 선거' 의혹과 사실관계

진상조사위 '폭로' 내용	언론 보도	구체적인 사실확인 결과	조사결과의 왜곡 원인	관련자	진위여부
동일 IP 중복투표	"이석기 득표 60%가 IP 중복투표" "이석기 당선자, 벼랑끝으로 몰려"	유, 무선 공유기 사용시 동일 IP로 집계됨. 동일 IP 1위는 낙순자 후보. 10인 이상 동일 IP 기준으로 이석기 당선자는 6위에 불과	이석기 당선자만 표적 조사, 다른 후보의 동일 IP비율에 대해 침묵함.	특정되지 않음	허위
현장 대리투표·1인 단독개표	"진보당의 민주주의는 죽었다" "뭉텅이 표가 14%"	정자와 흘림체를 '대리투표' 로 지목하는 등 부실조사. 실제 대리투표는 확인 안 됨.	해당 선관위에와 투표 담당자에 확인 안 함.	특정되지 않음	허위
선거인 명부 조작	"최악 부정선거...진보당 기로" "투표소 218곳 중 128곳서 조작 의혹"	'두 줄로 지워진 흔적' '볼펜 위 사인펜 서명' 등 모두 본인이 직접 투표한 것으로 확인됨.	해당 선관위에와 투표 담당자에 확인 안 함.	특정되지 않음	허위
주민번호 뒷자리가 같은 당원 무더기 발견	"유령당원 부정경선" "부정 경선 판도라 상자 열려" "2000000번 당원도 나와"	출생지 등 일련번호 일치사례는 일반적. 샘플링 테스트 결과도 이상 정황 없음. 2000000번은 해외 체류자 등 임시번호	주민번호 체계에 대한 기본 사실관계 확인 안 함.	특정되지 않음	허위
주민번호 16자리 일치	"갈 데까지 간 진보당" "주민번호 조작사례공개 돼"	동일주민번호 중복투표 한 건도 없어. 조사위측 당비인출 관련 '당원정보시스템'에만 의존.	투표 안 한 10건을 포함해 부풀리기 함. 실제 투표자에 대한 확인 안 함.	특정되지 않음	허위
소스코드 열린 뒤 이석기 당선자 득표율 수직상승	"소스코드 열리자 특정후보 수직상승" "부정선거의 증거"	소스코드 개봉 시점에 오히려 득표율 상승세는 감소함.	조사위의 오류 원인 알 수 없음.	특정되지 않음	허위
6장 붙어있는 표	"뭉텅이 투표 정황" "체육관 선거"	실험결과 투표용지 붙은 것 확인 됨. 2차 진상조사위도 '부정이라 말 할 수 없다'	현장 실험 한 번 없이 부실 조사 후 발표	특정되지 않음	허위

6장
페이스북과 트위터에서
퍼올린 이야기들

"처음부터 솔직하지 그랬어" • 페이스북 트위터 글모음

"처음부터 솔직하지 그랬어":

처음부터 솔직하지 그랬어.

코페르니쿠스는 화형당했다. 그래도 진실은 밝혀졌다.

심판이 선수를 겸하면, 상대 선수는 어떻게 될까?

언론을 통해 분노를 조장해서 정치에 이용했지.

분신에 대해 조롱 일삼은 자. 진보의 가면을 벗어라.

|5월 2일 | 문경환 |

진보당 비례후보 기자회견 내용을 보며 드는 생각.
부실한 건 맞지만 부정한 건지는 모르겠다.
부정이 있었으면 누가 어떻게 부정을 저질렀는지 공개해 달라.
정작 중요한 누가 어떻게는 쏙 빼놓고 총체적 부정이라고 이야기하는 근거를 모르겠다.
무슨 의도로 이런 기자회견을 했는지도 모르겠다.

 |5월 3일 | 책에봐라김병혁 |

투표시스템 운영업체와 진상조사위원회의 주장이 다르다?
둘 중 하나는 거짓말과 말장난을 하고 있다.
이것을 정확하게 규명하는 것이 이번 사안을 해결하는 첫 단추다.
감정적 대응을 자제하고 사실부터 규명해야 한다.
당을 살리는 것은 '사실규명'이 먼저다.
부디 객관성을 충분히 확보한 실체적 진실에 먼저 접근하여 사실판단하고,
그 다음에 가치판단이 이루어지기를 기대한다.
민주주의는 기분따라 하는 것이 아니라, 합리적 이성에 근거해야 한다.
물론 사실이 드러나면 당이 할 수 있는 최고치로 책임지게 해야 한다.
하지만 곽노현 교육감 사태처럼 비합리적인 태도로 도덕적 강박에 집착하는 자세는 경
계해야 한다.

| 5월 6일 | 김상범 |

♥ 이정희를 향한 무휼의 연서♥

'내 마음 같은 그녀' 이정희 대표는 "단 한 명의 억울함도 없게 하자."며 사람을 껴안으려 하고 그간의 불만이 누적된 이들은 '제대로 정치' 하자며 아우성이다. 다들 혁신·재창조로 가자 하지만 번지수가 각기 다르다. 누군가는 부실보고서를 탓하고 누군가는 부정선거를 탓한다. 부실조사를 탓하는 이들은 급기야 완력을 쓴다. 완력 없이도 일을 저질러버린 또 다른 무리들은 전선을 강화해 간다. 둘 사이에 혁신은 없다. 닭이 먼저냐 알이 먼저냐 무수한 논리가 등장하지만 애초 '더 성실히 조사해서 잡음을 최소화 했으면' 감정보다는 이성이 누적됐을 터이다.

언론을 통한 낙인, 때리기로 운신의 폭과 처신할 수 있는 프레임을 동여매 버린 전술은 정의로운가? 낡은 관행은 혁신해야 한다. 그러나 심대한 부정이 아닌 오류는 그에 값하는 것으로 혁신해야 한다. "이미 X같은 색히가 돼 버렸으니 그것까지도 책임져야지 왜들 개개고 있나?"는 식으로 다그쳐서는 공동운명이 되지 못한다. 진보연 하는 언론들이야 진보를 갖고 노는 껨값으로 살림도 넓히고 완장도 자랑한다지만 지금 억울하여 몸부림치는 이들을 진심으로 소명 받지 아니하고서 우리는 누구를 진보시킬 것인가? 눈 맑은 청년학생들이 졸지에 규탄농성단이 돼버린 현실은 슬프다. 볼썽사납다고 나무라기 전에 어른들이 준 상처를 먼저 돌아볼 일이다.

대중이 회초리를 들었다. 다들 더는 매 맞지 않으려 내부의 동지들에게 으름장이다. 개개는 이 중에는 진짜 X같은 색히들이 있을 수도 있다. 시나브로 관성화되어 민의 마음을 못 좇아가는 패권이 돼버린 이가 있을 수도 있다. 그러나 당리구조라는 건 절대 선도 절대 악도 없다. 오류를 극복하고 고쳐 가자면 낙인론은 틀렸다. 사람을 버리기 위한 진상조사 내용이라면 읍참마속이 아니라 건강부회다. 조금만 더 차분해지자. "불량품은 반환해야지 왜 그리 말들이 많나"며 울대는 이도 있지만 아니다. 불량의 원인이 틀렸다면 석고대죄는 눈 가리고 아옹이다.

분명 부정인지 모르고 결과적으로 잘못된 경우도 있을 것이다. 그 행위자가 밉다면 부정이라 부르겠지만 그를 고쳐 쓰고 싶다면 오류라 부른다. 혁신을 하자면 주어가 있어야 하는데 진상조사보고서에는 주어가 없다. 대중이 회초리를 들었다. 자신의 안전을 확인한 치들은 호루라기를 불며 대중처럼 심판 노릇을 거들려 한다. 분명 복장은 선수인데 하는 짓은 심판이다. 역시 경기장에도 주어가 없다.

관악을 과잉문자 건에도 이정희를 조지더니 다시 이정희에게 돌팔매가 시작됐다. 어제의 선수가 오늘은 심판이다. 동지는 간데없고 깃발만 나부낀다. "함께 다 잘못한 일이오." 하며 시늉하고 자리를 뜨면 이정희도 살아날 것임에도 미련하게 돌팔매를 맞는 진영을 지키고 서 있다. 이미 다들 오물 묻지 않는 곳으로 피신하여 '진보당을 재구성한다. 잘못된 진보를 징치한다.' 며 죄다 심판자가 되려 하는데 '내 마음 같은 그녀' 이정희는 왜 그러는가? 왜 빠꼼하지 못한가?

융단폭격을 당하고 있을 때에는 두려움 말고는 어떠한 식별도 불가능하다. 단언컨대, 폭격이 끝나면 우리는 언론플레이에 놓치고 있었던 새로운 팩트들을 마주하게 될 것이고 굉음에 못 들었던 고발의 언어들을 듣게 될 것이다. 이정희는 예나 지금이나 혁신아이콘인데 왜 선택의 길에서 매 맞는 진영에 서 있었던 건지 그제서야 그녀의 떨리는 목소리를 알아든게 될 것이다.

사람들이 착각하는 것과 달리 사실 이정희는 비주류다. 기존 구태와 관성을 깨고 참여계 식구들과 함께 그리고 (노동 간부들이 아닌) 기층 시민이자 노동자인 이들과 함께 현대적 대중적 혁신진보정당의 이정표를 성실히 밟아온 이정희는 비주류다. 진단이 틀리니 처방전이 어긋난다.

안개가 걷히면 누군가들은 저 위태로운 강을 건너온 독립운동의 무용담을 먼저 말하겠지만 그것이 메이저언론에 신세지고 건네진 것이라는 말은 하지 않을 것이다. 반면 그네들뿐만 아니라 그네들과 으르렁댔던 이들도 건네다 준 처녀뱃사공의 회한은 얼른 알아차리지 못할 것이다. 기껏 알아챈대도 "왜 우리 무리와 다른 악당들까지도 건네주느냐?" 며 나무랄 것이다.

국회의원 자리도 당 대표도 탐닉하지 않고 오롯이 혁신일꾼들을 강 건네려는 뗏목지기 이정희에게 '그만 버티라.'는 야유는 꺼져줄래 그 이상도 이하도 아니다. 번지수도 틀렸거니와 생산적이지도 못하다. 그녀가 하려는 역할이 구태를 지키려는 게 아니라 구태를 정공법으로 개혁하려는 '온몸의 언어'라는 걸 정녕 모르는가? 방송 카메라와 보수신문의 사진이 '바쁘게 움직이는 심상정과 유시민 대표의 뉴스캡처 화면'과 '경직되게 브리핑하는 이정희의 화면'을 의도적으로 갈라치기 하는 데에는 이유가 있다. 기성언론의 욕망이 있다.

거듭 강조하건대 이정희는 주류 유니폼을 입은 비주류다. 절대 선도 절대 악도 없다. 만약 진상조사위원들이 '욕망을 걷어내고' 제대로 된 보고서를 완성했더라면 지금 이정희는 몹쓸(?!) 방어까지 감당하진 않았을 것이다. 진짜 혁신 타이밍이 도래했을 것인데 무척 애석하고 너무너무 안타깝다.

언론에 먼저 고자질한 데에는 자칫 일말의 공명심은 없었는지 돌아볼 일이다. 차 떼고 포 떼인 공교롭고 부실한 의제를 넘겨준 무책임이 야속하다. 어쨌건 불가피하게 위태로운 줄타기를 감행할 수밖에 없게 된 이정희는 당내 관성적 주류를 개혁하기 위해 삿대질 대신, 상호신뢰를 강화하여 타고 넘는 혁신법을 호소하고 있는 것이다. 소녀가장 이정희에게 겨눈 불필요한 총구를 거두고 갈라선 마음들 먼저 토닥여가자. 대중을 핑계 삼은 '입진보'들은 이제 또 누구를 먹어치워야 이성을 찾을 것인가? 농부는 씨앗까지 먹어치우지는 않는다고 하지 않는가?

다시 '내 마음 같은 그녀' 이정희에게 시련의 쓰나미가 온다. 성정상 독박은 혼자 쓰고 허언은 줄이려 할 그녀가 안타깝다. 이정희를 도울 무사 무휼은 어디에 있는가? 사람보다 귀한 명분 따윈 없다. 사람을 구하지 못하는 정치란 죽은 정치요 그들만의 정치다. 세상 모든 이들이 죄다 세 치 혀로 입장을 쏟아낸다. 입진보 전성시대다. 판단의 차이를 허심하게 나누려는 오프라인 만남은 관심 밖이다. 이정희가 눈으로 말하는 온몸의 언어를 과부하가 걸린 세상은 곧이곧대로 듣지 않는다.

| 5월 11일 | 바위처럼 |

–이정희는 거물 정치인으로 살아난다

한겨레나 경향이 조중동보다 더하면 더했지 왜곡된 정보로 공격하는 데 앞장서다가 웬일인지 이정희 대표의 전격인터뷰를 실었는데 지금까지 앞장서서 제기했던 여러 의혹들이 '근거 없음'으로 밝혀지면서 세운 일종의 '탈출구전략'으로 봅니다. 이 혼란한 와중에 여론재판의 돌팔매에 맞섰던 것이 절대 헛된 일이 아니라 제대로 된 정치인을 위기국면에서 '재발견'하는 기회였습니다. 잘 모르는 사람들은 이정희 대표가 이번에 정치생명이 완전히 끊어졌다고 설레발을 치지만 오히려 정반대입니다. 필자는 이 대표가 자신만의 독특한 정치적 캐릭터가 없다는 게 늘 아쉬웠는데 이번 사태를 계기로 이 대표 특유의 정치적 캐릭터를 완성해가는 시기라고 봅니다.
무슨 말장난 하느냐고 그러겠지만 이는 하나도 제대로 모르고 하는 소립니다.

첫째, 전통적으로 인물난을 겪는 진보진영에서 앞으로 수없이 실시될 각종 재보궐선거에서 똥누리당의 거물급과 맞붙을 만한 빅후보가 절대 부족한 게 현실입니다. 결국 이정희 대표가 향후 보수당을 당당하게 이겨서 원내로 진출하는 것은 시간문제라고 봅니다. 현재 당내에 이만한 대중적 인지도와 지명도를 가지고 있는 인물이 드뭅니다. 그런 점에서 속이 빤히 내려다보이는 유시민, 심상정, 조준호의 얄은 대응은 참으로 한치 앞을 내다보지 못하는 조급한 행위였고, 이미지만 깎아 먹고 조만간 아무 소득이 없음을 스스로 확인하는 시기가 도래하리라 봅니다.
둘째, 이정희 대표는 율사출신답게 이번 논란에서 '증거중심주의'를 철저하게 실천하고 있습니다. 법률가로 살아오면서 몸에 밴 습관이라고 보는데 그녀는 이렇게 몰아치는 여론의 광풍 속에 '사퇴'는 너무나 쉬운 선택임을 스스로 더 잘 알고 있습니다. 이번 인터뷰에서 "적어도 비난받을 것 예측하지 못하는 사람은 아니다. 모습이 일단 그렇게 비치니 내가 상당히 비판받겠구나, 모르지 않았다."라고 답하고 있습니다. 손해 볼 줄 알면서도 자신의 '신념과 원칙'을 지키는 모습, 이게 바로 이정희 대표의 새로운 정치적 캐릭터가 될 것입니다.
셋째, 이런 원칙적 대응이 지금은 '고집불통'으로 보일지는 모르지만 통하든 안 통하든 이런 승부수가 좋습니다. 정치인이란 때론 완전히 죽으려고 작심하고 달려들면 온전히 부활하는 특징이 있습니다. 이 대표가 이번 위기를 정면 돌파해서 전화위복의 기회로 삼으면서 '정치의 진수'를 점점 알아 가는 것 같습니다. 조중동은 물론 한겨레, 경향에서 당권파의 '얼굴마담'이라고 씹어댔지만 아예 한발 더 나아가 스스로 당권파의 '몸통'이 되길 자처했습니다. 이것 자체만으로도 이 대표에게 '꼭두각시' 이미지를 투영하려고 했던 보수 언론의 술수를 한방에 무력화 시켰습니다. 이번 사태로 혹여 대가리들 몇몇은 날려 버릴 수 있을지 모르겠지만 그들을 지지하는 당원들과 지지자들의 목을 치지 않는 한 영원한 동지이자 지지자로 남을 것입니다. 여기에 사태를 제대로 수습하고 현재 여론재판이 잘못된 것임을 증명하는 순간 대중들까지 잠재적 팬들로 만들 수 있는 기회라고 봅니다.

이정희 대표는 배수의 진을 치고 '진상규명'을 위해 정면으로 승부를 겨루고 있습니다. 물러날 때 물러나도 그에 따른 책임과 마무리까지 다하고 물러나는 것이 정답입니다. 대충 정치적 봉합을 하려고 들었으면 이정희 대표에게도 좋고 게다가 슬쩍 돌팔매에 편승하면 기존의 인기에도 지장이 없습니다. 그러나 쉬운 길을 선택하지 않고 진실과 조우하려고 합니다. 지금 당권에 혈안이 된 유 · 심 · 조를 비롯해서 누가 이런 배짱이나 진정성이 있나요? 요행수를 바라는 이들이 배수진을 친 사람을 이기는 경우는 없습니다. 그것이야말로 반칙이고 배신인 것입니다.

결국 자신만의 독특한 정치적 캐릭터를 만들 수 있는 위기이자 기회라고 봅니다. 한번 냉정하게 생각해보세요. 사실 이 대표가 정치를 그만두면 무능력한 '정치자영업자들'처럼 굶어 죽는 것도 아니요, 그렇다고 할 일이 없어지는 것도 아닙니다. 이 순간의 어려움을 내려놓고 다시 변호사로 나서서 좋은 일 하면서 돈도 벌고 가족들과 단란한 시간을 즐기면 되는 것이고, 결국 잃을 것도 손해 볼 것도 없다고 봅니다. 그러기에 율사출신의 '증거중심주의'를 착실하게 소신껏 펼치는 것이 몸에 밴 것이 큰 정치적 자산으로 작용하고 있습니다. 통합을 둘러싸고 이정희 대표와 정치적으로 완전히 결별했고 비록 정치적 입장은 다를지라도 그런 점에서 이 대표를 다시 한 번 지지하고 믿습니다. 이정희 대표의 눈물과 진정성을 다시 한 번 확인할 수 있는 내용으로 마칠까 합니다.

"이 순간을 위해 나의 미래를 버리는 것이다. 내 미래를 버리는 건 별로 안타까운 게 아니다. 내가 어떻게 살아도 상관없다. 그런데, 아쉬운 건 그거다.(울음) 이 상황을 극복하고 일어서야 하는데, 그리고 성장해야 하는데, 내가 진보진영이 다시 성장하는 과정에 어떤 기여를 할 수 있는 자격조차 완전히 상실할 수 있다는 것이다. 지금 이 순간 비난받는 건 중요하지 않았는데 그게 고통스러웠다." - 이정희 대표(이 대목에서 울컥했습니다.)

이하 기사인용(인터뷰 전문을 꼭 확인하시기 바랍니다. 본문이 너무 길다는 민원이 있어서 링크 첨부합니다.) http://www.hani.co.kr/arti/politics/assembly/532511.html //

이들은 두려웠던 게 아닐까 한다. 민주노동당에서 두 당이 통합되어 통합진보당이 되고 그 당원들이 똘똘 뭉쳐 무언가를 이뤄낼 때 그들은 겁이 난 거 같다. 자신들은 이곳에서 다른 세상을 보았을 것이다. 여태껏 자신들이 해 왔던 정치와 다른 모습의 정치. 모든 당원들이 주인 같은 생각으로 옆 사람에게 진보당을 알릴 때, 그들은 뭔가 이상하다는 생각이 든 것이다. 이렇게 가면 자신들의 입지가 좁아진다고 생각한 것 같다.

전 민주노동당 사람들이 하나둘씩 당원을 적극적으로 늘릴 때. 그들은 이것을 파괴해야 한다고 본능적으로 알았던 것 같다. 그리고 그들은 그 본능을 따라 움직이는 듯하다.

당원들은 누군가의 이익을 위해 한 것이 아니다. 나와 함께하는 사람들의 뜻이 좋았음으로 함께 하고픈 사람들을 늘려나갔을 뿐인 것이다. 하지만 그들은 이게 무척이나 당황스러웠을 것이다. 그래서 그들은 이러한 지지를 파괴시키려고 움직이는 것이다. 어차피 떠날 것은 수순이었으나, 파괴는 추가로 꼭 해야 할 것이 된 것이다. 왜냐하면 자신들이 다른 곳에서 다른 이름으로 시작하려할 때, 자신들은 결코 이렇게 움직이는 사람들을 절대 대적할 수 없다는 것을 시간이 갈수록 더 견고해지고 끈끈해질 사람들을 이간질과 공작으로 해체시켜야 한다는 것을 본능적으로 안 것이다. 그래서 꼬투리를 찾았다. 그리고 그것을 안에서 해결할 이유가 없었다. 자극에 목마른 언론에 먹잇감으로 밖으로 냅다 던져버린 것이다. 그것을 덥석 물어 버릴 것을 아니까. 그들은 그것을 누구보다 잘 아니까 말이다.

사실과 진실은 모두 묻혀버려 컴컴한 지하에서 빛도 보지 못하고 사라지리라 예상했을 테니까. 그들은 정직하지 못했다. 정의롭지도 못했다. 그저 '정치꾼'일 뿐이다.

| 5월 14일 | 장원섭 |

서울에 비가 추적추적 내립니다.

막상 당사를 나서니 갈 데도 없고 슬프네요.

당원동지들과 통합진보당을 아끼시는 국민들의 심정을 헤아리자니 가슴이 먹먹합니다.

당원들의 사랑과 존경을 한 몸에 받으셨던 이정희 대표님을 지켜드리지 못하고 떠나보내야 했습니다.

자책과 회한으로 아프고 슬픕니다.

오로지 당을 위해 헌신한 것밖에 모르던 수많은 기층 간부와 당원들이 하루아침에 억울한 누명을 쓰고 명예를 훼손당했는데 그것조차 풀어드리지 못한 채 떠나게 되었습니다.

거듭 죄송합니다!

 | 5월 16일 | 황선 |

강기갑 의원이 비례후보 사퇴와 관련하여 "당연히 받아들일 것으로 생각한다. 그렇지 않다면 출당시키겠다"며 "2·3번이 핵심이지만 당전체가 이번 비례후보경선 치르면서 보인 부실한 선거 시스템도 개선해야 한다"고 말씀하셨다는 것이 사실인가요?

비례대표 국회의원 승계 가능성을 버리는 것이라면 문제는 얼마나 쉬울까요.

문제는 비례후보 2번, 3번이 문제의 핵심인 듯 몰아가는 근거 없고 무원칙한 여론몰이입니다.

대표단과 모든 비례대표 후보들을 통틀어 당원들에게 가장 뚜렷한 선택을 받고 그 정통성도 명확한 비례대표 경쟁명부 당선자들에게 이 사단의 짐을 지우는 것, 인정할 수 없습니다.

당의 서류심사를 거쳐 당원직선으로 뽑은 후보들을 색깔몰이에 제물로 내던지면 그 뒤 계속 후퇴를 강요받게 됩니다. 지금 부는 언론의 칼바람 속에 자주민주통일의 길에서 헌신했던 누가 자유로울 수 있습니까?

이석기 김재연 동지를 벼랑에서 밀어버리고 그 후 정진후, 김제남, 박원석, 서기호, 강종헌,이분들은 과연 여론재판 앞에 성할 수 있을까요? 아니요, 저들은 계속 먹이를 찾고 있습니다.

한국사회는 불행하게도 동지적 관점이 아니라면 이해되기 힘든 사상적 불구인 부분이 상당히 많은 사회입니다. 이 기형적 이데올로기 사회에서 가장 상식적이고 헌신적인 사람들이 빨갱이로 몰리고 간첩으로 몰려 암살당하고 구속당하고 옥중 이슬로 사라지기를 반복하다가 이제야 소위 양심수(투옥의 경험 유무와 상관없이 이 사회의 양심 있는 자들은 여전히 감옥 안팎에서 수형생활 중입니다)들 기대고 끌어안고 위로받으며 그럴싸한 지붕 하나 올린 것입니다.

풍찬노숙하며 구상한 진보정치의 청사진을 시작부터 그 근본을 흔드는 바람에 구겨 날려버리면 안 되는 것입니다.

고난의 역사를 함께 열어왔던 당원과 동지를 죄인으로 몰아 내치고 진보의 도덕성이라는 것을 차후 어찌 논할 수 있을까 싶습니다.

친미수구세력들은 오늘도 당 해산을 요구하는 기자회견을 하고 있고, 조중동과 그 아류 언론들은 이석기 김재연 당선자를 떠나 혹시라도 진보당 의원이 될 가능성이 있다고 여겨지는 모든 사람들에게 오욕의 덧칠을 계속하고 있습니다. 몇몇에게 칼을 씌워 거리로 내몬다고 여론이 박수칠 거라 믿는다면 그것이야말로 환상입니다.

후보 전원 사퇴가 당을 살리는 길입니까? 당을 살린다는 것이 그간 자주민주통일의 길은 함께해 온 동지들에게 누명을 씌우고 칼로 자르듯 베어버리면 되는 일입니까?

정말 그리하면 삽니까? 그리고 살면 사는 것입니까?

초보적인 의리도 없고 동지애도 없고 합종연횡만 횡행하는 진보는 과연 어떤 모습입니까?

과거 당권파도 아니었고 오늘 신당권파도 아니고 앞으로도 상당기간 속칭 당권과는 거리가 멀 모양인 당원 황선, 이렇게는 사퇴 못 합니다.

통합진보당 사태를 보며 '사도바울'을 생각한다.

사도바울은 여러모로 흥미 있는 인물이다. 사도바울은 골수 유대교 신자였다. 율법과 규범을 지켜야만 한다는 유대의 주류 보수주의를 지켰던 사람이고 예수 추종자들을 탄압하는 데 앞장선 사람이었다. 그런데 바울이 율법보다는 사랑과 인간을 강조하는 예수의 정신을 만나고 나서는 바뀌게 되고 유대교 신자에서 예수추종자가 되고 만다. 그런데 바울이 예수추종자가 되었다고 해서 추종자들이 바울을 환영했을까?
아니었다. 바울은 여전히 소수파였다. 예수추종자들의 주류는 당시 유대교의 율법도 지키면서 믿음도 가져야 한다는 절충적 입장이 주류였다. 게다가 주류는 예수의 직접제자이거나 형제들이었으니 그 권위가 얼마나 강력했을까?
그들과 논쟁 끝에 결국 바울은 독자의 길로 가게 되었다. 소수파 중에서도 소수파의 길을 걷게 된 것이다. 시간이 흐른 뒤 소수파 바울은 예수의 다음가는 인물로 그리스도교에서 중요한 인물이 되었다. 하지만 당시 바울의 노선은 그리스도교에서도 소수파였고, 언제나 권위에도 의심을 받았다. 그런데도 바울의 노선이 빛을 발했던 것은 바울은 수많은 전도행위 와중에도 가치를 위해서 일할지언정 자신의 것을 취하지 않았다는 데 있다.
생업에도 종사하면서 성직을 맡았고 고난의 길도 마다하지 않고 걸어갔던 것이다. 한마디로 '가치'에 충실했기 때문이다.

처음 유대교의 이상한 이단종파로 취급되었던 그리스도교가 로마인들을 감동시킨 것은 로마의 철저한 가부장적 제도, 노예제도 등과 같은 제도와 달리 초기 그리스도인 공동체는 남녀평등한 공동체, 노예나 주인이나 동등하게 취급하고 서로 간에 사랑이 넘치는 공동체였고 재정적으로도 함께 나누는 공동체였다. 이러한 모습이 당시 로마 여성들을 중심으로 신선한 충격으로 다가왔던 것이다.
통진당 사태를 보면서 바울을 떠올린다. 통진당의 당권파가 이제 구당권파가 되고 비주류가 신당권파가 되는 일이 벌어지고 있다. 여론에 의해서 지지를 받다가 하루아침에 폭력집단으로 매도되고 있다. 자유주의자로 천덕꾸러기 취급을 받던 유시민이 주요한 인사로 떠오르고 있다.
진보의 아이콘이 하루아침에 당권파의 입으로 매도당하고 노동자 서민의 입장을 대변한다는 진보가 어느덧 의석 자리다툼에 연연하는 사람들로 낙인찍히고 있다.

바울은 주류에서 소수파가 되었지만 그 소수파에서도 인정을 받지 못하는 더 소수파였다. 지금 당권파건 비당권파건 여론의 지지에 따라서 그들을 판단할 수는 없다. 모든 진영이 당권파를 비판한다고 그들이 틀린 것도 아니고, 비대위가 환영받는다고 그들이 옳은 것도 아니다. 그러나 한 가지 확실한 것은 바울이나 초기 그리스도인들이 단순히 '말'이 아닌 '행동'으로 자신이 가진 '가치'를 행동으로 보여주었다는 점이다. 통진당도 마찬가지 아닐까. 당권파든 비당권파든 선거부실(혹은 부정)이든 비례대표 사퇴든 그런 정치적 행위의 옳고 그름보다 더 중요한 것은 그것을 통해서 결국 무엇을 하려고 하느냐 무슨 가치를 실현하느냐이다.

당권파는 사회주의강령 폐지 때부터 자유주의자와 연대해서 의석을 확보하고 나아가 민주연립정부를 통해서 정부에 영향력을 행사하려 했다.

비대위 역시 마찬가지다. 비대위의 입장이 자유주의자를 견제하고 당을 좌익화하려 할까? 아니다. 그들 역시 자유주의자와 연합해서 만약 당권을 잡는다 해도 반MB의 성과를 자유주의자와 함께 공유하며 정부에 한자리 들어가려 할 가능성이 높다.

민주노총은 이 가운데 저울질하고 있을 따름이고. 당권파가 원칙이 없었다면 비당권파 역시 그러한 원칙이 없음은 크게 다르지 않다. 그런 점에서 당권파와 마찬가지로 지금 비대위는 어떤 가치를 지향하는지 그 차이를 나는 모르겠다.

새누리당의 재집권을 막고 민주당과 자유주의—진보연합정권을 세운다는 목표가 가치라면 모르겠지만 설사 그런 가치를 위해서라도 지금의 모습은 실망스럽다. 지금 통진당에는 가치를 실현하기 위해 나를 던지는 사람은 별로 없는 것 같다. 의석을 지키려는 분이나 비대위를 하려는 분이나 모두에게 묻고 싶다.

그래서 결국 지키려는 가치는 무엇인가?

그리고 그 가치를 위해서 어떤 행동을 하려 하는가?

오늘은 죽을지라도 내일은 사는 길을 갈 것인지, 오늘은 사는 듯해도 내일은 사라지는 길을 택할 것인지, 그것은 역사의 어느 순간에나 늘 있어왔던 일이다. 바울이 율법과 절충하자는 당시 주류 그리스도인 그룹의 입장을 배격하고 예수의 정신에 입각한 원칙과 가치를 지켰기에 장기적으로 살아남았듯이 통합진보당도 진보정당의 초심으로 돌아가야 한다.

나의 가슴 그리고 우리의 가슴을 정의감으로 설레게 했던 '5월 광주의 정신'으로 말이다. 새삼 한국역사상 유래 없는 무정부상태에서도 질서와 생명을 지키면서 자발적으로 민주주의를 지켜나가시면서 불의에 저항하신 광주영령들 앞에 고개를 숙이게 된다. 나의 백 마디 말보다 삶을 던진 그분들의 삶에 비하면 아무것도 아님을 깨닫는다.

| 5월 18일 | 한상렬 |

"참세상의 길에 헌신해 오신
존경하고 사랑하는
모든 당원 여러분께 올립니다.
저는 당원은 아닙니다.
다만 하느님의 뜻이 이 땅에 이루어져
사랑 자유 정의 평화
통일자주민주평등세상으로
진보진화하길 염원해온
대중 중의 한 사람입니다.
진통 중인 현안 문제가
대승적으로 해결되어
오히려 대동진보 대동단결의 계기가 되어
새 역사가 일어나길 엎드려 호소합니다."

5 · 18을 맞이하여 청계산 옥중 수도원에서
'진보치유대동단결 단식기원' 들어가며.

| 5월 18일 | 정경선 |

'국민의 눈높이'. 요새 유행하는 말이다. 통합진보당 내 소위 '신당권파'라는 동지들이 연일 각종 언론에 쏟아 내고 있는 말이다. 오늘 '손석희의 시선집중'에서 인터뷰한 민주노총 김영훈 위원장도 어김없이 '국민의 눈높이'를 얘기한다.

'국민의 눈높이'. 그게 대체 뭔 말인가? 유시민 전 대표의 '애국가' 타령인가? 아니면 강기갑 의원이 박지원 앞에서 고개 숙이는 것인가? 김영훈 위원장도 '국민의 눈높이' 대로라면 올해 민주노총 총파업 하지 말아야 한다. 국민들의 따가운 시선은 어떻게 할 것인가?

이런 것이 '국민의 눈높이'라면 나는 결코 동의할 수 없다.

민중의 투쟁에 자신의 온몸 던졌던 '공중부양', '강달프' 강기갑을 민중은 또렷이 기억한다. 한미FTA 저지를 위해 금배지 걸고 최루탄을 터뜨렸던 김선동을 민중은 이번 총선에서 당선시켜주었다. 새누리당의 언론악법 날치기를 저지하다가 사지가 들려 끌려 나왔던 이정희 대표의 관악을 후보사퇴에 민중은 함께 눈물 흘려주었다.

이것이 민주노동당, 통합진보당 13년의 역사이다. 통합진보당의 투쟁의 역사, 피눈물의 역사를 부정하는 세력은 통합진보당을 혁신할 자격도, 능력도 없다. '강기갑 비대위'가 우려스러운 이유이다.

| 5월 19일 | 김광진 |

당게에 글을 쓸 때, 말을 할 때, 생각할 때……

'나는 당권파가 아니지만'
'나는 종북이 아니지만'
'나는 평범한 당원이지만'

이렇게 시작하는 사람들이 많다.
그런데 언제부터 이렇게 된 것일까?
MB정부에서 사람들은 자기검열을 시작했다.
나의 말이 때로는 나를 옥죄는 사슬이 된다는 것.
나의 말로 나는 어떤 공권력의 피해당사자가 될 수 있다는 것.
그 불이익이 두려워 말을 안 하고 말을 가려 하고 생각을 한정짓는다.

그런 것이 현재의 진보 안에서 나타나고 있다.
모든 기준을 당권파와 비당권파.
경기동부와 그것이 아닌 집단.
이런 시각들이 때로는 우리의 시각과 논의를 한정짓고 결국은 마녀사냥이 된다.

"입장이 뭐냐?"
내가 주장을 할 때 사안에 대한 주장보다는 어떤 무리에 속하는지를 먼저 따지려 한다.
그에 따라 색안경을 쓰고 평가한다.
자기와 생각이 다르면 자기와 반대편에 서 있는 집단으로 평가하고, 그 글의 사실 여부
와는 무관하게 비아냥과 욕설을 댓글로 남긴다.

이렇게 된다면 결국은 모든 것을 가르게 된다.
단순하고 편협한 기준으로 나와 남을 가르고 그에 따라 평가하게 된다.
이것이 민주적이고 진보적인 것인가?
사상의 자유를 우리 안에서도 허용하려 하지 않고, 모든 기준을 종북이냐 아니냐로 구분
하는 편협한 구분.

| 5월 23일 | 이재희 |

수요일 서울 근처에서. 도서관에 들려 정태영 선생 저, 『조봉암과 진보당』의 마지막 대목이 있어 발췌했습니다. 역사에서 진보운동의 새 길을 찾아야 할 것 같습니다. 정태영 선생님은 민주노동당의 선배이시기도 한 것을 오늘 처음 알았습니다. 역사와 함께 해온 진보당을 지키고, 바로 세워냅시다.

많은 사람들이 진보운동은 정권의 탄압이나 냉전과 같은 외적 요인들에 의해 좌절되었다고 말한다. 틀린 말은 아니지만 그것이 사실의 모든 것은 아니다. 필자가 보기에 더 중요한 측면은 진보운동이 현실에 기초를 튼튼히 둔 이념적 좌표를 세우는 데 실패하고, 조직에서 건전한 작풍을 만드는 데 실패하고, 당내 정파들의 조급한 헤게모니 투쟁 때문에 분열하고, 결과적으로 대중으로부터 유리되었다는 사실이다. 진보당이 그러했고, 4.19혁명 직후 혁신 세력이 그러했다. 조직의 핵을 지도 세력과 격리시키고 또 대중과 격리시키는 작업이 거듭되면서 극소수 세력을 제외하고는 흩어지고 또 흩어졌다. 흩어질 때마다 결집력은 더 취약해졌다. 진보당이 물리적인 힘으로 해체되고 그 핵인 조봉암이 법의 이름으로 처형되었어도 저항 하나 없었던 까닭은 바로 여기에 있었다. ...(중략)...
당 조직의 리더십 문제 하나 제대로 해결해 갈 수 없는 정당이 어떤 문제에 직면할 것인가를 예상하기는 어려운 일이 아니다. 리더십이란 하루아침에 형성되는 것이 아니고 오랜 투쟁의 과정을 통해서만 형성되는 것이기 때문에, 어떤 독단이나 관념성이 개재할 경우 파탄을 가져오기 쉽다. 이 점에서도 또한 전 세대가 저지른 과오를 크게 교훈 삼아야 할 것이다.   —— 저서 261~262p ——

 | 5월 24일 | 최재희 |

결국, 최종 종착지는 그거였군. 종북, 패권주의 청산.
처음부터 솔직하지 그랬어.

| 5월 25일 | 박정호 |

요새 때 아닌 '애국가' 논란이 일고 있다.
'애국가'를 부르든 '민중가요'를 부르든
'유행가'를 부르든 당원들이 결정할 일이 아닌가.
애국가를 부른다고 국민을 위하는 것도 아니고
부르지 않는다고 국민을 배신하는 것도 아니다.

짐짓 웅장하게 애국가를 부르면서도 서민다수의 이익과 국익을 타국에 넘기는 보수정당
보다, 애국가를 부르지 않더라도 한반도 민중의 복지정책을 실현하기 위해 노력하는 진
보정치가 훨씬 낫다. 그런데 북한의 애국가를 살펴보니 한국의 애국가와 그다지 다를 바
없었다. 몇 개의 단어만 바꾸면 지금 당장 한국의 국가로 사용해도 손색이 없다. 양국의
애국가 모두 국가주의의 틀에서는 큰 차이가 없다는 느낌이다.

나는 한국인이라는 딱지를 달고 있지만 한국인으로 죽고 싶지는 않다.
그런 점에서 애국가의 가사에 동의할 수 없다.
그런데 재미있는 것은 2천 년 전 유대청년도 똑같은 질문을 받았다는 것이다.
로마황제의 얼굴이 조각된 동전을 보여주면서 함정이 있는 청문회 질문을 받는다.

"식민지 유대에서 로마황제에게 세금을 내는 것이 옳습니까?
내지 않는 것이 옳습니까?"

세금을 내라고 한다면 반민족주의자가 되는 것이며 세금을 내지 말라고 하면 역시 반로
마주의가 되는 것이다. 둘 다 국가주의다. 청년은 동전의 형상이 누구 것이냐고 물은 뒤
카이사르의 것이라고 말하자, 재치 있게 답변한다.
"그러면 카이사르의 것은 카이사르에게 돌리고 신의 것은 신께 돌려라."

자신의 신념과 가치와 내용과 인식이 결정하는 것이지 동전과 국가가 결정하는 것은 아
니라는 것이다. 또한 진리는 국가와 국경에 얽매이지는 않는다는 가르침이리라.
진리와 가치와 인권과 사랑은 국경과 국가에 갇히지 않는다.

|5월 26일| 국순천|

먼 저편
– 미래의 착취자가 될지도 모를 동지들에게

지금까지
나는 나의 동지들 때문에 눈물을 흘렸지,
결코 적들 때문에 눈물을 흘리지는 않았다

오늘 다시 이 총대를 적시며 흐르는 눈물은
어쩌면 내가 동지들을 위해 흘리는 마지막
눈물이 될지도 모른다.

우리는 그 멀고 험한 길을 함께 걸어왔고
또 앞으로도 함께 걸어갈 것을 맹세했다
하지만
그 맹세가 하나 둘씩 무너져갈 때마다
나는 치밀어 오르는 배신감보다도
차라리 가슴 저미는 슬픔을 느꼈다

누군들 힘겹고 고단하지 않았겠는가
누군들 별빛 같은 그리움이 없었겠는가
우리 어찌 세월 탓으로만 돌릴 수 있겠는가
비록 그대들이 떠나 어느 자리에 있든
이 하나만은 꼭 약속해다오

그대들이 한때 신처럼 경배했던 민중에게
한줌도 안 되는 독재와 제국주의의 착취자들처럼
거꾸로 칼끝을 겨누는 일만은 없게 해다오
그대들 스스로를 비참하게는 하지 말아다오
나는 어떠한 고통도 참고 견딜 수 있지만

그 슬픔만큼은 참을 수가 없구나

동지들이 떠나버린 이 빈산은 너무 넓구나
밤하늘의 별들은 여전히 저렇게 반짝이고
나무들도 여전히 저렇게 제자리에 있는데
동지들이 떠나버린 이 산은 너무나 적막하구나

먼 저편에서 별빛이 나를 부른다

- 체 게바라 -

 | 5월 29일 | 은동기 |

통진당 사태가 하도 한심해서…….

나는 이번 통진당 내부 사태와 관련, 죄 없이 사형당한 사형수를 예로 들며 이른바 혁신비대위 혹은 신당권파 쪽에 4명의 사퇴요구를 신중히 다루기를 바라고 있다.

그리고 역사 앞에 교만하지 말 것을 강조했다.
구당권파 쪽에 문제가 있는 것으로 나타나고 있음을 부정하는 게 아니다.
그들에게 잘못이 없다는 얘기는 더더욱 아니다.

내가 강조하는 것은, 설사 진상조사위원회가 재조사를 해서 그들이 부정을 했다고 판명된다 해도 그 과정을 반드시 거쳐야 한다는 것이다.

한겨레-KOSI가 실시한 여론조사는 철저한 조사가 선행되고 그 결과에 따라야 한다는 점을 말해준다.
혁신비대위나 신당권파에서는 입만 열면, 국민의 눈높이를 후렴처럼 강조했지만, 그게 얼마나 잘못된 판단인지를 웅변으로 말해준다.

솔직히 나는 이석기도 그렇거니와, 특히 해맑은 얼굴의 김재연이 북한과 내통한 집단의 구성원이라고는 꿈에도 생각하지 않고 있다. 더구나 김재연은 부정과는 관련이 없다지 않는가? 왜 소수의 목소리를 외면하는가? 신당권파의 주장이 참으로 궁색하기만 한 것은 나만의 생각이 아닌 것 같다.

불과 30~40년 전의 역사를 반추해보면 누구나 아는 바다.
박정희, 전두환, 노태우 시대를 살아오면서 우리는 그들이 얼마나 많은 지식인들을 학살하다시피 했는지 너무 잘 알고 있다. 얼마나 많은 간첩단 사건이 고문으로 조작되어 그들을 죽음에 이르게 했으며 형제, 자매들을 연좌제로 죽게 했으며, 혹은 가정 파탄에 이르게 했는가?

최근의 통진당 사태를 보며 이청준의 소설에 나오는 장면이 언뜻 떠오른다.
6·25전쟁 중, 캄캄한 밤중에 누군가 들이닥쳐 강렬한 플래시를 켜며 "당신들은 어느 쪽인가?"라고 물으며, 대답을 요구한다. 전쟁을 겪고 있는 양민의 입장에서 플래시 뒤에 숨은 사람이 국방군인지, 인민군인지 알 수가 없기에 대답을 하지 못하는 한국적 현실을 묘사한 장면으로 기억한다.

시대가 변해서 플래시를 들고 있는 사람들이 보인다는 것만 다를 뿐, 그 저주스런 사상 검증은 오늘에도 이렇게 살아 있다.
"분단국이지 않느냐?"는 반문에 구태여 답을 해야 할까?
우리가 언제까지 이 사상검증이라는 놀음을 지속해야 하는가?
어느 저명한 법대교수는 이런저런 모임을 가도 그놈의 편 가르기 때문에 가기가 싫다고 술회한 바 있다.
사상의 자유는 헌법에만 있는 그저 언어라는 기호의 의미밖에 없는 것인가?

조준호의 진상조사위 보고가 너무 허술했기에 김승교 통진당 중앙선관위원장이 모두 허위라고 반박했지만, 혁신비대위나 신당권파측에서는 대응이 궁색하고 애써 외면하고 있는 점은 한심하기만 하다.
새누리당과 대통령까지 나서서 사상 검증하듯 하는 요즘, 민주통합당이나 신당권파쪽이 말로는 사상검증에 대해 반박하기는 하지만, 사실은 그들을 핑계 대며 구당권파들을 정리하려 드는 듯 한 인상을 받는다.

구당권파를 죽이는 일은 속 시원할 수도 있고 말썽꾸러기(?)가 없어지면 여당과 싸우기도 한결 나을 거라는 나이브한 판단을 하고 있다면, 그야말로 오산이다.

왜 신당권파들은 이 경우에만 (진실)을 비켜가려 하는가?

너무 기본적인 상식을 왜 그리 외면하며 그야말로 마녀사냥 하듯 그들을 죽이려 드는가?

또한, 그들의 잘못이 판명되어도 사퇴를 못 하겠다는 게 아니지 않는가?

최근의 그야말로 기라성 같은 진보쪽 지식인들, 유시민, 심상정 등의 처신에 크게 실망했다.

구당권파들의 관행으로 이어저 오던 바람직하지 않은 선거문화 혹은 시스템을 먼저 개선해보려는 노력 없이 하루아침에 그 치부(?)를 폭로하고 나옴으로써 우리가 보기에 작심하고 구당권파를 거세하려던 계획,

즉 쿠테타같은 방식을 취함으로써 진보가 경원시 당하는 계기를 제공한 것이다.

'인간의 이성과 지혜가 고작 이정도인가?' 하며 실망하고 있다.

사퇴시키는 것은 좋지만, 철저한 진상조사를 통해 하라는 것이 신당권파들이 앵무새처럼 말하는 '국민의 눈높이'임을 상기하기 바란다.

"이 세상 어느 것도 진실 위에 설 수 없다."

| 5월 30일 | 김민재 |

국문학도였던 시절 김수영 시인을 좋아했다.
시는 온몸으로 밀고 나가는 것이라는 그의 시론을 사랑했고
그처럼 시를 쓰지는 못하지만 나의 시는 거리에 쓰인다며
종로 네 거리를 누비고 다니던 시절이었다.

1960년에 김수영은 시에서 김일성 만세가 언론자유의 출발이라 했거늘
2012년 작금의 현실은 김일성 개새끼라 말해야 종북세력을 면할 수가 있다.
북을 협력과 통일의 대상으로 생각한다면
북핵과 3대세습과 북인권 문제로 사상검증을 하기 전에
최소한의 인정과 이해가 먼저 되어야 한다.
왜 북에 대한 내재적 입장은 하나의 생각으로 존중받지 못하고
대답회피와 물타기의 답변이 되어버렸을까?

우리의 자유와 우리의 인식은 60년에서 얼마나 진일보했을까?

金日成萬歲

金日成萬歲
韓國의 言論自由의 出發은 이것을
인정하는 데 있는데

이것을 인정하면 되는데

이것을 인정하지 않는 것이 韓國
言論의 自由라고 趙芝薰이란 시인이 우겨대니
나는 잠이 올 수밖에

'金日成萬歲'
韓國의 言論自由의 出發은 이것을
인정하는 데 있는데

이것을 인정하면 되는데

이것을 인정하지 않는 것이 韓國
政治의 自由라고 張勉이란
官吏가 우겨대니

나는 잠이 깰 수밖에
　　　　　　　　-1960. 10. 김수영

 ｜6월 1일｜권영태｜

청맹과니 : ① 겉으로는 멀쩡해 보이나 실제로는 앞을 보지 못하는 눈 ② 사리에 밝지 못하여 눈을 뜨고도 사물을 제대로 분간하지 못하는 사람을 비유적으로 이르는 말 (다음 국어사전)
그렇지 않을 것 같던 분들도 사냥이 시작되자 청맹과니가 되고 있다. 아니, 나는 사냥감이 아니라며 한발 빼는 것을 넘어 스스로 사냥개가 되어 희생양을 함께 공격한다.
무섭다. 누가 무슨 권리로 타인의 사상을 검증한다는 말인가?
정견과 상관없이 김재연, 이석기 등에 대한 자신의 책임 범위를 넘어서는 제명 등의 추진에 반대하고, 본인들의 자발적인 사퇴도 원치 않는다. 청맹과니들에 맞서 과거와는 다른 새로운 정의와 애국의 길을 보여주길 기대한다.

| 6월 7일 | 김남수 |

이제 다시 생각해본다.

종북이니 트로츠키주의이니 이런 문제 까발리지 말고, 실제로 그들의 행위사실이 위법이었을 때만 죄를 물을 수 있다. 생각을 다 까발려볼까 싶기도 하다. 종북은 문제이고, 그럼 트로츠키주의는, 그럼 마르크스레닌주의는, 그리고 마오주의는 문제가 되지 않는가? 그런데 왜 종북주의만 문제처럼 언급하는가? 이는 운동내부의 지평에서 그렇다. 그렇게 자신의 생각을 천하 만방에 고하는 것이 그렇게 자유로운가? 구체적으로 종북의 생각에도 여러 가지가 있고, 트로츠키주의에도 여러 가지 생각이 있다는 것은 다 아는 사실이다.

문제가 되는 이석기, 김재연이가 구체적으로 잘못한 것이 무엇인가 하는 문제이다. 남을 벌하기 전에 먼저 생각해야 하는 문제이다. 구체적으로 잘못한 게 무엇이냐? 심증 말고 물증을 대라. 너무 폭넓게 무죄라는 증거가 없으면 유죄이다 하는 식으로 여론몰이 하지 말고.

사태가 이쯤 되니 적이 구체적으로 누구인지가 의심스러울 정도가 되었다.

자! 내일은 또 내일의 해가 뜨겠지.

한 명의 억울한 사람도 만들지 말자. 그런 분위기에서 사는 내가 창피하고, 묻어가는 내가 창피하니까.

 | 6월 25일 | Seokjin Shin |

범죄자가 자신의 범죄행위를 은폐하기 위해 총선결과로 어수선한 가운데 교묘한 방법으로 수사에 참여해서 무고한 사람에게 혐의를 뒤집어씌웠다. 조중동 가릴 것 없이 언론을 상대로 무차별 폭로하여 국민 눈높이를 자신의 의도대로 고정시켰다. 결국 무고한 이를 고소하였다. 그와 한 패거리가 되기를 스스로 자처한 무자격 재판관들이 무고한 이에게 스스로 할복하지 않으면 사형을 집행하겠다고 협박. 이런 일이 진보정당 내에서 일어나고 있다는 게 놀랍다. 상식이 통하는 사회를 만들고 싶었고 억울한 이 없도록 팔 걷고 나선 곳이 진보정당운동이었는데 우리 내부 공동체가 이렇게 파괴될 줄 미처 몰랐다.

| 6월 25일 | 장우식 |

故 박영재 당원 장례식장에서 첫날에 이정희 전 공동대표와 겸상하며 얼마 동안을 대화할 수 있는 '특혜'를 얻게 되었다.

묻고 싶은 말도 너무 많고 듣고 싶은 말도 너무 많았다. 위로와 격려의 말이야 차고 넘치도록 들으셨을 것이고…, 한참을 구슬 굴러가는 소리가 나도록 생각하고 나서 내 입 밖으로 나온 말은 어이없게도

"집 밖으로 잘 안 나오신다던대…, 재활용 쓰레기 분리수거 하러는 나오세요?"였다.

피식 웃으며 "밤늦게 해요...^^;" 하신다.
:
:
Woo…C…, 고작 꺼낸 질문이란 게….

 | 6월 26일 | 심연식 |

통합진보당의 당원이 많게는 100명 넘거나 수십 명이 주소지가 같다. 어떤 당원 중국집에서 수십 명이 같이 사는 것으로 당원등록이 되어 있기도 하다는 것을 모두 부정선거를 위한 것으로 보도를 하거나 발표를 하고 있다.

그 내용을 소상하게 알아보지는 못했지마는 저는 과거 60, 70년대의 진보, 혁신당의 당원이 집단생활을 하였던 예를 들어 말을 하지 않을 수 없다. 정치적 탄압을 피하기 위해서 또는 일정한 거주지가 없을 정도로 생활이 어려운 당원들이 집단생활을 하기도 공동생활을 할 수 있는 여지는 얼마든지 있다. 통합진보당의 경우도 집권당도 아니고 제일야당이 아니기에 당원들이 거의가 나름대로 소신과 신념으로 진보당을 선택하였지마는 대부분 어려운 생활을 하는 분들이 많은 것으로 알고 있다. 생활이 어려운 농민, 노동자들이 집단으로 진보당을 선택하여 공동생활을 충분히 할 수 있고 심지어 정상적인 가정생활도 못하는 당원들이 많은 것으로 알고 있다.

1960년대 통일사회당 당직자 또는 당원이 사무실에 덕석을 깔고 국수로 한두 끼니를 때우는 경우가 허다하였다. 진보당원들은 보수정당과 다르게 오직 당의 이념과 정당 정책을 펴나가기 위해서 거의 평생을 바친 사람도 많다. 60, 70년대의 저의 동지들도 거의

340

기초생활 수급자로 외롭게 홀로 살다가 저세상으로 간 사람이 수십 명에 이른다. 그래서 당시 문필제조회사를 한 나는 당사에 한번 나타나면 재벌이 왔다고 환호성을 지를 정도였고 나는 값이 싼 국수를 수백 통을 구입하여 놓고 눈물을 흘리면서 당사를 빠져 나왔던 적이 있었다.

작금의 진보당의 현실은 지역 당원들의 경우 밥 한 끼니도 몇 푼 안 되는 돈을 서로 호주머니를 털어 동지애를 발휘하면서 집단적으로 생활을 하는 당원이 없지 않다고 보고 있다. 중요한 사실은 한 사람 한 사람의 당원으로서 선거권 행사를 자신의 뜻대로 행사할 수 있고 그런 분위기를 조성한 투표권 행사라면 굳이 시비할 이유가 없다. 어렵고 힘든 사람들이 세상을 바꾸어 보겠다는 생각으로 진보당을 선택하는 경우가 많기에 기득권자들로 구성된 새누리당과 보수집단에 대한 저항과 투쟁이 강할 수도 있을 것이다. 어렵고 힘든 국민들의 지지와 성원으로 제 3당의 위치를 확보하게 되자 새누리당과 보수진영은 발등의 불이 된 것이기에 이번 기회에 작살을 내겠다는 것이라고 본다.

진보당이 제 3당이라도 유지하려면 당권싸움보다 새누리당 재집권을 막는 데 총력을 경주하여야 할 것이요, 만약 새누리당이 집권하면 1960년, 70년대의 군소정당 정도가 아니라, 아예 진보당은 소멸될 가능성이 높다는 것을 진보당의 당직자는 물론이고 당원은 명심하여 주기 바란다.

 | 6월 27일 | 전택기 |

갈릴레이야 너는 최고의 천문학자이니
지구가 둥근지 평평한지 관측해서 보고서를
내놓아라.
얼마 후 갈릴레이는 지구가 둥글다는 결론이 담긴 보고서를 내놓았다
하지만 그 보고서는 다수결로 폐기되었다
다음날 신문에는 "지난번 보고서와 마찬가지로
지구는 평평하다"라는 보도가 나왔다.
끝에는 갈릴레이는 지구가 평평하지 않다
라는 혼잣말을 하며 지구조사보고위원회에서
사퇴하였다는 보도가 짧게 씌여 있었다.

| 6월 30일 | 손우정 |

오늘 당기위의 결정은 감당할 수 없는 결정이다. 선출되지 않은, 과도기적 합의의 권력들이 넘어서는 안 될 선을 기어코 넘었다.

선거부정에 대한 진상을 도저히 밝혀낼 수 없는 것도 아니고, 증거가 다 사라진 것도 아닌데도 서둘렀다. 누군가는 어떤 의도가 있었을 것이고, 누군가는 이것이 여론을 감안해 시급히 사건을 정리할 수 있는 유일한 방법이라 믿었을 것이다. 전자라면 용서 못할 일이고, 후자라면 대단한 착각이다.

이석기 의원이 어떤 잘못이 있는지, 그것이 출당과 의원직 박탈을 요구할 정도의 잘못인지에 대해서는 여전히 논란 중이다. 그러나 최소한 밝혀진 바로는 아무런 선거부정이 없었던 김재연, 황선, 조윤숙을 간단하게 출당시켜 버리면서도 명백한 선거부정에 대한 근거들이 제시되고 있는 이들에 대해서는 어떤 징계 의지도 읽히지 않는다.

자, 이런 결과를 두고 무슨 성찰을 기대할 것인가? 뭘 반성하고 혁신할 수 있다고 자부하는가? 무엇보다 당기위의 실수는 당원을 징계함에 있어 이 판단이 공정한 것인지를 고뇌하는 어떤 태도도 보이지 않았다는 점이다.
언론들이 앞다투어 보도하듯, 모든 것이 공정한 기준에 따라 판단되기보다 철저히 정파의 계산에 따라 이루어졌다. 사건 초기, "이것은 정파와 아무 상관이 없다"고 천명한 순간부터 이 문제는 철저히 정파적 이해관계에 따라 움직였다. 진보정당이 정파적 이해관계에 따라 아무런 부정이 없는 이들에게 최고의 징계를 가차 없이 내릴 수 있음을 보여줬다.

진보정당이라는 조그만 정치공동체를 국가라는 거대한 정치공동체로 확장시켜 보라. 어떤 공정함도 없이 정치논리와 국가주의적 논리로 자행되는 일련의 일들에 대해, 지금의 당기위는 어떤 논리로 방어할 수 있을 것인가? 없다. 그 논리구조 내에서는 국가주의의 폭력에 대항할 논리를 끄집어낼 수 없다.

지금의 이 사건은 진보정당 역사상 매우 크고, 부끄러운 오점으로 기록될 것이 분명하다. 당기위의 결정이 대단히 실망스럽고 부끄럽다. 그리고 제명당한 당원들에 대한 미안한 마음 거둘 수 없다. 슬픈 밤이다.

| 7월 3일 | 이장수 |

"한국사회의 민주주의와 진보는 중대한 기로에 서 있다"

저는 이 말을 지난 5월 통합진보당의 '부정 의혹 사태' 발발 후 많은 언론과 페북에서 읽었습니다. 하지만 이 말은 제가 요즘 하고 싶은 얘기입니다.
'부정 의혹'이 '부정 선거'로 낙인찍히고 이석기 의원과 김재연 의원, 그리고 이정희 대표를 '마녀'로 매도했던 진실의 실체가 조금씩 벗겨지고 있습니다.

통합진보당 2차 진상조사위의 '짜깁기 발표'에도 불구하고 지난 비례대표 투표에서 명확하게 부정을 저지른 후보 측은 소위 '비당권파'인 윤금순 후보와 '참여계'인 오옥만 후보임이 알려진 상태입니다.
그리고 조준호 진사조사위원장과 박무 조사위원이 언론플레이한 모든 의혹은 '사실 아님'이 밝혀진 상태입니다.
심지어 오옥만 후보 측이 저지른 동일 IP 미투표자 열람은 명백한 범죄행위라는 주장이 제기된 상황입니다.

혁신비대위는 당직선거에 후보로 출마하여 '심판이 선수도 겸하는' 어처구니없는 모습을 보이고 있고, 최근에는 통합진보당 당직선거에서 경기도당위원장인 송재영이 당원명부를 통째로 조선일보에 넘겼고 경북도당에서도 당원명부가 전달되었습니다.

혁신비대위는 무엇이 두려운지 이 모든 것을 거짓말과 감추기로 일관하고 있습니다. 이 모든 상황이야말로 이 땅에 민주주의와 진보가 고사 직전에 있음을 보여주는 모습이라 생각합니다. 이러한 때, 지난 5월 상식과 민주주의를 외치던 수많은 함성들이 사라졌습니다.
한겨레, 경향, 오마이뉴스는 팩트 확인도 안 한 기사 게재, 자신들이 선호하는 정치인의 주장만 일방적으로 올려주는 정파성을 유지한 채 새로운 사실 확인에 대해 철저하게 외면하고 있습니다. 이래서는 조중동을 비롯한 '안보상업주의'의 반대편에 선 '진보상업주의'라는 조롱을 받아도 할 말이 없을 것입니다.

진보당 내 사람들뿐 아니라 소위 '진보적 지식인'이라 자칭하는 인사들 역시 이처럼 엄청난 사태에서 한결같이 입을 다문 채 팔짱만 끼고 있습니다. 마치 자신들은 아무 말도 한 적이 없는 것처럼, 자신들과 전혀 상관이 없는 것처럼 사실에 눈 감고 공정함을 잃고 정파적 태도를 유지하는 것은 '진보적 인사'가 아니라 그냥 한낱 기성 정치인에 불과할 뿐입니다.

진실에 눈 감은 이들은 아직도 '이석기, 김재연 사퇴'를 앵무새처럼 반복하고 있고 일부는 국회 제명을 바란다고 공개적으로 밝히기도 합니다. 누군지 구체적인 실명을 거론하지는 않겠습니다. 다만 본인 스스로 지난 5월 어떤 얘기를 페북과 트윗에 올렸는지 잘 알 것이기에 스스로 '결자해지'를 바라는 마음입니다.

진실과 정의와 상식과 공정함과 인간을 배제하는 어떠한 주장도 결코 민주주의라고 진보라고 인정받을 수 없을 것입니다.

 | 7월 5일 | 김정호 |

결국 원점으로 돌아왔군요. 중선관위는 엑스인터넷으로의 결정이 부정부실의 면탈은 아니라고 했지만 혁신비대위에서(유시민 쪽에서) 추천한 업체는 결국 1만8천 명의 투표를 무효로 날려버렸고, 강기갑 신당권파측은 당직선거 조차 관리하지 못하는 무능력함과 무책임을 보여줬죠. 그나저나 엑스인터넷 투표 시스템에 접근해서 소명되지 않는 6천여 건의 미투표자현황 검색과 온라인 투표를 진행시킨 범죄자는 처벌해야 하는 거 아닌가?

│7월 10일│ 윤영태│

그들은 절대 이해 못합니다.

애초 통합진보당 5월 사태는 저의 인맥에 대한 의심으로부터 출발했습니다. 민주노동당 인터넷실장을 했던 아무개가 당권파인데, 이번 온라인투표시스템 개발회사를 그 사람이 소개해 줬다, 따라서 무엇인가 검은 커넥션이 있을 것이라는 게지요.

저는 2004년 7월, 민주노동당 인터넷실장으로 발령을 받았습니다. 아직 회사에서는 퇴직 처리도 되지 않은 상태였습니다. 덕분에 밤낮없이 회사와 민주노동당을 오가던 이중생활을 보름간 해야 했습니다. 민주노동당 당직자로 일하게 되면서 저의 수입은 반의 반토막으로 줄어들었습니다. 그래도 저는 120명의 당원들이 매달 1만 원씩 소중히 모아 준 당비로 먹고 살게 되었다는 부담감 때문인지는 몰라도 굉장히 큰 돈이라 생각했습니다. 돈이라는 것이 액수로만 평가되지 않는다는 것을 그때 알게 되었습니다.

아무개가 당권파라는 주장에 대해 생각해 봅니다. 저는 민주노동당에서 인터넷실장, 홍보실장 등의 직책을 맡았습니다. 당시 당직에 임하는 저의 생각은 이랬습니다. 중앙당 실무 간부라면 함부로 자신의 정치적 견해를 앞세워선 안 되고, 당의 방침에 복무해야 한다는 것입니다. 그래서 저는 입장을 정해야 하는 회의석상 이외에는 단 한 번도 저의 정치적 견해를 밖으로 표출한 적이 없습니다. 당권파라는 의미가 이러한 의미의 '당권파'라면 저는 그 수식어를 기꺼이 받아들이겠습니다.

인맥이라는 것에 대해 생각해 봅니다. 저는 2004년 당직을 맡기 전까지 8년 정도 IT 회사에 근무하였고, 이때 쌓은 IT 분야의 인맥이 제법 있습니다. 저는 이 인맥을 당 사업에 적극 활용하였습니다. 저는 당시에 민주노동당을 당원 중심의 전자민주주의가 활성화된 정당, 첨단 IT 기술을 적극 활용하여 당, 지역, 대중이 어린아이의 실핏줄처럼 엮여서 소통과 참여가 활성화된 정당이 되기를 희망했습니다. 이를 위해 저는 제가 갖고 있는 IT 분야 인적 네트워크를 적극 활용하였습니다.

그런데 그 인적 네트워크는 주로 당의 어려운 경제적 형편 때문에 제가 일방적으로 부탁하는 방향으로 나타나게 되었습니다. 당 예산이 이거밖에 없는데, 그래도 이 프로젝트 맡아 줄 수 있겠느냐는 부탁이 대부분이었습니다. 이런 식으로 당원관리프로그램, 대량 이메일 발송 시스템, 인터넷 여론 분석, 자연어 검색 시스템, 그룹웨어 등등을 도입하게 되었습니다. 이 중에서는 당이 잘되면 갚아 주겠다고 하면서 무상으로 가져다 쓴 시스템도 있습니다. 당에 시스템을 공급하는 업체 입장에서는 이를 통해 진보에 조금이나마 기여해 보자는 좋은 마음도 있었을 것입니다.

사회 현상을 자본주의적 이해관계를 기준으로만 바라보면 이러한 관계를 절대 이해하지 못합니다. 이 세상에 대가 없는 거래가 어디 있겠냐 하지만, 가만히 주변을 살펴보십시오. 당원들이 내는 당비, 사회운동 단체에 대한 기부, 자원봉사 활동. 모두가 대가 없는 거래들입니다. 이러한 대가 없는 거래가 많아질수록 이 사회는 좀 더 아름다워질 것입니다.

그렇다면, 수입의 반의 반 토막을 내면서까지 민주노동당에 뭐 빨아 먹을 게 있어서 제가 다니던 회사를 때려치우고 당직자로 일하게 되었을까요? 별 것 없습니다. 제가 사회생활을 통해 어느 정도 쌓아 놓은 것이 있고, 이것이 진보운동에 보탬이 될 수 있을 것 같다는 확신이 들었기 때문입니다. 그리고 당시 민주노동당에서 일하는 분들의 눈빛이 너무 맑았기 때문입니다.

지금 통합진보당 재투표가 진행되고 있습니다. 이 투표시스템을 지난 5월 전국을 떠들썩하게 했던 그 검은 커넥션 의혹의 한 축이었던 회사가 진행하고 있습니다. 이 회사가 2007년부터 지금까지 민주노동당, 통합진보당의 당원관리업무를 단 한 번의 인상도 없이 월 100만 원에 맡아 오고 있다는 사실은 알고 계신가요? 이 회사는 왜 굳이 사업성도 없고, 걸핏하면 부정의 당사자로 내모는 통합진보당의 일을 지금까지도 바보처럼 하고 있을까요?

사람 사이의 관계를 이해타산으로만 바라보고, 당 사업을 정파 프레임에서만 바라보는 사람들은 이런 마음, 이런 관계를 절대, 절대 이해하지 못할 것입니다.

| 조민규 |

"나는 당신의 생각에 동의하지 않는다. 하지만 그 생각 때문에 당신이 탄압받는다면 당신을 위해 나는 싸울 것이다." – 볼테르

"처음에는 공산주의자를 잡아갔다. 나는 거기에 대항하지 않았다. 왜냐면 내가 공산주의자가 아니기 때문이다. 다음에는 유대인을 잡아갔다. 나는 항거하지 않았다. 나는 유대인이 아니었기 때문이다. 그다음에는 노조원을 잡아갔다. 그때도 나는 항거하지 않았다. 나는 노동조합에 속하지 않았기 때문이다. 그다음에는 가톨릭신도를 잡아갔다. 그때도 나는 항거하지 않았다. 나는 개신교신자였기 때문이다. 그다음에는 내가 잡혀갔다. 그러나 내가 잡혀갈 때는 이미 항거할 사람이 아무도 남지 않았다."
– 니몰로 목사

 | 7월 11일 | 최승제 |

함양에 가서 부모님 투표 도와드리고 왔다.
평생 마우스와 키보드 한 번 안 두드려본 당신들께 피시방에 가서 투표하라 할 수도 없고, 당권자가 10여 명밖에 안 되서 현장투표소도 없는 함양이라서 아들이 직접 가서 도와드렸다.
잘난 아들 덕에 97년부터 진보정당 후보만 찍고 계신 부모님, 자식이 힘들어 할까봐 당 사태에 대해서 한 마디도 묻지 않으신다. 두 번의 구속을 거치면서 창살 맞은편에서도 마찬가지셨다. 부모님은 아무 말 하시지 않고 건강하게 지내고, 내가 가고자 하는 옳은 길을 가라고 하셨다.

정권의 마녀사냥과 언론의 공세에도 부모님은 항상 그러하셨다. 투표 마치면서 아버지 말씀. "그렇게 못 믿으면 전국의 당원들 다 모아서 해라케라, 서울이라도 갈 수 있다" 조용히 있는 당원들 무서운 줄 알길.

| 7월 23일 | 최창준 |

갑자기 의원총회가 열린다는 소식을 듣고 저희 집사람이 밤늦게까지 안타까운 마음을 담아 서기호 의원님께 보내는 글입니다.
많은 분들이 퍼 가면 서기호 의원임께까지 전달되지 않을까요.

국민의 판사 서기호 의원님께

한 신입당원으로, 일면식도 없는 서기호 의원님께 느닷없이 편지를 드리게 된 점 양해를 구합니다.
일면식도 없지만, 서기호 판사님에 대해서는 그런 믿음직한 판사님이 계셨다는 것이 존경스러웠고, 또 통합진보당의 비례대표가 되셨다는 것을 듣고 너무 자랑스러웠습니다. 또한 총선 때 관악구로 이상규 후보 응원차 오셨을 때의 서기호 의원님의 인간적인, 너무 솔직하고 수줍음 타는 듯한 소박한 면을 가까이서 본 우리 딸의 이야기에 반하기도 했습니다. 그래서 편한 마음으로 편지를 드려도 될까 싶어서 드리게 되었습니다.
저는 서기호 의원님께 하나 여쭤보고 싶은 것이 있습니다.
서기호 의원님이 2차 진상조사특위의 조사과정에서 새로 밝혀진 사실들에 대해서 어떻게 판단하고 계시는지 매우 궁금합니다.
2차 진상조사특위의 김동한 위원장이 "법학자의 양심에 기초해서 봤을 때 이번 조사는 객관성과 공정성이 철저히 보장되지 못했음을 인정하지 않을 수 없다"며 "보고서에 자신의 이름을 명기하지 말아 달라"고까지 하면서 사퇴하셨다고 합니다. 이것은 보통 일이 아닌, 2차 진상조사특위에 대한 심각한 문제제기라고 생각됩니다.
그리고, 2차 진상조사특위의 위탁을 받고 온라인투표부문을 철저히 조사하신 김인성 교수가 통합진보당의 이번 사태를 '가해자와 피해자가 뒤바뀐 뺑소니 사건'이라고 표현하셨다고 합니다만, 이런 부분을 어떻게 보고 계시는지요?
또한, 2차 진상조사특위에서 김인성 교수팀에 의해 밝혀진 오옥만 후보 관련 제주도 M건설 부정선거의 중심에 있는 고영삼 씨 문제나, 1차 및 2차 보고서에서 다 빠졌지만 윤금순 후보 측의 경북 영주투표소에서의 대리투표 문제도 있다고 합니다.
재판과정에서 새로운 증거나 새로운 증언 등이 나타난 것과 같은 상황이 아닌가요? 그러면, 판사님이셨던 서기호 의원님이라면, 당연히 그 새로운 사실에 대하여 뭔가 판단이 있으시리라 생각됩니다.

새로운 사실이 드러나도 개의치 않고 다수결로 보고서를 만들어가는 조사위원 분들과 달리, 법조인이셨던, 그것도 국민의 판사로 시민들의 존경을 받으셨던 판사로서, 사태의 초기에는 잘 안 보이던 여러 가지 문제점들이 드러난 지금, 그리고 이번 당직선거 과정에서 일어난 문제들을 보시고, 어떤 판결을 내리시는지, 매우 궁금합니다.

당원들과 국민들이 특히 서기호 의원님께 기대하는 것은 '구당권파'라든가 '신당권파'라는 문제가 아닌, 사실에 의거해서 진실에 충실한 판사로서의 판단이라고 생각합니다. 그것이 극한 대립으로까지 치달은 당내에 큰 도움이 될 것으로 믿습니다.

끝까지 읽어주셔서 고맙습니다. 임 소 원

 | 7월 28일 | 이장수 |

〈오마이뉴스〉 기사를 봤습니다. 참여연대의 오랜 후원자로서, 유권자로서 그리고 당원으로서 그동안의 '제명 정치, 제명 혁신'이 진보당의 혁신과 발전에 도움이 되지 않는다고 비판적으로 생각하고 있었는데, 김제남 의원이 의총에서 기권한 것을 두고 '궤변', '자기 분열적', '뒤통수'라고 표현하는 것을 보고서 실망이 이만저만이 아닙니다. 정당이든 어느 조직이든 사안에 따라 제명을 찬성하는 입장이 있는 것이고 결사반대하는 입장이 있는 것이고 그 중간 입장이 있을 수 있습니다. 옳고 그름, 좋고 나쁨을 떠나 당원 한 사람, 의원 한 사람의 의견은 충분히 존중되고 발현되어야 하고 이성적이고 합리적으로 서로 비판해야 한다고 봅니다. 자신의 입장은 무조건 옳고 타당하며 다른 사람의 입장은 궤변이고 자기 분열적이라고 단정 짓는 것은 '무오류주의'에 빠질 가능성이 높다고 봅니다. 더군다나 13명 소수정당의 원내대변인 직위까지 맡은 의원이 다른 의원의 고심 어린 의견과 행동에 대해 그렇게까지 비난할 수 있는 것인지 안타깝기 그지 없습니다. 시민단체 출신의 참신함을 진보정당에서 바라보고자 했던 한 사람으로서, 박원석 의원이 1~2개월 만에 당권싸움과 당파투쟁의 대열에 동참한 것 같아 우울해집니다… 아래는 〈오마이뉴스〉 기사 중에서 박 의원이 발언한 부분을 발췌한 것입니다. 이에 대해 박원석 원내 대변인은 발끈했다. 그는 "김 의원은 마치 자신이 혁신종결자처럼 얘기하는데, 그야말로 혁신에 종결을 지은 것"이라며 "혁신을 중단시킨 장본인의 궤변"이라고 일갈했다. 그는 "두 의원의 자진사퇴를 또 얘기했던데 자기 분열적"이라고 쏘아붙였다. 김 의원이 제명에 합의한 적 없다는 입장을 밝힌 것에 대해서 '변명'이라고 못 박은 박 대변인은 "김 의원은 제명에 동의했다, 이렇게 뒤통수 맞을 거면 의총을 열지도 않았을 것"이라고 강조했다.

| 5월 3일 | ZharaLhatse @mdkph |

국가권력이 개입된 부정선거 의혹에는 침묵하면서 통진당의 비례대표 부정선거 의혹에는 분노하는 건 뭐지?

| 5월 3일 | 이상규 @whitefireg |

충격 상황, 자기를 다 버려야 함. 진보의 자정능력 끌어내리면 '진실의 힘'이 필요함. 1. 대국민사과 2. 의혹에 대한 철저하고 엄정한 조사 3. 책임자 문책과 정치-도의적 결단 4. 혁신안 실행 @KwonEddie: …매우 심각한 상황임을 인식하시길!

| 5월 6일 | 유창선 (시사평론가) @changseon |

다섯 손가락 깨물어 안 아픈 곳 있던가. 자신의 허물 때문이어도 진보의 한 축이 위기에 처해 있는데 비아냥거림만 날리는 가벼움들이란. 나는 그런 가벼움들이 싫다.

| 5월 6일 | 앞뒤짱구 @jmkim0727 |

정말 신기하게도 사람들은 그렇게 욕하던 언론이 짜놓은 프레임대로 누가 부정을 저질렀는지는 관심 없다. 소위 당권파가 사퇴 하냐, 안 하냐다.

| 5월 6일 | 황왕택 @hwt1225 |

진보당에서의 부정가능성이라는 이유로 부정선거라 규정한 것은 노무현 대통령을 포괄적 뇌물공여죄를 적용한 떡검과 무슨 차이인가. 국민의 눈높이에 맞춘다는 이유로 그때 침묵하던 이들이 타살의 방조자가 아니었던가.

| 5월 8일 | 앞뒤짱구 @jmkim0727 |

여성단체가 김용민 비판했다 욕 많이 먹었다. 총선 패배를 우리한테 따지듯 엄청 욕먹었다. 막말의 맥락은 따져도 비판의 맥락은 안 따지고 욕했다. 김형태는 왜 가만 두냐고 우리가 뭘 하는지 안 알아보고 욕했다. 동병상련. 이정희의 변론은 안 듣고 사람들은 너무 쉽게 욕한다.

| 5월 11일 | 앞뒤짱구 @jmkim0727 |

국민과 당원 중 누굴 택할 것이냐고. 너무 구리다. '한 사람이라도 억울하면 그 사람을 위해 여론과 싸우는 게 진보-유창선' 그래서 사람 중심의 원칙이라는 게 있고 국민은 늦더라도 감동을 받는 거다.

| 5월 12일 | 박해웅 @regardingR |

흠. 다들 이번 사태에 대한 판단과 입장이 다를 수 있다고 생각합니다. 그런데 자신과 생각이 다르다 하여 악마집단으로 비하하고 비아냥거리는 게 놀랍군요. 이를테면 중앙위 자격에 대해 문제제기하는 청년들을 '어버이연합'에 비유한다거나 말이죠.

| 5월 12일 | 앞뒤짱구 @jmkim0727 |

모든 사태의 시작은 보고서 부실이다. 보고서가 두말할 것 없이 명백한 책임과 증거를 밝혔고, 당기위에 제소해서 엄벌에 처했으면 될 일을 언론에 먹잇감 던져주고. 진실공방까지. 자해를 했다. 자해의 칼날에 다친 건 결국 당원 모두다.

| 5월 12일 | 이상규 @whitefireg |

진보당이 붕괴되는군요. 참담합니다. 흐르던 눈물도 멈췄습니다. 이 죄를 어찌 해야 할지 막막합니다.

| 5월 12일 | 민들레처럼☆° @kjdemo01 |

눈물이 난다. 할 말이 없다. 1년 전 타계하신 정광훈 의장님을 추모 회상하면서 막걸리나 마시고 아무 생각 없이 잠들고 싶다. 혁명의 축제의 장에서 우리 모두 만나자던 정광훈 의장님의 목소리가 귀에 선연하다. 대체 의장님 1주기 추모를 어떤 낯짝으로 뵐는지.

| 5월 13일 | 이정희 @heenews |

저는 죄인입니다. 어제 제가 무릎 꿇지 못한 것이 오늘 모두를 패배시켰습니다. 이 상황까지 오게 한 무능력의 죄에 대해 모든 매를 다 맞겠습니다. 침묵의 형벌을 받겠습니다. 저를 실패의 본보기로 삼아주십시오.

| 5월 13일 | 김정길 @jkkim45 |

어제 사퇴한 이정희 통진당 대표가 "진보진영이 다시 성장하는 과정에 어떤 기여를 할 수 있는 자격조차 완전히 상실할 수 있다"고 말했다. 내가 현장에서 만난 이 대표는 언제나 진정성을 보인 정치인이다. 당과 책임이 무거워도 너무 큰 자책하지 않기 바랍니다.

| 5월 14일 | 공희준 @kongheejoon |

문제의 이빨 빠진 아저씨의 폭력적 행동에 나는 전혀 찬성하지 않지만 그를 마치 스스로의 주체적 결단에 의해 생각하거나 행동할 능력조차 없는 사람으로 무시하는 데는 더 찬성할 수 없다. 오만한 지식인은 오만한 부자보다 민중에게 더 큰 상처를 입힌다.

| 5월 14일 | 여명 @iscream2012 |

분신 시도한 분에게 조롱을 쏟아내는 이들이 있다는 사실에 충격을 금할 수 없다. 이들이 정녕 쌍용차 문제 해결하라고 함께 외쳤던, 자살은 사회적 타살이라고 주장하던 그분들이 맞는 걸까?

| 5월 14일 | Zorro @cyhcap |

진보당내 NL과 이른바 당권파를 향한 파쇼적 광기가 타임라인에 넘쳐나고 있다. 냉철한 집단지성이 아니라 살기등등한 집단광기다. 유럽의 마녀사냥이나 우리나라의 보도연맹사건, 5·18광주학살극도 이런 사회적 분위기에서 저질러졌을 것이다.

| 5월 14일 | 촛불승리! @badromance65 |

소중한 생명이 분신을 시도했다는 것만으로도 충격인데 이 와중에도 당권파 따지고 뒤에서 조종하는 누군가에 대한 의심, 당사자가 직접 분신을 해야 주목을 받겠다느니 하는, 이건 조롱인지 생명 경시인지 본인의 폭력성은 애써 감추고 남 탓만 해대는 끔찍함!

| 5월 14일 | 손기영(SNS 늦둥이) @mywank |

통합진보당 일부 당권파 당원들로부터 '극단적인 행동들'이 나오고 있습니다. 민주노총 건물에서 투신시도가 있었고, 오늘은 통합진보당 당사 앞에서 분신을 시도한 사람까지 나왔습니다. 정치적 협상과 대화가 사라졌을 때 나오는 안타까운 모습입니다.

| 5월 15일 | 앞뒤짱구 @jmkim0727 |

얼마 전 최고 히트작 '최고의 사랑'에서 독고진은 똥꼬가 입에 달려서 똥꼬진이라고 구애정이 놀렸는데. 현실에서 진짜 똥꼬가 입에 붙은 사람이 있다. 사람 목숨 가지고 말하는 거 하고는.

| 5월 15일 | 공희준 @kongheejoon |

이정희를 '진보의 아이유'라 칭송하던 바로 그 사람들이 똑같은 입으로 그녀를 '주사파의 신봉선'으로 매도하고 있다. 우리, 세상 그렇게 얄팍하게 살지 말자. 물론 그들처럼 얄팍하게 살아야 신문에 칼럼 자리도 얻고, 방송에 패널로도 출연할 수 있겠지만.

| 5월 16일 | Be_Angry @freeaswind62 |

"지난 중앙위원회에서의 폭력사태는 도저히 판사였던 저로선 법과 원칙대로 그런 폭력적인 폭력행위에 대해서 처벌을 하고 했던 저로선 도저히 상상할 수도 없었던 일이고 있어선 안 되는 사건이라고 생각" 서기호의 용산참사에 대한 변을 듣고 싶다.

| 5월 16일 | 언팔&벽돌 유발자 미 @didsns |

정당한 주장까지 당권파로 몰아가는 걸 보니 이성이란 게 없고 언론보도는 철썩같이 믿으며 감정에 치우쳐서 마구 퍼붓는 게 정말 소름끼친다. 괴벨스가 그랬지. 언론을 통해 분노를 조장해서 정치에 이용했지.

| 5월 16일 | 대한민국파(최영창) @KoreanHawk |

대파 종북도 두려운 존재겠지만, 종북이란 사실 혹은 이미지로 아직 '확정되지 않은' 부정선거를 이용해 통진당 당원들, 농민 노동자들을 서울대 출신 엘리트들 유시민 심상정과 국참당 세력이 쿠데타적 행위로 제압하고 나선 건 민주주의의 심각한 위기다.

| 5월 17일 | 김병조 @soulwatch26 |

정당소유는 지도부가 아닌 국민 — 참 듣기는 좋은 소리지만 말뿐이다. 정당은 그 정당을 지지하는 사람들이 바라는 정책을 입안하고 실현시킨다. 모든 국민이 정당의 주인이라면 상충되는 국민들의 입장 속에서 여기 기웃, 저기 기웃거릴 뿐이다.

| 5월 17일 | 지땅 @ZIDDANG_ |

"동일 IP 투표 집중", "IP중복투표율이 60%" 등이 부정의 확고한 증거라고 알고 계시는 분이 의외로 많군요. 제 옆의 동료는 한 PC에서 총투표의 60%가 나온 걸로 아직도 오해하고 있더라고요. 보고서를 오독한 언론의 솥뚜껑 효과가 크긴 컸네요.

| 5월 17일 | 앞뒤짱구 @jmkim0727 |

내일이 5·18 망월동 가본지도 오래다. 모든 언론이 폭도로 몰아 고립시켰을 때, 얼마나 외롭고 억울했을까? 그 언론들은 '단순한 오보'가 아니라 보도지침에 따른 '의도적 오보'였을 거다. 지금과 뭐가 다를까? 오보를 끊임없이 쏟아 내는 한경오프.

| 5월 18일 | 언팔&벽돌 유발자 미 @didsns |

통진당 신당권파는 국민의 눈높이에 맞추려면 당 해체가 정답이다. 왜냐면 바로 지금 여론조사 하면 '통진당 해체시켜야'가 과반이 넘을 텐데.

| 5월 18일 | 언팔&벽돌 유발자 미 ?@didsns |

진보를 위해 넌 죽어줘야겠다? 이렇게 희생양을 만드는 게 진보라면 난 그런 진보 안 한다.

| 5월 21일 | 용용 @yongyongssi |

자신을 위해 당원을 배신하는 자, 당원을 위해 자신을 헌신하는 자를 속아내는 데 오랜 시간이 걸리지 않을 것 같다. 당원을 배신한 행위는 또 다른 배신을 낳기 때문이다. 지금은 하나의 몸통이지만 그들은 또 서로를 배신할 것이다. 반드시 그렇다.

| 5월 22일 | Bak se jun @june_125 |

이른바 당권파가 유시민 심상정의 요구대로 다 사퇴했으면 이런 일이 일어나지 않았을 거라 생각하는 건 멍청한 건지 순진한 건지…. 조준호가 총체적 부정 드립 칠 때 아니 그 전에 이청호 구의원이 근거 없이 당권파가 부정선거 드립칠 때 이건 예견되었던 것이다.

| 5월 23일 | Dochi5779 @dochi5779 |

진보정당의 심장을 적들의 손에 탈취당하고도 분노하지 않는 자는 가짜진보다. 진보정당을 만들기 위한 수십 년의 걸친 피땀 어린 노력을 알고 있는 자라면, 명부를 이용한 탄압으로 또 얼마나 동지를 잃을지 아는 자라면, 이제 가짜진보와 결별해야 한다.

| 5월 23일 | Heo Kyung Tae(허경태) @Kyungtaeheo |

이 사회가 이렇게 다양성이 없는 건가? NL사상을 가진 게 죄인가? 사람이 무엇을 믿든 무엇을 생각하든 자유다. PD와 NL이 함께 있어 혼란스러운 통합진보당 내의 갈등에 왜 이 사회전체가 요란한가? 왜 마치 암을 발견한 듯 칼질인가?

🐦 | 5월 25일 | 레인맨(사고뭉치) @koreain |

통진당 이석기와 김재연 씨가 왜 사퇴해야 하지? 사상이 불온해서? 부정경선을 했기 때문에? 그렇다면 통진당 비례대표 모두 다 사퇴해야 하잖아. 그런데 그들은 왜 가만 놔두지? 후순위.

🐦 | 5월 25일 | 용용 @yongyongssi |

여러분은 지금 검찰과 언론이 함께하는 메카시 광풍의 Teaser만을 보고 계십니다. 반북, 반공을 통한 정권재창출의 콘티는 통진당 당원명부를 침탈한 떡검제작소에 의해 만들어져 On air될 시점은 대선 직전이리라는 예측만. 특별출연 진 선생 등등.

🐦 | 5월 26일 | 앞뒤짱구 @jmkim0727 |

사회에서 가장 소외되고 취약한 사람들이 바로 장애인이다. 그중에서도 여성 장애인. 그런 사람을 희생양으로 삼고, 장애인 운동을 위해 헌신해왔던 여성 장애인을 출당시키는 혁신비대위는 앞으로 장애인들에게 고개들 수 있겠나? 그들이 진보 맞나? 한심하다.

🐦 | 5월 26일 | Prinz-Eugen 드레드노트 @Prinzeugen1396 |

뉴스에서 이석기 김재연이 꼭 무슨 국회 들어오면 큰일 나는 사람들인 것처럼 포장하기 바쁘다. 그들은 당선자이고 그들이 부정했는지에 대한 증거는 어디에도 없다. 또 이들이 종북세력이라는 근거도 없다. 난 김형태나 문대성이 국회 들어가는 게 더 웃긴다.

🐦 | 5월 29일 | 앞뒤짱구 @jmkim0727 |

1. 2004년 민주인사들의 민족화해 분위기가 무르익었다는 판단에 따라 송두율 교수 입국을 추진했다가 보수 세력의 역풍을 맞았다. 북한에서 충성맹세를 한 김철수라는 사람과 동일인물이라는 주장이 보수의 주장. 모든 언론이 김철수라는 것을 기정사실처럼 보도했다.

🐦 | 5월 29일 | 앞뒤짱구 @jmkim0727 |

2. '경계도시' 다큐를 보면 그 과정이 잘 담겨 있는데, 당시 선거를 앞두고 색깔논쟁으로 번지는 것을 우려해 송 교수를 초청했던 사람들조차 그 논리에 빠져 송 교수에게 전향기자회견을 종용하기까지 했다. 심지어 내부 사람들도 '혹시 김철수 아니었나?' 하는 의심을 했다.

| 5월 29일 | 앞뒤짱구 @jmkim0727 |

3.송 교수가 왜 경계인을 표방하며 살아왔는지, 그가 분단된 조국에 어떤 메시지를 주는지 알려고 하지 않고, 모두 함께 마녀사냥을 했고 그는 치욕스런 기자회견을 했다. 그리고 그 사건이 잊혀질 때쯤 무죄로 판명 났다. 마녀사냥은 그렇게 끝이 났다.

| 5월 29일 | 앞뒤짱구 @jmkim0727 |

4.진보적 인사들과 언론은 색깔공세와 마녀사냥 앞에서 취약한 존재다. 그들은 레드컴플렉스에 싸여 있고, 자기검열의 방법으로 마녀사냥에 합류한다. 진보를 위해서 희생하라는 논리로 진실을 위해 싸우기를 포기한다. 그래야 돌팔매를 안 맞고 국민의 눈높이에 맞기 때문이다.

| 5월 29일 | 최영호변호사 @Lawyer_KOREA |

자신과 코드 맞지 않는 사람이 비판하면, 이를 악물고, 개 패듯 몽둥이 찜질하는 사람들이 코드가 맞는 사람이면 모욕, 협박도 표현의 자유라니. 진영의 논리가 구름을 만들고, 천둥, 벼락을 내립니다. 이성을 찾아 합리적 사고와 행동을.

| 6월 1일 | 공희준 @kongheejoon |

제명 좋아하는 사람들은 제 명에 못 가는 수가 있다. 상대방이 희대의 극악한 흉악범이거나 위선의 탈을 쓴 악마적인 사이코패스가 아닌 바에는 사람 함부로 잘라내는 거 아니다.

| 6월 2일 | 앞뒤짱구 @jmkim0727 |

한겨레도, 경향도, 오마이뉴스도 혁신비대위가 김수진, 윤갑인제 사퇴서 제출 안 하고 있는걸 알면서도 특정인만 출당조치 서둘렀다는 걸 보도하지 않는다. 편파적인 혁신비대위를 참으로 편파적으로 사랑? 하나보다.

| 6월 5일 | ryu, man hyun @iwindoro |

전국 천만 부나 들어가는 대통령 공보를 납품받고. 20억에 대한 3년 동안 이자만 해도 3억이 넘는다. 씨앤피가 수차례 대출을 받으며 인쇄업체, 종이업자 어음 막았었다. 대선 끝나고 업자들이 만나자고 해도 심상정 비대위, 최순영 집행위원장 면담 한 번 안 해 줬다.

| 6월 6일 | 賣花郎(꽃팔던...) @myidcom |

민노당 시절 꼼수로 지구당 장악하려는 사건이 있었는데 2001년 용산지구당, 2002년 인천 남동갑, 2003년 인천부평을 사건이다. 옛 당권파-경기동부가 범인이라 생각하겠지만 모두 인천연합이 저지른 사건이다.

| 6월 7일 | 초보민ㅊㄴ @1abcdefMan |

통합진보당 사퇴거부자 제명 결정했다 이유는 당의 명예를 현저하게 실추시킨 죄란다. 처음에 부정선거는 빠져 있고, 당에서 까라면 까야지, 까지 않아서 당기 위반으로 제명 확정? ㅋㅋㅋㅋ 앞으로 당에서 까라면 까야 한다. 어떤 이유든 말 안 들으면 제명이다. 무시무시하다!

| 6월 8일 | 공희준 @kongheejoon |

조갑제 유형의 직업적인 '종북 레이더스' 못지않게, 진보진영 내부에서의 자신의 헤게모니를 강화하려다가 결과적으로 종북시리즈가 열리는 빌미를 제공하고 만 '우리 안의 매카시' 들도 이번 사태를 거치면서 단호하게 배격되어야만 할 것이다.

| 6월 11일 | 앞뒤짱구 @jmkim0727 |

신당권파, 억울해도 사퇴? 안 따르니 제명? 앞으로 이 전례에 의거해 권력과 여론의 조작으로 간첩도, 지하조직도 만들어지면 그때도 여론 따라 억울하다는 동지를 제명시켜라. 마지막 한 사람이 남더라도 진실을 추구해야 할 진보의 가치는 당신들 속에서 사라져 갈 것이다.

| 6월 11일 | 앞뒤짱구 @jmkim0727 |

진보운동하는 사람들의 억울함이란 개인의 이익, 명망을 놓쳐서 억울한 것과 거리가 멀다. 그 억울함은 대부분 탄압과 여론매도, 그로 인한 대중으로부터의 분리, 진보의 분열로 아무도 들어주지 않으려고 하기 때문에 억울해 하는 거다.

| 6월 15일 | 앞뒤짱구 @jmkim0727 |

청소년위원회 없애고, 장애인운동가 제명 위한 식물국회의원, 여성할당 무시, 당헌당규 무시, 소스코드 열어본 당사자가 당기위, 전략명부청년비례를 경쟁명부로 둔갑 시킨,이 많은 업적을 쌓은 혁신비대위 강기갑이 대표로 나서면 스스로 무너뜨린 진보적 가치를 되살릴 수 있을까? NO.

| 6월 16일 | CafeVine @CafeVine |

이석기에 대해 한 가지 분명히 하자. 이석기가 애국가를 인정하든 말든, 주체사상을 받들던 말던, 그의 사상은 비판의 대상일지언정 제명의 명분은 될 수 없다. 민주적 절차를 지키지 않았다는 것만이 제명/출당의 명분이 될 뿐이다. 자유는 숭고하다.

| 6월 17일 | Ne m'apprivoise pas @ljcd0608 |

애초 유시민의 애국가 발언은 전날 이정희가 밝힌 이정희와 유시민의 비례명단 순위변경을 사전 조율한 사실이 밝혀진 후, 자신에게 불리한 여론을 만회하기 위한 목적이었다고 본다.

| 6월 22일 | 달콤한달곰 @reginbow |

통합진보당 당권싸움이 결국 한 사람의 목숨을 앗아갔네요. 밖으로 나와 담배 한 모금과 트윗질. 오늘 만큼은 단결과 혁신을 목숨으로 말했던 당원을 돌이켜보며 모두가 자기반성을 하면 좋겠습니다. 특히 사람이 분신했는데 배후세력, 당권파의 개 운운했던 분들.

| 6월 22일 | 들꽃평화 @Tuhon21 |

피도 눈물도 없다는 것인가? 몸을 불사른 한 사람의 죽음 앞에서 말이다. 그래서 이 시대에서는 전태일도 노무현도 개죽음이 되는 것이다. 이 비참하고 참혹한 죽음 앞에서 양심은 있는가? 어찌 그리 외면할 수가 있단 말인가? 그러고도 희망을 말할 것인가?

| 6월 22일 | 우리 하나 되어 @piece025 |

분신에 대해 조롱 일삼은 자. 진보의 가면을 벗어라. 당신들보다 더 훌륭한 사람들은 진보라 말하지 않는다. 삶이 투쟁인 것이다.

| ⓣ | 6월 23일 | 향 @baegopang |

제대로 확인되지 않은 것들을 기정사실화 하여 일단 언론에 뿌리고 보는 '너희가 언론 앞에서 기를 펼 수 있을 것 같아?' 식의 멍청이 짓은 신당권파의 특기인 듯.

| ⓣ | 6월 23일 | 자유도시 @takefreestyle |

박영재 당원 빈소에 가는 길. 트위터를 습관처럼 보는 내게 트위터의 뭣 같음을 느끼게 해 잘 안 들어오게 된 계기가 박영재 당원님 분신 때다. 자기 몸을 불사른 사람에게 "조종당했다" "할 짓 참 없다" 던 트위터. 그 사람들이 있는 곳은 너무 무섭더라.

| ⓣ | 6월 24일 | 노자 읽는 아줌마 @net4040 |

모르는 것을 아는 건 그래도 쉽다. 그러나 잘못 알고 있는 것을 바꾸는 것은 대단히 어렵다. 그런데 대부분의 사람들은 무언가 아는 데만 급급하여 잘못 아는 것에는 관대하다.

| ⓣ | 6월 24일 | 언팔&벽돌 유발자 미 @didsns |

민중의례, 집단가입 같은 진보정당만의 문화를 일반국민이 이해하긴 어렵죠. 탄압을 피하기 위해 실제로 사는 주소지가 아닌 다른 주소지로 당원 가입하는 경우가 있는데 이 사실을 설명해도 위장전입, 유령당원 같은 말에 쉽게 넘어가는 듯. 이 땅에서 진보정당 해먹기 힘든 이유.

| ⓣ | 6월 26일 | Dochi5779 @dochi5779 |

참 웃기다. 엉터리 같은 1차 진상조사보고서는 당 지도부가 지시해서 조사한 내용이라 전부 받아 들여야 한다며, 그에 따라 비례대표 총사퇴를 결정하더니. 이제는 특위까지 구성해서 조사한 진상조사보고서는 채택을 못 하겠단다. 속이 너무 너무 빤히 보인다. ㅋ

| ⓣ | 6월 26일 | 강대연 @puco1959 |

보수 찌라시에 백기든 애국가 부르는 착한 진보. 그게 새로 난 모습인가? 그 난리를 치고 동지를 죽음으로까지 내몰고서 한다는 짓이 보수 찌라시들 앞에 애국가 부르고 예쁘게 봐주세염 아양 떨며 진보 가치를 엿 바꿔 먹는 참 대단한 애국진보, 대중적인 분들 나셨네. ㅋ

| 6월 26일 | AERI KIM @loveri75 |

통합진보당 진상조사위원회(일명 조준호보고서) 조사 결과가 뒤집힌다고 해도 마녀사냥은 끝나지 않을 것 같다. 애초에 화살은 '부정경선'이 아닌 '당권파' 자체에 있었기 때문에……. 당권을 잡기 위한 행동으로밖에 안 보인다. 그래서 더욱 추악해 보인다.

| 6월 26일 | 한미FTA폐기 @itsyuna |

통진당의 속칭 당권파들이 사방으로부터 비난당하고 있는 지금 그들의 말을 대변해 주는 곳은 단 한 곳도 없어 보인다. 그들은 숱한 어려움과 싸우며 어렵고 외로운 사람들을 위로하고 견인해 왔건만~ 그들의 외로움에 나라도 동참하고 싶은 이유다.

| 6월 26일 | 이종문 @saramsaengkak |

김선동 의원은 확실히 명예회복 되었네요. 2차 진상조사 현장투표 거의 다 붙어 있었다는군요. 접착부분 다시 붙게 돼 있는 투표용지가 부정투표로 둔갑하다니. 간단한 확인절차만 가졌어도 의심하지 않았을 거예요.

| 6월 26일 | 언팔&벽돌 유발자 미 @didsns |

오늘 통진당 사태로 머리가 종일 아팠지만 박영재 님이 겪었을 고통에 비하면 새 발의 피도 안 되는 수준이라 이 악물고 버텼는데, 조사보고서 폐기시키고 2차보고서를 채택했단 소식 듣고 점점 더 아파 와서 도저히…, 아 쉬어야겠다. ㅠㅠ 트위터는 내일 접속.

| 6월 26일 | 악질자본 파카 @jaehyun1204 |

한 번 선입견이 생기면 웬만해선 그 편견이 지워지질 않는다. 아무리 진실이 밝혀져도 그럴 리 없다고 애써 외면한다. 자기가 믿고 있던 게 진실이라고 믿으며 상대를 거짓말쟁이로 만들어 버린다. 그게 보수다. 진보세력 안에 신보수가 싹트고 있다.

| 6월 26일 | 대의제 난 반대 @mu2507 |

강기갑 욕도 아깝다@fighterphoenix: 신당권파들의 전횡. 2차 진상조사특위 위원장 전격 사퇴. 진실을 묻으려고 난리를 피우고 있다. 온라인 보고서도 표결로 폐기. 당신들은 이제 진보가 아니다.

| 6월 26일 | 통합진보당 청소년비상대책위원회 @UPPyouth |

최근 유포되고 있는 '레디앙' 사의 '경기동부 청소년당원 댓글알바' 기사는 허위사실임을 말씀드립니다. 인터뷰하신 분께서 저희 쪽에 연락 주셔서 그렇게 인터뷰한 적 없다고 말씀하셨습니다. 레디앙 기자의 소설입니다. 정정보도 없을 시 법적대응 역시 검토 중입니다.

| 6월 26일 | 노자 읽는 아줌마 @net4040 |

오늘자 한겨레 석진환 기사 유감; 총선전 합당했던 계파 연합 현실을 무시하고, 투표권 자격을 3개월 이상 당비 납부에서, 1개월로 낮춘 것도, 오직 경선 당원 동원으로만 보도. 그럼 합당한 지 1개월밖에 안 된 참여, 진보계 당원 어떻게 투표?!

| 6월 26일 | 노자 읽는 아줌마 @net4040 |

한겨레 석진환 기사 유감; 1. 경선용 당원 모집에 심각한 문제인 유령당원 탈당율 아닌, 모집당원 순으로 자료 정리, 역시 부정선거 의심되는 윤난실(61.1)–오옥만(58)–문경식(57.8) 순의 사실 보도 외면, 모집당원 수 많은 이석기 순으로 왜곡.

| 6월 27일 | Dochi5779 @dochi5779 |

가능성만을 가지고 부정투표를 운운한다면, 현 통진당 선거는 더욱 부정의 가능성이 높다. 선거관리를 해야 할 당사자들이 후보로 뛰고 있고, 검증되지도 않은 프로그램으로 선거를 진행하며, 오류를 수정한다면서 소스 코드를 뜯어고치고 있다. 이번 선거는 부정선거다!

| 6월 27일 | 악보녀™ @Mich_MeMyselfnl |

이번 통진당 2차 진상조사보고서에서는 '총체적' 이라는 단어가 빠졌다. 그리고 이석기는 대체적으로 논란에서 자유로워진 반면 참여계 대표주자인 오옥만이 부정의 몸통으로 확인되었다. 그런데도 각 뉴스의 제목엔 이석기가 있다. 못 엮어서 안달이다.ㅋ

| 6월 27일 Ne m'apprivoise pas @ljcd0608 |

유시민 왈 중복 ip 30개 이상으로 하면 이석기가 꼴등인데, 6개 이상으로 하면 이석기가 1등이라 채택 안 했다? 한 아이피로 6명이 투표하는 것보다 30명 이상이 투표한 게 더 부정 아닌가? 손석희는 듣고 가만 있었나?

| 6월 28일 | 시원쌈싸름 @naturedream |

밤샘조사 5일째 '범죄자'를 찾았다는 IT전문가 김인성 교수, 그런데 진상조사특위는 표결로 김인성 교수의 보고서를 폐기했고, 소명조차 듣지 않고 있다. 언론도 침묵하고 있다. 도대체 무슨 일이 있었던 것인가. 무엇이 두려운 것인가.

| 6월 29일 | Just visiting @silentvillage |

근데 여기서 의문. '김인성 보고서'가 무려 〈5분 만에〉 반박, 폐기 당했다니. 운영위원 다들 IT 전문가라 순식간에 이해한 건가, 보고서가 달랑 몇 줄짜리라 볼 것도 없었던 건가? 아님 초장부터 혁신비대가 도저히 받아들일 수 없는 뭔가가 있었던 건가?

| 6월 29일 | 노을 @noulsan |

어떠한 부정도 없었던 장애인 후보를 국회의원 못 되게 하기 위해 조직적 부정증거가 발견된 윤금순 후보가 사퇴를 하지 않고 국회의원신분을 유지한다? 혁신비대위는 이에 대한 입장을 밝히고 정치적 책임을 져라. .

| 6월 30일 | 아름다운 동행~ @jhk2000 |

진보라 자신 있게 얘기 할 수 있는 건 진실에 대한 진정성과 그 실천에 기초한다고 본다. 사상이나 대북관이 달라도 함께할 수 있는 건 목표하는 길이 비슷하기 때문이다. 그 길에 가던 중에 부상당하거나 지친 이를 보듬어야 하는데 너 땜에 못 간다며 떨구려 한다.

| 6월 30일 | Just visiting @silentvillage |

이정희, 문대성은 그렇게 비판하던 소위 지식인들이 오옥만·윤금순 부정과 이자스민의 거짓엔 침묵한다. 이들의 반칙과 새치기를 용납할 수 있다면 이 세상에 비난받아 마땅한 정치인이 과연 몇이나 남을까.

| 7월 5일 | 이시점에서 @fighterphoenix |

도대체 신당권파~혁신비대위에서 한 말 중에 사실로 밝혀진 게 뭔가? 동일 주민번호, 소스코드조작의혹, 새 투표시스템 외부접속, 투표시스템 신뢰도 논란…, 뭐 하나 진실이 없다. 진실 없는 혁신이 가능할까?

| 7월 10일 | 노을 @noulsan |

신당권파에 대한 마녀사냥이 시작된다면 난 신당권파에 대한 공격을 방어하기 위해 싸울 것이다 그것이 진보의 길이므로…. 누구처럼 언플하며 마녀사냥에 동참하지 않을 것이다.

| 7월 12일 | 바닷속 @2badasok |

진보당사태의 해결은 진실 앞에 겸허한 자세로서 시작될 것이다. 진실을 덮고 또 다른 파당질을 한다면 진보세는 더 위축되기 쉽다.

| 다드미 @conundra | 7월 12일 |

허위진상조사에 따른 당내 갈등으로 빚어진 우발적 중앙위사태는 일어나지 않았어야 했다. 하지만, 안기부 기획사주 각목 쇠파이프 청부조폭 용팔이 사건보다 질이 나쁘다며 2만 유령당원 운운한 노회찬과 그 악의성에 협잡한 쓰레기논객들과 언론잡배들은 각성하라!

| 7월 13일 | 용용 @yongyongssi |

강기갑 왈 "본인이 선거에서 떨어지면 진보가 망한다!"는데 묻는다. "대체 그 진보가 무슨 진보인지?" 모름지기 진보정당의 대표라면 진보가 망한다라는 자승자박은 하지 않는 게 이치 아니던가. 세 치 혀에 이치를 담길 바란다.

| 향 @baegopang | 7월 16일 |

장애인 명부 조윤숙 후보 불편한 몸으로 50일을 당사에서 농성…사실상 장애인 명부는 전략명부나 다름없음에도 불구하고 혁신 이것들은 장애인이라고 깔보나. 조윤숙 제명, 서기호 전 판사에게 의원직 승계. 의원직을 나눠 먹는 게 니들이 말하는 혁신인 거니?

| 7월 23일 | Lee,JaeYong @Clemense_Lee |

정치적 책임은 공동대표가 지면 되죠. 실제 책임은 부정 당사자가 엄격히 져야 하구요. 어, 그런데 공동대표가 원내대표 되어서 출당조치 시행? 영남권 선거 망친 낙선패군지장들이 당대표 경선한데 이어 또 한 번의 코미디, 진보당 자해 코미디의 절정극.

| 7월 24일 | 노을 @noulsan |

부정의 몸통 비례경선의 부정당사자는 정치적 책임만으로 죄를 사하여주고 부정에 관련 없음이 밝혀진 당사자는 제명으로 정치적 생명을 끊어버리고 아멘! 중세교회의 면죄부도 아니고 잘들 하는 짓이다.

| 7월 24일 | 노을 @noulsan |

진보당사태를 한마디로 정리하라면? 멘붕과 참칭을 주제로 한 좌우합작드라마.

| 7월 25일 | social_eng @social_eng |

기자가 소설을 쓰면 정치 평론가가 각색을 하지. 그럼 독자는 읽고 감동 내지 혹평을 하지. 개연성이 높으면 리얼하고 어느 순간 드라마틱한 요소에서 팩트는 사라져 버린다.

| 7월 29일 | 양규석 @Bolshevikee |

절차적 형식적 민주주의가 대중정당 운동에서 핵심적이라 주장한 자들이 사실상 부실을 이용해 부정하고 이제는 그들이 그리 주장하던 절차와 형식을 무시하고 김제남 의원을 비방한다. 민주적인 절차로 투표해서 자유롭게 기권표 던졌는데 도대체 뭐가 문제란 말인가?

| 7월 31 | 일무애 @mooae_k |

통합진보당 누구 말처럼 나중에 부정, 불법, 범죄를 저지른 이들을 잡겠다고 검찰이 난리를 칠 것 같다. 그때가 되면 일단 참여계부터 탈탈 털리지 않을까. 나머지도 천천히 그렇게 되는 거고. 첩첩산중이다.

부록
이정희 보고서와 사건일지

"사실이 아닌 것은 사실이 아니라고 말할 것이다" (자료: 이정희 보고서) • 이정희

2012 통합진보당 사건일지

"사실이 아닌 것은
사실이 아니라고
말할 것이다" :

1. 전국운영위원회 모두발언(5월 4일)
2. 진상조사위 보고서 재검증을 위한 공청회 자료집(5월 8일)
3. 진상조사특위 2차회의(6월 1일)

이정희 · 전 통합진보당 공동대표

전국운영위원회 이정희 공동대표 모두발언

존경하는 국민 여러분, 사랑하는 당원 여러분.

참담합니다. 정말 죄송합니다. 땀 흘려 일하는 사람들의 희망을 책임지고 싶었던 저희 통합진보당이 선거관리에서 부족했다는 부실을 매섭게 지적받고 무한히 사죄하는 것은 당연한 일입니다. 그러나 그것을 넘어 부정의 구렁텅이에 수많은 당의 간부들과 당원들이 완전히 빠져들었다고 비난받는 오늘의 현실은 참기 힘든 고통입니다.

저는 이번 사태에 대해 저에게 주어진 요청이 두 가지라고 생각합니다.

하나는 책임에 대한 문제입니다. 이 당의 법적 대표로서 진보통합의 실질적 주역으로서 통합진보당이 처한 오늘의 현실을 포괄적으로 책임질 위치에 있다는 것, 그래서 가장 무거운 정치적·도의적 책임을 져야 할 사람은 저라는 것을 다시 한 번 분명히 합니다.

다른 하나는 진실에 대한 공정한 규명입니다. 도대체 어떤 일이 있었는가, 누가 얼마나 어떤 정도의 책임을 져야 하는지 밝혀내자고 누누이 말씀드린 것은 아무 죄 없는 당원들에게는 이번 사태에도 불구하고 최소한의 권리와 명예를 지켜드리고 싶기 때문입니다.

진상조사보고서에 현장투표의 부정사례로 명시되어 거론된 해당 당원들은 진상조사위로부터 전화 한 통 받지 못했다고 합니다. 아무런 문제가 없음을 완벽히 해명할 수 있고 증언할 사람도 충분한데 전혀 소명 기회도 갖지 못한 채 부정의 당사자로 내몰렸습니다.

과연 누가 진보정치에 십 수 년 몸바쳐온 귀한 당원들을, 야권연대 경선을 힘겹게 치르는 중에도 현장투표소를 운영하기 위해 노력한 아까운 당원들을, 책상머리에서 부정행위자로 내몰 수 있습니까. 진상조사위원회는 진실을 밝힐 의무만 있을 뿐이지, 당원을 모함하고 모욕 줄 권한은 없습니다. 당의 그 누구라도 그런 행위를 해서는 안 됩니다. 아무리 진상조사위원회라 해도 마찬가지입니다. 당원을 주인으로 여기는 당이라면, 부끄러운 상황을 아무리 빨리 벗어나고 싶어도 당이 처한 상황이 아무리 어렵고 힘들어도 당원 한 사람의 명예라도 헌신짝처럼 취급해서는 안 됩니다.

저는 당원들의 마지막 남은 자긍심을 지켜낼 것입니다. 이처럼 편파적이고 부실한 진상조사는, 당초 제가 총선 이후 부족한 저를 깊이 성찰하고 새로운 출발을 준비하기 위해 부산의 한 요양원에서 노동자들과 함께 일하기를 자청하여 땀 흘리는 동안 서울을 떠나 있는 동안 일어난 일입니다. 다른 세 대표님들께 당무를 맡아 주시고, 당의 단합이 깨어지지 않도록 진상조사를 신중하게 빠른 시간 내에 마무리해주십사 요청 드렸던 불과 2주간이었습니다.

진상조사위가 보고서를 제출하였습니다만, 불신에 기초한 의혹만 내세울 뿐 합리적 추론도 초보적인 사실 확인도 하지 않은 조사방식, 수용할 수 없습니다. 투표 모두에서 정당성과 신뢰성을 완전히 잃었다는 부풀리기식 결론은 모든 면에서 받아들이기 힘듭니다.

진상조사위원회가 특정 후보에게 투표한 당원들의 IP 주소를 추출해 유령당원 대리투표 의혹이 있는 것처럼 몰아세웠습니다. 저는 당원들의 개인정보를 지켜내지 못했습니다. 비밀투표 원칙이 정파적 이해관계에 따라 침해되는 것을 방치했습니다. 진상조사위원회가 온라인 투표의 정당성과 신뢰성이 상실되었다고 발표한 이상, 당원들의 투표내용은 이제 온전히 검찰의 손아귀에 들어갈 것입니다. 2010년 민주노동당 시절, 오병윤 사무총장이 증거인멸죄로 기소되는 것을 감수하면서까지 당원들의 개인정보를 보호했던 것을 저는 생생히 기억합니다. 너무나 어처구니없는 일이 당의 내부에서부터 일어났습니다.

4월 29일, 잠시 현장에서 떠나 급히 올라와 사태의 일부를 알게 된 이후 오늘까지, 토론하고 협력하면서 문제를 해결하기 위해 많은 노력을 하였습니다만 그럴 때마다 사실관계를 밝히는 것이 중요한 것이 아니라 지금은 "정치적 희생양"이 필요한 때라는 답변만 들어야했습니다. "당권파와 함께 당직에서 철수하라"는 압박만 받고 있습니다.

국민들과 당원 여러분께서 투명하게 보아오신 제 삶과 정치활동을 모두 걸고 말씀드립니다. 민주노동당이 분당되어 모두 떠나가던 시절, 곧 소멸하고 말 것이라고 손가락질하던 시절, 민주노동당에 제 발로 들어왔습니다. 민주노동당이 너무 어려웠기 때문에 무엇이라도 해야겠다고 들어왔습니다. 당권을 잡기 위해 진보정치에 뛰어들지 않았습니다. 어느 한 파의 수장으로서 당의 대표를 맡지 않았습니다. 이명박 정부 치하에서 고통 받는 국민의 편에서 함께 땀 흘렸습니다. 그분들의 염원, 진보통합과 야권연대를 성사시키면서 여기까지 왔습니다. 오직 당원들 덕분에 그리하였습니다.

책임져야 할 현실을 피하지 않겠습니다. 오는 6월 3일 실시될 당직선거에 출마하지 않을 것입니다. 저를 중심으로 짜일 차기 당권구도는 이제 없습니다. 저를 모두 내려놓고 호소 드립니다.

즉각적인 총사퇴는 옳지 못한 선택입니다. 비대위는 당을 장기간 표류시킬 무책임한 발상입니다. 2008년 분당도 비대위 상황에서 빚어진 일이고, 과도기 지도부의 임기도 한 달이 채 남지 않았습니다. 오는 12일 향후 정치 일정이 확정될 당 중앙위원회가 끝나는 즉시 저에게 주어진 무거운 짐을 내려놓겠습니다.

이것이 제가 책임지는 방식입니다. 당을 지켜내고 당원의 명예를 지켜낼 수 있다면 몸이 가루가 되어도 후회될 일 없습니다. 이미 많은 길을 걸어와서 다시 과거처럼 평범하게 살기는 힘든 몸입니다. 그러나 가장 아래로 내려가 땀 흘리는 노동자의 벗으로 살면 그것으로 행복합니다.

믿고 존경하는 당원 여러분, 통합진보당이 흔들리고 있습니다. 극단의 상황에 내몰린 분당의 골짜기도 넘어 역사적인 진보통합과 야권연대를 성사시킨 주역들이 바로 당원여러분들이십니다. 여러분들이 나서 주십시오. 당의 원칙과 정신을 지켜주십시오. 호소 드립니다. 2012년 5월 4일

진상조사위 보고서 재검증을 위한 공청회 자료집

1. 상식

무엇이 상식인가? "부정이 있다는 증거는 없다."는 판단은 "부정이 없다고 할 증거도 없다."는 말이 따라붙자 "정당성과 신뢰성을 인정할 수 없는 선거"라는 결론으로 이어졌다. 유죄임이 입증되지 않으면 무죄라는 근대 국가의 상식이 송두리째 무너졌다. 21세기 한국사회의 진보진영이 중세 마녀사냥으로 돌아갔다.

진실을 규명하고 그에 따라 책임 지워야 한다는 상식의 일반론은, "어쨌든 잘못이고 책임져야 하니 일단 국민 앞에 사과하고 모두 내려놓는 것이 국민 눈높이"라는 이른바 정치의 상식 앞에서 아무런 힘도 발휘하지 못하고 있다. 그 국민 눈높이가 바로 일주일 전 일방적으로 발표된 진상조사보고서에 의해 만들어진 것이고, 그 보고서상 중대한 부실이 드러나 진실이 무엇인지 의문이 제기되는 상황에서도, 이 눈높이가 만들어진 근거를 따져볼 의향을 가진 사람은 극소수이다.

"뭐 잘한 게 있다고 변명이야"라는 시각이 많다. "무조건 잘못했다고 해야지." 이것이 여론이 들끓을 때 임하는 정치권의 상식이기도 하다. 우리의 잘못은 나의 것부터 비롯하여 완벽하게 드러낼 것이다. 부끄럽게 인정해야 하는 현장투표에서 부정도 일부 있을 것으로 본다. 투표용지가 붙어 있는 것은 흔히 부정으로 추정된다. 그러나 그것도 혹시 다른 가능성은 없는지도 살펴볼 필요는 있다. 그 밖에 과도하고 부풀려진 부정의 책임을 사실 확인조차 없이 떠안는 것은 자해다. 엄격하고 철저하게 책임지기 위한 절차일 뿐, 변명하고자 함이 아니다.

"우선 전체가 살아나야 하니 사실관계는 나중에 밝히고 억울한 사람 있겠지만 지금은 참자."는 것과 "전체가 좀 더 힘들더라도 억울한 사람 없도록 소명기회도 주고 일일이 사실을 밝힌 뒤 책임지게 하자." 이 중에 무엇이 진영논리인가. 전체를 위해 개인이 희생하라는 진영논리는 전자가 아닌가. 그러나 지금 여론이 만들어낸 상식은, 계파의 이익을 위해서라면 부정도 서슴지 않아온 집단이 자신들만 살려고 후자를 말하면서 진영논리에 사로잡혀 당을 망친다는 것이다.

힘겹게 이 글을 쓰는 이유는, 가장 먼저, 최소한의 소명과 반론의 절차를 거치지 않은 의혹을 사실이라 말해서는 안 된다는 상식을 지키기 위해서다. 그 절차는 진보정치를 해온 동지에 대한 최소한의 예의만 있었다면, 책상머리에서 볼펜 굴리지 않고 현장에서 판단한다는 진보정치의 원칙만 있었다면, 당원 각자의 명예를 귀하게 여기는 진보정당의 기본 전제만 가지고 있었다면 당연히 거쳐졌어야 한다는 상식을 확인하기 위해서다. 또한 어떻게 잘못 만들어졌든 한 번 만들어진 여론을 거슬러 살아남을 길은 없다는 패배감에서 스스로 벗어나기 위해서다. 무엇보다, 그 여론이 잘못 만들어지게 된 배경에 통합진보당 공동대표인 나 스스로의 실수와 부주의, 당규율 위반이 있기에, 그것을 스스로 반성하고 성찰하고 평가받고 책임지기 위해서다.

2. 사태의 근원 – 공동대표로서 나의 실수와 부주의, 당규율 위반

어쩌다 이렇게까지 되었나, 뒤늦게야 돌아보게 됐다. 이 사태의 근원은, 3월 18일 비례후보경선결과 개표부터 3월 21일 결과공고까지 기간 동안, 대표단이 정치적 해결이라는 명분으로 독립기구인 중앙선거관리위원회의 독립적 의사결정을 방해한 데 있었다. 또한 대표단이 4월 13일 진상조사위원회를 설치하기로 결정하면서, 위원장에게 전권을 준다고 결정했을 뿐, 위원 구성과 조사방법 등에 있어 공정성과 객관성이 보장되고 있는지를 점검하고 통제할 대표단의 책임은 전혀 하지 않았기 때문이다. 그 잘못을 기록한다.

첫째, 윤금순 후보와 오옥만 후보 간의 이의 처리 과정에서 중앙선관위의 독립성과 기능을 무시하고 대표단이 정치적 해결을 도모한 것이 문제의 발단이다.

3월 18일 비례후보 투표가 종료된 뒤 19일부터 주로 경북 지역 몇 군데의 현장투표에서 선거인명부 조작 의혹이 제기되었다. 한 투표소의 경우 당권자 가나다 순으로 작성된 선거인명부의 선거관리인으로 모두 4인이 서명했는데, 4인의 서명이 명부의 처음부터 끝까지 차례로 나타났다. 당권자 김 씨부터 박 씨까지는 선거관리인 A의 서명, 그다음부터 이 씨까지는 선거관리인 B의 서명이 되어 있는 것이었다. 현실에서 일어날 수 없는 투표행태였다. 오옥만 후보 측에서 윤금순 후보 측을 상대로 이 문제를 제기했다. 명부만 보아도 도저히 그대로 투표가 진행되었을 것이라고 볼 수 없는 사례들이 이 외에도 몇 건 나왔고, 중앙선관위는 이 투표함들에 대해서는 오옥만 후보 측의 이의를 받아들여 무효처리하였다.

이 밖에도 오옥만 후보 측은 선관위에 추가적인 명부확인을 요청했고, 선관위는 요구된 해당 지역위원회에 연락하여 도달하는 대로 명부를 제공해 확인하도록 했다. 그 결과 오옥만 후보 측은 15개가량의 명부에 더 문제가 있다고 제기하였고, 선관위는 위원들이 직접 명부를 확인한 결과 근거가 미약한 주장이라 보고 이의를 기각하였다.

선관위는 문제가 명백하고 심각한 경북 지역의 몇 개 투표함들을 무효처리하더라도 윤금순 후보는 비례 1번, 오옥만 후보는 9번이라는 순번이 바뀌지 않는다고 판단하였다. 그러나 대표단은 선관위의 투표결과공고를 미루어 달라고 요청한 뒤 정치적 해결을 도모하였다. 무효 처리된 투표소에 조직적 부정이 있었다면 무효처리에도 불구하고 후보자가 책임져야 할 문제가 될 수 있다는 것, 전수조사로 무효 처리되는 표가 늘어나면 순번이 바뀔 수도 있다는 것, 이 두 가지 가능성 때문에 선관위에 이의신청이 계속되고 후보들 사이에 지루한 다툼이 이어지던 상황이었다.

대표단은 이의가 끊이지 않고 이어지거나 검찰 고발로 전개될 것을 우려했다. 검찰에 고발될 경우 선거를 정상적으로 치르기 어려울 것이라는 우려 때문에, 적어도 비례 10번까지는 무난히 당선될 것이니 결국 문제되지 않을 것이라는 전제로 양 후보를 설득했다. 4 · 11 총선이 끝난 직후 진상조사를 실시하고, 그 결과 (오옥만 후보까지 당선되지 않을 경우) 후보 간 순번이 바뀔 정도로 책임질 일 있으면 사퇴까지 포함하여 책임진다는 취지로 합의를 만들어냈고, 이를 대표단 회의 결정에 기재하여 두는 것으로 사태를 봉합하였다.

잘못된 결정이었다. 중앙선거관리위원회가 후보 측의 이의에 대해 처리하도록 하고 스스로 판단하여 투표결과 확정공고를 내면 그에 따라 비례후보를 등록하고, 그 뒤에도 이의가 이어지면 역시 중앙선관위가 심의 판단하는 대로 처리하면 될 일이었다. 후보 측이 이의가 받아들여지지 않으면 검찰에 고발하겠다고 거론하더라도, 그 역시 그가 판단하여 행동할 문제로 두었어야 했다. 이의가 뒤늦게 받아들여져 후보자들의 순위가 바뀌는 정도까지 간다면 후보자 각자의 거취는 후보가 책임 있게 판단할 영역에 그대로 두었어야 했다. 대표단이 나서서 선관위가 아닌 진상조사위원회를 별도로 구성하기로 한 것은 잘못된 판단이었다.

둘째, 이영희 후보와 노항래 후보의 이의처리과정에서 대표단이 민주노총과 관계 때문에 노항래 후보에게 양보를 요구했던 것이 또 한 번 심각한 문제였다.

당시 쟁점은 거제 현장투표소 투표함의 유무효였다. 명부상 선거관리인의 서명이 통째로 누락되었다. 중앙선관위 규정에 따르면 이 경우 당연히 투표함 전체를 무효처리하기로 되어 있었고 중앙선관위는 이처럼 결정 내렸다. 이 지역에서는 민주노총 출신인 이영희 후보의 표가 170여 표가량 나왔기 때문에 이 투표함을 유효 처리하면 이영희 후보가 비례 8번이 되고, 무효 처리하면 노항래 후보가 8번이 되는 상황임이 이영희 후보와 노항래 후보 측에 모두 이미 알려진 상황이었다. 이영희 후보는 당이 선거관리를 잘못한 책임을 왜 후보에게 지우냐고 이의를 제기했으나, 받아들여질 수 없는 것이었다.

민주노총과 금속노조에서 강력히 유효 처리 또는 거제 지역만의 재투표를 요구해왔다. 이 투표함의 유효 처리는 선관위 규정상 불가능했고, 그 지역만 재투표한다는 것 역시 옳지 않은 것이기에 결국 당이 선거관리를 부실하게 한 잘못을 고스란히 인정하고 후보와 해당 지역의 노동자들에게 용서를 구하는 길밖에 없었다. 그런데 민주노총과 금속노조의 대표들과 주요 간부들이 원칙적이지 않은 위 요구를 계속한 것은, 민주노총의 각 산별노조에서 노동후보들이 여럿 나왔는데 그 모두 후순위로 밀린 정황도 작동하였다. 민주노총 정치위원장인 이영희 후보마저 당의 선거관리부실 때문에 당선이 불안한 10번이 되고, 노동후보들이 모두 그 뒤로 밀려난 것이다.

3월 20일 낮에도 대표단이 양 후보를 불러놓고 해결을 시도했다. 이영희 후보는 해당 투표함을 유효 처리하여 비례 8번을 배정하여 달라는 주장을 굽히지 않았고, 노항래 후보는 우선 선관위가 기존 결정대로 거제 투표함을 무효 처리하고 자신을 비례 8번으로 확정해 공고하면 비례선거결과에 대한 노동계의 반응을 고려해 10번으로 양보할 수 있다는 입장이었다. 그러나 이영희 후보는 혼자 결정할 수 있는 문제가 아니라며 민주노총과 금속노조의 의견을 들어 결정해달라고 하였고, 각 조직의 대표들은 이 안에 동의하지 않았다. 20일 밤이 되어서야 선관위가 공고할 때 아예 노항래 후보가 원래 8번이지만 양보해 10번을 배정받는 것으로 공고하자는 안에 관련자들이 모두 합의하였다. 네 사람의 공동대표 모두가 이 일에 실질적으로 관여되어 노항래 후보, 민주노총 김영훈 위원장, 금속노조 박상철 위원장, 중앙선거관리위원회 김승교 위원장을 각자 설득하거나 진행상황을 알려주고 실행하게 하였다. 특히 내가 직접 중앙선거관리위원장에게 합의가 이루어질 때까지 확정 공고를 늦추어 달라고 요청하였고 유시민 대표의 자필로 함께 결정문안을 마련해 선관위에 전달하여 그대로 발표하도록 하였다.

매우 잘못된 결정이며 행동이었다. 당원들의 투표결과를 무시하고, 민주노총과 노동자후보에 대한 당의 선거관리의 실수로 인한 문제를 모면하기 위해 개별 후보에게 희생을 강요했다. 비록 선관위에 전달한 공고 문구에서 노항래 후보의 결단에 감사를 표하였으나, 이것으로 해결되는 문제가 아니었다. 당원의 의사결정은 개별 후보가 처분할 수 있는 것이 아니며 대표단의 정치적 해결 노력도 당원의 의사결정을 바꿀 수 있는 것이 아닌 것을 간과하고 월권을 범하였다.

특히 중앙선거관리위원장에게 직접 전화해 선관위의 확정공고를 미루고 대표단 결정대로 처리해줄 것을 요청해 당원의 의사를 왜곡하고 중앙선거관리위원회의 독립성을 훼손한 나의 책임은 매우 무겁다. 당기위원회에서 그 잘못에 대해 판단 받고 징계 받아야 할 사안이다. 향후 만들어질 이 사건과 관련한 특별 기구에서 나를 이 문제와 관련하여 당기위원회에 회부해줄 것을 요청한다.

셋째, 대표단은 총선 이후 대표단 산하에 진상조사위원회를 설치하면서 원래의 목표와 취지에 따른 조사와 운영을 보장할 방법을 전혀 마련하지 않고 전권 위임이라는 명분으로 편파적이고 부실한 조사를 방치하였다.

진상조사위원회 설치시 대표단 회의에서, 위원장으로 선임된 조준호 공동대표가 이의를 제기한 후보 측을 위원으로 포함시키겠다고 하였고 대표단이 수긍하였다. 이의를 제기한 사람들이 참여해야 분쟁이 온전히 해결될 것이라고 보았기 때문이다. 그런데 결과는, 진상조사의 취지와 위원 구성 근거대로 이의제기한 사람들이 위원으로 참여하여 자신들 사이의 분쟁의 원인이 된 사실을 조사해 분쟁해결의 길을 찾은 것이 아니라, 이것은 아예 배제한 채 현장투표 전체의 규정위반이나 조작가능성의 불확실한 근거들만을 조사보고서에 내놓았다. 기이하게도, 오옥만 후보가 제기한 윤금순 후보 측의 현장투표에서 부정 의혹, 순위 변경 가능성은 진상조사위원회의 현장투표조사에서 어떤 검토도 되지 않고 부정 의혹이 없다는 기술조차 되지 않은 채 사라져 버렸다.

당초 진상조사위원회의 가장 중요한 설치 목적은 이 문제를 밝혀 두 후보 간의 분쟁을 해결하는 것이었는데, 이 취지가 완전히 사라져 버렸다. 오옥만 후보가 추천한 고영삼 위원과 윤금순 후보가 추천한 신지연 위원이 함께 현장투표를 조사하였는데, 무효 처리된 투표함에서 조직적 부정이 있었는지는 전혀 조사하지 않았다. 무효 처리된 투표함은 오히려 조사의 예외로 진상조사보고서에 명시되기까지 했다. 두 후보 간의 순위 변경 가능성도 전혀 조사되지 않았고 확인해보았더니 문제가 없으며 오해가 풀려 원만히 처리될 수 있겠다는 어떤 보고도 없었다. 대신 유효로 처리된 다른 투표함들의 명부와 용지의 선거관리규정위반과 조작가능성이 무려 현장투표의 80~90% 투표소에서 발견되었다고 발표되었다.

만일 비례 8번까지 당선되어, 윤금순 후보와 오옥만 후보의 순위가 변경되면 윤금순 후보의 사퇴로 바로 오옥만 후보가 승계할 수 있는 상황이었더라도 그러했을까. 총선결과를 받아들고 난 뒤 이미 두 후보 측으로서는 윤금순 후보의 부정 의혹을 밝히거나 무효 처리되었어야 할 표를 일일이 따질 필요가 없어졌던 것 아닌가.

조준호 공동대표는 4. 29과 5. 1 있었던 대표단의 비공개 대화에서, 현장투표의 80~90%에 문제가 있고 이에 대해 확실한 증거자료를 모두 첨부하였다고 하였다. 고영삼 위원은 5. 3 대표단회의 보고시 5,200여 건의 현장투표 가운데 고작 300건밖에는 신뢰할 수 없는 상황이라며 현장투표 전체가 도저히 신뢰할 수 없는 수준이라고 보고하였다. 만일 조사보고서에 내놓은 증거와 통계가 합리적 추론에 근거한 것이라면 일일이 확인조사를 거치지 않았더라도 조사보고서의 신빙성을 인정할 수 있었을 것이다. 그러나 뒤에 밝히는 대로 진상조사위원회가 내놓은 증거들은 거의 전부가 잘못된 것이다. 120곳의 현장투표소에 문제가 있다는 합계도, 중복 계산되거나 중앙선관위에서 이미 투표명부와 용지 확인 뒤 이의를 기각하거나 심지어 관련자가 두 차례

선관위에 소명서를 내 소명이 이루어진 경우까지 포함한 것으로, 도저히 신뢰할 수 없는 합계이다.

진상조사위원회에는 노항래 후보 측과 이영희 후보 측 위원들도 선임되었다. 대표단회의에서 진상조사위원회를 구성할 때, 진상조사위원장이 이 후보들을 선임할 의사를 피력하였고 대표단은 동의하였다. 거제 투표함 처리와 순위 변경 문제를 둘러싸고 두 후보가 대립했기 때문이다. 그러나 실제 노항래 후보가 추천한 박무 위원, 이영희 후보가 추천한 엄교수 위원은 이 문제를 조사하지 않았다. 박무 위원은 온라인 투표를 전담하여 조사하였고, 엄교수 위원도 막상 해당 후보와 관련해 밝혔어야 하는 거제 투표소의 선거관리부실에 대해 어떤 조사를 더 했는지 조사보고서에 특별히 기재하지도 않았다.

당초 4. 13 대표단회의에서는 5. 20 당직 선거를 앞둔 당내 일정에 맞추어 일주일 정도의 시간 안에 진상조사위원회가 당사자 간의 문제에 관련하여 미진한 점을 재조사하는 것을 예상하였고 그 때문에 이의를 제기한 후보 측에 위원으로 참가하도록 하고 여기에 중앙당의 인력지원을 더하도록 하였다. 그러나 막상 진상조사위원회가 구성되자, 활동의 주 내용은 온라인 투표에 대한 전면조사로 바뀌었고, 현장투표 조사에서도 윤금순 후보 측의 문제로 제기된 경북을 중심으로 한 조직적 부정의 가능성이나 순위 변경 가능성은 아예 조사되지 않은 채 규정위반과 조작가능성을 광범위하게 거론하기 시작했다. 진상조사위원회가 당초 구성 취지에 따라 활동하는지를 대표단은 전혀 통제하지 않았고, 나는 그 조사범위가 확대되는 것을 보고받지 못하였다. 결국 대표단은 네 후보 당사자 간 분쟁해결의 기초가 될 조사를 위해 참여한 후보 측 추천위원들이 비례선거 전체의 운명을 좌지우지하도록 방관하였다.

3. 조사절차의 문제

진상조사보고서의 심각한 오류는 조사절차의 문제에서부터 시작된다. 진상조사위원회가 독립적으로 조사한다는 것은 합리적인 선상에서 조사범위나 방법에 제한을 받지 않으며 판단에 있어 독립적 결론을 내린다는 것이지, 비밀투표의 원칙을 침해하면서까지 조사할 수 있다는 것이 아니다. 기존에 이루어진 다른 조사 자료의 존재와 그 내용까지 전혀 고려하지 않고 완전히 배제하는 것이 타당하지도 않고, 특히 당사자들에게 소명기회를 주지 않는 것은 있을 수 없는 조사절차의 문제이다.

첫째, 진상조사위원회는 비밀투표의 원칙을 침해하였다. 진상조사보고서는 동일 IP에서 투표된 세 경우를 예시하면서, 고령의 여성이 투표한 경우를 의심 사례로 들었다. 박무 조사위원은 5. 3 대표단 회의에서 동일 IP와 관련하여 다음과 같이 보고하였다. "제일 다득표한 후보만 총비율을 한 번 따져봤다. 전체 득표 중 60%가 동일아이피에서 그중에는 두세 명도 있지만 몇십 명씩 뭉뚱그려 한 이석기 후보가 만 몇 백표를 얻었는데 육천 표 이상이 이런." 이것은 이석기 후보에 대해서만 전체 득표 중 동일 IP를 추출하였다는 말이다. 보고서는 당원의 연령과 지역위원회를 명시한 표를 게재했다. 90표를 샘플로 추출하여 당원인지 아닌지 현장투표를 했는지 인터넷 투표를 했는지 전화면접조사를 했다고 한다.

이를 모아보면, 진상조사위원회가 한 작업은 이것이다. 전체 투표자의 정보 중 이석기 후보를 찍은 당원의 정보를 분류하고, 그중 동일IP로 투표한 6천여 명을 찾아냈으며, 그중 수십 개 정도로 동일IP로 투표한 사람들을 분류하여, 그들의 주민등록번호와 소속 지역위원회를 확인하고, 그 이름과 전화번호까지도 확인한 것이다.

다른 후보에 대해서는 동일IP 조사를 하지 않았다고 한다. 전체 투표에서 동일 IP 비율의 평균을 해당 업체에 질문하니 52%였다. 동일IP 비율(두 건 이상)이 가장 높은 후보는 나순자 후보 65.3%, 이석기 후보 61.5%, 이영희 후보 59.9%, 문경식 후보 57.8%, 윤갑인재 후보 57.5%, 윤금순 후보 53.2%, 오옥만 후보 47.6%였다. 가정집 등을 제외했다고 볼 만한 10개 이상 중복 IP 비율은 전체 평균 24.5%, 나순자 후보 41.8%, 김기태 후보 34.8%, 문경식 후보 32.6%, 윤갑인재 후보 32.2%, 이영희 후보 32.1%, 이석기 후보 27.3%, 오옥만 후보 23.4%였다. 결국 동일 IP 집중도는 개별적으로 선본이나 콜센터 등 특정한 장소에서 이루어진 것이 아니라면 부정의 의심을 가질 만한 근거가 없다. 청년비례에서는 후보자들이 아예 청년들은 다 동일 IP로 나오므로 문제 삼지 말자는 합의가 있기까지 했다.

왜 비밀투표의 원칙을 침해하였는가? 특정 후보가 부정을 저질렀을 것이라는 의심을 가지고 동일 IP 문제를 보았기 때문이라고 밖에는 말할 수 없다. 후보자 전체에 대해 동일 IP 비율을 분석해보았다면, 동일 IP 비중이 높은 후보에게 표를 준 사람들에게 직접 전화까지 하여 확인할 필요를 느끼지 못했을 것이다. 또는 공정하게 이 문제를 바라보았다면 전체 후보를 대상으로 조사하거나, 적어도 전체 득표 1위 후보자가 아니라 동일 IP 비중이 가장 높은 후보군을 대상으로 조사하는 것이 당연했다. 그러나 진상조사위원회는 그렇게 하지 않았다.

비밀투표의 원칙을 침해한 이유는 무엇인가? 1위 후보에게 투표한 사람 가운데 유령당원, 대리투표를 찾아내기 위한 의도가 아닌가. 더구나 전화면접조사는 5. 1 이루어졌다고 한다. 박무 조사위원은 4. 29 조사가 종료되었다고 했고, 조준호 진상조사위원장도 4. 29 대표단 워크숍 당시 이미 조사는 다

끝났으며 더 할 것이 없다고 했다. 워크숍 참가자들 몇이 조사를 더 해야 하지 않겠느냐고 했을 때도 더 할 의향이 없다고 했다. 진상조사위원회는 "시간상 제약과 조사의 한계상" 현장투표의 부정사례로 실명까지 사진에 나온 당원에 대해서는 전화 한 통 하지 않으면서, 이미 조사가 다 끝났다고 해놓고 5. 1에 진상조사위원 4명을 동원하여 90명에게 전화하는 집요함을 보여 주었다.

그 전화면접조사의 부실함에 대해서는 이미 지난 전국운영위원회에서 충북도당 신장호 위원장이 입당한 지 2년 되는 환경미화원의 답변사례를 지적한 바 있다. 새벽 근무해야 해서 자려는데 전화 왔기에 신경질나서 "당원 아니다"고 했다는 그분의 말을 전하자, 진상조사위원은, 답변자가 그렇게 사실과 달리 말한 것을 우리가 왜 책임지느냐는 취지로 답변했다. 다시 묻는다. 부실한 전화면접조사결과를 보고서에 실어 진성당원제를 자랑으로 삼는 통합진보당이 유령당원으로 가득한 것으로 인식되게 한 것은 진상조사위원회가 아닌가. 당내 투표를 묻는 것인지 모르고 총선 때 투표장 가서 투표했다고 대답했다는 60세가 넘은 어머니의 전화면접조사사례를 공개한 당원도 있다. 부실한 전화면접조사가 유령당원을 만들었고 대리투표를 만들어냈다. 진상조사위원회는 판도라의 상자를 열었다. 그 안에서 진실도 아닌 유령당원과 대리투표를 끄집어냈다. 그 순간 통합진보당은 진보정당의 자긍심을 송두리째 잃었다.

진상조사위원장은 대표단 간담회와 회의에서 이렇게 말했다. "투표값을 업체 사장은 다 보는데 진상조사위원회가 왜 못 보느냐?", "내 일기장 받아가겠다는데 뭐가 어떠냐?" 이 업체는 민주노동당의 당원관리프로그램을 2007년부터 관리해오던 회사이다. 5년 동안 이 업체로부터 당원 정보가 유출된 일이 없다. 당원들의 투표값은 진상조사위원장과 위원들의 일기장이 아니다. 정녕 일기장을 확인하고 싶다면 위원장과 위원의 투표값만 받아갔어야 한다. 당의 어떤 업무상 필요로도 투표값 자체는 본인이 아닌 다른 기관에 의하여 확인되어서는 안 된다.

둘째, 진상조사위원회는 소명기회를 차단하였다. 조사의 원칙은, 조사의 쟁점을 알려주고 여기에 대해 소명하게 하는 것이다. 소명기회도 부여되지 않은 것을 사실이라고 발표해서는 안 된다.

심지어 진상조사위원회는 중앙선거관리위원회가 인터넷 집계와 명부 집계의 차이 582표를 투표종료 즉시 발견하고 명부 기준으로 집계하기로 결정했다는 것조차 파악하지 못한 채 진상조사보고서 18쪽에 문제로 기재하였다. 조작의심사례에 대한 조사가 있었는지 판단이 있었는지 소명을 요구하지도 아니하였다. 그 결과 현장투표 대리투표 및 대리 서명 의심 사례 61건 중 중앙선거관리위원회에서 이미 오옥만 후보 측의 이의제기를 받고 투표용지와 명부를 확인하고 근거 없는 이의로 보고 기각한 사례가 포함된 것으로 보인다. 중앙선관위에 소명서를 낸 사람의 소명 내용조차 확인되지 않고 문제 사례로 거론되었다.

진상조사위원회가 최소한의 소명기회도 거치지 않고 내린 결론은, 전국의 120개 투표소, 현장투표 80~90%에서 문제가 있었고 부정사례도 속출했다는 어마어마한 부실과 부정으로 언론에 대대적으로 발표되었다. 집계를 냈으면 어떤 투표소에서 어떤 문제가 있다는 것인지 목록이 작성되어 있을 것이나, 진상조사위원장은 5. 7 대표단회의에 과연 어떤 투표소에서 무슨 문제가 있었다는 것인지에 관한 정보공개를 요청해온 각 광역시도당의 요구조차 거부하고 관련 특별위원회 구성 이후로 모두 미루고 있다.

소명기회를 주지 않았다는 것은 조사의 절차상 심각한 문제이다. 그러나 근본 문제는 더욱 심각하다. 이른바 통합진보당의 당직자들과 특정 후보를 겨냥한 온라인 투표의 의혹과 달리, 현장투표 관련 조사결과발표와 보고서는 전국의 통합진보당의 간부들과 당원들을 확인 한 번 없이 부실과 부정의 덩어리로 만들어 여론재판의 제물로 가져다 바친 것이다. 당원들을 최소한 같은 길을 가는 동료로 생각했다면, 그들의 명예를 귀하게 생각했다면 이런 일을 할 수 없다. 그래서 더욱, 통합진보당 안에서 이런 조사보고서가 나왔다는 것이 고통스럽다.

4. 청년비례와 관련한 문제

진상조사위원회가 구성될 때까지 청년비례와 관련하여 기왕에 구성된 조사위원회가 결론을 내지 않았다. 다만 당초 제기되었던 세 가지 의문 가운데 소스코드 열람에 대한 의문은 후보자 측이 모두 참가한 조사위원회에서 해소되었으며 이 투표시스템상 자신이 특정 후보에게 준 표가 그 후보에게 제대로 집계되는지 실험은 정상적으로 완료되었다고 파악되었다.

남은 것은 투표 시점에 특정 후보에게 준 표가 제대로 그 후보에게 갔는지를 확인하는 것으로, 홍진혁 부총장은 3월 중순경, 이를 위해 선거인단 중 샘플을 뽑아 자신이 누구에게 표를 주었는지 확인서를 받고 이를 검증해 확인하겠다는 투표값 검증안을 대표단에 보고하였다. 나는 비밀투표의 원칙이 침해되며 샘플로 뽑힌 선거인단 중 한 사람이라도 거짓으로 답할 경우에는 무엇이 진실인지 확인할 수 없는 미궁에 빠지게 되므로 이 조사방법은 쓸 수 없다고 주장하였고, 대표단 회의에서 투표값 검증은 허용되지 않았다.

그 뒤 청년비례 조사와 관련하여 별다른 보고도, 논의도 없는 상태에서 본선거가 진행되었다. 대표단은 4. 13 진상조사위원회를 구성하면서 아직 결과를 발표하지 않은 청년비례와 관련한 조사도 함께 마무리하여 발표하도록 하였다.

진상조사위원회는 청년비례와 관련해 별도의 조사를 하지 않았다. 비례경선 관련한 온라인투표의 쟁점은, 투표값 조작이 있었는지, 투표한 대로 표가 집계되는지, 투표값을 임의로 들여다보고 특정 후보 측에 알려준 것이 아닌지이다. 이 가운데 청년비례와 관련하여 공통된 쟁점은 없다. 청년비례조사의 남은 쟁점은 3월 초 청년비례경선 당시에 투표한 대로 표가 집계되는 시스템이었는지였고, 3월 중순 당시의 시스템은 정상적임이 확인되었기 때문이다.

3월 초 당시 투표한 대로 표가 집계되는지에 대해 비밀투표의 원칙상 각 개인의 투표값을 확인해서는 안 된다는 이유로 대표단에서 해당 조사를 중지시켰으면, 청년비례 조사위원회가 필요한 다른 방법의 조사를 만들어 조사를 실시하거나 또는 더 다른 방법이 없다면 조사를 종결하였어야 한다. 하지만 청년비례 조사위원회는 계속 시간만 보냈으며, 진상조사위원회도 다른 조사방법을 내지도 않았다. 이 상태에서 진상조사위원회는 일반비례 시스템의 문제를 발견하지 못하고서도 시스템상 정당성과 신뢰성을 보장할 수 없다는 결론으로 비약하고, 진상조사위원장은 여기에서 다시 청년비례경선도 이 시스템을 같이 썼으므로 별도의 조사 필요도 없이 정당하다고 볼 수 없다는 비약을 감행하였다.

그러나 최근 확인된 것은, 청년비례경선은 일반비례경선과 다른 서버에서 진행되었다는 것이다. 그렇다면 로그가 남아 있을 가능성이 있다. 청년비례 조사위원회도, 진상조사위원회도 얼마든지 이 로그를 확인하여 남은 의문점을 해소할 방법을 찾아볼 수 있었다. 그러나 어떤 위원회도 이를 시도하지 않았다. 이제 로그가 남아 있는지 확인하고 그 내용을 조사하는 방법으로 조속히 청년비례경선과 관련한 논란을 종결시켜야 한다.

5. 진상조사보고서의 세부 문제점

온라인 투표와 현장투표 관련하여 진상조사보고서의 세부 문제점은 별도 문서로 첨부한다.

6. 맺으며

상식과 양심의 차원에서 이 문제를 접근했다면 나는 굳이 촉망받는 진보 정치인에서 특정 정파에 완전히 사로잡힌 얼굴마담이나 완고하고 독선적이고, 회의 하나 민주적으로 운영할 줄 모르는 사람으로 여론에 의하여 완전히 전락될 이 길을 택하지 않았을 것이다. 통합진보당의 원내교섭단체 구성이 일말의 가능성으로 나타났을 때부터 시작된, 칼끝 하나면 심장을 찔려 쓰러지고 마는 통합진보당과 나에 대한 공격에 맞부딪히면서 굳이 이 복잡한 사안에서 나의 정치인생을 종결지을지도 모르는 이 태도를 취하지 않았을 것이다.

중세의 마녀사냥, 당과 동지에 대한 무고, 통합진보당의 내부로부터 몰락, 야권연대와 진보집권의 가능성 소멸, 이것이 지금 이 사태의 본질과 현상이다. 내가 열과 성을 다 바쳐 함께해온 통합진보당의 수많은 당원들과 함께 공감해온 상식과 양심을 지키기 위해, 2012년 5월 통합진보당을 무너뜨리려는 보수언론의 공격에 완전히 무너지지 않기 위해, 사실이 아닌 것은 사실이 아니라고 말할 것이다. 진실을 정확히 낱낱이 밝히고 대책을 세워야 한다. 그것이 중세 마녀사냥에서 벗어난 진보의 상식이어야 하고, 동료에 대한 진보의 예의여야 한다고 나는 믿는다. 2012년 5월 8일

진상조사 보고서 결과에 따른 후속처리 및
대책 특별위원회 2차회의

진상조사특별위원회 위원들께

통합진보당 비례경선 관련하여 벌어진 사태의 조사를 맡아주신 위원 여러분께 감사드립니다.

저는 비례후보 경선과 관련한 통합진보당의 당내 갈등이 확대되어 국민들께 실망을 드린 데 대해, 특히 5월 12일 중앙위원회의 충돌로 이어진 데 대해 가장 큰 정치적 책임을 져야 하는 사람입니다.

이 모든 사태에 사죄하는 마음으로 침묵하며 근신해왔습니다. 지금 저에게는 당의 진로나 현안에 대해 발언할 자격이 없습니다. 다만 전직 공동대표의 의무로서, 당의 앞길을 열어 가실 분들께서 필요하여 요구하실 경우 제가 아는 것을 정확히 말씀드려야 하고, 이것이 제가 할 수 있는 말의 전부입니다. 오늘 위원회에 출석한 것 역시, 비례경선과정에 제가 일으킨 문제에 대해 조사받고 보거나 들은 것을 진술하며, 이를 둘러싸고 당내에 부족했던 것을 말씀드리는 의무를 다하기 위해서입니다.

1.

먼저 말씀드려야 하는 것은, 이번 비례후보경선에서 가장 큰 잘못은 공동대표단의 것이라는 점입니다. 공동대표단은 비례후보의 순번을 뒤바꿨습니다. 우리 당의 비례후보 순위는 당원의 직접 투표에 의하여 다득표자 순으로 정하게 되어 있을 뿐 누구도 영향을 미칠 수 없게 되어 있습니다. 그런데 대표단이 8번으로 공고되어야 할 노항래 후보를 10번으로, 10번 이영희 후보를 8번으로 공고하게 하였습니다.

정치적 해결이라는 이름으로 중앙선거관리위원회의 독립적 판단을 침해하고 대표단에 종속된 기구로 격하시키며 당원들의 투표결과를 뒤바꾸고 특정 후보에게 피해를 감수하도록 한 대표단의 잘못은 이번 선거에서 일어난 문제 가운데 가장 엄중한 것입니다. 저는 중앙선관위원장에게 전화하여 이에 따라줄 것을 요청하고 해당 결정문안을 보내주었습니다. 노동중심성에 대한 잘못된 태도로 민주노총과 당의 관계가 당원민주주의를 무너뜨리는 부당한 압력과 타협으로 왜곡되는 일은 다시 되풀이되어서는 안 됩니다. 당기위에 제소되어야 하는 첫 번째 사람은 공동대표단의 일원인 저입니다.

상당한 표가 선거관리부실로 무효 처리된 데 대해 해당 투표소의 노동자 당원들과 민주노총·금속노조에게 부당한 강권을 당해 피해를 감수하신 노항래 후보와 의사를 왜곡당한 당원 여러분께 당시 당을 대표했던 사람으로서 깊이 사과드립니다.

2.

다음, 이번 사태를 해결하기 위해 필요한 조사를 요청 드립니다.

첫째, 비례경선에서 부정이 있었는지를, 선입견 없이, 다른 사례와 섞지 말고 가려보아주시기를 요청 드립니다. 이번 사태가 장기화된 주된 이유는 진상조사위원회가 명확한 근거에 기반하여 사실을 분명히 밝히지 않은 채 언론보도를 통해 '부정경선'을 기정사실로 만든 데 있습니다. 사태를 가장 빨리 해결하는 길은, 비례경선에 부정이 있었는지 아닌지를 정확히 가려내는 것입니다.

4월 하순부터 여론은 비례경선이 총체적 부정이라고 이미 기정사실로 보도하였습니다. 새누리당과 민주당이 통합진보당의 비례 의원들에 대해 제명을 거론하는 근거도 '통합진보당 진상조사위원회가 부정경선이라고 발표했다'는 것입니다. 검찰의 압수수색사유도 부정경선이 있다는 것입니다. 5. 31 유시민 전 공동대표는 언론 인터뷰에서 "노항래 후보 외에 모두 부정을 저질렀다"고 말했습니다. 이 발언으로 노항래 후보 외에는 모든 비례후보들이 부정의 책임자가 되어버렸습니다. 지금 쟁점은 명확히, 부정경선으로서 의원 또는 후보자가 책임져야 할 것이냐 아니냐입니다.

선거관리부실과 부정경선을 엄격히 구분하여 밝혀주시기를 요청 드립니다. 원칙으로 선거관리부실은 선거를 주관한 선관위와 집행을 책임진 사무총국과 이를 최종 지휘 감독하는 대표가 책임져야 할 일인 반면, 부정경선은 부정의 행위자가 직접 책임져야 하고 조직적으로 관련되어 있다면 후보까지 책임져야 할 일입니다.

저는 진상조사내용을 처음으로 들은 4월 29일부터 줄곧, 언제 어디에서 누가 어떤 목적으로 어떤 일을 어떻게 한 부정이 있는지 밝혀주기를 진상조사위원회와 대표단에 거듭 요청하였습니다. 그러나 진상조사위원회와 다른 대표들의 반응은 "국민 눈높이에서는 부실도 부정이다", "하던 대로 했다더라", "다 잘못인데 꼭 밝혀야 하냐", "상처받지 말고 여기서 끝내라"였습니다.

근거를 요구하면, 지역후보 경선과정에서 부정사례가 있었다거나, 유시민 대표가 요구한 투표결과분석표를 원하는 때에 받지 못했다거나, 선거인명부 등이 3. 20 전후로 봉인되지 않고 총선 이후 도착했다거나, 온라인투표시스템에 대해 업체 사장의 말이 달라졌다는 등의 대답이 돌아왔습니다. 이것은 선거관리주체나 특정 세력을 불신하게 된 정황일 뿐, 이것만으로는 이번 비례경선에서 후보자가 관련되었거나 선거관리자가 후보자와 결탁했다는 '부정경선'의 확증이 될 수 없습니다. 득표율 그래프로 보아 투표값을 열어본 것이라거나 주민등록번호가 같은 투표자가 있다는 것이 진상조사위원장을 비롯한 대표들의 최종 대답이었지만 모두 근거 없는 의혹제기에 불과했습니다. 다른 때가 아닌 이번 비례경선에서 부정이 있었는지, 있었다면 그 행위자와 책임자는 누구인지를 명확히 밝혀주시기를 요청 드립니다.

둘째, 이 조사는 모든 후보에 대해 동일한 기준과 방법으로 이루어져야 합니다. 특정 후보만 표적 삼아 조사하면 통합진보당의 조직형태와 투표행태상 통상적인 것인지 부정이 개입된 것인지를 가려볼 수 없습니다. 또 국민참여당과 민주노동당이 통합하면서 서로 다른 당원관리시스템을 통합하여 선거를 치르면서 정보처리방식의 차이가 부정선거 의혹으로 커져버린 것을 걸러낼 수도 없습니다.

셋째, 진상조사위원회가 윤금순 후보의 부정선거와 순위변경 문제 조사를 왜 하지 않았는지와 5. 10 이후 언론 인터뷰 경위를 조사하여 주시기를 요청 드립니다.

3. 19 저는 유시민 전 대표께서 가지고 계신 경북 영주 선거인명부를 보았습니다. 명부 전체에 나타나는 선거사무원 서명이 4명의 것이었는데, 이상하게도 가나다 순으로 된 명부의 1/4 가량씩 서명되어 있었습니다. 이 현장투표소에서는 윤금순 후보에게 몰표가 나왔습니다. 오옥만 후보 측과 유시민 전 대표께서 부정의 의혹을 강하게 제기하셨고, 이 외에 몇 개의 현장투표소에 문제 있는 곳이 또 있다고 하셨습니다. 경북 영주 투표함은 선관위에서 무효처리하였습니다만, 후보 본인이 책임질 만한 부정투표가 있었다면 단순히 무효처리로 끝나지 않을 사안이었습니다.

저는 선거사무원에게 직접 소명을 듣지 않고 부정이라고 단정해서는 안된다고 유시민 전 대표에게 의견을 피력했으나, 오옥만 후보와 윤금순 후보 사이에 분쟁이 끊이지 않았고, 유시민 전 대표는 "오옥만 후보는 윤금순 후보가 책임을 인정하면 넘어갈 수 있다고 하는데 윤금순 후보가 말 한 마디를 하지 않는다, 오옥만 후보가 후보를 사퇴하고 기자회견하고 검찰에 고발하겠다고 한다, 그렇게 되면 나는 정계은퇴할 수밖에 없다고 말리고 있으나 설득이 어렵다."고 하셨습니다. 오옥만 후보가 3. 21 새벽 6시 20분, 공동대표들과 선관위원장에게 "어물쩍 넘어가면 사람 한 명 죽습니다. 도저히 용납안 됩니다."라며 문자를 보낼 정도로 강하게 항의하였는데, "후보가 책임져야 할 일이 있거나 순위가 바뀔 경우 사퇴를 포함하여 책임지기로 한다."는데 합의하여 겨우 분쟁이 봉합되었습니다.

4. 13 대표단회의에서 진상조사위원회를 만들고 오옥만 후보와 윤금순 후보 측의 인사를 위원으로 하기로 한 것은 바로 이 문제를 해결하기 위한 것이었습니다. 4. 29 대표단과 전략기획위원회의 워크숍에서 유시민 전 대

표께서 제게, "전여농 간부가 이 문제를 말하면서 죽고 싶다고 하더라."고 말씀하셨습니다. 유 대표는 "좋은 정치 하려고 당을 하는데, 우리 당의 간부가 혼자 앉아서 명부를 조작했을 광경이 머릿속에 그려진다. 왜 당이 간부들에게 이런 일을 하게 하는지 두렵다."고 하셨습니다. 저는 이 시점에서야 전여농 간부가 당 대표에게 이 정도로 말했다면 부정이 있는 것이겠구나 판단했습니다.

그런데 정작 진상조사결과를 보니 이 부분은 조사대상에서 빠져 있었습니다. 진상조사위원회에서 현장투표를 검토한 위원은 오옥만 후보가 추천한 고영삼 위원, 윤금순 후보가 추천한 신지연 위원인데, 경북 영주 등의 현장투표는 무효처리되었다는 이유로 조사하지 않았다고 조사보고서에 기재되어 있습니다. 조사기간 중 전여농 회장께서 조준호 진상조사위원장을 별도로 면담한 것으로 그 후 들었습니다. 진상조사위원회 구성 동기가 된 부분에 대해 조사가 아예 진행되지 않은 경위를 조사하여 주시기를 요청 드립니다.

5. 2 발표 이후 진상조사보고서는 논란의 진원지가 되었는데, 5. 3 대표단회의에서 사실관계확인을 위한 자료 열람을 요청하였으나 단 하나도 받지 못했습니다. 5. 7 대표단회의에서는 어느 현장투표소에서 부정이 있었다는 것인지 정보공개해달라는 시도당의 요청도 이후 특위가 구성되면 하겠다는 이유로 받아들여지지 않았습니다. 이처럼 진상조사위원회는 당내에서는 사실확인을 위한 어떠한 조치도 취하지 않으면서 5. 10 전국운영위에서 진상조사위원회 활동이 종료되었음이 확인된 이후에도 봉인하여 특위에 넘기기로 한 자료를 계속 보유하면서 유령당원이 있다며 사실과 다른 왜곡된 자료들을 인터뷰를 통해 언론에 제공하였습니다. 이로 인해 당은 심각한 피해를 입었습니다. 이 점에 대해서도 사실을 확인하여 주시기를 요청 드립니다.

2012년 6월 1일

2012 통합진보당 사건일지 :

3.19~3.20

부정선거 의혹 제기

오옥만 후보 측이 주로 경북지역 몇 군데 현장투표에서의 윤금순 측의 선거인명부
조작 의혹을 제기
노항래, 이영희 후보 측 쟁점
거제 현장투표소 투표함의 유무효 여부. 명부상 선거관리인의 서명이 통째로 누락

4.12

비례대표후보 선출선거 진상조사위원회 구성(위원장 조준호)

1차 진상조사위
위원장–조준호 공동대표 / 간사–홍진혁 사무부총장
위원–박무(온라인), 고영삼(현장), 신지연(현장), 엄교수, 이주호

4.18

이청호 부산 금정구의원 부정선거의혹 제기

1. 윤금순 후보와 오옥만 후보의 당선이 바뀐 것은 현장투표였다.
2. 이석기 후보 소스코드 열람 부정 의혹
3. 비례대표 국회의원 후보순위 8번과 10번 변경에 이의제기

4.30

이청호 부산 금정구의원, 『오마이뉴스』 인터뷰

"진보당 비례 무효표 처리기준, 개표 직후 바꿨다."
"이번 비례대표 투표의 전산관리를 한 업체는 민주노동당 시절부터 계속 관리를 해오던 업체
다. 10년을 넘게 민주노동당 덕에 밥 벌어 먹고 살아온 업체에게 서버관리를 맡긴 것이다."
"내가 처음 당원게시판에 소스코드 열람 문제를 제기했을 때 가장 민감한 반응을 보인 쪽은
이석기 당선자 측이었다."
"선거부정 문제는 당대표들이 지시한 게 아니라고 믿는다. 다만, 패권파들이 당대표들을 속
이고 눈가리기한 게 아닌가 싶다."

5.1

"온라인투표는 기술적으로 클리어 됐다. 그런데..."

"기술적으로 다 클리어 된 상황인데, '조작의 증거는 없지만, 조작이 없었다고도 말할 수 없다' 수준의 결론이 나온 것 같다. 정치에서는 통용되는 말일지 모르지만, 이건 '국어가 아니다' 나로서는 무슨 의미인지, 무슨 의도인지를 모르겠다."

"총선 전이다. 비례대표 개표가 끝나고 나서 유시민 대표가 나를 불러서 온라인 투표에서 지구당별, 시간대별 개표 통계를 달라고 했다. 시스템을 처음 설계할 때는 그런 요구사항이 없었다."

"진상조사위원회는 처음부터 암호화된 투표 결과 값을 풀어달라고 했다. 내가 생각할 때 이건 비밀투표 원칙을 깨는 것이었다. 그러나 조사위 공문으로도 왔고, 조준호 진상조사위원장이 '일기를 쓴 사람이 일기장을 달라고 하는데 왜 안 된다는 거냐' 고 언성을 높이기도 했다. 나로서는 심각하게 생각했지만, '갑(甲)' 이 달라고 하는데 해줘야지 어쩌겠나. 기왕 다 풀었으니 그걸 가지고 속 시원하게 검증이라고 해 줬으면 좋겠다. 당원들에게 누구 찍었냐고 물어보고 데이터를 확인해 보면 되지 않나."

5.2

[브리핑] 조준호 진상조사위원장, 비례대표 부정선거 의혹에 대한 진상조사결과 발표

선거관리능력 부실에 의한 '총체적 부실 · 부정선거' 라고 규정한다.

사무총국의 당원관리(입 · 탈당 및 당권 인정여부) 부실과 중앙선거관리위원회 선거관리 능력 부재로 인해 총체적 부실 · 부정선거가 진행되었다.

수차에 걸친 프로그램의 수정은 투표함을 여는 행위와 같은 의혹을 불러일으켰고 뿐만 아니라 기표오류를 수반한 결함도 발생하여 투표 중단 및 투표데이터를 직접 수정하는 등 온라인 투표 결과에 대한 신뢰성을 잃었다.

동일 IP에서 집단적으로 이루어진 투표행위에서는 대리투표 등 부정투표 사례가 확인되기도 하였다.

현장투표소를 대상으로 조사한 결과 다수의 투표소에서 다양한 형태의 부실 · 부정행위 등 선거관련 당규위반 사례가 적지 않게 나타났다.

비례투표 진상조사결과 관련 이의엽 상임선대본부장 기자간담회

[보도자료] 비례투표 진상조사결과 관련 이의엽 상임선대본부장 기자간담회 발언

"아직 진상보고서가 작성이 안 됐다. 내일 진상조사위원회에서 보고서를 대표단에 제출할 것이다. 그동안 이번 사안과 관련해 어느 정도 수준에서 책임을 질 것인지 계속 논의해 왔기 때문에 조사 결과 발표와 동시에 빠른 시일내에 대책과 방안 등을 내놓을 것이다."(이의엽, 민중의 소리)

5.3

비례대표 진상조사위원회 진상조사보고서 전문 공개

5.4

비례대표 경선 관련 전여농 및 윤금순 당선자 입장 기자회견

"먼저, 통합진보당의 당대표단 전원은 사퇴해야 합니다. 그리고 이번 선거에 책임이 있는 중앙선거관리위원장과 선거에 관련된 실무적 책임이 있는 사무총국 또한 사퇴해야 합니다." "두 번째, 순위 경선에 참여한 비례후보 전원이 사퇴해야 합니다.", "그러나 우리 전여농, 윤금순 후보는 어떠한 부정과도 무관하기에 후보에 대한 그 어떤 부정의 의혹이나 흠집내기에 관련하여 단호하게 대응하고 대처할 것입니다."(윤금순 당선자 기자회견 중)

유시민−이석기 당권거래설 제기(경향신문)/사실무근으로 확인

통합진보당 청년비례국회의원 선출위원회 집행위원회 입장 발표

"청년비례 진상조사위의 조사과정과 결과를 공개해달라."

"동일 IP투표가 진행된 것은 이미 청년비례 선출위 차원에서 각 후보들과 토론하여 결정한 사항이다. 무엇이 진실인지 낱낱이 밝혀달라."

10차 전국운영위원회 (1박2일)

진상조사보고서 채택 및 후속 대책 건으로 갈등, 파행

이정희 공동대표 의장석 사퇴

5.5

전국운영위원회의, 전자투표로 속개 / 찬성 28, 반대 0으로 안건 통과

5.2 중앙위원회 직후 대표단 총 사퇴

경쟁부문 비례후보 전원 사퇴

중앙위에서 혁신비상대책위원회 구성, 6월 말까지 새 지도부 선출 후 해산

진상조사 추가 조사

5.6

유시민 공동대표 전국운영위 관련 기자간담회 질의응답

"축구경기에서도 한 선수가 고의성 없는 심한 반칙으로 퇴장당하면 나머지 10명이 더 열심히 뛰어 12명의 효과가 날 수 있도록 하는 것처럼."

"원래 책임을 많이 지고 하다 보면 비판을 많이 들을 수 있다. 설거지를 많이 한 사람이 접시도 많이 깨는 것이다. 그런데 사람들은 보통 설거지 한 것보다 접시 깬 것만 묻는다. 그래서 억울할 수 있을 것이다."

5.7

35차 대표단 회의

이정희 공동대표, 진상조사위원회에 진상 보고서 검증 공청회 제안

통합진보당 비례대표 이석기 당선자 당원총투표 제안

"저는 진실만이 공정성의 근간이라고 배워왔습니다. 어느 것 하나 불확실한 의혹을 상대방에게도 그리고 우리에게도 저 스스로에게도 지우지 않은 것이 제가 살아오면서 법률가로서 진보정치인으로 가져온 시각의 기초입니다."(이정희)

"모든 문제의 핵심, 그 중심부에 있는 하나의 문제, 그것은 우리 당의 당원 명부를 신뢰할 수 없다는 데 있습니다."(유시민)

5.8

청년후보 김지윤, 이윤호, 조성주 의견서 발표-청년비례 진상조사 요구

1. 청년비례 공동선출위원회는 더 이상 사실을 왜곡시키지 말아야 합니다.

2. 청년비례 진상조사단은 하루빨리 투표 결과의 신뢰성을 검증해야 합니다.

3. 청년비례 진상조사단은 한국일보에서 보도한 제3자의 서버 접속 사건의 진위를 밝혀야 합니다.

이정희 공동대표, 진상조사위 보고서 검증 공청회

진상조사위 보고서 재검증 공청회 자료집

"중세의 마녀사냥, 당과 동지에 대한 무고, 사례로 낸 한 사람만이 아니라 당 전체에 대한 무고, 통합진보당의 내부로부터 몰락. 야권연대와 진보집권의 가능성의 소멸. 이것이 지금 이 사태의 본질과 현상입니다."(이정희, 공청회 정리발언)

5.9

비례대표진상조사위 재검증공청회 반박

19대 국회의원 당선자 3인(김선동,김미희,오병윤) 기자회견

조준호 진상조사 보고서 폐기
비례대표 사퇴 권고 결의안 폐기

5.10

통합진보당 조준호 위원장 『오마이뉴스』 단독 인터뷰- 유령당원 의혹 제기

"주민번호 뒷자리 같은 당원 무더기 발견 – 소스코드 열린 뒤 한 후보 득표율 수직상승"
"동일 IP 중복 투표를 조사하는데, 이름은 다른데 주민등록번호 뒷자리가 같은 결과치가 발견됐다. 그런 게 두 개씩, 세 개씩 사례가 발견됐다. 주민번호 끝자리가 '2000000'으로 된 사례도 있었다. 주민번호가 123,124,125 이렇게 이어진 사례도 있었다. 이러한 특이한 유형의 사례를 이해할 수 없지 않나. (부정이) 명백하다. 이런 상태를 어떻게 인정할 수 있겠냐. 결국, 둘 중 한 명, 셋 중 두 명은 유령당원이다."

이정희 공동대표 '유령당원 의혹'의 진실 관련 기자회견

"같은 지역 사람의 주민번호 뒷자리는 동일하거나 일련번호인 것이 주민번호 체계상으로 든 실제로든 매우 자연스러운 현상입니다. 우리나라 주민번호 체계를 인터넷에서 검색만

해보았어도, 단 10분만 사실판단을 했더라면 충분히 알 수 있는 사실입니다. 총무실에 '확인해 보라'는 단 한마디 지시만 하셨어도 알 수 있는 일입니다."

11차 전국운영위원회

CNP관련 의혹 제기 보도(조선일보)

5.11

강기갑 원내대표 기자회견

비례대표 사퇴 관련 당원총투표 50% 여론조사 50% 제안

5.12

1차 중앙위원회

이정희 공동대표 돌연 사퇴. 침묵의 형벌
참여계 중앙위원 교체 의혹 정원 문제 제기
강령개정안 진행 중 심상정 의장의 만장일치 발언 직후 폭력사태 발생
무기한 정회 선언

CNP 한국대학생연합 배후설 제기(조선일보 등 다수 보수언론)

5.13

중앙위원회 전자투표로 진행

중앙위원회 의장단 심상정, 유시민 기자간담회

5.14

37차 공동대표단회의

혁신비대위로 대표단 권한 승계
장원섭 사무총장 해임

전자회의 시스템을 당 공식 시스템으로 확인

강기갑 통합진보당 혁신비상대책위원장 취임

박영재 당원 중앙당사 앞 분신

박영재 당원은 "유시민, 심상정 공동대표님 통합의 정신으로 돌아오십시오."라는 글을 남기고 대방동 통합진보당사 앞에서 분신했다.

5.15

당선자대회 무산, 비당권파 불참

5.16

강기갑 대표, 민주노총 이영훈 위원장 내방

"내일 있을 중앙집행위에서 이번 사태에 대한 민주노총의 입장을 심사숙고할 것이며 혁신비대위가 절망한 당원과 국민들에게 신속하게 대책을 보여주기 바란다."(민주노총 이영훈 위원장, 강기갑 대표와의 만남에서)

황선 비례후보 사퇴 불가 입장

5.17

권영길, 천영세, 문성현 전 민주노동당 대표 기자회견

"지난 13일 중앙위의 결정은 국민을 섬겨야 할 공당이 취할 최소한의 조치입니다. 내부의 논란을 불식하고, 혁신비대위원회를 중심으로 뼈를 깎는 쇄신의 길에 나서야 할 것입니다."

강기갑, 박지원 예방

"오히려 민주통합당의 발목을 잡고 우리가 자꾸 물밑으로 빠져 들어가는 그런 형국이 돼서 같은 야당으로서 죄송하다는 말씀을 드린다." (강기갑 혁신비대위 대표)

"그렇지만 지금 혁신, 당원비대위, 아무리 그렇게 하시더라도 대개 정치권은 국민을 먼저 생각하는 것이다. 이제는 국민이 어떻게 생각하느냐, 이게 중요하니까, 진짜 잘하시길 바란다."(박지원 민주통합당 원내대표)

5.18

민주노총, 진보당 비례 총사퇴 아니면 지지철회

김미희 당선자, 사회적기업 특혜 의혹 보도(서울신문, 조선일보, 참세상) 및 허위사실 유포 반박

5.20

당원비대위 출범(위원장 오병윤)

희망2013, 승리2012 원탁회의 간담회

"국민의 요구는 단순한 봉합이나 내부 정치관계에 얽매이는 것이 아니라 머뭇거리지 않고 과감하게 쇄신으로 나아가는 것"

5.21

검찰, 통합진보당 당사 압수수색

당사와 서버 관리 업체 동시 진행
서버 4대 복사

조윤숙 후보 기자회견

비례후보 사퇴 불가

5.23

강기갑 위원장, 이석기-김재연 당선자에 대한 사퇴 시한 25일로 연장

통합진보 당원, 강기갑 직무집행정지 가처분신청

검찰 압수수색 항의시위 중 학생당원 연행

'통합진보당 새로나기 특별위원회'를 구성

백분토론–이상규, 이의엽, 김종철, 진중권/종북논쟁 가속화

5.24

전농 상무위원회 개최–문경식 후보 사퇴 결정

1. 통합진보당에 대한 검찰의 정치탄압을 강력히 규탄하며, 정권재창출을 위한 수구보수 세력들의 전면적인 공세를 전 당의 역량을 모아 반드시 분쇄하자.
2. 진상조사특별위원회를 하루 빨리 출범시켜 19대 총선 비례후보 선출 부정 의혹에 대한 전면적이고 객관적이며 공정한 재조사를 즉각 실시하라.
3. 전국농민회총연맹은 통합진보당의 배타적 지지 단체로써 농민당원들과 함께 통합진보당을 다시 일으키고 진보적 정권교체를 실현하기 위한 자기 책무를 다 할 것이다.

5.25

혁신비대위 윤금순 당선자 사퇴 보류 입장 발표 및 사퇴 불복 후보 당기위 제소

5.26

정치검찰 규탄 당 사수 결의대회

5.28

중앙당기위 개최

피제소인(김재연, 이석기, 황선, 조윤숙)의 당기위원 기피 신청 기각, 혁신비대위 관할 광역시도당 당기위 변경 신청 가결

5.29

비례후보 사퇴자 기자회견

"당원들 중에는 다수 국민들이 동의하기 어려운 견해나 철학을 가진 당원들이 있을 수 있다." "이번 비례경선에서 일어났던 많은 일들을 한 것도 우리 통합진보당 당원들이다. 또 소위 이념 논란과 관련해서 국민들이 일반적으로 동의하지 않는 생각을 가진 분들이 있다 해도 그분들 역시 통합진보당의 일부다. 저희는 다 껴안고 가면서 바른 길로 찾아가야 한다고 생각하고, 이명박 대통령께서도 설혹 대통령의 마음에 차지 않는 생각, 대통령이 동의하지 않는 생각을 가진 국민들이 있다고 해도 그 또한 대한민국 국민이다. 대통령이시면 모든 국민들을 다 껴안고, 대화하고 한다는 자세로 마지막까지 해주시면 좋겠다."(유시민 전대표 사퇴 관련 질의응답 중)

5.30

19대 국회 임기 시작

"어제 새누리당 최고위원 한 분이 종북주사파 운운하며, 비교섭단체는 국방위와 외교통상통일위원회에 들어갈 수 없도록 국회법을 개정하자고 말씀하셨다고 합니다. 말씀의 도가 지나치셔서 몇 마디 언급하지 않을 수 없습니다."(강기갑 비대위 대표, 비대위 회의 모두발언 중에서)

당기위 제소 철회를 요구하는 장애인명부 조윤숙 후보 농성 시작

7차 혁신비대위 회의

"국회의원 선거권이 있는 자 → 법령에 의해 정당원이 될 자격이 있는 자"로 당원 자격 변경
청소년 당원, 해외 거주 당원, 재소 중인 당원의 당권 문제 제기
민주통합당, 이석기 · 김재연 당선자 사퇴 압박

5.31

유시민 『한겨레』 인터뷰 - 이정희는 이석기 보다 100배는 중요한 사람이다

"이정희는 진보정치와 한국 정치의 큰 자산이었다. 이석기보다 100배는 중요한 사람이다.

(당권파는) 결국 이석기를 지키려고 이정희를 버린 것이다. 뭐 어떤, 빛나는 무엇이 있기에 소중한 정치인을 이렇게 만드나. 원통하고 원통하다. 정치하는 사람으로서 정말 분노를 느낀다. 진보정치의 아이콘을 정파의 대변인으로 전락시킨 이 행위는 용서가 안 된다."(유시민, 『한겨레』인터뷰)

6.1

혁신비대위 김수진 후보 제소

진상조사특위 2차 회의

이정희 전 대표 참석, 경북 영주 부정선거 사례 공개

1. 비례경선에서 부정이 있었는지를, 선입견 없이, 다른 사례와 섞지 말고 가려보아주시기를 요청드립니다.
2. 이 조사는 모든 후보에 대해 동일한 기준과 방법으로 이루어져야 합니다.
3. 진상조사위원회가 윤금순 후보의 부정선거와 순위변경 문제 조사를 왜 하지 않았는지와 5. 10 이후 언론 인터뷰 경위를 조사하여 주시기를 요청드립니다.

6.3

정성희 소통과 혁신 연구소장 『프레시안』인터뷰

"통합진보당, '정파 위탁정치' 청산 없이는 혁신도 없다"

"그뿐만 아니라 이석기 씨는 특정 정파(경기동부연합—편집자)의 이익에 복무해 다른 당원들과 전혀 상의하는 과정없이 후보에 올랐다."

"지금은 대중진보정당이 '정파의 식민지'가 된 상황인데, 통합진보당은 대중정당이지 전위정당이나 활동가정당이 아니다."

6.4

진상조사특위 조지훈 위원 사임

6.5

심상정 "진보정당 내 눈에 보이지 않는 지하권력 존재한다"(한겨레)

"이석기 의원의 경우도 정당의 대표가 아니라 정파에서 승인된 사람을, 정파의 회원으로서 뽑은 거다. 정파 활동가들이 당원들을 투표 권력의 대상으로 삼아 활동해왔다는 거다. (더구나) 당의 중요한 정책을 어느 정파의 누가 어떻게 결정했는지 아무도 모른다. 이석기 씨가 국민참여당과의 통합을 주도했다 얘기했을 때 많은 사람들이 경악했다. 그런 책임지지 않는 권력, 보이지 않는 조직, 지하정부와 같은 행태가 당의 공적 의사구조를 왜곡하고, 다원성이 존중되는 민주주의를 봉쇄한다."

새로나기 특위 2차 토론회

6.7

새로나기특위 3차 토론회

혁신비대위, 중앙위 폭력사태 당사자 16명 제소

6.8

중앙위원회, 전국운영위원회 개최

청소년비상대책위 성명 발표

6.11

노회찬 통합진보당 의원 『경향신문』 인터뷰

노회찬 통합진보당 의원 "새 진보 못하면 민주당 안 '왼쪽 방' 쓰게 될까봐 걱정"

"당권파의 패권주의는 통합 이후에도 계속됐다. 이번 새 지도부 선거를 위해 정리 중인 당원명부에서 2만 명가량의 진성당원이 '아웃'(배제) 대상으로 파악됐다. 지난 당 비례대표 경선에 참가하기 위해 당원으로 가입해 첫 달만 당비를 내고 사라진 사람들이다. 동원된 세력임이 증명된 거다. 또 지역구별로 당권파가 자기 사람을 출마시켜 중요한 선거구를 민주당에게서 양보받는 것으로 이용하는 '알 박기'도 있지 않았냐."

강기갑 대표, 장애인위원회 면담

6.13

박지원 민주통합당 원내대표, 새누리당의 이석기·김재연 자격심사 환영 발언

6.14

CNP 관련 CN커뮤니케이션(옛CNP전략그룹), 사회동향연구소, 이석기 의원 사무실 압수수색

6.15

강병기, 당대표 출마 선언

6.18

새로나기 특별위원회 '패권적 정파주의 청산과 노동가치 중심성 회복을 위한 새로나기 방향과 과제' 발표

새로나기 특위 최종 보고서
"당은 북한의 인권, 핵 개발, 삼대세습 등에 대해 보다 명확한 입장을 표명해야 한다."
"한반도와 동북아의 평화·비핵화가 달성된 뒤에 종속적 한미동맹체의 해체와 미군철수를 실행한다는 우리당의 강령이 안보의 관점을 결여한 것이 아니나 이것이 당장의 미군철수와 한미동맹 해체로 오해받고 있는 지점에 대한 재검토가 필요하다."
강기갑 혁신비대위원장 당대표 출마 선언

6.19

당직선거 시작

6.22

박영재 당원 사망

장례위원회 구성(위원장 이정희)

진보당 또 '유령당원' 의혹(한겨레)

"61명이 한 주소지에 등록"

송재영 통합진보당 군포시당위원장은 22일 『한겨레』와 통화에서 "중앙당이 지역위원회에 보낸 선거인단 엑셀 자료를 분석해 본 결과, 성남시의 경우 동일 주소지에 적게는 다섯 명에서 많은 곳은 61명까지 집단 거주하는 것으로 나온다."며 "특히 61명이 거주한다는 성남시 중원구의 한 주소지를 검색해 전화를 걸어보니 중국음식점이었다."고 말했다.

김미희 의원실 왜곡, 허위 보도 반박. 중국집 아닌 2층 세입자대책위 사무실.

6.24

박영재 당원 장례식

당원명부 조중동 유포 확인 보도(민중의소리)

'당의 심장'이라더니 조중동, 종편에도 당원 신상정보 넘겨져(민중의 소리)

보수언론, "당원명부 확인했다", "당에서 줬다"며 당원들에 전화 쇄도…피해사례 급증(민중의 소리)

6.25

2차 진상조사특위 보고서 발표 연기. 일부 보도

2차 진상조사위

위원장 - 김동한(6. 26 사퇴)

선거관리분과 - 양기환(분과장), 권정순, 김혜영

온라인투표분과 - 이정주(분과장), 윤영태, 한성욱, 한규성

현장투표분과 - 변춘희(분과장), 김유진, 정형택

사무국 - 주우열(총괄), 임동현(현장), 이정훈(온라인), 류화영(선거관리)

이석기 등 진보당 비례후보 대부분 '동일 IP서 몰표'(한겨레)

100% 몰표, 당권파 · 비당권파 · 참여당계 가리지 않고 나왔다(한겨레)

통합진보당 1차진상조사위, '도둑이 매를 들었나'(민중의소리)

온라인 시스템 조작 없었다… 동일 IP 중복투표도 상세하게 드러날 듯(민중의소리)

유시민 / CBS '김현정의 뉴스쇼' 인터뷰

"민주당 입장에서는 야권연대를 하는 것은 이기기 위한 것인데 통합진보당과 연대해서 얻는 표보다 통합진보당을 싫어하기 때문에 민주당을 찍으려다 떨어져가는 표가 많을 수도 있다."면서 "당이 혁신을 못하고 지금까지 해왔던 구태를 반복하게 되면 여론이 좋아질 리가 없고, 민주당 쪽에서 야권연대를 안 하는 게 아니라 못하게 될 수 있다."(CBS)

청소년위원회 불법선거 동원 보도(레디앙)

경기동부, 청소년위 불법선거 동원

[단독 보도] 숙식제공 비용지급, 노회찬 비방 동영상 제작과 댓글 알바 등(레디앙)

'청소년위 불법선거 동원' 기사 관련 레디앙의 공식 입장(레디앙 7.2)

신당권파, 경북 당원 명부 유출.

전체 당원 신상정보와 200여명 성향자료. 이메일로 회람

6.26

김동한 진상조사특위원장 사퇴

김동한 통합진보당 진상조사특위원장 사퇴, "객관성과 공정성 보장 안 돼"(민중의소리)

"통합진보당 진상조사특위, 온라인보고서 표결로 폐기, 진실을 땅에 묻어", "진조특위, 위원장 의견마저 묵살"(민중의소리)

"법학자의 양심에 기초해서 봤을 때 이번 조사는 객관성과 공정성이 철저히 보장되지 못했음을 인정하지 않을 수 없다."

"위원회 내에 충분한 논의와 원만한 합의도 이루지 못했다."

"(2차 진상조사)보고서에 제 이름은 명기하지 말아 달라."

2차 진상조사보고서 발표, 전국운영위 채택

전국운영위, 진상조사특위 보고서 표결로 채택(민중의소리)

통합진보당 2차 조사결과 발표… '부정 · 부실 구분 의미없다?'(민중의소리)

통합진보당 올해 신규당원 30%가 탈당… '경선용 당원' 모집경쟁 벌였나(한겨레)

'이석기 몰아주기' 낱낱이 공개… 당권파 "확증 없다" 발끈(한겨레)

"당권파, 미투표 명단으로 이석기 조직적 지원"(한겨레)

6.27

통합진보당 당직선거 인터넷투표 중단 사태

"자기의 마음에 드는 조사 보고가 나올 때까지는 어떤 조사결과도 인정하지 않겠다는 뜻"(유시민, '손석희의 시선집중')

6.28

김인성 교수, 통합진보당 사태에 대하여 글 게시

"통합진보당의 유력한 대권 후보뿐만 아니라 또 다른 당의 유력한 대권 후보까지 피해를 입을 수 있습니다."

"저희는 인터넷을 잘 아는 단 한 명의 범죄자로 인해 통합진보당을 포함한 진보 진영 전체가 위험에 빠졌다고 판단하고 있습니다."

CNC 대표, 직원 등 4명 체포

6.29

중앙당기위, 이석기 · 김재연 등 이의신청 기각, 조윤숙 · 황선 제명 확정

7.2

당직선거 재투표 9~14일 공지

새누리당 · 민주통합당, 이석기 · 김재연 자격심사 8.2 이전 처리 합의

7.4

검찰, 동일IP 중복투표 57.9% 발표

'김인성보고서' 전문 공개

7.5

기술회의, 투표 시스템 점검 결과 발표

비례후보 선출 투표 시스템 사용 결정
윤금순, 국회의장에 사직서 제출

7.6

조윤숙, 제명결정 효력정지 가처분 신청

7.9

국회 본회의, 윤금순 사직 처리, 서기호 승계

당직선거 투표 재개

7.10

심상정, 원내대표 선출

이정희 『민중의소리』 인터뷰, "진실에 겸허하면 결국 화해할 수 있어"

"현장 투표, 저는 이른바 투표용지가 붙었던 일은 어떻게 해도 부정일 것이라고 최근까지도 생각을 했어요. 그런데 2차 조사를 해보니 그게 있을 수 있는 일이라는 게 소명이 되었어요. 판도라의 상자에 담겨 있던 불신과 의혹은 오해와 억측에 의해 만들어진 것이라 게 드러났습니다."

7.15

강기갑, 당대표 선출

7.23

제3차 의원총회, 이석기·김재연 제명 안건 상정, 25일 중앙위원회 이후로 연기

심상정, 강동원, 박원석, 노회찬, 정진후, 서기호, 김제남, 이상규 총 8명 참석

"의원단 13명이 다 모여서 충분히 논의하고, 당내 화합과 단결을 보다 분명히 한 다음 의원 총회를 하는 게 맞다."(이상규)

"국민들 보시기에 더디고 답답하실 수 있지만, 의원단이 흔쾌하게 동의하는 속에서 (제명안 건을 처리해야) 더 단단한 쇄신을 할 수 있다."(김제남)

7.25

1차 중앙위원회, 효창동 백범기념관, 의장 강기갑 당대표

이석기·김재연의원 중앙위원회 성원 포함 여부 논란

현장발의안건 7건 제출 : ①비례선거 진상조사 후속조치에 관한 건 ②당원제소 사건에 대한 당부지정의 건 ③윤혜랑 제명 및 후보자격 박탈 무효 확인의 건 ④중앙당기위원회 등 직접 선출 당규 개정의 건 ⑤이석기·김재연 의원 자격 유권해석의 건 ⑥원내대표 선출선거 하자 의 건 ⑦특별결의문 등

현장제출안건을 포함한 회순 논란

강기갑 의장 회순 채택 관련 표결 연기하며 필리버스터, 회의 지연

회순 채택 못하고 장소 사용 시간 종료로 폐회

7.26

제4차 의원총회, 이석기·김재연 제명안건 상정, 부결(찬성6, 기권1)

통합진보당 원내지도부 사퇴

"제명안 부결 직후 심상정 원내대표와 강동원 수석부대표, 저를 포함한 원내지도부는 당의 방침을 의총에서 결정하지 못한 책임을 지고 사퇴할 것을 표명했다."(박원석)

7.27

"저희도 원내지도부와 당지도부를 새로 선출하는 과정을 통해서 바닥을 치고 다시 반등하길 기대했지만 아직 더 추락해야 할 것 같다."

강동원 의원(전 원내수석부대표) 제명의총 경과 관련 기자회견, 국회 정론관

"이 시간 이석기, 김재연 두 의원의 제명에 찬성했던 의원들은 정신적 공황상태에 빠져 있습니다. 앞으로 어떤 선택을 할 수 있을지는 더 논의해봐야 하겠지만, 김제남 의원은 무기명 비밀투표 뒤에 비겁하게 숨지 말고 당당하게 이 과정을 밝힐 것을 요구합니다."(기자회견문 중) "구당권파와 당을 함께 하는데 회의를 느낀다.", "그것(탈당)도 포함해 (거취를) 고려하고 있다."(기자회견 후 질의응답 중)

심상정 의원(전 원내대표) 제명의총 관련 입장발표, 국회 정론관

"과연 통합진보당이 혁신의 길을 계속 갈 수 있을 것인가, 제3당으로서의 역할을 제대로 할 수 있을 것인가에 대해 깊이 회의하게 만들었다."

강기갑 대표, 이석기·김재연 제명 부결 관련 대국민사과 기자회견, 국회 정론관

"진보정치가 갈 길을 잃었습니다. 통합진보당의 성찰과 반성을 기대했던 국민과 당원 여러분께, 또 다시 죄를 짓고 말았습니다."

김제남 원내부대표 제명의총 관련 입장발표 기자회견, 국회 정론관

"제가 최종적으로 제명표결에서 기권표를 던져야겠다고 결정한 것은 바로 22일에 있었던 중앙회의에 참석하고 나서입니다. 구당권파와 신당권파가 서로 갈등을 하느라 6시간에 걸쳐 회의 안건조차 상정도 못하고 끝나는 것을 지켜본 이후입니다. 이렇게 두 세력 간에 화합이 되지 않으면 중단 없는 혁신이라는 최종 목표를 수행하지 못하는 것이 아니라 혁신이라는 문을 열지도 못하는 나락에 빠지게 될 것이라는 확신을 갖게 되었습니다. 만일 이석기, 김재연 의원을 제명 처리 한다면 두 세력 간의 화합은 완전히 불가능한 일이 될 수밖에 없을 것입니다."

"더 이상 소위 구당권파, 신당권파라는 말은 없애고 혁신하는 통합진보당을 만들어 야권승리를 견인할 수 있는 참된 진보정당을 만들 수 있도록 모든 노력을 다해야 할 것입니다. 마지막으로 통합진보당을 사랑하는 당원, 국민여러분께 진보의 혁신이 중단 없이 나아갈 수 있도록 기회를 주시기 바랍니다. 오늘 저의 선택이 이 길의 초석이 될 수 있기를 바랍니다."

박원석 전 원내대변인 김제남 의원 기자회견 관련 브리핑, 국회 정론관

"지금이라도 잘못된 선택임을 인정하고 당원과 국민 앞에 진심 어린 사과를 하고 혁신를 가로막는 세력과 분명한 거리두기를 선택하기 바란다. 당원과 국민으로부터 버림 받지 않고 반핵의 가치를 진보정당에서 힘 있게 실현해 나갈 수 있는 정치인으로 다시 서기를 기대한다." (기자회견문 중)

참여연대 등 "평화선언에서 이석기, 김재연 명단 빼라" 파문

7.29

유시민 전 대표, 통합진보당 게시판 통해 입장 밝혀

"민주노동당과 국민참여당 모두 채택했고 통합진보당의 2012년 정치방침이었던 진보통합 야권연대 진보적 정권교체 전략은 효력을 상실했다."

7 · 27 평화선언 주최측(참여연대, 평화와 통일을 여는사람들, 시민평화포럼), 이석기, 김재연 두 의원 배제에 시민사회인사 다수 불참 보도(민중의소리)

통합진보당 '참여계' 모임(대전)

"이석기 김재연 의원의 제명을 부결시킨 것은 역사에 중대한 죄를 지은 것"
"이 결과를 받아들일 수 없고 두 사람을 우리 당의 국회의원으로 인정할 수 없다."
"우리의 진로에 대해 이미 탈당한 당원들을 포함해 함께 논의하고 결정하고 행동하겠다."

7.30

이정희 전 대표, 페이스북 통해 「'믿음'에 대하여」 게재

"우리 중 어느 누구도 통합을 만들고 역사를 책임질 자격이 없는 사람은 없습니다. 어느덧 희미해졌을지 모르는 첫 마음을 되살려주시기를, 다시 먼저 믿어주시기를, 당원 여러분께 간곡히 호소드립니다."